春 秋

【春秋】孔子/著　　孙建军/主编

吉林文史出版社

图书在版编目（CIP）数据

春秋 / （春秋）孔子著. -- 长春 ：吉林文史出版社，
2016.12（2024.6重印）
　　（中国文化文学经典文丛 / 孙建军主编）
　　ISBN 978-7-5472-3079-4

　　Ⅰ．①春… Ⅱ．①孔… Ⅲ．①中国历史-春秋时代-
编年体 Ⅳ．①K225.04

中国版本图书馆CIP数据核字（2016）第134542号

　　　　　　　　　　　　　CHUNQIU
书　　名：春秋
著　　者：（春秋）孔　子
主　　编：孙建军
责任编辑：高冰若
封面设计：宋双成
出版发行：吉林文史出版社
地　　址：长春市福祉大路5788号
邮　　编：130117
电　　话：0431-81629352
网　　址：www.jlws.com.cn
印　　刷：三河市燕春印务有限公司
开　　本：920mm×1280mm　1/16
印　　张：30
字　　数：380千字
版　　次：2017年1月第1版　2024年6月第4次印刷
书　　号：ISBN ISBN 978-7-5472-3079-4

定　　价：78.00元

目　　录

隐　公 ……………………………………………… 003

桓　公 ……………………………………………… 041

庄　公 ……………………………………………… 076

闵　公 ……………………………………………… 130

僖　公 ……………………………………………… 136

文　公 ……………………………………………… 209

宣　公 ……………………………………………… 231

成　公 ……………………………………………… 271

襄　公 ……………………………………………… 308

昭　公 ……………………………………………… 363

定　公 ……………………………………………… 423

隐 公

【原文】

元年①，春，王正月②。元年者何？君之始年也③。春者何？岁之始也。王者孰谓④？谓文王也⑤。曷为先言王而后言正月⑥？王正月也⑦。何言乎王正月？大一统也⑧。

【注释】

①元年：鲁隐公元年（公元前722年）。

②王正月：周文王历正月。周正建子，以夏历十一月为正月。

③君：这里指鲁隐公。隐公名息姑，鲁惠公之子，在位十一年。周公八世孙。隐，是谥号。鲁国是侯爵，因为本书是以臣子的身份来叙述的，所以称公。徐彦疏："若左氏之义，不间天子诸侯皆得称元年。若公羊之义，唯天子乃得称元年，诸侯不得称元年。此鲁隐公，诸侯也。而得称元年者，春秋托王于鲁，以隐公为受命之王，故得称元年矣。"

④孰谓：即谓孰。说的是什么久。

⑤文王：即周文王。姓姬名昌。周武王的父亲。武王起兵伐封，灭殷，建立周王朝。

⑥曷：疑问代词。何，什么，为什么。

⑦王正月：何休注："王者，受命布政、施教、所料月也。"王正月，即王的正月。

⑧大一统：重新统一的事业。徐彦疏："'王者受命，制正月以统天下，令万物无不一一皆奉之以为始，故言大一统也。"

【译文】

鲁隐公元年，春天，周历正月。"元年"是什么意思？是鲁隐公开始摄政的第一年。"春"是什么意思？是一年中第一个季节。"王"指的是谁？指的是周文王。为什么先说"王"而后说"正月"呢？因为是周文王制定的正月。为什么要特别指出是"王正月"呢？这是表示重视周王朝统一的大业。

【原文】

公何以不言即位？成公意也。何成乎公之意？公将平国而反之桓①。曷为反之桓？桓幼而贵，隐长而卑。其为尊卑也微②，国人莫知。隐长又贤，诸大夫扳隐而立之③。隐于是焉而辞立，则未知桓之将必得立也。且如桓立④，则恐诸大夫之不能相幼君也⑤，故凡隐之立，为桓立也⑥。

【注释】

①公：指鲁隐公。隐公名息姑，鲁惠公继室声子之子。因其弟桓公年幼，立他为太子即位，在位十一年。平：治理。何休注："平，治也。"反：同"返"。桓：即鲁桓公。名允，鲁惠公之子，隐公之弟，在位十八年。

②其为尊卑也微：何休注："母俱媵也。"媵，指古代诸侯女儿出嫁时随嫁或陪嫁的人。隐公和桓公二人的母亲都是陪嫁的"媵"，地位相似，所以谁尊谁卑，隐而不显，因此下文有"国人莫知"一句。微：隐蔽。

③扳：挽，引。何休注："扳，引也。"

④且如：如果，假如。何休注："且如，假设之辞。"

⑤相：辅佐，协助。

⑥故凡隐之立，为桓立：何休注："凡者，凡上所虑二事皆不可故，于是已立。欲须桓长大而归之，故曰为桓立。明其本无受国之心。故不书即位。"

【译文】

　　《春秋》上为什么不说鲁隐公即位呢？这是成全隐公的好意。为什么说是成全隐公的好意呢？因为隐公想将国家治理好后，把君位归还给桓公。为什么要将君位归还给桓公呢？因为当时桓公还年幼，然而尊贵，隐公虽然年长却卑贱。他俩这种尊卑关系是隐秘的，鲁国人并不知道这种情况。隐公年长而贤能，鲁国大夫们都举荐他，并要立他为国君。在这种情况下隐公如果推辞，那么就不知道桓公将来是否一定能被立为国君；如果桓公被立为国君，隐公又担心大夫们不能很好地辅佐年幼的国君，所以隐公担任国君，是为桓公而担任的。

【原文】

　　隐长又贤，何以不宜立？立適以长①，不以贤；立子以贵②，不以长。桓何以贵？母贵也③。母贵则子何以贵？子以母贵④，母以子贵⑤。

【注释】

　　①立適以长：何休注："遭，谓遭夫人之子，尊无与敌，故以齿。"適，同"嫡"。

　　②立子以贵：何休注："子，谓左右媵及侄娣之子，位有贵贱。又防其同时而生，故以贵也。礼：嫡夫人无子，立右媵；右媵无子，立左媵；左媵之子，立嫡侄娣：嫡侄娣无子，立右媵侄娣皆所以防爱争。"

　　③母贵：隐公、桓公的母亲都是媵，他俩的身份都是公子。但桓公的母亲是右媵，地位仅次于嫡夫人。何休注："桓母，右媵。"所以说桓公的母亲地位高贵。

　　④子以母贵：何休注："以母秩次立也。"

　　⑤母以子贵：何休注："礼：妾子立，则母得为夫人。"

【译文】

隐公年长又贤能，为什么不适宜立为国君呢？因为立嫡子的君，就是立年长的，不考虑他是否贤能；立庶子的君，就立尊贵的，不考虑他是否年长。桓公为什么尊贵呢？他母亲的地位高。母亲地位高为什么儿子就尊贵呢？儿子是由于母亲的地位高才尊贵的，母亲也会因儿子被立为国君而显贵。

【原文】

三月，公及邾娄仪父盟于眜①。

及者何？与也。会及暨，皆与也。曷为或言会，或言及，或言暨？会，犹最也②。及，犹汲汲也③。暨，犹暨暨也④。及，我欲之⑤。暨，不得已也。

【注释】

①邾娄：春秋诸侯国名，即郑国。曹姓，子爵国，为楚所灭。何休注："邾人语声后曰'娄，故曰'邾娄'。"故地在今山东邹县境。仪父：郑国国君，名克，字仪。父，即傅，当时男子的美称。眜：鲁国地名，在今山东泗水县东

②最：会聚。何休注："最，聚也。"

③汲汲：急切的样子。

④暨暨：《说文解字注》："暨暨，犹'几几'。《尔雅》所谓不及也。"下文："及，我欲之"，及，是出于自愿；不及，则是随从别人意愿，不得不参加。

⑤我：指鲁国。

【译文】

三月，隐公"及"邾仪父在眜地会盟。"及"是什么意思？是"与"的意思。"会"、"及"、"暨"都是"与"的意思。为什么有的地方用"会"字，有的

地方用"及"字，有的地方则用"暨"字呢？"会"是平时聚会；"及"是急切地参加；"暨"是不能不参加。这里用"及"字，是鲁国想要与邾国求得友好。用"暨"字，就是迫不得已了。

【原文】

仪父者何？邾娄之君也。何以名①？字也。曷为称字②？褒之也。曷为褒之？为其与公盟也。与公盟者众矣，曷为独褒乎此？因其可褒而褒之③，此其为可褒奈何？渐进也④。眛者何？地期也⑤。

【注释】

①何以名：为什么称呼他的名字。

②曷为称字：何休注："据诸侯当称爵。"按，邾国在《春秋》成书前就失去爵位，因此这里只能称字。

③因其可褒而褒之：何休注："《春秋》王鲁（以鲁为天下），记隐公以为始受命王，因仪父先与隐公盟，可假以见褒赏之法，故云尔。"

④渐进：何休注："渐者，物事之端，先见之辞。去恶就善曰进。"

⑤地期：徐彦颜："先约其事，乃期于某处作盟会者。"即约好的会盟的地点。

【译文】

仪父是什么人？邾国的国君。为什么称呼他的名？不是名而是他的字。为什么称他的字？《春秋》的作者要褒奖他。为什么要褒奖他？为了他与隐公会盟。与隐公会盟的人很多，为什么仅仅褒奖他一人呢？因为他值得褒奖就褒奖他。他为什么值得褒奖呢？因为他逐渐趋于善性。"眛"是什么意思？是约定好的会盟的地点。

【原文】

夏五月，郑伯克段于鄢①。克之者何？杀之也。杀之，则曷为谓之克？大郑伯之恶也②。曷为大郑伯之恶？母欲立之，己杀之；如勿与而已矣③。段者何？郑伯之弟也。何以不称弟？当国也④。其地何？当国也。齐人杀无知，何以不地⑤？在内也。在内，虽当国，不地也。不当国，虽在外，亦不地也。

【注释】

①郑伯：指郑庄公。春秋时周天子下有公、侯、伯、子、男五等爵。郑国是伯爵级的诸侯国，姬姓，在今河南新郑一带，所以称它的国君为郑伯。段：指郑庄公的弟弟共叔段。鄢烟）：地名，在今河南鄢陵。

②大：夸张。恶：残暴。

③如：何休注："如，即不如。齐人语也。"

④当国：何休注："欲当国为之君。"即有篡位的企图。

⑤不地：不记载地点。何休注："明当国者在外乃地尔。为其将交连邻国，复为内难，故录其地，明当急诛之。不当国虽在外，祸轻，故不地也。"

【译文】

夏季五月，郑庄公在鄢地"克"了共叔段。"克之"是什么意思？就是杀了他。杀了他，那么为什么说是"克"呢？为了强调郑庄公的残暴。为什么要强调郑庄公的残暴呢？他母亲想立为国君的人，他却把他杀了；不如不让那个人做国君就算了。共叔段是什么人？郑庄公的亲弟弟。这里为什么不直接称共叔段为庄公的弟弟呢？因为共叔段有篡位的企图。为什么记他被杀的地点？也因为共叔段有篡位的企图。齐国人杀公孙无知，为什么就没有记载地点呢？因为这事发生在国内。在国内被杀，虽然有篡位企图也不记载地点。没有篡位企图，虽然在国外被杀，也不记载地点。

【原文】

秋，七月。天王使宰咺来归惠公仲子之赗①。宰者何？官也。咺者何？名也。曷为以官氏？宰士也②。惠公者何？隐之考也③。仲子者何？桓之母也。何以不称夫人？桓未君也④。赗者何？丧事有赗，赗者盖以马，以乘马束帛⑤。车马曰赗，货财曰赙⑥，衣被曰襚⑦。桓未君，则诸侯曷为来赗之？隐为桓立，故以桓母之丧告于诸侯。然则何言尔？成公意也。其言来何？不及事也。其言惠公仲子何？兼之。兼之，非礼也。何以不言及仲子？仲子，微也。

【注释】

①天王：即周天子。周平王。宰咺（喧）：周王室大臣。归：同"馈"，赠送。赗：助葬用的如车马束帛等财物。

②宰士：周天子的冢宰，掌管王家内外事务。

③考：死去的父亲。

④君：用作动词。立为国君。

⑤乘马束帛：乘马，即四匹马。束帛，古代聘问礼物。也作为婚丧、朋友互赠的礼品。帛五匹为束。何休注："乘马者，谓大夫以上备四也。束帛，谓玄三纁二，玄三法天，纁二法地，因取足以共事。"

⑥赙：以财物助丧事。

⑦襚：向死者赠送衣被。也指赠给死者的衣被。何休注："此者，春秋制也。赗，犹覆也。赙，犹助也。皆助生送死之礼。襚，犹遗也，遗是助死之礼。"

【译文】

秋季七月，周天子派"宰咺"来鲁国赠送惠公、仲子的"赗"。"宰"是什么意思？是官吏的通称。"咺"是什么意思？是人名。为什么要以官称为姓氏？因为宰是周天子的士。惠公是什么人？是鲁隐公死去的父亲。仲子是谁？鲁桓公的母亲。为什么不称她为夫人？因为桓公还未立为国君。"赗"是什么意思？办丧事都有赗，赗一般是用马，用四匹马和五匹帛。助葬赠送的车马和帛就叫"赗"。助葬赠送的财物叫"赙"。助葬赠送的衣被叫"襚"。桓公还未做国君，诸侯为什么来赠送助葬物品呢？隐公为桓公做国君，所以把桓公母亲的丧事通知了各诸侯国。但为何要这样说呢？这是为了成全隐公的好意。为什么要用"来"字呢？因为宰咺没有赶上惠公的葬礼。将惠公、仲子连在一起说是什么意思呢？是要兼顾二人。兼顾二人是不合于礼的。为什么不说鲁惠公及仲子呢？因为仲子的地位卑微。

【原文】

九月，及宋人盟于宿①。孰及之？内之微者也②。

冬，十有二月。祭伯来③。祭伯者何？天子之大夫也。何以不称"使"？奔也。奔则曷为不言奔？王者无外，言奔④，则有外之辞也。公子益师卒⑤。何以不日？远也。所见异辞，所闻异辞，所传闻异辞⑥。

【注释】

①宿：国名。风姓，故地在今山东东平县境。

②内：何休注："内者，谓鲁也。微者，谓士也。"

③祭伯：周王卿士。

④言奔：何休注："言奔，则与外大夫来奔同，文故去奔，明王者以天下为家无绝义。"

⑤公子益师：何休注："公子者，氏也。益师者，名也。诸侯之子称公子。"名众父，字益师。

⑥"所见"三句：何休注："所见者，谓昭、定、哀，己与父时事也（按：这里的'己'指孔子）。所

闻者，谓文、宣、成、襄，王父时事也。所传闻者，谓隐、桓、庄、闵、禧，高祖、曾祖时事也。异辞者，见恩有厚薄，义有深浅。"

【译文】

九月，和宋国人在宿国结盟。谁和宋国人结盟呢？鲁国地位较低的一位官员。

冬季十二月，祭伯来鲁国。祭伯是什么人？周天子的大夫。为什么不说"派遣"呢？因为他是私自逃奔来的。是逃奔那为什么不说"奔"呢？周王朝是大一统的天下，是没有"国外"之说的，说逃奔，那就表示周王朝有"国外"之意了。

在这个月，公子益师死了。为什么不记载他死的日子呢？因为太久远了。在孔子和他父亲的时代已有不同的说法，在孔子听说的文、宣、成、襄时代说法也不相同，更何况是在孔子听到传说的隐、桓、庄、闵、嘻时代呢，那更有不同的说法了。

【原文】

二年，春，公会戎于潜①。

夏，五月，莒人入向②。入者何？得而不居也。

无骇帅师入极③。无骇者何？展无骇也。何以不氏④？贬。曷为贬？疾始灭也⑤。始灭，昉于此乎⑥？前此矣。前此，则曷为始乎此。托始焉尔⑦。曷为托始焉尔？《春秋》之始也。此灭也，其言入何？内大恶⑧，讳也。

【注释】

①二年：鲁隐公二年（公元前721年）。戎：古国名。春秋时属曹地。在今山东荷泽县西南。潜：鲁国地名。在今山东济宁市西南。

②莒：古国名。在今山东胶县西南，后迁到莒地，

隐

011

即今山东莒县。向：古国名。姜姓，在今山东曹县南约七十里处。

③无骇：鲁国司空。极：鲁附庸国名。故址在今山东鱼台县西南。

④氏：这里作动词用。不氏，即不称姓氏

⑤疾：憎恨。

⑥昉：天方明。引申为开始。

⑦焉尔：何休注："焉尔，犹于是也。"

⑧内：指鲁国。

【译文】

鲁隐公二年春天，隐公在潜这个地方会见戎人。

夏天，五月，莒国军队入侵向国。"入"是什么意思？是夺取而不居住的意思。

鲁国的司空无骇率领军队进入极国。无骇是什么人？就是展无骇。为什么不称他的姓氏？是为了贬低他。为什么要贬他呢？是憎恨从他开始灭亡了别人的国家。最先灭亡别国是从他开始的吗？在这以前就有了。既然在这以前就有了，那么为什么又说从他开始呢？这不过是假托从他开始罢了。为什么要假托从他开始呢？因为《春秋》这部书才开始写。这种消灭别国的大事，为什么要说成"入"呢？因为这是鲁国的大坏事，在写时要避讳。

【原文】

秋，八月，庚辰，公及戎盟于唐①。

九月，纪履緰来逆女②。纪履緰者何？纪大夫也。何以不称使？婚礼不称主人。然则曷称？父、兄、师、友。宋公使公孙寿来纳币③，则其称主人何？辞穷也。辞穷者何？无母也④。然则纪有母乎？曰："有。"有则何以不称母？母不通也⑤。外逆女不书，此何以书？讥⑥。何讥尔？讥始不亲迎也。始不亲迎，昉于此乎？

前此矣。前此，则曷为始乎此？托始焉尔。曷为托始焉尔？《春秋》之始也。女曷为或称女，或称妇，或称夫人？女在其国称女，在途称妇，入国称夫人。

【注释】

①唐：鲁国地名。在今山东鱼台县旧治东北。

②履緰：《左传》为"裂繻"。纪国大夫。逆：迎接。女：鲁惠公之女，嫁给纪国国君。

③宋公使公孙寿来纳币：见《春秋》成公八年。公孙寿：宋国公族。司城公子荡之子，父死继任父位。纳币：即古婚礼六礼中的纳征。纳吉之后，择日具书，遣人送聘礼到女家，女家受礼复书，婚姻乃定。亦称"文定"，俗称"过定"。古人把玉、马、皮、圭、璧、帛皆称"币"，是常用的礼品。

④辞穷者何？无母也：何休注；"礼：有母，母当命诸父兄师友，称诸父兄师友以行。宋公无母，莫使命之辞穷，故自命之。目命之，则不得不称使。"

⑤母不通：何休注："礼：妇人无外事，但得命诸父兄师友，称诸父兄师友以行耳。母命不得达，故不得称母通使文，所以远别也。"即指母亲不能对外往来交好。

⑥讥：何休注："讥，犹谴也。"

【译文】

秋天，八月，庚辰这天，隐公与戎人在唐这个地方结盟。

九月。纪履緰为国君前来迎娶鲁惠公的女儿。纪履緰是什么人？是纪国的大夫。为什么不说是"派遣"呢？因为在婚礼中是不称呼主人的。那么称呼什么呢？应该称主人的父亲、哥哥、老师或朋友。成公八年中记载，宋共公派遣公孙寿来鲁国为自己订婚纳聘礼，那又为什么称呼他主人呢？因为没有别的称呼好用。没有别的称呼好用是什么意思？因为宋共公的母亲去世了。那么纪国国君的母亲还健在吗？回答是："健在。"既然健在，为什么不称呼他的母亲呢？因为他的母亲是不能对外交往的。《春秋》书上是不记载鲁国以外的人来迎娶鲁国女子的，这里为什么记载呢？是为了谴责。谴责什么？谴责从纪国国君开始不亲自迎娶夫人。不亲自迎娶夫人是从他开始的吗？在这以前就有了。既然在这以前就有了，为什么说是从他开始呢？这不过是假托从他开始罢了。为什么要假托是从他开始呢？因为《春秋》书才开始写。女子为什么有时称"女"，有时称"妇"，有时称"夫人"？女子在她的国家时称为"女"，在迎娶的路上称为"妇"。进入出嫁的国家就称为"夫人"。

【原文】

冬，十月，伯姬归于纪。伯姬者何？内女也。其言归何？妇人谓嫁曰归。

纪子伯、莒子盟于密①。纪子伯者何？无闻焉尔。十有二月，乙卯，夫人子氏薨②。夫人子氏者何？隐公之母也。何以不书葬？成公意也。何成乎公之意？子将不终为君，故母亦不终为夫人也。

郑人伐卫。③

【注释】

①纪子伯：《左传》为"纪子帛"。子帛是履緰的字。密：莒国地名。在今山东昌邑县东。

②乙卯：十二月十六日。薨：周代称诸侯死为"薨"。子氏：何休注："子者，姓也。夫人以姓配号，义与仲子同。"徐彦疏："妇人以姓配字，不忘本国，示不适同姓。今此称姓者，亦是示不适同姓之义，故云义与仲子同。其不称字之义乃自异故。注云：以姓

配号，号即夫人是也。"

　　③卫：古国名。周武王弟康叔封地。至懿公为狄所灭。故址在今河南辉县。

【译文】

　　冬天，十月，伯姬"归"到纪国。伯姬是什么人？是鲁国的女子。这里为什么要说"归"呢？妇女出嫁叫做"归"。

　　纪子伯与莒子在莒国的密这个地方盟会。纪子伯是什么人，没有听说过。

　　十二月，乙卯这天，夫人子氏死。夫人子氏是什么人？是鲁隐公的母亲。为什么不记载举行葬礼的事？为了成全隐公的心意。为什么说是成全隐公的心意呢？他这个做儿子的不愿终身为国君，所以母亲也不会终身为夫人。

　　郑国人攻打卫国。

【原文】

三年，春，王二月①，己巳，日有食之②。何以书？记异也③。日食，则曷为或日，或不日，或言朔④，或不言朔？曰：某月某日朔。日有食之者，食正朔也⑤。其或日，或不日，或失之前，或失之后。食之前者，朔在前也。失之后者，朔在后也。

三月，庚戌，天王崩⑥。何以不书葬？天子记崩不记葬，必其时也⑦。诸侯记卒记葬，有天子存，不得必其时也。曷为或言崩，或言薨？天子曰崩，诸侯曰薨，大夫曰卒，士曰不禄⑧。

【注释】

　　①三年：鲁隐公三年（公元前720年）王二月：周历二月。

　　②日有食之：即发生日食现象。这大概是我国最早的日食记录。

　　③记异：古人迷信，以日食附会人事的变化，认为发生日食，必有怪异的事情出现。何休注："异者，非

常可怪先事而至者。是后卫州吁弑其君完，诸侯初僭，鲁隐系获，公子翚进谄谋。"

④朔：农历初一月亮运行到地球与太阳之间，地面上看不见月光。这种现象叫"朔"。以出现在农历初一，因此称初一为"朔日"或"朔"。

⑤食正朔：何休注："桓三年，秋七月，壬辰朔，日有食之是也。"

⑥三月，庚戌：三月十三日。天王：即周平王（公元前781？—前720年）。幽王子，名宜臼。幽王被犬戎所杀，平王即位，以避犬戎，东迁洛邑，是为东周。崩：周代天子死叫"崩"。何休注："大毁坏之辞"。

⑦必其时：天子的葬期有它一定的时限规定。《公羊传》认为。天子死后七个月安葬，礼有明确规定，所以记崩即可，不必记葬。

⑧不禄：何休注："不禄，无禄也皆所以别尊卑也。"

【译文】

鲁隐公三年，春天，周历二月，己巳这天，发生日食。为什么要记载日食呢？为了记载怪异的事件。发生日食，为什么有时记载日期，有时不记载日期，有时注明是初一这天，有时又不注明是初一这天呢？比如说：某月某日是初一，这天发生了日食，这种情况就叫作"食正朔"。而有时注明日期，有时不注明日期，是因为日食发生的时间有时靠前，有时靠后。靠前发生日食的初一在前，靠后的初一在后。

三月，庚戌这天，周平王死了。为什么不记载葬礼的日期呢？因为天子只记载死期不记载葬期，天子的葬期有一定的时限规定。诸侯死了要记载死期也要记载葬期，因为天子在，他们的葬期没有一定的时限。为什么人死了有时说"崩"，有时说"薨"呢？是为了别尊卑，天子死要说"崩"，诸侯死要说"薨"，大夫死说"卒"，士人死只能说"不禄"。

【原文】

夏，四月，辛卯，尹氏卒。尹氏者何？天子之大夫也。其称尹氏何？贬。曷为贬？讥世卿[1]，世卿，非礼也。外大夫不卒[2]，此何以卒？天王崩，诸侯之主也[3]。

秋，武氏子来求赙[4]。武氏子者何？天子之大夫也。其称武氏子何？讥。何讥尔？父卒，子未命也[5]。何以不称使？当丧[6]，未君也[7]。武氏子来求赙，何以书？讥。何讥尔？丧事无求，求赙，非礼也。盖通于下[8]。

【注释】

①世卿：世代承袭的卿大天。何休注："世卿者，父死子继也。礼：公卿、大夫、士皆选贤而用之，卿大夫任重职大，不当世为，其秉政久，恩德广大，小人居之必夺君之威权。"

②不卒：不记载死亡的事。徐彦疏："庄二于七年秋，公子友如陈葬原仲，而《经》不书原仲之卒是也。"

③诸侯之主：何休注："时天王崩，鲁隐往奔丧，尹氏主傧赞，诸侯与隐交接。而卒恩隆于王者，则加礼录之。"

④武氏子：周王臣之子。

⑤子未命：何休注："时虽世大夫，缘孝子之心不忍便当父位，故顺古先试一年，乃命于宗庙。武氏子父新死未命而便为大夫，薄父子之恩，故称氏言子见未命，以讥之。"

⑥当丧：当时正逢周平王的丧期。何休注："当

丧，谓天子也。"

⑦未君：何休注："未君者，未三年也，未可居君位。称使也，故绝正。"

⑧盖通于下：下，指诸侯。通于下，对于诸侯也是一样的。徐彦疏："盖，诂为皆。"

【译文】

夏天，四月，辛卯这天，尹氏死了。尹氏是什么人？是周天子的大夫。为什么不称他的名字而称尹氏呢？是贬低他。为什么要贬低他呢？因为要讥讽他世代承袭为卿大夫。世代承袭为卿大夫是不合于礼的。鲁国以外的大夫的死，《春秋》是不记载的，这里为什么要记载尹氏的死呢？因为周平王死时，尹氏曾以主人的身份接待过鲁隐公和诸侯。

秋天，武氏子来鲁国求取为周平王助丧的财物。武氏子是什么人？是周天子的大夫。为什么不称他的名字而称他武氏子呢？是谴责他。为什么要谴责他呢？因为他父亲虽然死了，但他并没有得到继承父位的正式命令。为什么不说派遣呢？嗣王还处在周平王丧期，没有正式即位为天子。武氏子来鲁国求助丧的财物，为什么要记载呢？是谴责这件事。为什么要谴责这件事呢？因为办丧事不应该向别人求取财物资助，求取助丧财物是不合于礼的。这个道理对于所有的诸侯也是适宜的。

【原文】

八月，庚辰，宋公和卒①。

冬，十有二月，齐侯郑伯盟于石门②。

癸未，葬宋缪公。葬者曷为或日或不日？不及时而日，渴葬也③；不及时而不日，慢葬也；过时而日，隐之也④；过时而不日，谓之不能葬也；当时而不日，正也⑤；当时而日，危不得葬也。此当时，何危尔？宣公谓缪公曰⑥："以吾爱与夷⑦，则不若爱女。以为社稷宗庙主，则与夷不若女，盍终为君矣？"宣公死，缪公立。缪公逐其二子庄公冯与左师勃⑧。曰："尔为吾子，生毋相见，死毋相哭。"与夷复曰："先君之所为不与臣国⑨，而纳国乎君者⑩，以君可以为社稷宗庙主也。今君逐君之二子，而将致国乎与夷，此非先君之意也。且使子而可逐，则先君其逐臣矣。"缪公曰："先君之不尔逐⑪，可知矣。吾立乎此，摄也。终致国乎与夷。"庄公冯弑与夷。故君子大居正⑫，宋之祸，宣公为之也。

【注释】

①宋：国名，子姓，公爵，成汤之后裔。周武王灭封，封其子武康。其后武庚叛，成王诛武庚，改封殷纣庶兄微子启于宋，都商丘。在今河南商丘县附近。宋公和即宋缪公，名和，武公之子，宣公之弟。宋国第十四君，在位九年，其七年入春秋之世。卒：死。这里应说"薨"。何休注："言卒，所以褒内也。"

②石门：齐国地名。在今山东长清县西南。

③不及时：不到应该入葬的时间。渴葬：古代葬期因死者身份地位而异，其未及葬期而提前葬的，称为"渴葬"。《释名？释葬制》："日月未满而葬曰渴。言渴欲速葬，无恩也。"何休注："不及时，不及五月也。礼：天子七月而葬，同轨毕至；诸侯五月而葬，同盟至；大夫三月而葬，同位至；士逾月，外姻至。渴，喻急也。"

④隐之：何休注："隐，痛也。痛贤君不得以时葬。"

⑤正：正规。

⑥宣公：名力，武公司空之子，缪公之兄，宋国第十三君，在位十九年。

⑦与夷：即宋殇公。名与夷，宣公之子，宋国第十五君，在位十年。

⑧庄公冯：即宋庄公，名冯，缪公之子，宋国第十六君，在位十八年。左师勃：缪公之子。何休注："左师，官。勃，名也。"

⑨先君：已故之君。此指宋缪公之兄宋宣公。

⑩纳：献。

⑪不尔逐：等于说"不逐尔"。

⑫大居正：何休注："明修法守正，最计之要也。"封建宗法以传子为常道，因称把君位传给儿子的宗法制度为"大居正"。大，尊尚《公羊传》认为宋宣公把君位传给弟缪公，而不传儿子与夷，因而引起后来篡夺之祸。

【译文】

八月，庚辰这天，宋缪公死了。

冬天，十二月，齐侯与郑伯在齐国的石门这个地方盟会。癸未这天，安葬了宋缪公。举行葬礼为什么有的记载日期，有的不记载日期呢？不到葬期提前入葬并写出葬礼日期的，表示急于入葬；不到葬期提前入葬，又不写出日期的，表示不能以礼葬；超过葬期入葬并写明日期，表示哀痛贤君不能按时入葬；超过葬期入葬又不写明日期，这是说不能按时入葬；按时入葬而不写出日期，这是正规的葬礼；按时入葬并写明日期，表示潜伏着危机不能得到安息。宋缪公按时入葬并写明了葬礼的日期，有什么危机呢？宋宣公曾经对缪公说："我对儿子与夷的爱，还不如对你的爱，我认为作为社稷宗庙的主人，与夷远不如你，你何不就做宋国国君呢？"宋宣公死后，缪公立为国君。后来，缪公将他的两个儿子庄公冯和左师勃逐出宋国，并对他们说："你们虽然是我的儿子，但我活着时不要再来见我；我死了，也不要来哭我。"与夷听到后，就对缪公说："先君之所以不把国家交给我，而把国家交给您，是认为您可以做好社稷宗庙的主人。现在您将自己的两个儿子驱逐，准备把家交还给我与夷，这并不是先君的本意。何况，假如儿子可以驱逐，那么先君恐怕也把我赶走了。"缪公说："先君不驱逐你的原因是可以理解的。我在国君这个位置上，仅仅是摄政，最终还是要把国家交还给你与夷的。"缪公死后，庄公冯终于杀了与夷。所以，君子一定要遵守把君位传给儿子的法度，宋国的祸乱，就是宋宣公造成的。

【原文】

四年①，春，王二月，莒人伐杞②，取牟娄。牟娄者何？杞之邑也。外取邑不书，此何以书？疾始取邑也③。

戊申，卫州吁弑其君完④。曷为以国氏？当国也。

夏，公及宋公遇于清⑤。遇者何？不期也。一君出，一君要之也⑥。

宋公、陈侯、蔡人、卫人伐郑⑦。

秋，翚帅师会宋公、陈侯、蔡人、卫人伐郑。翚者何？公子翚也。何以不称公子？贬。曷为贬？与弑公也。其与弑公奈何？公子翚谄乎隐公，谓隐公曰："百姓安子⑧，诸侯说子⑨，盍终为君矣⑩。"隐曰："吾否。吾使修涂裘⑪，吾将老焉⑫。"公子翚恐若其言闻乎桓，于是谓桓曰："吾为子口隐矣⑬。"隐曰："吾不反也⑭。"桓曰："然则奈何？"曰："请作难，弑隐公⑮"于钟巫之祭焉⑯，弑隐公也。

【注释】

①四年：鲁隐公四年（公元前719年）。

②杞：古国名。相传周武王封夏禹后人东楼公于

021

杞。后为楚所灭。地在今河南杞县。

③疾：憎恨。

④州吁：卫庄公庶子。完：即卫桓公，名完，卫庄公之子，卫国第十三君，在位十六年。

⑤清：卫国地名。在今山东阿县南。

⑥要：通"邀"，

⑦陈：古国名。周初封舜之后妫满于陈，春秋末为楚所灭。蔡：古国名。姬姓，侯爵，周武王封弟叔度于蔡，监视殷后武庚。成王时叔度因武庚叛周事，被周公放逐。后立其子蔡仲胡，都上蔡（在今河南汝南县北）。其后九年传至宣侯考父的二十八年，入春秋之世。后又迁至新蔡（在今河南上蔡县东南）。又徙至州来邑，又叫下蔡（在今安徽凤台县）。其后终被楚国所灭。

⑧安子：子，是古代对男子的尊称。安子，即对您很满意。

⑨说：通"悦"。

⑩盍：副词。何不。

⑪塗裘：鲁国地名。何休注："塗裘者，邑名也。"《左传》作"菟裘"，在今山东泰安县东南。

⑫老焉：在那里养老。何休注："老焉者，将辟桓居之以自终也。"

⑬口：代语言。何休注："口，犹口语相发动也。"口隐，即用语言去探听隐公的情况。这里作动词用。

⑭反：同"返"，即归还君位。

⑮弑（shì式）：臣杀君、子杀父母曰"弑"。

⑯钟巫：神名。《左传》隐公十一年："十一月，公祭钟巫。"杜预注："立钟巫于鲁："即在鲁国立了

钟巫的神主。这里郑国大夫尹氏家立的祭主神。按：据《左传》载：隐公还是公子时，与郑人作战被俘，被囚禁在尹氏家，隐公贿赂尹氏并向尹氏的祭主神钟巫祷告，于是就和尹氏一起回鲁国并立了钟巫的神主。

【译文】

鲁隐公四年，春天，周历二月，莒国人攻打杞国，夺取了牟娄。牟娄是什么地方？是杞国的一座城邑。鲁国以外的国家夺取城邑的事件。

《春秋》是不记载的，这里为什么记载呢？是为了表示憎恶从莒国开始夺取别人的城邑。

戊申这天，卫州吁杀害了他的国君卫桓公完。为什么用国名作州吁的姓氏呢？因为州吁有篡夺君位的企图。

夏天，隐公与宋公在卫国清这个地方"遇"。"遇"是什么意思？是事先没有约定的相会。一个国家的国君出行，另一个国家的国君邀请他见面。

宋公、陈侯、蔡国人和卫国人一起攻打郑国。秋天，翚率领军队会同宋公、陈侯、蔡国人和卫国人一起攻打郑国。翚是什么人？就是公子翚。为什么不称他公子呢？贬低他。为什么要贬低他？因为他参与了杀害隐公的事。他为什么要参与杀害隐公呢？有一次，公子翚向隐公献媚，他向隐公说："全国的老百姓都对您很满意，各国诸侯对您也很喜欢，您何不就一直做国君呢？"隐公却说："我不做了。我已经派人去修整涂裘那里的住处。我将在那里养老。"公子翚很担心自己说的话被桓公听到，就去对桓公说："我为您去了解了隐公的情况。隐公说：'我是不会将君位归还的。'"桓公说："如果这样，那该怎么办呢？"公子翚说："请求准许我发难。杀死隐公！"这样，当鲁隐公祭祀钟巫时。公子翚派人杀害了鲁隐公。

【原文】

九月，卫人杀州吁于濮①。其称人何？讨贼之辞也。

冬，十有二月。卫人立晋②。晋者何？公子晋也。立者何？立者不宜立也③。其称人何？众人之辞也。然则孰立之？石碏立之④。石碏立之，则其称人何？众之所欲立也。众虽欲立之，其立之非也⑤。

【注释】

①杀州吁于濮：在陈国淮地将州吁杀死：濮，陈国地名（今地不详）。

②晋：即卫宣公。名晋，卫庄公之子，在位十九年。

③不宜立：何休注："诸侯立，不言立。此独言立。明不宜立之辞"

④石碏（que 鹊）：卫国大夫。又称石子。

⑤众虽欲立之，其立之非：何休注："凡立君为众，众皆欲立之，嫌得立无恶，故使称人，见众言立也，明下无废上之义，听众立之，篡也。"

【译文】

九月，卫国人在陈国濮地杀了州吁。这里为什么要称"人"呢？这是讨伐国贼的言辞。

冬天，十二月，卫国人"立"晋为国君。晋是什么人？就是卫国的公子晋。"立"是什么意思？"立"就是按礼法不应当立的意思：这里为什么要称"人"呢？这是民众要立公子晋的言辞。既然这样，那么究竟是谁立他呢？是大夫石碏立了公子晋。大夫石碏立了他，这里为什么还要称"人"呢？因为这也是民众想立他为君的。虽然是民众想立他，但他被立为君是不合于礼的。

【原文】

五年，春，公观鱼于棠①。何以书？讥。何讥尔？远也②。公曷为远而观鱼？登来之也。百金之鲁，公张之③。登来之者何？美大之辞也④。棠者何？济上之邑也。

夏，四月，葬卫桓公。

秋，卫师入盛⑥。曷为或言率师，或不言率师？将尊师众岙，称某率师；将尊师少，称将⑦；将卑师众⑧，称师；将卑⑨师少，称人。君将不言率师，书其重者也。

【注释】

①五年：鲁隐公五年〔公元前718年〕，棠：鲁国地名。在今山东鱼台县北。

②远：棠地距鲁国国都曲阜很远。

③张：张网捕鱼。

④美大：都作动词用。美，即赞美。大，夸张，夸招。

⑤济：水名。古与江、淮、河并称"四渎"。《尚书？禹贡》："导沇水。东流为济，入于河。"济水源出于河南济源县王屋山，其故道本过黄河而南，东流至山东，与黄河并行入海，后下游为黄河所夺，惟河北发源处尚存。

⑥盛：通"郕"。古国名。《左传》作"郕"。在今山东汶上县西北（一说在今山东濮阳废县治东南）。

⑦将：何休注："将，尊者，谓大夫也："师众：何休注："师众者，满二千五百人以上也。二千五百人称师。……礼：天子六师，方伯二师，诸侯一师，"

⑧师少：何休注："师少者，不满二千五百人也。"

⑨将卑；何休注："将卑者，谓士也。卫师入盛是也。"

【译文】

鲁隐公五年，春天，隐公到棠这个地方去观鱼。《春秋》为什么记载这件事呢？是为了谴责隐公。为什么要谴责他呢？因为隐公去观鱼的地方距国都很远。隐公为什么到那么远的地方去观鱼呢？因为可以"登来之"。价值百金的鱼，隐公都可以张网捕到，"登来之"是什么意思？这是赞美夸耀的话。棠是什么地方？是济水上游的一座城邑。

夏天，四月，安葬了卫国国君桓公。

秋天，卫国的军队入侵盛国。为什么有时说率领军队，有时不说率领军队呢？如果领兵的人地位高，而且军队的人多，就说某某率领军队；如果领兵的人地位虽高，但军队的人不多，就说某某"将"；如果领兵的人地位低下，而军队众多，就说某某"师"；要是领兵的人地位低，军队又少，那么就说某某"人"。国君亲自领兵不说率领军队，因为要记载他最重要的事情。

【原文】

九月，考仲子之宫①。考宫者何？考，犹入室也，始祭仲子也。桓未君，则曷为祭仲子？隐为桓立，故为桓祭其母也。然则何言尔？成公意也。初献六羽②，初者何？始也。六羽者何？舞也？初献六羽，何以书？讥。何讥尔？讥始僭诸公也⑧。六羽之为僭奈何？天子八佾④，诸公六⑤，诸侯四⑧。诸公者何？诸侯者何？天子三公称公，王者之后称公，其余大国称侯，小国称伯、子、男。天子三公者何？天子之相也。天子之相，则何以三？自陕而东者，周公主之⑦；自陕而西者，召公主之⑧；一相处乎内。始僭诸公，昉于此乎？前此矣。前此，则曷为始乎此？僭诸公，犹可言也，僭天子，不可言也⑨。

【注释】

①考：祭礼名。宫：即庙。何休注："考，成也。成仲子之宫庙而祭之，所以居其鬼神，犹生人入宫室，必有饮食之事。不就惠公庙者，妾母卑，虽为夫人犹特庙而祭之。礼：妾庙，子死则废矣。"

②献：献演。六羽：即六羽乐舞。

③僭（jiàn简）：越分。指超越身份，冒用在上者的职权行事。公：春秋时爵位名。

④八佾（yì义）：古代天子专用的乐舞。佾，是古代乐舞的行列，何休注："佾者，列也。八人为列，八八六十四人，法八风。"

⑤诸公六：公爵专用的乐舞。何休注："六人为列，六六三十六人，法六律。"

⑥诸侯四：诸侯用的乐舞，何休注："四人为列，四四十六人，法四时。"

⑦周公，名姬旦。周文王之子，辅助周武王灭纣。建周王朝，封于鲁。武王死，成王幼，周公摄政。管叔蔡叔挟殷的后代武庚作乱，周公东征，平武庚、管叔、蔡叔之乱。七年，建成周洛邑。周代的礼乐制度相传都是周公所制订。

⑧召公：姓姬，名奭（shì式），周的支族，周武王之臣。因封地在召，故称召公。武王灭纣后，封召公于北燕。成王时，与周公旦分陕而治。陕：即今河南陕县。何休注："陕县，盖今弘农陕县是也。"

⑨僭天子，不可言：何休注："前僭八佾于惠公庙，大恶，不可言也。还从僭六羽议，本所当托者。非但六也，故不得复传上也。"

【译文】

九月，隐公建成祭祀仲子的庙。建庙是什么意思？建成庙就意味着请仲子的鬼神入室内，并开始祭祀她。桓公还不是国君，为什么要祭祀他的母亲仲子呢？隐公是为桓公当国君的，因此，建庙是隐公替桓公祭祀他的母亲。为什么要这样说呢？这是为了成全隐公的心意。在仲子庙内，鲁国"初"次献演六羽乐舞。"初"是什么意思？是第一次。六羽是什么？是一种乐舞。第一次献演六羽乐舞，《春秋》为什么记载呢？这是谴责的意思。为什么要谴责呢？谴责从鲁隐公开始鲁国僭越了三公之礼。用六羽乐舞为什么僭越本分呢？因为天子可以享受八佾之舞，三公享受六佾之舞，诸侯只能享受四佾之舞，这是礼法规定的。诸公指什么人？诸侯又指什么人？天子的三公称公，王的后代也称公，其余的大国国君称侯，小国国君称伯、称子或称男。天子的三公是什么人？就是辅佐天子的宰相。周天子的宰相为什么有三个呢？从河南陕县以东的地方，由周公旦治理；从河南陕县以西的地方，由召公奭治理；还有一名宰相留在朝廷中。开始僭越三公之礼，是从这次开始的吗？这以前就有了。这以前就有了，那为什么说从这次开始的呢？这次僭越三公之礼这件事还可以议议，以前僭越天子之礼是大恶，就不敢说了。

【原文】

邾娄人、郑人伐宋。

螟①。何以书？记灾也②。

冬，十有二月，辛巳，公子驱卒。

宋人伐郑，围长葛③。邑不言围，此其言围何？强也。

【注释】

①螟：螟虫，一般指水稻钻心虫，如二化螟、三化螟。广义指各种钻心的蛾类幼虫。

②记灾：古人迷信，往往把自然灾害与人事联系起来，因此记灾的目的是记人事。何休注："灾者，有害于人物随事而至者。先是隐公张百金之鱼，设苛令急治，以禁民之所致。"

③长葛：郑国邑名。在今河南宛陵县北。

【译文】

邾娄国和郑国军队攻打宋国。

鲁国发生螟灾。为什么记载这件事？为了记载灾害。冬天，十二月，辛巳这天，鲁国公子驱死了。

宋国军队反攻郑国，包围了长葛邑。城邑是不说包围的，这里为什么说包围呢？因为长葛的兵力太强了。

【原文】

六年，春，郑人来输平①。输平者何？输平，犹堕成也气②何言乎堕成？败其成也。曰：吾成败矣。吾与郑人未有成也。吾与郑人，则曷为未有成？狐壤之战③，隐公又获焉。然则何以不言战？讳获也。

夏，五月，辛酉，公会齐侯盟于艾④。

秋，七月。此无事，何以书？《春秋》虽无事，首时过则书⑤。首时过，则何以书？《春秋》编年⑥，四时具⑦，然后为年。

冬，宋人取长葛。外取邑不仔，此何以书？久也。

【注释】

①六年：鲁隐公六年（公元前717年）。输平：《左传》作"渝平"。即弃旧怨结新好之意。鲁隐公曾与郑国人在狐壤交战，被郑军俘获，后来逃归，便与郑国人结了仇怨。

②堕成：变更前恶而复为和好之意。《释文》："堕，许规反，布也。服（虔）云：输也。"成，和解，讲和。

③狐壤：古地名，今址不详。

④齐：国名。周武王封太公望于齐。至桓公为五霸之一；田氏伐齐，为战国七雄之一。秦始皇二十六年灭齐。齐侯即齐僖公。艾：地名，地处齐、鲁两国之间，在今山东新泰县西北。

⑤首时过：四季的第一个月为首时。何休注："首，始也时，四时也。过，历也。春以正月为始，夏以四月为始，秋以七月为始，冬以十月为始。历一时无事，则书其始月也。"

⑥编年：按年代顺序编写。

⑦具：完备，具备。

【译文】

鲁隐公六年，春天，郑国人来鲁国"输平"。"输平"是什么意思？就是抛弃过去的怨恨重新和好。为什么说要弃旧怨结新好呢？因鲁国与郑国的友好关系已被毁坏。鲁国曾宣布过：我们之间的和约解除了。我们鲁国与郑国已经没有和约了。我们鲁国与郑国为什么会没有和约呢？因为在狐壤之战中鲁隐公曾被郑国人俘获过。既然这样，为什么不说两国打过仗呢？因为对鲁隐公被俘这件事要避讳。

夏天，五月，辛酉这天，隐公在艾这个地方会见齐侯，并订立盟约。

秋天，七月。这个月没有发生什么事，为什么要记载时间呢？因为《春秋》即使没有什么值得记载的事件，但一年中四季的第一个月过去了就要记下时间。

为什么四季的第一个月过去了就应该记载呢？因为《春秋》是按年代顺序编写的，四季完备才算一年。

冬天，宋国人攻取了长葛邑。鲁国以外的国家夺取城邑是不记载的，这里为什么记载呢？因为围攻的时间太久了。

【原文】

七年，春，王三月，叔姬归于纪①。

滕侯卒②。何以不名？微国也。微国，则其称侯何？不嫌也。《春秋》贵贱不嫌同号③，美恶不嫌同辞④。

夏，城中丘⑤。中丘者何？内之邑也。城中丘，何以书，以重书也⑥。

齐侯使其弟年来聘⑦。其称弟何？母弟称弟，母兄称兄。

秋，公伐邾娄。

冬，天王使凡伯来聘⑧。戎伐凡伯于楚丘⑨，以归⑩。凡伯者何？天子之大夫也。此聘也，其言伐之何？执之也。执之，则其言伐之何？大之也⑪。曷为大之？不与夷狄之执中国也⑫。其地何？大之也。

【注释】

①七年：鲁隐公七年（公元前716年）。叔姬：隐公二年冬天，有"伯姬归于纪"的记载，叔姬是伯姬陪嫁的女子。因当时年纪小，未从嫁，这时才出嫁。何休注："叔姬者，伯姬之媵也。至是乃归者，待年父母国也。"

②滕侯：滕国国君。滕国在今山东滕县。

③贵贱不嫌同号：何休注："贵贱不嫌者，通同号称也。若齐亦称侯，滕亦称侯。微者亦称人，贬亦称人，皆有起文，贵贱不嫌同号是也。"

④美恶不嫌同辞：何休注："若继体君亦称即位，继弑君亦称即位，皆有起文，美恶不嫌同辞是也。"

⑤城：作动词用。筑城。中丘：鲁国地名。在今山东临沂县东北。

⑥重书：何休注："以功重故书也"。

⑦年：即夷仲年，齐国宗室。聘：古代诸侯之间通问修好。⑧凡伯：周天子大夫，周王室世卿

⑨楚丘：戎地。在今山东曹县东南。

⑩归：指俘获凡伯而归。

⑪大之：大，作动词用。尊大他。

⑫中国：指春秋战国时中原各诸侯国。后泛指中原地区。

【译文】

鲁隐公七年，春天。周历三月，叔姬陪嫁到纪国。滕国国君死了。为什么不写他的名字呢？因为滕国是小国。滕国是小国，为什么也称它的国君为侯呢？因为不再加以区别。《春秋》书对尊贵的和卑贱的可以用同一个称号，不加区别；对美好的和丑恶的也可以不加区别地用同一种文辞。

夏天。在中丘这里筑城。中丘是什么地方？是鲁国国内的一个邑。在中丘筑城，《春秋》为什么要写下呢？因为这工程很大，所以记下了。

齐侯派遣他的弟弟夷仲手来鲁国访问。为什么称弟呢？同母的弟弟就称第，同母的哥哥就称兄。

秋天，鲁隐公发兵攻打邾娄国。

冬天，周天王派遣大夫凡伯来鲁国访问。戎人在楚丘这个地方攻打回京师的凡伯，并把他抓了回去。凡伯是什么人？是周天子的大夫。这是外出访问，为什么说戎人攻打他呢？因为抓住了他。抓住了他为什么说攻打他呢？这是尊敬凡伯的意思。为什么要尊敬他呢？因为

不允许夷狄人随便抓走中原各国的官员。为什么要记载凡伯被攻击的地点呢？也是为了尊敬凡伯。

【原文】

八年，春，宋公、卫侯遇于垂①。

三月，郑伯使宛来归邴②。宛者何？郑之微者也。邴者何？郑汤沐之邑也③。天子有事于泰山④，诸侯皆从泰山之下，诸侯皆有汤沐之邑焉。庚寅，我入邴。其言入何？难也⑤。其日何了难也。其言我何？言我者，非独我也，齐亦欲之。

夏，六月，己亥，蔡侯考父卒⑥。

辛亥，宿男卒⑦。

秋七月，庚午，宋公、齐侯、卫侯盟于瓦屋⑧。

八月，葬蔡宣公。卒何以名而葬不名？卒从正⑨，而葬从主人⑩。卒何以日而葬不日？卒赴⑪，而葬不告。

九月，辛卯，公及莒人盟于包来⑫。公曷为与微者盟？称人则从⑬，不疑也。

螟。

冬，十有二月，无骇卒。此展无骇也。何以不氏？疾始灭也，故终其身不氏。

【注释】

①八年：鲁隐公八年（公元前715年）。垂：即犬丘。一地两名，卫国地名，在今山东曹县北（一说在今鄄城县东南）。

②宛：郑国大夫。邴：古地名。郑国的邑。《左传》作"祊"。在今山东费县境。

③汤沐：即沐浴。《礼·王制》："方伯为朝天子，皆有汤沐之邑于天子之县内。"《注》："给斋戒自洁清之用。浴用汤，沐用潘"。

④有事于泰山：何休注："有事者，巡守祭天告至

之礼也。当沐浴洁斋以致其敬，故谓之汤沐邑也。所以尊待诸侯而共其费也。"

⑤难：很困难。按：祊是郑国祭祀泰山的邑。郑桓公是周宣王的母弟，所以将祊地赐给他，用作周天子祭祀泰山时助祭的汤沐之邑。传到郑庄公时，郑庄公见周天子已经久废对泰山的祭祀，助祭的汤沐邑已无用，并且距郑国太远，因此就想用祊地交换鲁国的许田。这时，鲁国还未把许田给郑国，而郑国先把祊地给了鲁国，鲁国如果接受祊地是有罪的，因此说"难也"。何休注："此鲁受祊，与郑同罪，当诛"。

⑥己亥：六月初二。蔡侯：即蔡宣公，名考父，蔡戴公之子，在位三十五年。

⑦辛亥：六月十四日。宿：古国名，男爵，风姓，故地在今江苏宿迁县。宿男，宿国君。

⑧庚午：七月初四。瓦屋：周地名。在今河南温县西北。

⑨卒从正：死后要按照礼仪从事。何休注："卒，当赴告天子君前臣名，故从君臣之正义言也。"

⑩从主人：依照本国主持的安排。何休注："至葬者有常月，可知不赴告天子。"

⑪卒赴：何休注："赴天子也。"

⑫辛卯：九月二十六日。包来：《左传》作"浮来"。纪国邑名，在今山东莒县西。

⑬称人则从：何休注："从者，随从也。实莒子也。言莒子则嫌公行微，不肖诸侯，不肯随从公盟，而公反随从之，故使称人，则随从公不疑矣。"

【译文】

鲁隐公八年，春天，宋公与卫侯在卫国的垂这个地方相遇。

三月，郑国国君派遣宛来鲁国馈送邴地。宛是什么人？是郑国一个地位较低的官员。邴是什么地方？是郑国助周天子祭泰山的汤沐邑。周天子有到泰山来巡守祭天的大事时，各国诸侯都跟随周天子来到泰山脚下，各国诸侯都有自己斋戒沐浴的汤沐邑在泰山下。庚寅这天，鲁国进入邴地。这里为什么说"入"呢？因为很困难。什么要记载进入邴地的日期呢？也是因为很困难。这里为什么说"我"呢？说"我"的原因，并非只有鲁国，齐国也想得到邴地。

夏天，六月，己亥这天，蔡国国君考父死了。

辛亥这天，宿国国君死了。

秋天，七月，庚午这天，宋公、齐侯、卫侯在瓦屋这个地方盟会。

八月，安葬蔡宣公。蔡宣公死时为什么写上名字，而葬时又不写他的名字呢？因为死时要遵照周朝的礼仪行事，必须写上名字，而安葬时只要依照本国主持人的安排就行了。为什么只记载死的日期，而葬礼不记载日期呢？因为死时要讣告周天子，而葬期是有明确规定的，不必报告。

九月，辛卯这天，鲁隐公的与莒"人"在纪国的包来这个地方盟会。隐公为什么要与地位卑微的"人"盟会呢？这里称人表示莒国随从隐公而举行盟会的意思，别人不会怀疑。

鲁国发生螟灾。

冬天，十二月，无骇死。这人就是展无骇。为什么不称他的姓呢？因为憎恶从他开始灭亡别的国家，所以到他死也不称他的姓。

【原文】

九年①，春，天王使南季来聘。

三月，癸酉，大雨震电②。何以书？记异也。何异尔？不时也③。

庚辰，大雨雪④。何以书？记异也。何异尔？俶甚也⑤。侠卒。侠者何？吾大夫之未命者也。

夏，城郎⑥。

秋，七月。

冬，公会齐侯于邴。

【注释】

①九年：鲁隐公九年（公元前714年）。

②癸酉：三月初十。震：大雷。何休注："震，雷电者，阳气也。"

③不时：不符合季节。

④庚辰：三月十七日。雨：作动词用。雨雪，下大雪。

⑤俶甚：何休注："俶，始怒也。始怒甚，犹大甚也。"大甚，即太过分了。

⑥郎：鲁国地名。故地在今山东鱼台县东。《左传》隐公元年有"费伯帅师城郎"的记载，这里又言"城郎"，鲁国可能有两个叫"郎"的邑。

【译文】

鲁隐公九年，春天，周天王派遣南季来鲁国访问。

三月，癸酉这天，下大雨，伴随有巨雷闪电。为什么要记载这件事呢？是记载怪异的事件。有什么怪异的呢？这时降大雨不合时令。

庚辰这天，降了很大的雪。为什么要记载这件事呢？这也是记载怪异的事件。有什么怪异的呢？雪下得太大了。这天，侠死了。侠是什么人？是鲁国还没有正式任命的大夫。

夏天，鲁国在郎邑筑城。

秋天。七月。

冬天，鲁隐公在邴这个地方会见齐侯。

【原文】

十年，春，王二月，公会齐侯、郑伯于中丘[①]。

夏，翚帅师会齐人、郑人伐宋。此公子翚也。何以不称公子？贬。曷为贬？隐之罪人也。故终隐之篇贬也。

六月，壬戌[②]，公败宋师于菅[③]。辛未[④]，取郜[⑤]。辛巳[⑥]，取防[⑦]。取邑不日，此何以日？一月而再取也。何言乎一月而再取？甚之也[⑧]。内大恶讳，此其言甚之何？《春秋》录内而略外，于外大恶书，小恶不书；于内大恶讳，小恶书。

秋，宋人、卫人入郑。

宋人、蔡人、卫人伐载[⑨]。郑伯伐取之。其言伐取之何？易也。其易奈何？因其力也。因谁之刀？因宋人、蔡人、卫人之力也。

冬，十月，壬午，齐人、郑人入盛⑩。

【注释】

①十年：鲁隐公十年（公元前713年）中丘：鲁国地名。在今山东临沂县东北。

②壬戌：六月初七。

③菅：宋国地名。在今山东金乡县、成武县。

④辛未：六月十六日。

⑤郜：宋国邑名。在今山东成武县东南。

⑥辛巳：六月二十六日。

⑦防：宋国邑名在今山东金乡县西南。

⑧甚之：太过分了。这里指鲁国仗仃得太多了

⑨载：《左传》作“戴”古国名。子姓，故址在今

河南兰考县一带.

⑩壬午：十月二十九日。盛："郕"。《左传》作"郕"。古诸侯国名。周武王封弟叔武于此。故地在山东旧临濮（今范县）。

【译文】

鲁隐公十年，春天，周历二月，隐公在中丘这个地方会见齐侯和郑伯。

夏天，翚率领军队会同齐国人、郑国人攻打宋国。这人就是公子翚。为什么不称他公子呢？是为了贬低他。为什么要贬低他呢？因为他是鲁隐公的罪人。所以《春秋》在整个隐公这篇都贬低他。

六月，壬戌这天，鲁隐公在宋国菅这个地方打败了宋国的军队。辛未这天，占领了宋国的郜邑。辛巳这天，占领了宋国的防邑。夺取城邑，《春秋》一般是不记载日期的，这里为什么记载日期呢？这是为了表明在一个月内两次攻占别国的城邑。为什么要表明在一个月内两次攻占别国的城邑呢？为了强调鲁隐公的仗打得太多了。鲁国国内的大恶事，《春秋》在记载时总是要避讳的，这里为什么要强调鲁隐公的仗打得太多了呢？按照《春秋分的体例，主要是记载鲁国的事，别国的事只是简略记载。对于别的国家。有大恶事就记载，小恶行不记；对于鲁国，大恶事就避讳，小恶行就记下来。

秋天，宋国人和卫国人一起入侵郑国。

宋国人、蔡国人、卫国人一起攻打载国。郑国国君也趁机进攻载国并占领了它。为什么说攻打并夺取了它呢？因为太容易了。为什么这么容易呢？因为凭借了别人的力量。凭借谁的力量呢？凭借了宋国军队、蔡国军队和卫国军队的力量。

冬天，十月，壬午这天，齐国人和郑国人一起入侵盛国。

【原文】

十有一年，春，滕侯、薛侯来朝①。其言朝何？诸侯来曰朝，大夫来曰聘。其兼言之何？微国也。

夏，五月，公会郑伯于祁黎②。

秋，七月，壬午，公及齐侯、郑伯入许③。

冬，十有一月，壬辰④，公薨。何以不书葬？隐之也⑤。何隐尔？弑也。弑则何以不书葬？《春秋》君弑贼不讨，不书葬，以为无臣子也。子沈子曰⑥："君弑，臣不讨贼，非臣也；不复雠，非子也。葬，生者之事也。《春秋》君弑贼不讨，不书葬，以为不系乎臣子也。"公薨，何以不地？不忍言也。隐何以无正月？隐将让乎桓，故不有其正月也。

【注释】

①十有一年：鲁隐公十一年（公元前712年）。薛：国名。任姓侯爵。

黄帝苗裔奚仲之后。夏代封奚仲于薛。故地在今山东滕县东南。薛侯，指薛国国君。此处的"薛侯"，名字和谥号都不详。

②祁黎：《左传》作"郲"，《春秋》经文作"时来"。郑国地名。在今河南荥泽县东。

③壬午：七月初三。许：古国名，姜姓男爵国，与齐同祖，周武王始封文叔于许。地在今河南许昌县。因国小为郑所逼，后又多次迁都，到了战国初期为楚所灭。

④壬辰：十一月十五日。

⑤隐之：隐瞒这件事。

⑥子沈子：公羊学派的一位先师。何休注："沈子，称子冠氏，上者著其为师也。"

【译文】

鲁隐公十一年，春天，滕国国君和薛国国君来鲁国朝见鲁隐公。为什么说"朝"呢？各国诸侯到鲁国来，就称为"朝"；各国大夫到鲁国来，就称为"聘"。这里为什么把两国诸侯连在一起说呢？因为这两个国家太小了。

夏天，五月，隐公在郑国的祁黎这个地方会见郑国国君。

秋天，七月，壬午这天，隐公和齐国国君、郑国国君一起出兵入侵许国。

冬天，十一月，壬辰这天，隐公死了。为什么《春秋》不记载安葬鲁隐公呢？是要隐瞒某事。隐瞒什么呢？隐瞒隐公被桓公所弑这件事。国君被弑，为什么《春秋》不记载葬礼呢？按照《春秋》的体例，国君被弑，而弑君的坏人不被讨伐，就不记载葬礼，认为就像没有臣子一样。子沈子说："国君被弑，臣子们不去讨伐弑君的坏人，就不能算臣子；不为父亲报仇，就不能算儿子。举行葬礼，这是活着的人的事。《春秋》的体例是：国君被弑，而弑君的坏人不被讨伐，就不记葬礼，认为已经不存在君臣关系了。"隐公死，为什么不记载死的地点呢？是不忍心说明。鲁隐公为什么没有正月呢？因为隐公将要把君位让给桓公，所以就没有他的正月。

桓　公

【原文】

元年春，王正月，公即位①。继就君，不言即位，此其言即位何？如其意也②。

三月，公会郑伯于垂③。郑伯以璧假许田④。其言以璧假之何？易之也。易之，则其言假之何？为恭也。曷为为恭？有天子存，则诸侯不得专地也⑤。许田者何？鲁朝宿之邑也⑥。诸侯时朝乎天子，天子之郊，诸侯皆有朝宿之邑焉。此鲁朝宿之邑也，则曷为谓之许田？讳取周田也。讳取周田，则曷为谓之许田？系之许也。曷为系之许？近许也。此邑也，其称田何？田多邑少称田，邑多田少称邑。

夏，四月，丁未，公及郑伯盟于越⑦。

秋，大水。何以书，记灾也。

冬，十月。

【注释】

①元年：鲁桓公元年（公元前711年）。公：即鲁桓公，名允，隐公弟，在位十八年。

②如其意：符合桓公的心意。按：作者认为鲁桓公就是想弑隐公而自己即位，《春秋》这样写，是为了彰明桓公的罪恶。所以说这正"如其意"。

③郑伯：郑庄公，名寤生，武公子。

④以璧：用玉璧。这里是说用增加玉璧的方式。假：借。这里指交换。许田：近许之田。在今河南许昌市南。按：周武王建造王城（任今洛阳市），有迁都打算，故赐给周公许田，用作鲁君朝见周天子时朝宿之邑。鲁隐公八

年，郑庄公就派宛到鲁国来，用郑国的汤沐邑邴地换许田，一直没有成功，这次又增加玉璧来换。

⑤专地：独自掌握和占有土地。

⑥朝宿之邑：占时诸侯朝见周天子时，在京师住宿的地方叫"朝宿邑"。

⑦丁未：四月初二。越：地名。今址不详。

【译文】

鲁桓公元年，春天，周历正月，鲁桓公即位。《春秋》的体例是：继承被弒国君的君位，是不说即位的，这里为什么说即位呢？这是为了投合桓公的心意。

三月，桓公在卫国的垂这个地方会见郑庄公。郑庄公用增加玉璧的办法来借取鲁国的许田。这里说用增加玉璧的办法来借，是什么意思？就是交换。既然是交换，那为什么要说借呢？为了恭敬。为什么说是为了恭敬呢？因为有周天子在，各国诸侯是不能独占土地的。许田是什么地方？是鲁国国君朝见周天子时住宿的地方。各国诸侯为了按时朝见天子，因此在天子京师的郊外，各国诸侯都有朝见天子时住宿的地方。这是鲁君朝见天子时住宿的地方，为什么叫做许田呢？为了避讳占用周天子的田地。避讳占取周天子的田地，那么称它为许田是为什么呢？因为它挂靠在许国。为什么要挂靠在许国呢？是因为这块土地靠近许国。这是一个小镇，称它"田"是什么意思？农田占地多而城镇面积小就称"田"，城镇面积大而农田少就称邑。

夏天，四月，丁未这天，桓公与郑庄公在越这个地方盟会。

秋天，鲁国发大水。为什么要记载这事呢？记载灾害。

冬天，十月。

【原文】

二年，春，王正月，戊申①，宋督弑其君与夷②，及其大夫孔父③。及者何？累也④。就君多矣，舍此无累者乎？曰：有。仇牧、荀息皆累也⑤。舍仇牧、荀息无累者乎？曰：有。有则此何以书？贤也。何贤乎孔父？孔父可谓义形于色矣⑥。其义形于色奈何？督将就荡公，孔父生而存，则荡公不可得而弑也。故于是先攻孔父之家，荡公知孔父死，己必死，趋而救之，皆死焉。孔父正色而立于朝，则人莫敢过而致难于其君者，孔父可谓义形于色矣。滕子来朝。

三月，公会齐侯、陈侯、郑伯于樱⑦。以成宋乱⑧。内大恶讳，此其目言之何⑨？远也。所见异辞，所闻异辞，所传闻异辞。隐亦远矣，曷为为隐讳？隐贤而桓贱也。

【注释】

①二年：鲁桓公二年（公元前710年）。戊申：正月初八。②督：即太宰督，字华父，宋戴公之孙。以字为氏，亦称华父督。与夷：宋殇公的名。

③孔父：即孔父嘉。宋襄公五世孙。宋穆公时为大司马，荡公二年为太宰华父督所杀。其后裔逃奔鲁国，至叔梁绝而生孔子，为孔子六世祖。④累：牵连。

⑤仇牧：宋国大夫。事在庄公十二年秋。荀息：晋国大夫。事在僖公桓公十年春。

⑥义形于色：正义之气见于神色。

⑦樱：宋国地名。在今河南旧归德府境。

⑧宋乱：指宋国华父督杀害国君宋殇公和大司马孔父的祸乱。成：成全，促成。

⑨目：品评。引申为标明。

【译文】

鲁桓公二年，春天，周历正月，戊申这天，宋国华父督杀害了他的国君宋殇公与夷，"及"宋国大司马孔父。"及"是什么意思？就是连累。弑杀国君的事很多，除了孔父就没有受连累被杀的人吗？回答说："有。仇牧、荀息都是受连累被杀的人。"除了仇牧、荀息就没有受连累的人了吗？回答说："还有。"既然还有，这里为什么要记载孔父受连累的事呢？因为孔父贤良。孔父有什么贤良？孔父可以说义形于色。义行于色是什么意思？华父督准备杀害宋殇公，只要孔父还活着并站在朝廷上，那么宋荡公就不可能被抓住并遭杀害口因此华父督先攻打孔父的家，宋殇公知道如果孔父死了，自己一定会死，就跑去救援孔父，于是他俩都死在那里。孔父表情严肃地站在朝廷上，就没有人敢于过去把灾难加在他的国君身上，孔父可以说是正义之气都流露在脸上了。滕国国君来鲁国朝见鲁桓公。

三月，鲁桓公在宋国的樱这个地方会见齐僖公、陈桓公、郑庄公。他们共同促成宋国的大祸乱。《春秋》对鲁国国内的大恶行总是避讳的，这里标明鲁国的罪恶并说出来是为什么呢？因为这事发生得太久远了。在孔子能看到的时代已有不同的说法，在孔子听到的时代说法也不相同，更何况是在孔子听到传说的时代呢，那更有不同的说法了。鲁隐公离孔子也很远，为什么要为他避讳呢？因为鲁隐公贤良而鲁桓公卑贱。

【原文】

夏，四月，取部大鼎于宋①。此取之宋，其谓之部鼎何？器从名，地从主人。器何以从名，地何以从主人？器之与人，非有即尔②，宋始以不义取之③，故谓之部鼎。至乎地之与人，则不然，俄而可以为其有矣④。然则为取可以为其有乎？曰：否。何者？若楚王之妻媵⑤，无时焉可也⑥。

戊申，纳于大庙⑦。何以书？讥。何讥尔？遂乱受赂⑧，纳于大庙，非礼也。

秋，七月，纪侯来朝。

蔡侯、郑伯会于邓⑨。离不言会⑩，此其言会何？盖邓与会尔。

九月，入杞。

公及戎盟于唐⑪。

冬，公至自唐。

【注释】

①部大鼎：部国的大鼎。鼎为国家的重要器物，三足比喻三公、宰辅重臣之位。部：国名。周文王庶子始封此地，在今山东成武县东南。为宋所灭。

②非有即尔：并非占有了就是他的了。

③始：当初。

④俄：不久，瞬间。

⑤媵：妹。何休注："媵，妹也。"

⑥无时焉可：无时，即任何时候。可，认可，得到承认。这句的意思是：以妹为妻，这个妻子的名份在任何时候都不会被人们认可的。徐彦疏："以妹为妻，终无可时，似若器从今主之名，地取便为己有，亦无可时，故言此也。"

⑦戊申：有日无月，应为七月初十。大庙：即太庙。鲁国国君的祖庙。

⑧遂乱受赂：鲁桓公和齐禧公、陈桓公、郑庄公支持华父督造成宋乱后，华父督把部国的大鼎贿赂给鲁桓公。齐国、陈国、郑国都得到财物的贿赂。

⑨邓：蔡国地名。在今河南哪城县东南。

⑩离：二国相会。何休注："据齐侯、郑伯如纪二国会日离。二人议，各是其所是，非其所非，所道不同，不能决事，定是非，立善恶不足采取，故谓之离会。"

⑪唐：鲁国地名。见隐公二年注。

【译文】

夏天，四月，鲁国从宋国取得部国的大鼎。这是从宋国取来的，为什么叫做部鼎呢？器物的名称都用原定的本名，土地的名称跟从它的主人。器物为什么都用原定的本名，土地为什么跟从它的主人呢？因为器物给了人，并非占有了就是他的了，这个鼎就是当初宋国用不正当的手段从部国夺来的，所以人们仍然叫它部鼎。至于土地给了人，就不一样了，瞬间就已成为他所有。那么随意夺取的就可以为占有者所有吗？回答是："不行。"为什么呢？这就好像楚王以妹妹为妻子，这个妻子的名份任何时候都不会得到人们的承认。

戊申这天，把部鼎送进鲁国的太庙。《春秋》为什么要记载这事呢？为了谴责。谴责什么？谴责鲁桓公趁着宋国的祸乱，接受华父督的贿赂，并把贿赂物送进太庙，这是不合于礼的。

秋天，七月，纪国国君来鲁国朝见鲁桓公。

蔡侯和郑伯在邓这个地方会见。二国相会一般是不说会见的，这里说会见是为什么呢？因为邓人也参加了会见。

九月，鲁桓公认为祀国不敬而入侵祀国。

鲁桓公与戎人在唐这个地方盟会。

冬天，桓公从唐地回到国都。

【原文】

三年，春，正月，公会齐侯于赢①。

夏，齐侯、卫侯肯命于蒲②。晋命者何？相命也③。何言乎相命？近正也④。此其为近正奈何？古者不盟⑤，结言而退⑥。

六月，公会纪侯于盛。

秋，七月，壬辰，朔，日有食之。既。既者何？尽也。公子翚如齐逆女⑦。

九月，齐侯送姜氏于讙⑧。何以书？讥。何讥尔？诸侯越竟送女⑨，非礼也⑩。此入国矣，何以不称夫人？自我言齐，父母之于子，虽为邻国夫人，犹曰“吾姜氏”。公会齐侯于讙。夫人姜氏至自齐。翚何以不致⑪？得见乎公矣。

冬，齐侯使其弟年来聘。

有年。有年何以书？以喜书也。大有年何以书？亦以喜书也。此其曰有年何？仅有年也。彼其曰大有年何？大丰年也。仅有年，亦足以当喜乎？恃有年也⑫。

【注释】

①三年：鲁桓公三年（公元前709年）。赢：齐国邑名。在今山东莱芜县西北。

②肯命：诸侯相见，约言而不献血。即没有结盟。何休注："肯，相也。时盟不献血，但以命相誓。"蒲：卫国地名。在今河南长垣县东。

③相命：就是相互用语言约束。

④近正：正，指正常礼仪。近正，接近正常礼仪。

⑤盟：在神前誓约、结盟。《礼记·曲礼》下："约信曰誓，涖牲曰盟。"《疏》："盟者杀牲献血，誓于神。盟之为法，先凿地为方坎上，割牲牛耳，盛以珠盘，又取血，盛以玉敦。用血为盟书，成乃献血而读书。"不盟，即没有以上仪式。

⑥结言：口头结盟或订约。

⑦如：到；往。

⑧讙：鲁地名。今址不详。《左传》《释文》："本或作'送姜氏于下讙'，《水经注》引《传》文又作'齐侯送姜氏于下讙'。"

⑨竟：同"境"。疆界。

⑩非礼：何休注："以言姜氏也。礼：送女，父母不下堂，姑姊妹不出门。"

⑪翚何以不致：何休注："本所以致夫人者，公不亲迎，有危也。翚当并致者，翚亲迎重在翚也。上会讙时，夫人以得见公，得礼失礼在公，不复在翚，故不复致。"

⑫恃有年：何休注："恃，赖也。若桓公之行，诸侯所当诛，百姓所当叛。而又元年大水，二年耗灭，民人将去，国丧无日，赖得五谷皆有，使百姓安土乐业，故喜而书之。所以见不肖之君为国尤危又明为国家者，不可不有年。"

【译文】

鲁桓公三年，春天，正月，桓公在齐国的嬴这个地方会见了齐侯。

夏天，齐侯、卫侯在蒲地会"青命"。"青命"是什么意思？就是"相命"。"相命"是什么意思？就是接近正规的礼仪。这种方式为什么说接近正规的礼仪呢？因为古人都不献血盟誓，只是口头约定就可以各自回国了。

六月，桓公在盛这个地方会见纪侯。

秋天，七月，壬辰这天，正好是初一，发生了日食。"既"。"既"是什么意思？就是太阳完全看不见了。

鲁国公子翚到齐国替桓公迎娶姜氏。

九月，齐侯亲自送他的女儿姜氏到鲁国讙这个地方。为什么要记载这事呢？为了谴责。谴责什么？诸侯越过国境送女儿出嫁，是不合于礼的。这时姜氏已经进入了出嫁国，为什么不称她夫人呢？这是从鲁国的角度来说齐国，父母对于自己的女儿，虽然她已经是邻国的夫人了，还是叫她"我的女儿姜氏"。植公与齐侯在讙这个地方会见。夫人姜氏从齐国来到鲁国。为什么不说公子翚从齐国迎来夫人呢？因为姜氏在讙这个地方已经见到桓公了。

冬天，齐侯派他的弟弟夷仲年来鲁国访问。

今年丰收。丰收为什么要记载呢？因为是喜事，所以要记载。大丰收为什么要记载呢？也因为是喜事，所以要记载。这里说今年丰收是什么意思？仅仅是收成好。那么说大丰收是什么意思？收成特别好。仅仅是收成好，也值得当喜事吗？鲁国全靠今年收成好，社会才安定，国家才得以保全。

【原文】

四年，春，正月，公狩于郎①。狩者何？田狩也②。春曰苗③，秋曰狝④，冬曰狩。常事不书，此何以书？讥。何讥尔？远也。诸侯曷为必田狩？一曰干豆⑤，二曰宾客⑥；三曰充君之厄⑦。

夏，天王使宰渠伯纠来聘⑧。宰渠伯纠者何？天子之大夫也。其称宰渠伯纠何？下大夫也。

【注释】

①四年：鲁桓公四年（公元前708年）。郎：鲁国邑名。故地在今山东鱼台县东。

②田狩：古代冬季练兵打猎。

③苗：古代称夏季狩猎为"苗"。一说春季狩猎为

"苗"。

④冤：古代称秋猎为"冤"。一说春猎为"夷"。《左传》隐公五年："故春冤、夏苗、秋猎、冬狩。"

⑤一曰干豆：何休注："一者，第一之杀也。自左膘射之，达于右鹅心中，死疾鲜肵，故干而豆之中，荐于宗庙。豆，祭器名，状如灯。"

⑥二曰宾客：何休注："二者，第二之杀也。"即第二等肉用来招待宾客。

⑦三曰充君之鹿：三，三等肉。君，指国君。鹿，厨房。何休注："充，备也。危，厨也。"

⑧宰渠伯纠：宰，宰官。官吏的通称。渠伯纠，周天子的下大夫，与其父同在周王室做官。按：鲁桓公四年缺秋冬历史。

【译文】

鲁桓公四年，春天，正月，桓公在郎这个地方狩猎。'于狩'是什么意思？就其练兵打猎。春天打猎叫作"苗"，秋天打猎叫作"冤"，冬天打猎叫作"狩"。平常的事，《春秋》是不记载的，这里为什么要记载呢？为了讥讽。讥讽什么？讥讽鲁桓公到这么远的地方去打猎。诸侯为什么一定要练兵打猎呢？因为要用猎物第一等肉晒干作祭品荐于宗庙，用第二等肉款待宾客，用第三等肉充实国君的厨房。

夏天，周天王派遣宰官渠伯纠来鲁国访问。宰官渠伯纠是什么人？是周天子的大夫。为什么称他宰官渠伯纠呢？因为他是下大夫。

【原文】

五年，春，正月，甲戌，己丑，陈侯鲍卒①。曷为以二日卒之？城也②。甲戌之日亡③，己丑之日死，而得④。君子疑焉⑤，故以二日卒之也。

　夏，齐侯、郑伯如纪。外相如不书⑥，此何以书？离不言会。

　天王使仍叔之子来聘⑦。仍叔之子者何？天子之大夫也。其称仍叔之子何？讥。何讥尔？讥父老，子代从政也。葬陈桓公。

　城祝丘⑧。

　秋，蔡人、卫人、陈人从王伐郑。其言从王伐郑何？从王，正也。

　大雩⑨，大雩者何？旱祭也。然则何以不言旱？言雩，则旱见。言旱，则雩不见。何以书？记灾也。螽⑩。何以书？记灾也。

　冬，州公如曹⑪。外相如不书，此何以书？过我也。

【注释】

　①五年：鲁桓公五年（公元前707年）。甲戌：去年十二月二十一日。已丑：正月初六。陈侯鲍：即陈桓公，名鲍，文公之子，在位三十八年。

　②娍：狂。何休注："俄者，狂也。齐人语。"参阅《穀梁传》解释推断，陈桓公可能患有精神病，甲戌日一人出走，十六天后才找到他的尸体，不知死于何时，所以《春秋》作者举出他出走和找到他的日期，作为陈桓公死的日子。今本作"械"，误。

　③亡：逃亡。

　④而得：找到陈桓公的尸体。

　⑤君子：何休注："君子，谓孔子也。以二日卒之者，网疑。"

　⑥外：指鲁国以外的人。相如：相互往来。

　⑦仍叔：周王室臣。

　⑧祝丘：鲁国邑名。今址不详。

　⑨雩：古代求雨的祭礼。

　⑩螽：何休注："螽，音'终'。本亦作螉，《说

051

文》：蟹或盂字。"蠢，蝗虫类的总名。

⑪州公：州国国君。州国在今山东安丘县东北。曹：古国名。周武王克商，封其弟叔振铎于曹。《春秋》哀公八年为宋所灭。故地在今山东菏泽定陶曹县一带。

【译文】

鲁桓公五年，春天，正月，甲戌这天，己丑这天，陈桓公鲍死了。为什么用两天记载他死的日期呢？因为陈桓公疯了。去年十二月二十一日他出走，今年正月初六才找到，他已经死了。孔子对这件事有疑惑，所以用这两天记载他死的日期。夏天，齐侯、郑伯到纪国去。鲁国以外的人相互往来，《春秋》是不记载的，这里为什么要记载呢？因为两国会见是不能说会见的。

周天王派仍叔的儿子来鲁国访问。仍叔的儿子是什么人？是周天子的大夫。这里称他为"仍叔之子"是什么意思？是谴责。谴责什么？谴责他父亲老了，儿子代替父亲从政做官。安葬陈桓公。

在祝丘这个地方筑城。

秋天，蔡国人、卫国人、陈国人跟随周桓王讨伐郑国。这里说跟随周桓王讨伐郑国是什么意思？跟随周天王出征，是正义的。

鲁国举行大规模求雨祭祀。什么是大规模求雨祭祀？就是发生大旱时举行的祭祀。那么为什么不说发生大旱呢？说求雨祭祀就可以知道发生了旱灾；说发生了旱灾，却不知道是否举行了求雨祭祀。为什么要记载这事呢？记载灾害。

鲁国发生了蝗灾。为什么记载这件事？记载灾害。冬天，州国国君到曹国去。鲁国以外的人相互往来，

《春秋》是不记载的，这里为什么要记载呢？因为州公经过了鲁国。

【原文】

六年，春，正月，寔来①。寔来者何？犹曰："是人来也。"孰谓？谓州公也。曷为谓之寔来？慢之也②。曷为慢之？化我也③。

夏，四月，公会纪侯于成④。

秋，八月，壬午，大阅⑤。大阅者何？简车徒也⑥。何以书？盖以罕书也⑦。

蔡人杀陈佗。陈陀者何？陈君也。陈君则曷为谓之陈陀？绝也⑧。曷为绝也？贱也。其贱奈何？外淫也⑨。恶乎淫？淫于蔡。蔡人杀之。

九月，丁卯，子同生。子同生者孰谓？谓庄公也。何言乎子同生？喜有正也⑩。未有言喜有正者，此其言喜有正何？久无正也。子公羊子曰："其诸以病桓与⑪。"冬，纪侯来朝。

【注释】

①六年：鲁桓公六年（公元前706年）。寔：通"实"。

②慢：怠慢。

③化：何休注："行过无礼谓之化，齐人语也。诸侯相过至竟，必假途，入都必朝，所以崇礼让，绝慢易，戒不虞也，今州公过鲁都不朝，鲁是慢之为恶，故书'寔来'见其义也。"

④成：通"成肠"。古邑名。在今山东宁阳县北。

⑤阅：检阅军队。

⑥简：检阅；查检。徒：步兵。

⑦罕：何休注："罕，希也。孔子曰：以不教民战是谓弃之，故比年简徒，谓之蒐；三年简车谓之大阅；五年大简车徒谓之大蒐。存不忘亡，安不忘危，不地

者，常地也。"

⑧绝：何休注："绝者，国当绝。"

③外淫：到外国去淫乱。

⑩喜有正：庆贺鲁国有了嫡长子。何休注："喜国有正嗣。"

@其诸：何休注："其诸，辞也。"病：恨。

【译文】

鲁桓公六年，春天，正月，"宪来"。"宪来"是什么意思？就好像说："这个人来了。"说谁？说的是州公。为什么称州公来叫"这个人来了"呢？这是怠慢他。为什么要怠慢他？因为他从曹国回来路过鲁国时不朝见，不知礼让。

夏天，四月，鲁桓公在成这个地方会见纪侯。

秋天，八月，壬午这天，鲁国举行大规模检阅。大检阅什么？检阅战车和步兵。为什么要记载这事呢？大概因为这事太罕见，所以记下来。

蔡国人杀了陈陀。陈陀是什么人？是陈国的国君。陈国的国君为什么叫他陈陀呢？因为他的国家要断绝了。为什么说他的国家要断绝了呢？因为他太下贱了。他怎么下贱？他到国外去淫乱。到哪里去淫乱？到蔡国去淫乱。蔡国人杀了他。

九月，丁卯这天，桓公的儿子同出生。儿子同出生说的是谁？

说的是鲁庄公。为什么要强调桓公的儿子同出生呢？是因为鲁国有了嫡长子而高兴。在《春秋》并没有因鲁国有了嫡长子而高兴的话，这里为什么要说是因为鲁国有了嫡长子而高兴呢？因为鲁国很久没有正统的嫡长子了。公羊先生说："这话大概是由于憎恶鲁桓公才这样说的吧。"

　　冬天，纪侯来鲁国朝见鲁桓公。

【原文】

　　七年，春，二月，己亥，焚咸丘①。焚之者何？樵之也。樵之者何？以火攻也。何言乎以火攻？疾始以火攻也。咸丘者何？邾娄之邑也。曷为不系乎邾娄？国之也②。曷为国之？君存焉尔。

　　夏，毂伯绥来朝③。邓侯吾离来朝④。皆何以名？失地之君也。其称侯朝何？贵者无后，待之以初也⑤。

【注释】

　　①七年：鲁桓公七年（公元前705年）。己亥：二月二十八日。咸丘：邾娄国邑名。今址不详。

　　②国之：以之为国。名词的意动用法。把它当作一个国家。

　　③毂伯绥：毂国国君，名绥。毂国，在今湖北毂城县西北。

　　④邓：古国名。曼姓。故址在今河南邓县。后为楚国所灭。吾离：邓国国君名。

　　⑤待之以初：何休注："毂、邓本与鲁同贵为诸侯，今失爵亡土来朝，托寄也。义不可卑，胡明当待之如初，所谓故旧不遗则民不偷。"按：鲁桓公七年也缺秋冬记载。

【译文】

　　鲁桓公七年，春天，二月，己亥这天，咸丘被焚烧。用什么焚烧它？同柴焚烧它。为什么要用柴焚烧它呢？这是用火攻城。为什么要记载用火攻城呢？《春秋》的作者憎恨开始用火攻城这件事。咸丘是什么地方？是邾娄国的一个城邑。为什么不挂靠在邾娄国呢？因为作者把它当作一个国家。为什么把它当作一个国家呢？因为有国君在那里。

夏天，毅国国君绥来鲁国朝见。邓国国君吾离来鲁国朝见。为什么都称他们的名字呢？因为他们都是失爵亡土的国君。那么为什么还称他们为侯和称他们来朝见呢？尊贵的人虽然失去了后世基业，但仍然应该按照原来的规格对待他们。

【原文】

八年气春，正月，己卯，烝。烝者何？冬祭也。春曰祠，夏曰礿，秋曰尝，冬曰烝②。常事不书，此何以书？讥。何讥尔？讥亟也③。亟则黩④，黩则不敬。君子之祭也，敬而不黩。疏则怠，怠则忘。士不及兹四者⑤，则冬不裘，夏不葛⑥。

天王使家父来聘⑦。

夏，五月，丁丑，烝。何以书？讥亟也。秋，伐邾娄。

冬，十月，雨雪。何以书？记异也。何异尔？不时也。祭公来，遂逆王后于纪⑧。祭公者何？天子之三公也⑨。何以不称使？婚礼不称主人。遂者何？生事也⑩。大夫无遂事，此其言遂何？成使乎我也。其成使乎我奈何？使我为媒，可则因用是往逆矣⑪。女在其国称女，此其称王后何？王者无外⑪，其辞成矣。

【注释】

①八年：鲁桓公八年（公元前704年）。

②"春曰祠"四句：何休注："春物始生，孝子思亲，继嗣而食之，故曰祠。……荐尚麦苗，麦始熟可礿，故曰礿。……秋谷成者非一黍先熟，可得荐，故曰尝。……冬，万物毕成，所荐众多，芬芳备具，故曰烝。"《礼·祭统》："凡祭有四时：春祭曰礿，夏祭曰禘，秋祭曰尝，冬祭曰烝。"略有不同。礿：宗庙四时祭之一。

③亟：屡次，一再。

④默：轻慢。何休注："默，谍默也。"

⑤士不及兹四者：士人赶不上这四时祭祀。何休注："四者，四时祭也。"

⑥冬不裘，夏不葛：何休注："裘葛者，御寒暑之美服。士有公事不得及此四时祭者，则不敢美其衣服，盖思念亲之至也。"

⑦家父：人名。周天子大夫。何休注："家，采地。父，字也。天子中大夫。氏采，故称字，不称伯仲也。"采地，卿大夫的封地。封地的收入，作为卿大夫的傣禄。也作"采邑"、"食邑"。

⑧祭公：周王室臣。王后：即纪季姜，周桓王后。

⑨天子之三公：何休注："天子置三公、九卿、二十七大夫、八十一元士，凡百二十官。下应十二子。祭者，采也。天子三公氏采称爵。"

⑩生事：何休注："生，犹造也。专事之辞。"即制造事端。

⑪可则因用：何休注："婚礼成于五：先纳采问名、纳吉、纳征、请期，然后亲迎。时王者遣祭公来，使鲁为媒，可，则因用鲁往迎之，不复成礼。"

⑫王者无外：对于周天子而言没有外国。

【译文】

鲁桓公八年，春天，正月，己卯这天，"烝"。"烝"是什么意思？就是举行冬祭。春天的祭祀叫"祠"，夏天的祭祀叫"礿"，秋天的祭祀叫"尝"，冬天的祭祀叫"烝"。平常的事，《春秋》是不记载的，这里为什么记载呢？为了谴责。谴责什么？谴责鲁桓公祭祀的次数太多了。祭祀的次数太多就会轻慢鬼神，轻慢就会不恭敬。君子的祭祀是恭敬而不轻慢鬼神的。祭祀的次数太少就会松懈，松懈就会忘记，这也是不行的。士大夫如果因公赶不上这四季的祭祀，那么冬天就不敢穿裘皮大衣，夏天也不敢穿凉爽的葛衣。

周天王派大夫家父来鲁国访问。

夏天，五月，丁丑这天，鲁国举行冬天的祭祀。为什么要记载这件事？作者谴责鲁桓公祭祀太频繁了。

秋天，鲁国军队攻打掷娄国。

冬天，十月，下雪。为什么记载这件事？记载怪异的现象。有什么怪异呢？这时下雪不合时令。

祭公来鲁国，随后到纪国迎接王后。祭公是什么人？是周天子的三公之一。为什么不说派遣呢？因为在婚礼中是不称呼主人的。"遂"是什么意思？就是制造事端。大夫并没有制造事端，这里为什么要说"遂"呢？因为成全祭公使命的是鲁国。为什么说成全祭公使命的是鲁国呢？因为周天子派鲁国去做媒人，如果做媒成功了，祭公就可以到纪国去迎娶王后。女子在自己的国家应该称女，这里为什么称她王后呢？因为对于周天王来说，是没有国外的，所以这种说法是合理的。

【原文】

九年，春，纪季姜归于京师①。其辞成矣②，则其称纪季姜何？自我言③。纪父母之于子，虽为天王后，犹曰"吾季姜"。京师者何？天子之居也。京者何？大也。师者何？众也。天子之居，必以众大之辞言之。

夏，四月。

秋，七月。

冬，曹伯使其世子射姑来朝。诸侯来曰朝，此世子也，其言朝何？《春秋》有讥父老子代从政者，则未知其在齐与，曹与^④？

【注释】

①九年：鲁桓公九年（公元前703年）。纪季姜：即周桓王后。京师：周王朝的国都。

②其辞成矣：指桓公八年，称纪季姜为王后的说法是合理的。

③自我言：即从我们的角度来说。

④在齐与，曹与：何休注："在齐者，世子光也。时曹伯年老有疾，使世子行聘礼，恐卑，故使自代朝，虽非礼，有尊厚鲁之心。"

【译文】

鲁桓公九年，春天，纪季姜出嫁到京师。既然称纪季姜为王后的说法是合理的，为什么这里还称她为纪季姜呢？这是从我们的角度来说的。纪季姜的父母对于自己的女儿，虽然她贵为天王后，还是说"我的女儿季姜"。京师是什么地方？是周天子居住的地方。京是什么意思？就是地方广大。师是什么意思？是人口众多。周天子居住的地方，必须用表示人口众多、地方广大的词来说它。

夏天，四月。

秋天，七月。

冬天，曹伯派他的世子射姑来鲁国朝见。诸侯来才叫"朝"，这是诸侯的世子，为什么他来也叫"朝"呢？《春秋》有谴责父亲年老了儿子代替父亲做官从政的事例。然而不知道这里是在谴责齐国呢，还是谴责曹国？

【原文】

十年，春，王正月，庚申，曹伯终生卒^①。夏，五月，葬曹桓公。

秋，公会卫侯于桃丘②。弗遇。会者何？期辞也。其言弗遇何？公不见要也③。

冬，十有二月，丙午，齐侯、卫侯、郑伯来战于郎。郎者何？吾近邑也。吾近邑，则其言来战于郎何？近也。恶乎近？近乎围也④。此偏战也⑤，何以不言师败绩？内不言战，言战，乃败矣。

【注释】

①十年：鲁桓公十年（公元前702年）。庚申：正月初六。曹伯终生：即曹桓公。名终生，曹穆公之子，在位五十五年。

②桃丘：古地名。卫国的一个邑，也叫桃城。故地在今山东阳谷县东北。

③公不见要：要，邀请。何休注："时实植公欲要见卫侯，卫侯不肯见公，以非礼动。见拒有耻，故讳。使若会而不相遇。言弗遇者，起公要之也。弗者，不之深也。起公见拒深，传言公不要见者，顺经讳文。"

④近乎围：何休注："地而言来者，明近都城，几与围无异。"

⑤偏战：各据一面而战。何休注："偏，一面也。结日定地，各居一面，鸣鼓而战，不相诈。"

【译文】

鲁桓公十年，春天，周历正月，庚申这天，曹桓公终生死了。

夏天，五月，安葬曹桓公。

秋天，鲁桓公到卫国的桃丘去与卫侯相见。没有见到卫侯。"会"是什么意思？就是预先约定会见日期和地点的文辞。这里为什么说没有见到卫侯呢？

因为鲁桓公没有被邀请见面。冬天，十二月，丙午这天，齐侯、卫侯、郑伯率领军队前来和鲁国在郎这个地方交战。"郎"是什么地方？是鲁国靠近都城的一座城邑。是鲁国靠近都城的一座城邑，那么这里说在郎这个地方交战是什么意思呢？因为郎邑离都城太近了。近到什么程度？近到包围郎。邑就等于包围都城了。这是一场各据一面而战的战役，为什么不说鲁国的军队战败了呢？因为对于鲁国是不说交战的，说交战就等于已经战败了。

【原文】

十有一年^①，春，正月，齐人、卫人、郑人盟于恶曹^②。夏，五月，癸未，郑伯痦生卒^③。

秋，七月，葬郑庄公。

九月，宋人执郑祭仲^④。祭仲者何？郑相也。何以不名？贤也。何贤乎祭仲？以为知权也^⑤。其为知权奈何？古者郑国处于留^⑥，先郑伯有善于部公者，通乎夫人，以取其国而迁郑焉，而野留。庄公死已葬，祭仲将往省于留，途出于宋，宋人执之。谓之曰："为我出忽而立突。"祭仲不从其言，则君必死，国必亡。从其言，则君可以生易死，国可以存易亡。少遗缓之，则突可故出气而忽可故反，是不可得则病，然后有郑国。古人之有权者，祭仲之权是也。权者何？权者反于经，然后有善者也。权之所设，舍死亡无所设。行权有道：自贬损以行权，不害人以行权。杀人以自生，亡人以自存，君子不为也。突归于郑。突何以名？挈乎祭仲也。其言归何？顺祭仲也。

郑忽出奔卫，忽何以名？《春秋》伯、子、男一也，辞无所贬。

柔会宋公、陈侯、蔡叔盟于折。柔者何？吾大夫之未命者也。

公会宋公于夫童。

冬，十有二月，公会宋公于阐。

【注释】

①十有一年：鲁桓公十一年（公元前701年）。

②恶曹：地名。在今河南延津县东南。

③癸未：五月初七。郑伯痛生：即郑庄公。名痛生，郑国第三君，在位四十三年。

④宋：国名。子姓公爵。周武王灭商封封王之子武庚于宋。在今河南商丘县南。周成王时武庚叛，被杀后又封封王之庶兄微子启于其地。战国时传至王堰称王图霸，后被齐、魏、楚三国所灭。祭仲：即郑国大夫，祭封人仲足。

⑤权：变通，机变。常与"经"相对。古称道之至当不变者为"经"，反经合道为"权"。

⑥留：地名。在今河南堰师县西南。

【译文】

鲁桓公十一年，春天，正月，齐国人、卫国人和郑国人在恶曹这个地方盟会。

夏天，五月，癸未这天，郑庄公痛生死了。

秋天，七月，安葬郑庄公。

九月，宋国人拘囚了郑国的祭仲。祭仲是什么人？是郑国的宰相。为什么不称呼他的名字呢？认为他贤能。祭仲有什么贤能之处呢？认为他是个懂得权变的人。为什么说他懂得权变呢？从前，郑国国都在留这个地方，到郑武公时，郑武公对邻国国君有好处，就与邻公的夫人私通，后来趁机灭了郊国，并把郑国国都迁到部，然后把留这个地方作为下都。郑庄公死后安葬完毕，祭仲准备到留这个下都去视察，路过宋国，宋国雍氏宗人就拘囚了他，对他说："你一定要替我们把太子忽逐出郑国，改立公子突为国君。"如果祭仲不服从他们的命令，那么郑国国君一定会死，郑国一定会亡。如果服从他们的命令，那么郑国国君就可以用生换取死，郑国也能用存换取亡。只要稍稍缓和一点，慢慢图谋，那么公子突仍然可以因为这个缘故而被逐，太子忽也可以因此而返回郑国。如果达不到逐出公子突，让太子忽回国的目的，祭仲就会受到逐君之罪的困扰。最后祭仲答应了宋国人的要求，郑国得到保全。古代有权变的人，就像祭仲这样有权变。"权变"是什么意思？权变就是与常规相对的，有很大益处的行为。权变的施行就是置人于死地的事不能做。施行权变是有原则的：自己贬损自己来施行权变，不损害别人来施行权变。杀害别人而使自己活着，灭亡别人的国家而使自己的国家保存，这是君子不会做的。公子突回到郑国。为什么称公子突的名字呢？因为他是祭仲带领回国的。这里说"归"是什么意思？是顺从祭仲的安排。郑国的太子忽出逃到卫国。为什么称太子忽的名字呢？《春秋》的作者对伯爵、子爵、男爵都是一样的，用的语言没有贬意。柔会见宋公、陈侯、蔡叔，并在折这个地方盟会。柔是什么人？是鲁国还没有正式任命的大夫。

鲁桓公在夫童这个地方会见宋庄公。

冬天，十二月，鲁桓公在鲁国的阐邑会见宋庄公。

【原文】

十有二年¹，春，正月。

夏，六月，壬寅，公会纪侯、莒子，盟于殴蛇²。秋，七月，丁亥，公会宋公、燕人盟于毂丘³。八月，壬辰，陈侯跃卒⁴。

公会宋公于郑³。

冬，十有一月，公会宋公于龟⑥。

丙戌，公会郑伯盟于武父⑦。

丙戌，卫侯晋卒⑧。

十有二月，及郑师伐宋。

丁未⑨，战于宋。战不言伐，此其言伐何灼辟嫌也。恶乎嫌？嫌与郑人战也。此偏战也，何以不言师败绩？内不言战，言战乃败矣。

【注释】

①十有二年：鲁桓公十二年（公元前700年）。

②壬寅：六月初二。纪侯：《左传》作"祀侯"。祀是国名，女以姓公爵，夏禹的后代。武王克殷求禹后，得东楼公而封之，传九世至祀成公始见于《春秋》。莒：国名，嬴姓，周武王封少昊之后兹舆于莒。后为楚所灭。故地在今山东曹县。莒子，莒国国君。殿蛇：《左传》作"曲池"。鲁国地名，在今山东宁阳县东北。

③丁亥：七月十八日。宋公：即宋庄公。燕：国名。姬姓伯爵，周召公奭之后，战国时称王，为七雄之一，灭于秦。毅丘：《左传》作"句读之丘"。宋国邑名，在今山东荷泽县北。

④壬辰：此处日月不合。陈侯跃：即文公子佗，亦称"五父"，陈桓公之弟，陈文公子。鲁桓公五年，杀太子免而自立为国君，在位七年。

⑤郯：古国名。少昊之后，己姓。故地在今山东郯城县境。

⑥龟：宋国地名，今址不详。

⑦丙戌：十一月十八日。郑伯：即郑厉公突。武父：地名。《春秋三传》注："武父，郑地。陈留济阳

县东北有武父城。《水经注》：‘济阳县，故武父城也。’"，即今河南兰考县境。

⑧卫侯晋：即卫宣公，名晋，卫庄公之子，卫桓公之弟，在位十九年。

⑨丁未：十二月初十。

【译文】

鲁桓公十二年，春天，正月。

夏天，六月，壬寅这天，鲁桓公会见纪侯、莒子，在殴蛇这个地方盟会。

秋天，七月，丁亥这天，鲁桓公会见宋公、燕国人，在榖丘这个地方盟会。

八月，壬辰这天，陈国国君跃死了。

鲁桓公在郊这个地方与宋公会面。

冬天，十一月，鲁桓公在龟这个地方会见宋公。丙戌这天，鲁桓公会见郑伯，并在郑国的武父这个地方盟会。丙戌这天，卫宣公死了。

十二月，鲁国和郑国的军队攻打宋国。

丁未这天，在宋国交战。交战是不说攻打的，这里为什么说攻打呢？为了避嫌。避什么嫌？回避说和郑国的军队一起作战。这是一场各据一方的战役，为什么不说打败了呢？因为对于鲁国是不说交战的，说交战表明已经战败了。

【原文】

十有三年①，春，二月，公会纪侯、郑伯。己巳②，及齐侯、宋公、卫侯、燕人战。齐师、宋师、卫师、燕师败绩。曷为后日③？恃外也。其恃外奈何？得纪侯、郑伯，然后能为日也。内不言战，此其言战何？从外也。曷为从外？恃外，故从外也。何以不地？近也。恶乎近？近乎围。郎亦近矣，郎何以地④？郎犹可以地也。三月，葬卫宣公。

夏，大水。

秋，七月。

冬，十月。

【注释】

①十有三年：鲁桓公十三年（公元前699年）。

②己巳：二月初三。

③后日：把日期记在后面。何休注："得纪侯、郑伯之助，然后乃能结战日以胜，君子不掩人之功，不蔽人之善，故后日以明之。"

④郎何以地：何休注："郎虽近，犹尚可言其处，今亲战龙门，兵攻城池，尤危，故耻之。"

【译文】

鲁桓公十三年，春天，二月，鲁桓公会见纪侯、郑伯。己巳这天，鲁国军队与齐侯、宋公、卫侯、燕国人的军队交战。齐国、宋国、卫国、燕国的军队战败了。为什么把交战的日期写在后面呢？因为鲁国是凭借外国的力量。凭借外国的力量又怎么样呢？必须得到纪侯、郑伯的支持，然后才能定下交战的日期。对于鲁国是不说交战的，这里为什么说交战呢？因为这是跟随外国军队作战。为什么说是跟随外国军队作战呢？因为要倚仗外国的力量，所以说是跟随外国军队作战。为什么不记载交战的地点？因为这里离鲁国都城太近了。近到什么程度？近到都城几乎被包围了。郎这个地方离都城也很近，在郎邑交战为什么能写明地点呢？因为郎邑还是可以写明地点的。

三月，安葬卫宣公。

夏天，鲁国发大水。

秋天，七月。

冬天，十月。

【原文】

十有四年^①，春，正月，公会郑伯于曹。无冰。何以书？记异也。

夏五^②，郑伯使其弟语来盟^③。夏五者何？无闻焉尔。秋，八月，壬申，御凛灾^④。御凛者何？集盛委之所藏也^⑤。御虞灾何以书？记灾也。

乙亥，尝^⑥。常事不书，此何以书？讥。何讥尔？讥尝也。曰：犹尝乎，御虞灾，不如勿尝而已矣。冬，十有二月，丁巳，齐侯禄父卒^⑦。

宋人以齐人、卫人、蔡人、陈人伐郑。以者何？行其意也^⑧。

【注释】

①十有四年：鲁植公十四年（公元前698年）。

②夏五：《春秋三传注》："按：夏五，或以为阙月字，或以五为衍文，或以为圣人因史腿文，或以为后人传写脱漏，皆传疑之意也。"

③语：即郑子人，名语，郑伯之弟，其后为子人氏。

④壬申：八月十五日。御凛：储藏祭祀粮食的仓库。凛，粮仓。灾：指火灾。

⑤集盛委之所藏：收藏盛在祭器里的粮食的地方。何休注："黍稷曰集，在器曰盛，委，积也。御者，谓御用于宗庙，糜者，释治谷名。礼：天子亲耕东田千亩，诸侯百亩，后、夫人亲西郊采桑，以共集盛祭服，躬行孝道以先天下。"

⑥乙亥：八月十八日。尝：秋天的祭祀。

⑦齐侯：即齐僖公，名禄父（一作甫），齐庄公之子，齐国第十三君，在位三十三年。

⑧行其意：何休注："以已从人曰行。言四国行宋意也。"

【译文】

鲁桓公十四年，春天，正月，鲁桓公与郑伯在曹国会见。正月没有结冰。为什么记载这件事？记载怪异的现象。夏五，郑伯派遣他的弟弟语来盟会。"夏五"是什么意思？没有听说过。

秋天，八月，壬申这天，御廪失火。御廪是什么地方？就是储藏盛在祭器里的粮食的地方。御廪失火为什么要记载？记载灾害。

乙亥这天，鲁国举行秋天的祭祀。平常的事，《春秋》是不记载的，这里为什么要记载呢？为了谴责。谴责什么？谴责鲁桓公举行秋祭。有人说："还举行秋祭吗？储藏祭粮的仓库都发生了火灾，不如不要举行秋祭算了。"

冬天，十二月，丁巳这天，齐僖公禄父死了。

宋国人"以"齐国人、卫国人、蔡国人、陈国人一起攻打郑国。"以"是什么意思？就是按照宋国人的意志行动。

【原文】

十有五年①，春，二月，天王使家父来求车。何以书？讥。何讥尔？王者无求②，求车，非礼也。

三月，乙未，天王崩③。

夏，四月，己巳④，葬齐僖公。

五月，郑伯突出奔蔡。突何以名？夺正也。郑世子忽复归于郑。其称世子何？复正也。曷为或言归，或言复归？复归者：出恶，归无恶；复入者：出无恶，入有恶；入者：出入恶；归者：出入无恶。

许叔入于许⑤。

公会齐侯于郜⑥。

邾娄人、牟人、葛人来朝⑦。皆何以称人？夷狄之也⑧。秋，九月，郑伯突入于栎⑨。栎者何？郑之邑。曷为不言入于郑？末言尔⑩。曷为末言尔？祭仲亡矣。然则曷为不言忽之出奔？言忽为君之微也⑪。祭仲存则存矣，祭仲亡则亡矣。

冬，十有一月，公会齐侯、宋公、卫侯、陈侯于侈⑫。伐郑。

【注释】

①十有五年：鲁桓公十五年（公元前697年）。

②王者无求：何休注："王者，千里瓷内租税，足以共费，四方各以其职来贡，足以尊荣。当以至廉无为，率先天下不当求，求则诸侯贪，大夫鄙，士庶盗窃。"

③乙未：三月十一日。天王：即周桓王，名林，周平王孙，太子泄父子，在位二十三年。崩：帝王死称"崩"。

④己巳：四月十六日。

⑤许叔：即许穆公。名新臣，许庄公之弟。在位四十二年。

⑥郜：齐国地名。《左传》作"艾"，《穀梁传》作"篙"。故地在今山东蒙阴县北。

⑦牟：国名。故址在今山东莱芜县东。葛：国名。也是姓。夏时诸侯有葛伯，汤征伐诸侯，自葛国始。今址不详。

⑧夷狄之：意动用法。以之为夷狄。

⑧栎：郑国邑名。在今河南禹县。

⑩末言尔：何休注："末者，浅也。解不言入国意。"意思是从浅的方面来说的。

⑪言忽为君之微：何休注："言忽微弱甚于鸿毛，仅若匹夫之出耳，故不复录。"

⑫佟：《左传》作"裏"。宋国地名。在今安徽宿具西。

【译文】

鲁桓公十五年，春天，二月，周天王派遣家父来鲁国求取车辆。为什么记载这件事呢？为了谴责。谴责什么？作为周天王是无须索求的，天王向诸侯求取车辆，是不合于礼的。三月，乙未这天，周桓王死了。

夏天，四月，己巳这天，安葬齐僖公。

五月，郑伯突逃亡到蔡国。为什么称他的名字呢？因为他夺取了正嫡太子忽的君位。

郑国世子忽重新回到郑国。为什么称他为世子呢？因为恢复了他作为正嫡的君位。为什么有的地方说"归"，有的地方说"复归"？"复归"的意思是：出去时有罪恶，回来时没有罪恶；"复入"的意思是：出去时没有罪恶，回来时有罪恶；"入"的意思是：出去回来都有罪恶；归的意思是：出去回来都没有罪恶。许庄公的弟弟回到许国。

鲁桓公在部这个地方会见齐侯。

邻娄国人、牟国人和葛国人来鲁国朝见。这里为什么都称他们为"人"呢？因为把他们看成夷狄。

秋天，九月，郑伯突回到郑国的栋这个地方。栋是什么地方？是郑国的一座城邑。为什么不说他回到郑国呢？这是从浅的方面来说的。为什么这是从浅的方面说的呢？因为祭仲死了。那么为什么不说太子忽逃亡国外呢？这说明太子忽作为国君太微弱了，祭仲存在他就存在，祭仲死了，他的君位也保不住了。冬天，十一月，鲁桓公在侈这个地方会见齐侯、宋公、卫侯、陈侯，准备攻打郑国。

【原文】

十有六年①，春，正月，公会宋公、蔡侯、卫侯于曹。夏，四月，公会宋公、卫侯、陈侯、蔡侯伐郑。秋，七月，公至自伐郑。冬，城向②。

十有一月，卫侯朔出奔齐③。卫侯朔何以名？绝。曷为绝之？得罪于天子也。其得罪于天子奈何？见使守卫朔④。而不能使卫小众⑤，越在岱阴齐⑥，属负兹舍⑦，不即罪尔⑧。

【注释】

①十有六年：鲁桓公十六年（公元前696年）。

②向：原是国名，向国。现已属鲁邑。在今山东莒县南。

③卫侯朔：即卫惠公，卫宣公之子。

④见使守卫朔：何休注："朔，十二月朔政事也。月所以朝庙告朔是也。"古代帝王每年冬季颁发来年十二个月的政事于诸侯，诸侯亦于月初告祖庙，受而行之，称为"朔政"。告朔，何休注："礼：诸侯受十二月朔政于天子，藏于太祖庙，每月朔朝庙，使大夫南面奉天子命，君北面而受之。比时，使有司先告朔，谨之至也。"（见文公六年注）。守卫朔，主持卫国朝政。

⑤卫小众：卫国的民众。何休注："时天子使发小众，不能使行。"

⑥越在岱阴齐：逃亡到泰山北面的齐国去了。何休注："越，犹走也。岱，岱宗，泰山也。山北曰'阴'。"

⑦属负兹舍：推托有病。何休注："属，托也。天子有疾称不豫，诸侯称负兹，大夫称犬马，士称负薪。舍，止也。托疾止，不就罪。"

⑧不即罪：不去承担罪责。

【译文】

鲁桓公十六年，春天，正月，鲁桓公在曹国会见宋公、蔡侯和卫侯。

夏天，四月，鲁桓公会见宋公、卫侯、陈侯和蔡侯，共同出兵攻打郑国。

秋天，七月，鲁桓公攻打郑国回来。

冬天，鲁国在向这个地方筑城。

十一月，卫侯朔逃亡到齐国。为什么称卫侯朔的名字呢？因为他的君位断绝了。为什么他的君位断绝了呢？因为他得罪了周天子。他怎样得罪了周天子呢？他被周天子委派主持卫国的朝政，却不能领导卫国的民众，而跑到泰山北面的齐国去，并推托有病，不去周天子处承担罪责。

【原文】

十有七年，春，正月，丙辰，公会齐侯、纪侯盟于黄①。二月，丙午，公及邾娄仪父盟于趚②。

五月，丙午，及齐师战于奚③。

六月，丁丑，蔡侯封人卒④。

秋，八月，蔡季自陈归于蔡⑤。

癸巳⑥，葬蔡桓侯。

及宋人、卫人伐邾娄。

冬，十月朔，日有食之。

【注释】

①十有七年：鲁桓公十七年（公元前695年）。丙

辰：正月十三日。黄：齐国邑名，在今山东废淄川县城东北。

②趡：鲁国地名，在今山东泗水县和邹县之间。③丙午：五月初五。奚：地名，在今山东滕县南。

④丁丑：六月初六。蔡侯封人：即蔡桓侯，名封人。宣公子。⑤蔡季：蔡桓侯的弟弟。何休注："称字者，蔡侯封人无子，季次当立。封人欲立献舞而疾害季，季辟之陈。封人死，归反奔丧，思慕三年，卒无怨心，故贤而字之。"

⑥癸巳：八月二十三日。

【译文】

鲁桓公十七年，春天，正月，丙辰这天，鲁桓公会见齐侯、纪侯，在黄这个地方盟会。

二月，丙午这天，鲁桓公和邾娄国国君仪父在趡这个地方盟会。

五月，丙午这天，鲁国军队和齐国军队在奚这个地方发生战争。

六月，丁丑这天，蔡桓侯封人死了。秋天，八月，蔡侯的弟弟蔡季从陈国回到蔡国。癸巳这天，安葬蔡桓侯。

鲁国军队和宋军、卫军一起攻打邾娄国。冬天，十月，初一，发生日食。

【原文】

十有八年，春，王正月，公会齐侯于汗①。公夫人姜氏遂如齐②。公何以不言及夫人？夫人外也③。夫人外者何？内辞也④。其实夫人外公也⑤。

夏，四月，丙子⑥，公薨于齐。

丁酉⑦，公之丧至自齐。

秋，七月。

冬，十有二月，己丑⑧，葬我君桓公。贼未讨，何以书葬？雠在外也⑨。雠在外，则何以书葬？君子辞也⑩。

【注释】

①十有八年：鲁桓公十八年（公元前694年）。

②姜氏：即文姜，鲁桓公夫人，齐襄公的妹妹，而与她哥哥齐襄公通奸。

③外：何休注："若言夫人已为公所绝外也。"

④内辞：何休注："内为公讳辞。"齐侯：齐襄公。浮按：当时文姜与桓公关系不好。

⑤外公：把桓公当作外人。何休注："时夫人淫于齐侯而潜公，故云尔。"

⑥丙子：四月初十。

⑦丁酉：有日无月。据推算应为五月初一。

⑧己丑：十二月二十三日。

⑨雠：仇敌。

⑩君子辞：何休注："时齐强鲁弱，不可立得报，故君子量力，且假使书葬于可复雠而不复，乃责之。"君子辞，即君子的说法。

【译文】

鲁桓公十八年，春天，周历正月，鲁桓公在你这个地方会见齐侯。鲁桓公、夫人姜氏接着就去了齐国。为什么不说鲁桓公"及"夫人呢？因为夫人已经被鲁桓公断绝了关系。夫人被鲁桓公断绝了关系是什么意思？这是鲁国替桓公避讳用的语言。其实是夫人姜氏断绝了与鲁桓公的关系。

夏天，四月，丙子这天，鲁桓公死在齐国。

丁酉这天，鲁桓公的遗体从齐国运回来。

秋天，七月。

冬天，十二月，己丑这天，安葬我们鲁国国君鲁桓公。凶手还没有讨伐，为什么记载葬礼呢？因为仇人在国外。仇人在国外，那么为什么要记载举行葬礼呢？这是君子用的语言。

桓

庄　公

【原文】

元年①，春，王正月。公何以不言即位②？《春秋》君弑子不言即位。君就则子何以不言即位？隐之也③。孰隐？隐子也④。

三月，夫人孙于齐⑤。孙者何？孙犹孙也。内讳奔，谓之孙。夫人固在齐矣，其言孙于齐何？念母也。正月以存君⑥，念母以首事⑦。夫人何以不称姜氏？贬。曷为贬？与弑公也。其与狱公奈何？夫人谮公于齐侯："公曰：'同非吾子，齐侯之子也。"，齐侯怒，与之饮酒。于其出焉，使公子彭生送之。于其乘焉，摘干而杀之⑧。念母者，所善也。则曷为于其念母焉贬？不与念母也⑨。

夏，单伯逆王姬⑩。单伯者何？吾大夫之命乎天子者也⑪。何以不称使？天子召而使之也。逆之者何⑫？使我主之也。曷为使我主之？天子嫁女乎诸侯，必使诸侯同姓者主之；诸侯嫁女于大夫，必使大夫同姓者卞夕。

【注释】

①元年：鲁庄公元年（公元前6蛇年）。

②即位：指庄公即位。庄公名同，恒公子。

⑧隐；怜悯。

④隐子：何休注："隐痛是子之祸，不忍言即位。"

⑤夫人孙于齐：何休注："孙。犹遁也。……自去之义故日遁也。"

⑥存君；存，想念。想念逝去的国君。

⑦首事：主持练祭之事。何休注："礼："练祭取法存君，夫人当首祭事。"练，古丧丰。小祥之祭称练。

⑧摘干：折断肋骨。何休注："摘，折声也，扶上车以手摘折其干。""一于。肋也。"

⑨不与念母：何休注："念母则忘父背本之道也。故绝文姜不为不孝。"即不赞成庄公思念母亲。

⑩王姬：周天子的女儿。

⑪吾大夫之命乎天子者；何休注："礼：'诸侯三年一贡士于天子，天子命与诸侯辅助为政，所以通贤共治。示不独专，重民之至二大国举三人。次国举二人，小国举一人。'"

⑫逆之者何：何休注："逆者，鲁自往之文。方使鲁为父母主嫁之，故与鲁使自逆之。"

【译文】

鲁庄公元年，春天，周历正月。为什么《春秋》不记载庄公即位呢？《春秋》的体例是：国君被弑，他的儿子就不说即位。国君被弑，他的儿子为什么不说即位呢？是表示怜悯。怜悯谁？怜悯他的儿子。

三月，夫人"孙"到齐国。""孙"是什么意思？"孙"就是"逊"的意思。鲁国是避讳说逃亡的，就称逃亡为"孙"。夫人本来就在齐国，这里说她逃亡到齐国是什么意思？是表示鲁庄公对母亲的思念。正月里臣子们思念逝世的国君，庄公思念母亲，希望她能来主持练祭。夫人为什么不称姜氏呢？是为了贬低她。为什么要贬低她？因为她参与了杀害鲁桓公的事。怎么说她参与杀害桓公呢？夫人曾在齐侯面前说桓公的坏话，她说："鲁桓公说：'同不是我的儿子，是齐侯的儿子。'"，齐侯听了很生气，就邀桓公饮酒。宴后。等桓公出门时，就派公子彭生送他。趁桓公上车时。公子彭生拉断桓公的肋骨，把他杀了。思念母亲，这是《春秋》称赞的事。那么鲁庄公思念母亲，为什么《春秋》还要贬他呢？因为不赞成庄公思念母亲。

夏天，单伯去迎接周天子的女儿。单伯是什么人？是鲁国受周天子任命的大夫。为什么不说鲁庄公派遣呢？因为单伯是周天子叫去办事的。迎接是什么意思？就是周天子让鲁国主持婚事。为什么让鲁国主持婚事呢？因为天子嫁女儿给诸侯，必须派同姓的诸侯主持婚事。诸侯嫁女儿给大夫，必须派同姓的大夫主持婚事。

【原文】

秋，筑王姬之馆于外。何以书？讥。何讥尔？筑之，礼也。于外，非礼也②。于外，何以非礼？筑于外，非礼也。其筑之何以礼？主王姬者必为之改筑。主王姬者，则曷为必为之改筑？于路寝则不可③，小寝则嫌④，群公子之舍⑤，则以卑矣，其道必为之改筑者也。

冬，十月，乙亥，陈侯林卒⑥。

王使荣叔来锡桓公命。锡者何？赐也。命者何？加我服也⑦。其言桓公何？追命也。

王姬归于齐。何以书？我主之也。

齐师迁纪邢、晋卜、部。迁之者何？取之也。取之，则曷为不言取之也？为襄公讳也。外取邑不书，此何以书？大之也。何大尔？自是始灭也。

【注释】

①外：宫外，一说城外。

②于外，非礼也：何休注："以言外，知有筑内之道也。于外，非礼也，礼：同姓本有主嫁女之道，必阔地于夫人之下群公子之上也。时鲁以将嫁女于邺国，故筑于外。"

③路寝：天子、诸侯的正室。《公羊传》庄公

三十二年:"路寝者何?正寝也。"何休注:"公之正居也。天子、诸侯皆有三寝:一曰高寝,二曰路寝,三曰小寝。"

④小寝:古代天子、诸侯所居息的宫室都叫"寝"。在中央的叫"路寝"、"燕寝",布东西两边的叫"小寝",与大寝相对而言夫人的寝室也。,"小寝"。嫌:徐彦疏:"嫌裹读"。

⑤群公子:何休注:"谓女公子也。"

⑥陈侯林:即陈庄公,名林,陈桓公之弟,宣公柞白之兄。在位七年。

⑦加我服:何休注:"增加其衣服,令有异于诸侯。礼:有九锡:一曰车马,二曰衣服,三曰乐则,四曰朱户,五曰纳陛,六曰虎贲,七曰弓矢,八曰铁钱,九曰柜巴,皆所以劝善扶不能。"

【译文】

秋天,鲁国在宫外建造王姬的行馆。为什么记载这件事?为了讥讽。讥讽什么?建造行馆是合于礼的,但在宫外建造行馆就不合礼法了。在宫外为什么就不合礼法呢?建造在宫廷之外,是不合礼法的,那么建造行馆为什么又合于礼呢?因为主持王姬婚事的诸侯必须为她改建行馆。主持王姬婚事的诸侯,为什么一定要为她改建行馆呢?因为让王姬住在诸侯的正中寝宫是不行的,让她住在东西两旁的寝室又有袭读之嫌,如果让她住在女公子的宿舍,又显得不尊重。根据这个原则,必须为王姬改建行馆。冬天,十月,乙亥这天,陈庄公林死了。

周天王派遣荣叔来鲁国"锡"桓公"命"。"锡"是什么意思?就是赏赐。"命"是什么意思?就是给桓公增加的礼服:这里说恒公是什么意思?表明这是追加給桓公的礼服。

王姬出嫁到齐国。为什么记载这件事？因为是鲁国主持的婚事。

齐国的军队迁移纪国的那邑、邵邑和部邑。迁移它们是什么意思？就是夺取这三座城邑。夺取它们，那么为什么不直接说夺取它们呢？为了替齐襄公避讳。鲁国以外的国家夺取城邑是不记载的，这里为什么记载呢？是为了强调这件事，为什么要强调这件事？因为齐国灭亡纪国就是从这时开始的。

【原文】

二年①，春，王二月，葬陈庄公。

夏，公子庆父帅师伐余丘②。于余丘者何？邾娄之邑也。曷为不系乎邾娄？国之也。曷为国之？君存焉尔。秋，七月，齐王姬卒。外夫人不卒③，此何以卒？录焉尔。曷为录焉尔？我主之也。

冬，十有二月，夫人姜氏会齐侯于部④。乙酉，宋公冯卒⑤。

【注释】

①二年：鲁庄公二年（公元前692年）。

②庆父：鲁庄公弟共仲。庄公死，子般立，庆父杀子般立闵公，后又杀闵公而奔莒。齐大夫仲孙湫去鲁吊问，回来说："不去庆父，鲁难未已。"普德公立，贿赂曹国送还庆父。庆父回鲁后畏罪自杀。庄公二年，庆父大约十二、三岁。何休注："庆父幼少将兵。"余丘：《春秋》为"于余丘"。《春秋三传注》："于余丘，国名。孔疏：公谷皆以于余丘为

庄公郑之别邑。左氏无传。正以《春秋》之旨，未有伐人之邑而不系国者，此无所系，故知是国。"余丘，今地不详。

③不卒：不记载死亡。

④郜：《左传》作"糕"。齐国地名，在今山东长清县境内，为齐、鲁、卫三国分界之地。

⑤乙酉：十二月初四。宋公冯：即宋庄公，名冯。宋穆公子之子，宋国第十六君，在位十八年。

【译文】

鲁庄公二年，春天，周历二月，安葬陈庄公。

夏天，鲁国公子庆父率领军队攻打余丘。余丘是什么地方？是邾娄国的一座城邑。为什么不挂在邾娄国呢？因为把它看成一个国家。为什么把它看成一个国家呢？因为有国君在那里。秋天，七月，齐国的王姬死了。鲁国以外的夫人是不记载死亡的，这里为什么记载呢？只是把这件事记录下来。为什么要把这件事记录下来呢？因为王姬的婚事是鲁国主持的。冬天，十二月，鲁桓公的夫人姜氏和齐襄公在郜这个地方会面。

乙酉这天，宋庄公冯死了。

【原文】

三年，春，王正月，溺会齐师伐卫①。溺者何？吾大夫之未命者也。

夏，四月，葬宋庄公。

五月，葬桓王。此未有言崩者②，何以书？盖改葬也。秋，纪季以酅入于齐③。纪季者何？纪侯之弟也。何以不名？贤也。何贤乎纪季？服罪也。其服罪奈何④？鲁子曰："请后五庙以存姑姊妹气。"⑤

冬，公次于郎⑥。其言次于郎何？刺欲救纪而后不能也⑦。

【注释】

①三年：鲁庄公三年（公元前691年）。溺：即公子溺，鲁国大夫。②此未有言崩者：《公羊传》桓公十五年有"三月，乙未，天王崩"的记载，这里为什么这样

说呢？徐彦疏："何言未有言崩者，正以此年事不相接故也。"

③郱：纪国地名。在今山东淄博市东。

④其服罪：何休注："服先祖有罪于齐。"详见庄公四年。

⑤鲁子：公羊学派先师之一。五庙：古代诸侯有五庙，即二昭二穆和太祖庙。

⑥次：凡是军队在外住一宿叫作"舍"，住两宿叫作"信"。过了两宿叫作"次"。这里是驻扎之意。

⑦刺：责备。

【译文】

鲁庄公三年，春天，周历正月，公子溺会合齐国军队攻打卫国。溺是什么人？是鲁国还未正式任命的大夫。

夏天，四月，安葬了宋庄公。

五月，安葬周桓王。这里没有说到周桓王的死，为什么记载这件事呢？大概是改葬。

秋天，纪季把娜这个地方归入齐国作为附庸。纪季是什么人？是纪侯的弟弟。为什么不称他的名字？认为他贤能。纪季有什么贤能之处呢？他替纪国服了罪。他替纪国服了罪又怎么样呢？鲁子说："他请求保留纪国的五庙后，让纪国的姑姑、姊妹得以活下去。"

冬天，鲁庄公把军队驻扎在郎这个地方。这里说把军队驻扎在郎这个地方是为什么？是讽刺鲁庄公想挽救纪国，但后来又办不到。

【原文】

四年，春，王二月，夫人姜氏飨齐侯于祝丘①。三月，纪伯姬卒②。

夏，齐侯、陈侯、郑伯遇于垂③。

纪侯大去其国④。大去者何？灭也。孰灭之？齐灭之。曷为不言齐灭之？为襄公讳也。《春秋》为贤者讳，何贤乎襄公？复雠也。何雠尔？远祖也。哀公亨乎周⑤，纪侯谮之。以襄公之为于此焉者，事祖称之心尽矣⑥。尽者何？襄公将复雠乎纪。卜之曰："师丧分焉⑦。""寡人死之，不为不吉也⑧。"远祖者，几世乎？九世矣。九世犹可以复雠乎？虽百世可也。家亦可乎⑨？曰："不可！"国何以可？国君一体也。先君之耻，犹今君之耻也。今君之耻，犹先君之耻也。国君何以为一体？国君以国为体，诸侯世⑩，故国君为一体也。今纪无罪，此非怒与⑪？曰："非也。"古者有明天子，则纪侯必诛，必无纪者。纪侯之不诛，至今有纪者，犹无明天子也。古者诸侯必有会聚之事，相朝聘之道，号辞必称先君以相接，然则齐纪无说焉⑫，不可以并立乎天下，故将去纪侯者，不得不去纪也。有明天子，则襄公得为若行乎⑬？曰："不得也！"不得，则襄公曷为为之？上无天子⑭，下无方伯⑮，缘恩疾者可也⑯。

【注释】

①四年：鲁庄公四年（公元前690年）。飨：大宴宾客。祝丘：鲁国邑名，今址不详。

②纪伯姬：这是鲁国出嫁的女子，所以记载这件事。

③垂：齐国地名。在今山东平阴县境。

④大去：好比说永远离开。《榖梁传》："大去者，不遗一人之辞也，言民之从者，四年而后毕也。纪侯贤而齐侯灭之，不言灭而曰大去其国者，不使小人加乎君子。"

⑤哀公亨乎周：何休注："亨，煮而杀之"。徐彦疏："解云：郑氏云：鰓始受谮而亨齐哀公是也。周语

亦有其事。"

⑥祖称：祖先。称，父死以神主入庙供奉称"称"。

⑦卜之曰：何休注："龟曰卜，蓍曰筮。"师丧分焉：何休注："分，半也。师丧亡其半。"

⑧寡人死之，不为不吉：徐彦疏："皆齐侯之语，故注云答卜者之辞。所以谓死为吉事者，以复雠以死败为荣故也。"

⑨家：何休注："家，谓大夫家。"

⑩诸侯世：诸侯的爵位世代相传。

⑪怒与：何休注："怒，迁怒。齐人语也。此非怒其先祖，迁之于子孙与。"

⑫说：同"悦"。高兴。

⑬若行：何休注："若，如也。犹曰得为如此行乎。"

⑭无：何休注："有而无益于治曰无。"

⑮方伯：一方诸侯之长。《礼·王制》："千里之外设方伯。"

⑯缘恩疾者可也：徐彦疏："解云：时无明王贤伯以诛无道，缘其有恩痛于先祖者，可以许其复雠矣，故曰缘恩疾者可也。"疾，仇恨。

【译文】

鲁庄公四年，春天，周历二月，鲁桓公夫人姜氏在祝丘这个地方宴请齐襄公。

三月，纪伯姬死了。

夏天，齐侯、陈侯、郑伯在垂这个地方会面。

纪国国君永远离开了他的国家。为什么永远离开呢？因为纪国灭亡了。谁灭了纪国？齐国灭了纪国。为什么不说齐国灭亡了纪国呢？是为了替齐襄公避讳。
《春秋》只为贤良的人避讳，齐襄公有什么贤良呢？他
为祖先报了仇。报什么仇？齐襄公远祖的仇。当年齐哀
公被周天子煮杀了，就是纪侯进的谗言。以齐襄公现在
的作为来看，他侍奉祖先的心算是尽到了。为什么说尽
到了呢？齐襄公准备向纪国复仇，先去占卜，卦上说：
"军队要丧失一半。"齐襄公对占卜的人说："我就是
战死了，也不算不吉利。"齐襄公的先祖有几世了？九
世了。已过九世还可以报仇吗？即使是过了百世也可以
报仇。大夫家的仇也可以吗？回答是："不可以！"国
君的仇为什么就可以呢？因为历代国君是一个整体，先
代国君的耻辱就是现在国君的耻辱，现在国君的耻辱就
是先代国君的耻辱。历代国君为什么是一个整体呢？因
为国君以国家为体，诸侯的爵位世代相传，所以历代国
君是一个整体。现在纪国的国君并没有罪，这不是迁怒
于他吗？回答说："不是这样。"假如古时候有贤明
的天子，那么纪侯一定会被诛杀，也必然没有纪国了。
纪侯之所以没有被诛杀，到现在还有纪国，就是因为没
有贤明的天子。古时候，诸侯之间一定有聚会的事，有
互相朝见访问的制度，打招呼或告辞的时候，一定要称
烦对方先代国君的优秀品质，来相互接近。然而，齐国
国君与纪国国君会面时大家都不高兴，简直不能同时存
在于天底下，所以想要灭掉纪国的人，就不能不灭掉纪
国了。如果有贤明的天子在，那么齐襄公能够这样行事
吗？回答是："不可能！"既然不可能，那么齐襄公为
什么能这样干呢？因为在上没有贤明的天子，在下没有
主持一方的诸侯之长，只要凭着祖先的恩仇，就可以这
样干了。

【原文】

六月，乙丑①，齐侯葬纪伯姬。外夫人不书葬，此何以书？隐之也。何隐尔？其国亡矣，徒葬于齐尔。此复雠也，曷为葬之？灭其可灭，葬其可葬。此其为可葬奈何？复雠者，非将杀之，逐之也。以为虽遇纪侯之殡②，亦将葬之也。

秋，七月。

冬，公及齐人狩于部。公曷为与微者狩？齐侯也。齐侯则其称人何？讳与雠狩也。前此者有事矣③，后此者有事矣④，则曷为独于此焉讥？于雠者，将壹讥而已⑤，故择其重者而讥焉，莫重乎其与雠狩也。于雠者则曷为将壹讥而已？雠者无时，焉可与通，通则为大讥，不可胜讥，故将壹讥而已，其余从同同⑥。

【注释】

①乙丑：六月二十三日。

②殡：停枢。

③前此者有事矣：何休注，"溺会齐师伐卫是也。"事见庄公三年春王正月。

④后此者有事矣：何休往："师及齐师围盛是也二"事见庄公八年夏。

⑤壹讥：即遗责一次。

⑥同同：何休注："其余轻者从义与重者同，不复讥，都与无禅同文论之，所以省文达其异义矣。凡二同，故言'同同'。"

【译文】

六月，乙丑这天，齐侯安葬了纪国国君的夫人纪伯姬。《春秋》是不记载鲁国以外的夫人的葬礼的，这里为什么记载？是怜悯她。为什么怜悯她呢？因为她的国家灭亡了。只能迁到齐国来安葬。齐国灭纪国是报仇，为什么还要安葬纪伯姬呢？齐国灭掉它应该灭掉的，安葬它应该安葬的。这里安葬纪伯姬为什么说是应该安葬的呢？因为报仇，并不是要把人都杀光，只要驱逐就行了。齐国认为即使遇到纪国国君的灵柩，也要安葬他的。秋天，七月。

冬天，鲁庄公和齐国人在部这个地方狩猎。鲁庄公为什么要与地位低下的"人"一起狩猎呢？其实那"人"就是齐侯。是齐侯那么为什么称他为"人"呢？是避讳说与仇人狩猎。在这以前已经有过这样的事，在这以后也有过这样的事，那么为什么只对这件事指责呢？对于与仇人交往，只谴责一次就算了，所以要选择其中最严重的一件事来谴责，那么最严重的莫过于与仇人一起狩猎了。与仇人交往，为什么只谴责一次就算了呢？因为与仇人随时都可能发生交往的事情，如果只要交往了就大肆指责，那么将指责不完，所以指责一次就算了，其余的无论轻重，都与无仇一样对待。

【原文】

五年^①，春，王正月。

夏，夫人姜氏如齐师。

秋，倪黎来来朝。倪者何？小邾娄也。小邾娄则曷为谓之倪？未能以其名通也^②。黎来者何^③？名也。其名何？微国也。

冬，公会齐人、宋人、陈人、蔡人伐卫。此伐卫何？纳朔也^④。曷为不言纳卫侯朔？辟王也^⑤。

【注释】

①五年，鲁庄公五年（公元前689年）。

②通：与各诸侯国交往。何休注："倪者，小邾娄之都邑，时未能为附庸，不足以小邾娄名通，故略谓之'倪，。"倪，《左传》作"那"，即小郑，一地二名。在今山东滕县东，一说在今山东枣庄市西北。

③黎来：小邾娄国国君的名。《左传》作"犁来"。

④朔：即卫惠公，名朔，宣公之子，在位二十年，鲁桓公十六年出奔。

⑤辟王：何休注："辟王者，兵也。王人子突是也。使若伐而去，不留纳朔者，所以正其义，因为内讳。"

【译文】

鲁庄公五年，春天，周历正月。

夏天，鲁桓公夫人姜氏到齐国军队去。

秋天，倪黎来到鲁国朝见。"倪"是什么意思？就是小邾娄国。小邾娄国为什么叫它"倪"呢？因为还不能用它的国名与各诸侯国交往。"黎来"是什么意思？是小邾娄国国君的名字。为什么称他的名字呢？因为小邾娄国太小了。

冬天，鲁庄公会同齐国、宋国、陈国、蔡国的军队攻打卫国口这次攻打卫国是为什么？是护送卫侯朔回国。为什么不明说护送卫侯朔回国呢？是避讳这事与周天王发生军事冲突。

【原文】

六年。春，王三月，王人子突救卫①。王人者何？微者也。子突者何？贵也。贵则其称人何？系诸人也。曷为系诸人？王人耳。

夏，六月，卫侯朔入于卫。卫侯朔何以名？绝。曷为绝之？犯命也②。其言入何？篡辞也。

秋，公至自伐卫。曷为或言致会，或言致伐？得意致会③，不得意致伐④。卫侯朔入于卫，何以致伐？不敢胜天子也⑤。

螟。

冬，齐人来归卫宝⑥。此卫宝也，则齐人曷为来归之？卫人归之也。卫人归之，则其称齐人何？让乎我也。其让乎我奈何？齐侯曰："此非寡人之力，鲁侯之力也。"

089

【注释】

①六年：鲁庄公六年（公元前688年）。王人：周天子的属官。子突：人名。

②犯命：何休注："犯天子命尤重。"即违抗周天子的命令。③得意致会：何休注："所伐国服，兵解国安，故不复录兵所从来，独重其本会之时。"

④不得意致伐：何休注："所伐国不服，兵将复用，国家有危，故重录所从来。"

⑤不敢胜天子：不敢表示战胜了周天子的军队。因为要避讳。何休注："与上'辟王，同义。"

⑥齐人来归卫宝：何休曰："时朔得国后遣人赂齐，齐侯推动归鲁，使卫人持宝来……"

【译文】

鲁庄公六年，春天，周历三月，王人子突率领军队救援卫国。"王人"是什么意思？是周天子地位低下的官员。称他"子突"是什么意思？称他的名字是表示尊重他。既然尊重他，那么为什么还称他为"人"呢？是为了把他与别人挂在一起。为什么要把他与别人挂在一起呢？因为他毕竟是周天子地位卑微的官员。夏天，六月，卫侯朔进"入"卫国。为什么称卫侯朔的名呢？他的爵位应当断绝了。他的爵位为什么应当断绝？他违抗了周天子的命令。这里说"入"是什么意思？这是表示卫侯朔篡夺君位的语言。

秋天，鲁庄公从被攻打的卫国回来。为什么有时候说从诸侯会面的地方回来，有时候说从被进攻的国家回来呢？如果被攻打的国家服了，军队撤离，国家安定了，就说从会面的地方回来；如果被攻打的国家不服，依然存在着战争的危险，就说从被攻打的国家河来。卫侯朔已经回到卫国，为什么还说从被攻打的卫国回来呢？这是表示不敢说战胜了周天子的军队。

鲁国发生了螟灾。

冬天，齐国人前来赠送卫国的宝器。这是卫国的宝器，那么齐国人为什么来赠送它呢？实际上是卫国人前来赠它。既然是卫国人赠送的，那么这里为什么说是齐人呢？因为是齐国人让给鲁国的。齐国人为什么要让给鲁国呢？齐侯说："护送卫侯朔回国并不是靠我的力量，而是靠鲁侯的力量。"

【原文】

七年，春，夫人姜氏会齐侯于防①。

夏，四月，辛卯，夜，恒星不见②。夜中星霣如雨③。恒星者何？列星也。列星不见，何以知？夜之中星反也④。如雨者何？如雨者，非雨也。非雨，则曷为谓之如雨？不修春秋曰⑤："雨星不及地尺而复。"君子修之曰："星霣如雨。"何以书？记异也。

秋，大水。无麦苗。无苗，则曷为先言无麦，而后言无苗？一灾不书，待无麦，然后书无苗。何以书？记灾也。冬，夫人姜氏会齐侯于毂。

【注释】

①七年：鲁庄公七年（公元前687年）。防：鲁国地名，在今山东费县东北。

②恒星：常见的星。何休注："恒，常也。常以时列见。"

③霣：通"陨"。坠落。

④反：何休注："反者，星复其位。"

⑤不修春秋：即未经修订的历史记载。何休注："不修春秋谓史记也。古者谓史记为'春秋'。"

【译文】

　　鲁庄公七年，春天，鲁桓公夫人姜氏与齐侯在防这个地方会面。

　　夏天，四月，辛卯这天夜里，恒星看不见了。半夜里流星落下来像雨一样。恒星是什么？就是常见的按时排列出现的那些星星。那些常见的按时排列出现的星星看不见了，怎么会知道呢？因为半夜时那些星星又返回原位了。像雨一样是什么意思？像雨一样，并不是雨。既然不是雨，那为什么要说像雨一样呢？因为在那些没有修订过的历史记载里是这样写的："落下来的星星在离地面不到一尺的地方又返回去了。"孔子修正这种记载，才写："星星落下来像雨一样。"为什么记载这件事呢？为了记载怪异现象。秋天，鲁国发大水。麦子不收，地里无苗。既然地里无苗，那为什么要先说麦子不收，然后才说地里无苗呢？因为一种自然灾害，《春秋》是不记载的。只有等到麦子不收这灾害出现了，然后才记载地里无苗。为什么记载这些事？这是记载灾害。冬天，鲁桓公夫人姜氏在毂这个地方会见齐侯。

【原文】

八年，春，王正月，师次于郎，以俟陈人、蔡人①。次不言俟，此其言俟何？托不得已也②。

甲午，祠兵③。祠兵者何？出曰祠兵，入曰振旅④，其礼一也，皆习战也。何言乎祠兵？为久也⑤。曷为为久？吾将以甲午之日，然后祠兵于是。

夏，师及齐师围成。成降于齐师。成者何？盛也。盛则曷为谓之成⑥？讳灭同姓也。曷为不言降吾师？辟之也。秋，师还。还者何？善辞也。此灭同姓，何善尔？病之也⑦。曰："师病矣⑧，曷为病之？"非师之罪也。冬，十有一月，癸未，齐无知弒其君诸儿⑨。

【注释】

①八年：鲁庄公八年（公元前686年）。陈人：即指陈国的车队。蔡人亦同。

②托不得已：何休注："师出本为下灭盛兴，陈蔡属与鲁伐卫，同心人国远，故因假以讳灭同姓，托待二国为留辞，主所以辟下言及也。"

③甲午：正月十三日。祠兵：古代出兵作战前的一种礼仪。徐彦疏："祠兵有二义也，一则祠其兵器，二则杀牲享士卒，故曰祠兵矣。"

④振旅：整顿部队。何休注："五百人曰旅。"

⑤为久：何休注："为久，稽留之辞。"

⑥盛则曷为谓之成：何休注："因鲁有成邑，同声相似故云尔。"盛，即郕，国名。周武王封弟叔武于此。姬姓子爵，故地在今山东范县。

⑦病：何休注："慰劳其疲病。"

⑧病：疲惫，劳累。

⑨癸未：十一月初七。无知：公孙无知，齐襄公的堂弟，齐国大夫连称和管至父就襄公后拥立他为国君。因无知曾虐待过齐国大夫雍廪，在鲁庄公九年春，被雍廪杀害，在位不到一年。诸儿：即齐襄公，名诸儿，齐禧公之子，为齐国第十四君，在位十二年。

【译文】

鲁庄公八年，春天，周历正月，鲁国军队驻扎在郎这个地方，为了等待陈国和蔡国的军队。部队驻扎是不说等待的，这里说等待是什么意思？这是假托，不得不这样说。

甲午这天，鲁国军队"祠兵"。"祠兵"是什么意思？军队出征前祭祀兵器，搞劳士卒就叫"祠兵"，凯旋后整顿部队就叫"振旅"。它们的礼仪都是一样的，都是为了练习作战。为什么要记载"祠兵"呢？因为鲁国军队在这里停留的时间太久了。为什么说停留的时间太久呢？鲁国军队将从甲午这天开始，一直在这里祠兵。夏天，鲁国军队和齐国军队包围了"成"。"成"向齐国军队投降。"成"是什么地方？就是盛国。既然是盛国，那么为什么又称为"成"呢？这是为了避讳灭了同姓的国家。为什么不说盛国向鲁国军队投降呢？是为了逃避罪责。

秋天，鲁国的军队返回。返回是什么意思？这是赞美的语言。鲁国军队参加灭掉同姓国家的战争，为什么还要赞美呢？这是为了慰劳这支疲惫的军队。有人说："部队出征都很疲惫，为什么只慰劳这支部队呢？"因为出征参战不是军队的罪过。冬天，十一月，癸未这天，齐国的公孙无知杀害了他的国君诸儿。

【原文】

九年，春，齐人杀无知①。

公及齐大夫盟于暨②。公曷为与大夫盟③？齐无君也。然则何以不名？为其讳与大夫盟也④。使若众然⑤。夏，公伐齐，纳纠⑥。纳者何？入辞也。其言伐之何？伐而言纳者，犹不能纳也。纠者何？公子纠也。何以不称公子？君前臣名也。

齐小白入于齐⑦。曷为以国氏？当国也。其言入何？篡辞也。

秋，七月，丁酉，葬齐襄公。

八月、庚申，及齐师战于乾时⑧。我师败绩。内不言败，此其言败何？伐败也。曷为伐败？复雠也。此复雠乎大国，曷为使微者？公也。公则曷为不言公？不与公复雠也。曷为不与公复雠？复雠者在下也。

九月，齐人取子纠杀之。其取之何？内辞也。胁我，使我杀之也。其称子纠何？贵也。其贵奈何？宜为君者也。冬，浚洙⑨。洙者何？水也。浚之者何？深之也。曷为深之？畏齐也。曷为畏齐也？辞役子纠也⑩。

【注释】

①九年：鲁庄公九年（公元前685年）。齐人：这里指齐国大夫雍虞。

②暨：《左传》作"既（戏，又读既）"。鲁国地名。在今山东枣庄市东南，旧说在山东峰县东。

③盟：《般梁传》："盟纳子纠也。"

④为其讳与大夫盟：《春秋三传》范氏宁曰："《春秋》之义，内大夫可以会外诸侯，公不可以盟外大夫，所以明尊卑，定内外也，"

⑤使若众然：让它像与齐国民众盟会一样。

⑥纠：公子纠，公子小白的庶兄，齐襄公的弟弟。纳纠；护送公子纠回国为君。

⑦小白：即公子小白。齐修公的庶子，齐襄公的弟弟。当初襄公即位后。政令无常，齐国大夫鲍叔牙保护公子小白逃到莒国避祸。鲁庄公九年公孙无知被杀，公子小白返齐即位，为齐桓公。桓公为齐国第十五君，在位四十三年。他在位期间，九合诸侯，为春秋五霸之一。

⑧庚申：八月十八日，乾时：齐国地名，在今山东博兴县南；

⑨浚：加深河道。洙：古水名。心说文："洙，水，出泰山盖临乐山北入泗。"故道久已湮没。洙水在鲁国北面。接近齐国。何休注："洙在鲁北，齐所由来。"

⑩役：驱使。这里是杀的意思，

【译文】

鲁庄公九年。春天，齐国大夫雍嗽杀了公孙无知。鲁庄公和齐国大夫在暨这个地方盟会。鲁庄公为什么与齐国大夫盟会呢？因为这时齐国没有国君。既然这样，那么为什么不记载齐国大夫的名字呢？这是为了避讳鲁庄公与大夫盟会，让它像与齐国民众盟会一样。

国即位的语言。这里说攻打齐国是什么意思？攻打又说护送，就像不能护送一样。"纠"是什么人？就是公子纠。为什么不称他公子呢？因为他在鲁庄公面前还是臣子，只能称名。

齐小白进"入"齐国即位。为什么要用国名作他的姓呢？因为他蓄意篡夺君位。这里说"入"是什么意思？是表示小白已经篡夺了君位的语言。

秋天，七月，丁酉这天，安葬齐襄公。

八月，庚申这天，鲁国军队与齐国军队在乾时这个地方交战。鲁国军队大败。对鲁国是不说失败的，这里为什么说失败呢？这是表示因为讨伐而失败的。为什么说鲁国因讨伐而失败呢？是为了报仇。这是向大国报仇，为什么派地位卑微的人去呢？其实就是鲁庄公自己。既然是鲁庄公·为什么不说是他呢？因为《春秋》的作者不赞成鲁庄公出面报仇。为什么不赞成鲁庄公出面报仇呢？因为报仇的人应该是地位低下的。

九月，齐国人"取"公子纠，并把他杀了。这里说"取"是什么意思？这是鲁国的语言。齐国军队威胁鲁国，让鲁国杀了公子纠。这里称他为子纠是什么用意呢？是表示尊重他。为什么尊重他呢？因为公子纠是适合做齐国国君的人。

冬天，鲁国"俊沫"。"俅"是什么意思？是鲁国河流的名称。"浚"是什么意思？就是加深河道；为什么要加深沫水的河道呢？是害怕齐国的进攻。为什么害怕齐国的进攻呢？因为鲁国曾拒绝杀害公子纠。

【原文】

十年，春，王正月，公败齐师于长勺。①

二月，公侵宋②。曷为或言侵，或言伐？粗者曰侵③，精者曰伐④。战不言伐，围不言战气入不言围，灭不言入气书其重者也。

三月，宋人迁宿，迁之者何？不通也。以地还之也。子沈子曰："不通者，盖因而臣之也。"

夏，六月，齐师、宋师次于郎。公败宋师于乘丘。其言次于郎何？伐也。伐则其言次何？齐与伐而不与战，故言伐也。我能败之，故言次也。

秋，九月，荆败蔡师于莘，以蔡侯献舞归，荆者何？州名也。州不若国，国不若氏，氏不若人，人不若名，名不若字，字不若子。蔡侯献舞何以名？绝。曷为绝之？获也。曷为不言其获？不与夷狄之获中国也。

冬，十月，齐师灭谭。谭子奔莒。何以不言出？国已灭矣，无所出也。

【注释】

①十年：鲁庄公十年（公元前684年）。长勺：鲁国地名，今址不详。

②侵：越境进犯。《左传》庄公二十九年："凡师有钟鼓曰伐，无曰侵。"

③捅：粗疏，粗略。通"粗"。何休注："捅，粗也。将兵至竟以过侵责之，服则引兵而去，用意尚粗。"

④精：何休注："精，犹精密也。侵责之不服，推兵入竟伐击之益深，用意稍精密。"

【译文】

鲁庄公十年，春天，周历正月，鲁庄公在长勺这个地方打败了齐国的军队。

二月，鲁庄公派兵入侵宋国。为什么有的时候说侵，有的时候说伐呢？派遣军队越境进攻，如果敌方服罪就班师回国，这种用意粗浅的军事行动就叫"侵"。如果敌方不服罪，就派遣军队越界进攻，一直深入敌境，这种用意精密的军事行动就叫"伐"。双方交战就不说伐，围困敌城就不说战，攻入敌城就不说围，灭掉敌国就不说入。《春秋》记载的都是最重要的要件。三月，宋国人迁移宿国。迁移宿国是什么意思？就是断绝宿国的交通，用土地从四周把宿国围起来。子沈子说："断绝宿国的交通，大概是想借此迫使宿国称臣为附庸吧。"

夏天，六月，齐国军队和宋国军队驻扎在鲁国的郎邑。这个月，鲁庄公在乘丘这个地方击败了宋国的军队。这里说齐、宋两军驻扎在郎邑是什么意思？齐、宋两军要进攻鲁国。既然是进攻，那么为什么还说驻扎呢？齐国军队参与了进攻但并没有直接参战，所以说是进攻。鲁国能够打败他们，所以说他们是驻扎。秋天，九月，"荆"在莘这个地方击败了蔡国的军队。俘虏了蔡侯献舞回国。"荆"是什么？是一个州的名称。称州不如称国，称国不如称姓，称姓不如称人，称人不如称名，称名不如称字，称字不如称子。为什么要称蔡侯献舞的名字呢？因为他的君位断绝了。为什么说他的君位断绝了呢？因为他被俘获了。那么为什么不说他被俘获了呢？因为《春秋》的作者不赞成夷狄之邦俘获中原地区的国君。

冬天，十月，齐国的军队灭掉了谭国。谭国国君逃到莒国去了。为什么不说出奔呢？因为他的国家灭亡了，没有地方可以出奔了。

【原文】

十有一年①，春，王正月。

夏，五月，戊寅，公败宋师于鄑萨②。

秋，宋大水。何以书？记灾也。外灾不书，此何以书？及我也。

冬，王姬归于齐③。何以书？过我也④。

【注释】

①十有一年：鲁庄公十一年（公元前683年）。

②戊寅：五月十七日。鄑：鲁国地名，在今山东汶上县南。

③王姬归于齐：《春秋三传》注："王姬归齐，《春秋》两书之，皆以鲁主婚也。"

④过我：何休注："时王者嫁女于齐，途过鲁，明当有送迎之礼。在途不称妇者，王者无外，故从在国辞。"

【译文】

鲁庄公十一年，春天，周历正月。

夏天，五月，戊寅这天，鲁庄公在鄑这个地方打败了宋国军秋天，宋国发大水。为什么记载这件事？为了记载灾害。鲁国以外的灾害是不记载的，这里为什么要记载呢？因为宋国的水灾殃及鲁国。

冬天，周天子的女儿嫁到齐国。为什么记载这件事？因为王女回路过鲁国。

【原文】

十有二年，春，王三月，纪叔姬归于酅萨①。其言归于酅何？隐之也。何隐尔？其国亡矣，徙归于叔尔也②。夏，四月。

秋，八月，甲午，宋万弑其君接③，及其大夫仇牧。及者何？

累也。就君多矣，舍此无累者乎？孔父、荀息皆累也④。舍孔父、荀息无累者乎？曰："有！"有则此何以书？贤也。何贤乎仇牧？仇牧可谓不畏强御矣⑤。其不畏强御奈何？万尝与庄公战，获乎庄公。庄公归，散舍诸宫中叭数月⑥，然后归之。归反为大夫于宋。与闵公博，妇人皆在侧，万曰："甚矣，鲁侯之淑，鲁侯之美也⑦！天下诸侯宜为君者，唯鲁侯尔！"闵公矜此妇人⑧，妒其言，顾曰："此虏也。尔虏焉故⑨，鲁侯之美恶乎至⑩。"万怒，搏闵公，绝其腹⑪。仇牧闻君弑，趋而至，遇之于门，手剑而叱之。万臂拣仇牧⑫，碎其首，齿著乎门阖⑬。仇牧可谓不畏强御矣。

冬，十月，宋万出奔陈。

【注释】

①十有二年：鲁庄公十二年（公元前682年）。纪叔姬：鲁国的女子，纪侯的夫人。《春秋三传》胡传注："庄公四年，纪侯去国，叔姬至此归于鄙者，纪侯方卒，故叔姬至此。然后归尔。归者，顺词。以宗庙在娜，归奉其祀也。"

②叔：指纪季。何休注："叔者，纪季也。妇人谓夫之弟为叔。"

③甲午：八月初十。宋万：即南宫长万。又称南宫万，宋国大夫，以勇力事宋闵公。接：一说为"捷"，即宋闵公，名接，宋庄公之子，为宋国第十一七君，在位十年。

④孔父：即孔父嘉，宋国大司马。事在植公二年。荀息：晋国大夫，事在僖公十年。

⑤强御：强暴逞势者。何休注："御，禁也。言力强不可禁也。"

⑥散舍：伺休注："散，放也。舍，止也。"

⑦淑：善良。美：好。

⑧矜：自负贤能。

⑨尔虏焉故：何休注："尔，女也，谓万也。更向万曰，女尝执虏于鲁侯，故称誉尔。"

⑩至：最完美的程度。

⑪腹：颈项。

⑩拣：侧手以击。

贫阘：门扇。这里指宫门。

【译文】

鲁庄公十二年，春天，周历三月，纪国国君的夫人叔姬回到鄙这个地方。这里说回到鄙这个地方是什么意思？是怜悯她。为什么怜悯她呢？她的国家灭亡了，只好投奔到她小叔子这里来。

夏天，四月。

秋天，八月，甲午，宋万杀害了他的国君宋闵公接，"及"宋国大夫仇牧。""及"是什么意思？就是连累。就杀国君的事很多，除了仇牧之外就没有被连累的吗？孔父嘉、荀息都是被连累的。除了孔父嘉、荀息之外就没有被连累的吗？回答说："还有。"既然还有，那么这里为什么要记载仇牧的事呢？因为仇牧贤良。仇牧怎么贤良呢？仇牧可以说是不畏强暴的人。他怎样不畏强暴？宋万曾与鲁庄公交战，被鲁庄公俘获了。庄公凯旋回国，就给宋万松了绑，让他住在宫中；过了几个月，庄公就释放了他。宋万返回宋国后又当上了大夫。八月甲午这天，宋万和宋闵公在一起博戏，有很多女人在旁边观看。宋万情不自禁地说："太了不起了！鲁侯多么善良，鲁侯多么美好。天下的诸侯适宜当国君的，只有鲁侯一个人啊！"闵公在这些女人面前自负贤能，很忌恨听到这些话，就回过头对众人说：“这位是鲁侯的俘虏。大概因为你曾被鲁侯俘虏过的缘故吧，不然鲁侯的美好怎么会达到这样完美的程度呢！”宋万大怒，抓住宋闵公，扭断了他的脖子。仇牧听到国君被杀，跑步赶来，在宫殿门口遇到宋万，他手持宝剑大声责骂，宋万挥起手臂，侧手击杀仇牧，把他的脑袋也打碎了，牙齿飞嵌在宫门上。仇牧真可以说是不畏强暴的人。

冬天，十月，宋万逃奔到陈国。

【原文】

十有三年，春，齐侯、宋人、陈人、蔡人、邾娄人会于北杏①。

夏，六月，齐人灭遂②。

秋，七月。

冬，公会齐侯盟于柯③。何以不日？易也④。其易奈何？桓之盟不日，其会不致⑤，信之也。其不日何以始乎此？庄公将会乎桓，曹子进曰：“君之意何如？”庄公曰：“寡人之生，则不若死矣⑥。”曹子曰：“然则君请当其君，臣请当其臣⑦。”庄公曰：“诺。”于是会乎桓。庄公升坛⑧，曹子手剑而从之。管子进曰：“君何求乎？”曹子曰：“城坏压竟⑨，君不图与。⑩”管子曰：“然则君将何求？”曹子曰：“愿请汉阳之田。”管子顾曰：“君许诺。”桓公曰：“‘诺。”曹子请盟，桓公下与之盟。已盟，曹子漂剑而去之。要盟可犯，而桓公不欺；曹子可雄，而桓公不怨。桓公之信著乎天下，自柯之盟始焉。

101

【注释】

①十有三年：鲁庄公十三年（公元前681年）。北杏：齐国地名，在今山东东阿县境。齐植公以诸侯身份而主持会盟。自北杏之会开始；

②遂：国名。妫姓。舜的后裔。被齐国所灭。故地在今山东宁阳县北。

③柯：齐国地名，在今山东阳毂县东北。

④易：平易可信。何休注："易，犹佼易也。相亲信无后患之辞"

⑤不致：不记载归来的时间。致：归还。

⑥寡人之生，则不若死：何休注："自伤与齐为雄不能复也。伐齐纳纠，不能纳。反复为齐所胁而杀之。"

⑦当：何休注："当，犹敌也。将劫之辞。"

⑧坛：何休注；"土荃三尺，土阶三等曰坛。会必有坛者。为升降揖让称先君以相接，所以长其敬。"

⑨竟：祖界。同"境"，何休注："齐数侵鲁取邑，以喻侵深也。"

⑩君不图与：何休注："君谓齐恒公。图。计也。犹曰：君不当计侵香太甚。"

【译文】

鲁庄公十三年，春天，齐侯在北杏这个地方会见宋国、陈国、蔡国、邾娄国各国国君。

夏天，六月，齐国军队灭掉遂国。

秋天，七月。

冬天，鲁庄公在柯这个地方会见齐侯。并与他盟誓。为什么不记载盟会的日期呢？因为这件事平易而可信。平易而可信又怎么样呢？齐桓公的盟会不再记载日期，他与诸侯会面也不再写归国的时间，因为相信他是讲信义的。不再记载他盟会的日期为什么是从这次开始的呢？鲁庄公将要会见齐植公，鲁国大夫曹刿进见庄公。问："君王的意思怎样呢？"鲁庄公说："如果还被齐国欺凌，我活着还不如死了。"曹刿说："那么就请君王去对付他们的国君，我去对付他们的大臣。"鲁庄公说："好！"就这样，会见了齐桓公。鲁庄公登到坛上，曹刿手持长剑跟随着他。齐国的相国管仲走上前来问："贵国国君有什么要求吗？"曹刿说；"我国城邑被毁，大军压境，你们国君不想一想是什么原因吗？"管仲说："既然这样，那么贵国国君有什么要求呢？"曹刿说："想请你们归还汶阳的田地。"管仲回过头，对齐桓公说；"君王可以同意。"齐桓公说："好！"曹刿请求盟誓，齐桓公走下坛来，与曹刿定约盟誓。盟完誓，曹刿把剑一丢，离开桓公而去。要胁盟誓可以认为是侵犯，但齐桓公并没有欺骗他；曹刿可以认为是仇敌，但齐桓公并没有怨恨他。齐桓公的信义传遍天下，就是从柯这个地方的盟会开始的。

【原文】

十有四年^①，春，齐人、陈人、曹人伐宋。夏，单伯会伐宋^②。其言会伐宋何？后会也。秋，七月，荆入蔡。

冬，单伯会齐侯、宋公、卫侯、郑伯于鄄^③。

【注释】

①十有四年：香庄公十四年（公元前680年）。

②单伯：周王室大夫。

③鄄：卫国地名，在今山东淮县东。

【译文】

鲁庄公十四年，春天，齐国、陈国和曹国军队攻打宋国。夏天，周大夫单伯领兵与诸侯军队会合攻打宋国。这里说会合攻打宋国是为什么？因为他是后来与诸侯军队会合的。秋天。七月，楚国军队攻进蔡国。

冬天，单伯与齐侯、宋公、卫侯、郑伯在鄄这个地方会面。

【原文】

十有五年，春，齐侯、宋公、陈侯、卫侯、郑伯会于鄄①。

夏，夫人姜氏如齐。

秋，宋人、齐人、揶娄人伐兑②。

郑人侵宋。

冬，十月。

【注释】

①十有五年：鲁庄公十五年（公元前679年）。会于哪：这是齐侯第二次与诸侯在哪地会面，是齐国称霸的开始。

②兑：即郓，国名，后为小邾娄国，故地在今山东滕县境。

【译文】

鲁庄公十五年，春天，齐侯、宋公、陈侯、卫侯、郑伯第二次在哪这个地方会面。

夏天，鲁桓公夫人姜氏到齐国去。

秋天，宋国、齐国、邻娄国军队联合攻打那国。郑国军队进犯宋国。

冬天，十月。

【原文】

十有六年①，春，宋人、齐人，荆伐郑。

王正月。卫人伐郑。

许男②、欲也。

十有二月，公会齐侯、宋公、陈侯、卫侯、郑伯、曹伯、滑伯③、滕子，同盟于幽④。同盟者何？同夏秋冬。

邾娄子克卒⑤。

【注释】

①十有六年：鲁庄公十六年（公元前678年）。

②许男：许国国君。许国，姜姓子爵。后为楚灭。地在今河南许昌市。

③滑：国名，姬姓伯爵。故地在今河南滑县东。

④幽：即幽州，古代九州之一，中心地区在今河北省北部。

⑤郳娄子克：郳娄国国君，名克，字仪父。

【译文】

鲁庄公十六年，春天，周历正月。

夏天，宋国、齐国、卫国军队联合攻打郑国。

秋天，楚国攻打郑国。

冬天，十二月，鲁庄公和齐侯、宋公、陈侯、卫侯、郑伯、许男、曹伯、滑伯、滕子在幽这个地方会面，并且"同盟"。"同盟"是什么意思？就是表示想结盟是大家共同的心愿。郳娄国国君克死了。

【原文】

十有七年，春，齐人执郑瞻①。郑瞻者何？郑之微者也。此郑之微者，何言乎齐人执之？书甚佞也②。夏，齐人歼于遂③。歼者何？歼积也④。众杀戍者也。秋，郑瞻自齐逃来。何以书？书甚佞也。曰："佞人来矣，佞人来矣！"

冬，多麋。何以书？记异也。

【注释】

①十有七年：鲁庄公十七年（公元前677年）。郑瞻：郑国执政大臣。《左传》作"郑詹"。

②佞：奸巧诡谈，花言巧语。

③齐人歼于遂：庄公十三年齐国灭遂国，并派兵戍守遂国。这年夏天，遂国的四大家族因氏、领氏、工娄氏、须遂氏设宴招待齐国戍守的将士，灌醉后杀了他们。何休注："齐人灭遂，遂民不安，欲去齐强戍之，

遂人共以药投其所饮食水中，多杀之。古者有分土无分民，齐戍之，非也。"馘，消灭。同"歼"。

④馘积：指被杀者多，尸休堆积。何休注："撒者死文，馘之为死，积死非一之辞，故曰馘积。"减，《左传》、《榖梁传》都作"歼"。

【译文】

鲁庄公十七年，春天，齐国人拘囚了郑瞻。郑瞻是什么人？是郑国地位低下的人。既然他是郑国地位低下的人，为什么还要记载齐国人拘囚他呢？这是记载特别奸巧的人。

夏天，齐国人在遂国被"淑"。"馘"是什么意思？就是指被杀的人很多，尸体堆积。这是遂国民众杀害齐国戍守的将士。秋天，郑瞻从齐国逃到鲁国来。为什么记载这件事？为了记载特别奸债的人。就好像说："奸候的人来了，奸按的人来了！"冬天，鲁国的麋鹿很多。为什么记载这件事？这是记载怪异现象。

【原文】

十有八年①，春，王三月，日有食之。

夏，公追戎于济西②。此未有言伐者，其言追何？大其为中国追也。此未有伐中国者，则其言为中国追何？大其未至而豫御之也。其言于济西何？大之也③。

秋，有蜮④。何以书？记异也。冬，一朴月。

【注释】

①十有八年：鲁庄公十八年（公元前676年）。

②追：追击。何休注："以兵逐之曰追。"

③大之：赞扬鲁庄公。

④蜮：同"蛾"。古代传说中一种能含沙射人、使人发病的动物。亦称"短狐"。

【译文】

　　鲁庄公十八年，春天，周历三月，发生日食。

　　夏天，鲁庄公追击戎人直到济水西边。这里没有说到讨伐戎人的事，为什么说追击呢？这是赞扬鲁庄公为中原诸侯国追击戎人。《春秋》没有记载戎人进攻中原地区，为什么要说他是为中原诸侯国追击呢？这是赞扬鲁庄公在戎人进攻中原地区之前预先防备他们。这里说追到济水西边是什么意思？是为了赞扬鲁庄公。秋天，鲁国出现了一种含沙射人的怪物：蜮。为什么记载这件事。为了记载怪异现象。

　　冬天，十月。

【原文】

十有九年①，春，王正月。夏，四月。

秋，公子结媵陈人之妇于鄄。遂及齐侯、宋公盟。媵者何？诸侯娶一国，则二国往媵之，以侄娣从。侄者何？兄之子也。娣者何？弟也。诸侯壹聘九女，诸侯不再娶。媵不书，此何以书？为其有遂事书。大夫无遂事，此其言遂何？聘礼，大夫受命，不受辞，出竟有可以安社稷、利国家者，则专之可也。

夫人姜氏如莒。

冬，齐人、宋人、陈人伐我西鄙②。

【注释】

　　①十有九年：鲁庄公十九年（公元前675年）。

　　②鄙：边邑。何休注："鄙者，边乖之辞，荣见沉巾"

【译文】

　　鲁庄公十九年，春天，周历正月。

　　夏天，四月。

　　秋天，公子结送陈国妇人的"媵"到鄄这个地方

107

去，顺便与齐侯、宋公盟会。"媵"是什么意思？诸侯从一个国家娶亲，那么另有两个国家就会送女子陪嫁，她们以"侄""娣"的身份作为随从。"侄"是什么意思？就是哥哥的女儿。"娣"是什么意思？就是妹妹。诸侯一娶就娶九个女子，以后就不再娶。送陪嫁女子的事，《春秋》是不记载的，这里为什么记载呢？因为还有顺便办理的事所以才记载。大夫没有什么顺便办理的事，这里说顺便指的是什么？例如诸侯之间相互聘问的礼仪，大夫只是接受出访的命令，并没有接受什么具体的指示，出了国境，只要能够安定社稷、有利国家的事，就可以自行处理。

鲁桓公夫人姜氏到莒国去。

冬天，齐国；宋国、陈国的军队攻打鲁国西部边邑。

【原文】

二十年①，春，王二月，夫人姜氏如莒。夏，齐大灾。大灾者何？大瘠也。大瘠者何？痢也②。

何以书？记灾也。外灾不书，此何以书？及我也。

秋，七月。冬，齐人伐戎。

【注释】

①二十年：鲁庄公二十年（公元前674年）。

②痢：传染病的通称。同"病"。何休注："痢者，民疾疫也。"

【译文】

鲁庄公二十年，春天，周历二月，鲁桓公夫人姜氏到莒国去。夏天，齐国发生大灾。是什么大灾了是大疾疫？是什么大疾疫？是全国流行的传染病。为什么记载这件事？为了记载灾难。鲁国以外的灾难是不记载的，这里为什么记载呢？因为这种传染病已波及到鲁国。

秋天，七月。

冬天，齐国军队进攻戎人。

【原文】

二十有一年①，春，王正月。

五月七月，辛酉②，关仔伯突卒。戊戌，夫人姜氏薨。

十有二月，葬郑厉公。

【注释】

①二十有一年：鲁庄公二十一年（公元前673年）。

②辛酉：五月二十七日。郑伯突：即郑厉公，名突，郑庄公之子，在位十二年。死后其子郑文公即位。

【译文】

鲁庄公二十一年，春天，周历正月。

夏天，五月秋天，七月，辛酉这天，郑厉公死了。

戊戌这天。鲁桓公夫人，鲁庄公的母亲姜氏死了。

冬天，十二月，安葬郑厉公。

【原文】

二十有二年①，春，王正月，肆大省。肆者何？跌也②。大省者何？灾省也③。肆大省，何以书？讥，何讥尔？讥始忌省也④。癸丑，葬我小君文姜⑥。文姜者何？庄公之母也。陈人杀其公子御寇⑥。

夏，五月。

秋，七月，丙申，及齐高傒盟于防⑦。齐高傒者何？贵大夫也。曷为就吾微者而盟？公也。公则曷为不言公？讳与大夫盟也。

冬，公如齐纳币。纳币不书，此何以书？⑧讥。何讥尔？亲纳币，非礼也。

【注释】

①二十有二年：鲁庄公二十二年（公元前672年）。

②跌：何休注："跌，过度。"

③灾省：因灾祸而进行约束、节制。何休注："常若闻灾自省，故曰灾省也。"

④忌省：在忌日进行约束、节制。

⑤癸丑：正月二十三日。小君：古称诸侯的妻子。《穀梁传》："小君，非君也。其曰君，何也？以其为公配，可以言小君也。"

⑥御寇：陈宣公的太子。

⑦丙申：七月初九。高溪：即敬仲，也称高子，齐国执政大夫，惠公族。

⑧纳币：古婚礼六礼中的纳征。纳吉之后，择日具书，遣人送聘礼于女家，女家受物复书，婚姻乃定。亦称文定，俗称过定。何休注："纳币即纳征。"《仪礼·士昏礼》："纳征，玄纁、束帛、俪皮，如纳吉礼。"注："征，成也。使使者纳币以成婚礼。"疏："纳此，则昏礼成，故云征也。"

【译文】

鲁庄公二十二年，春天，周历正月，肆大省。"肆"是什么意思？就是过度。"大省"是什么意思？就是因灾害而减省、节约。为什么要记载"肆大省"呢？为了谴责，谴责什么？谴责庄公开始在忌日减省、节约。

癸丑这天，安葬鲁桓公夫人文姜。文姜是什么人？是鲁庄公的母亲。

陈国人杀了他们的太子御寇。

夏天，五月。

秋天，七月，丙申这天，与齐高侯在防这个地方盟会。齐高溪是什么人？是齐国尊贵的大夫。为什么他和鲁国地位低下的人盟会呢？其实是与鲁庄公盟会。既然是鲁庄公，那么为什么不说是鲁庄公呢？因为要避讳庄公与大夫盟会。

冬天，鲁庄公到齐国去纳币。纳币是不记载的，这里为什么记载呢？为了讽刺。讽刺什么？国君亲自去纳币订婚是不合于礼的。

【原文】

二十有三年①，春，公至自齐。桓之盟不日，其会不致，信之也。此之桓国何以致？危之也。何危尔？公一陈佗也②。

祭叔来聘③。

夏，公如齐观社④。何以书？讥。何讥尔？诸侯越竟观社，非礼也。公至自齐。

荆人来聘⑤。荆何以称人？始能聘也。

公及齐侯遇于款。

肖叔朝公⑥。其言朝公何？公在外也。

秋，丹桓宫楹⑦。何以书？讥。何讥尔？丹桓宫楹，非礼也。

冬，十有一月，曹伯射姑卒⑧。

十有二月，甲寅，公会齐侯盟于扈⑨。桓之盟不日，此何以日？危之也。何危尔？我贰也⑩。鲁子曰："我贰者，非彼然，我然也⑪。"

【注释】

①二十有三年：鲁庄公二十三年（公元前671年）。

②公一陈佗：鲁庄公与陈佗一样。何休注："公如齐淫，与陈佗相似如一也'亡'陈佗，即陈国国君。事见鲁桓公六年，蔡人杀陈佗。

③祭叔来聘：《春秋三传》注："祭叔为王朝大夫，假聘礼私行，故不称使，此正义也。"

④社：祭祀社神。

⑤荆人来聘：《春秋三传分注："楚交中国始

此。"

⑥肖叔：《穀梁传》："微国之君，未爵命者。"

⑦丹桓宫楹：将鲁桓公庙的柱漆成红色。丹，作动词用，把什么漆成红色。楹，柱。何休注："楹，柱也。丹之者，为将娶齐女欲以夸大示之。"

⑧曹伯：即曹庄公，名射姑，在位三十一年。曹禧公赤即位。

⑨甲寅：十二月初五。启：郑国地名，在今河南省。《左传》注："启，郑地，在荥阳卷县西北。"

⑩我贰：何休注："庄公有淫佚污贰之行。"徐彦疏："庄公之行，既不清洁，又不专一，故渭之污矣。"

⑪我然：何休注："嫌上说，以齐恶我，贰相疑而盟，故日也。解言，非齐恶我也，我行污贰，动作有危，故日之也。"

【译文】

鲁庄公二十三年，春天，鲁庄公从齐国回来。齐桓公的盟会不记载日子，和他的会面也不写明归来，因为相信他是讲信义的。

这次鲁庄公到齐桓公的国家去，为什么记载归来的时间呢？因为认为鲁庄公有危险。为什么有危险呢？鲁庄公可能会像陈佗一样被人杀死。

周天子大夫祭叔来鲁国访问。

夏天，鲁庄公去齐国观看祭祀社神。为什么记载这件事？为了谴责。谴责什么？诸侯越过国境去观看祭祀社神，是不合于礼的。鲁庄公从齐国回来。

荆人来鲁国访问。荆为什么可以称人？因为荆开始能够对中原诸侯国进行友好访问了。

鲁庄公在谷这个地方遇见齐侯。

肖叔朝见鲁庄公。这里为什么说朝见鲁庄公呢？因为鲁庄公正在外地。

秋天，将鲁桓公庙的柱子漆成红色。为什么记载这件事？为了谴责。谴责什么？将鲁桓公庙的柱子漆成红色，是不合于礼的。冬天，十一月，曹庄公射姑死了。

十二月，甲寅这天，鲁庄公会见齐侯，并在息这个地方盟会。齐桓公的盟会是不记载日期的，这里为什么写上日期？因为认为庄公有危险。为什么有危险呢？因为鲁国国君有淫秽行为。鲁子说："鲁国国君有淫秽行为，不是说齐国这样，而是说鲁国这样。"

【原文】

二十有四年，春，王三月，刻桓宫桶①。何以书？讥。何讥尔。刻桓宫确，非礼也。

葬曹庄公。

夏，公如齐逆女。何以书？亲迎礼也。

庄公秋，公至自齐。

八月，丁丑，夫人姜氏入。其言入何？难也。其言日何？难也。其难奈何？夫人不楼②，不可使人，与公有所约③，然后入。

戊寅，大夫宗妇规④。用币⑤。宗妇者何？大夫之妻也。规者何？见也。用者何？用者不宜用也。见用币，非礼也。然则易用？枣栗云乎，服惰云乎。

大水。

冬，戎侵曹。曹羁出奔陈。曹羁者何？曹大夫也。曹无大夫，此何以书？贤也。何贤乎曹羁？戎将侵曹，曹羁谏曰："戎众以无义，君请勿自敌也。"曹伯曰："不可。"三谏不从，遂去之。故君子以为得君臣之义也。赤归于曹。郭公。赤者何？曹无赤者，盖郭公也。郭公者何？失地之君也。

113

【注释】

①二十有四年：鲁庄公二十四年（公元前670年）。刻：雕刻。桷：方形的椽子。

②楼：何休注："楼，疾也。"不楼，即不肯快速地进入鲁国。

③约：何休注："约，约远媵妾也。夫人稽留，不肯疾顺，公不可使即入。公至后，与公约定八月丁丑乃入，故为难辞也。"

④戊寅：八月初三。规：见，相见。宗妇：同姓大夫之妻。

⑤币：指玉、帛。

【译文】

鲁庄公二十四年，春天，周历三月，庄公在鲁桓公庙的椽头上雕刻花纹。为什么记载这件事？为了谴责。谴责什么？谴责庄公在桓公庙的椽头上雕刻花纹，这是不合于礼的。

安葬曹庄公。

夏天，鲁庄公到齐国去迎娶夫人。为什么记载这件事？庄公亲自去迎娶夫人是合乎礼仪的。

秋天，鲁庄公从齐国回来。

八月，丁丑这天，鲁庄公的夫人姜氏进入鲁国。这里为什么说进入呢？因为很困难。为什么记载进入的日期呢？也是因为很困难。怎么困难呢？夫人姜氏不肯很快到鲁国来。无法让她进入鲁国。当她与鲁庄公约定日期后，然后才进入鲁国都城。戊寅这天，鲁国大夫、宗妇"规"夫人姜氏，并用玉帛作礼物。"宗妇"是什么人？是大夫的妻子。"规"是什么意思？就是相见。"用"是什么意思？"用"这个词在这里就是表示不应该用的意思。相见时用玉帛作见面礼是不合于礼的。既然这样，那么用什么作礼物呢？用枣子、板栗和干肉。

鲁国发大水。

冬天，戎人侵犯曹国。曹羁出逃到陈国去。曹羁是谁？曹国的大夫。曹国没有大夫，这里为什么记载这件事？作者认为他贤良。为什么认为曹羁贤良呢？戎人将要侵犯曹国时，曹羁规劝曹伯，说："戎人众多而且没有信义，请君王不要亲自前去对敌。"曹伯说："不行！"曹羁规劝三次，曹伯都不听，曹羁只好离开曹国去避祸。所以孔子认为曹羁这样做已符合君臣之间的道义了。赤回到曹国。郭公。赤是谁？曹国没有这个人，大概就是郭公吧。郭公又是什么人呢？这是一个失去国土的国君。

【原文】

二十有五年，春，陈侯使女叔来聘①。

夏，五月，癸丑，卫侯朔卒②。

六月，辛未朔，日有食之。鼓，用牲于社③。日食则曷为鼓用牲于社？求乎阴之道也④。以朱丝营社，或曰胁之，或曰为闇，恐人犯之，故营之。

伯姬归于杞。

秋，大水。鼓，用牲于社于门。其言于社于门何？于社，礼也。于门，非礼也。

冬，公子友如陈。

【注释】

　①二十有五年：鲁庄公二十五年（公元前9年）。女叔：陈国大夫。

　②癸丑：五月十二日。卫侯朔：即卫惠公，名朔，

卫宣公之子，在位三十一年。

③鼓：作动词用，击鼓。社：土地神。何休注："社者，土地之主也。月者，土地之精也。上系于天而犯日，故鸣鼓而攻之，胁其本也。先言鼓后言用牲者，明先以尊命责之，后以臣子礼接之，所以为顺也。"

④求：何休注："求，责求也。"责备苛求。按：古人认为日食是阴盛阳微的象征，因此要用各种阳事来压阴气，责求阴气不应侵阳。蕊苴：围绕。

【译文】

鲁庄公二十五年，春天，陈侯派女叔到鲁国来访问。夏天，五月，癸丑这天，卫惠公朔死了。

六月，辛未这天初一，发生日食，鲁国民众敲打着鼓，用牛羊祭祀土地神。发生日食为什么要击鼓用牛羊祭祀土地神呢？这是责求阴的方式。并用红色丝绸将土地神围绕起来，有人说这是威胁它，有人说这是因为光线阴暗，担心有人侵犯它，所以用红色丝绸将它围绕起来。

鲁国的伯姬出嫁到祀国。

秋天，鲁国发大水。鲁国人敲着鼓用牛羊祭祀土地神和城门门神。这里说祭祀土地神和门神是什么意思？祭祀土地神，是合乎礼仪的。祭祀门神，不合常礼。

冬天，公子友到陈国去。

【原文】

二十有六年，公伐戎①。

夏，公至自伐戎。

曹杀其大夫。何以不名？众也。曷为众杀之？不死于曹君者也②。君死乎位曰灭，曷为不言其灭？为曹羁讳也。此盖战也，何以不言战？为曹羁讳也。

秋，公会宋人、齐人伐徐③。冬，十有二月，癸亥朔，日有食之。

【注释】

①二十有六年：鲁庄公二十六年（公元前668年）。按：一本在"公伐戎"前有"春"字。

②不死于曹君者：何休注："曹诸大夫与君皆敌戎战，曹伯为戎所杀，诸大夫不伏节死义独退求生，后嗣子立而诛之。《春秋》以为得其罪，故众略之不名。凡书君杀大夫，大夫有非以专杀，书他皆以罪举。"

③徐：国名。相传周穆王封徐偃王子宗为徐子，其封国为徐。鲁昭公三十年为吴所灭。故址在今安徽泗县。

【译文】

鲁庄公二十六年，春天，鲁庄公率领军队攻打戎人。夏天，鲁庄公从攻打戎人的战场上回来。

曹国国君屠杀他的大夫。为什么不记载被杀大夫的名字呢？因为被杀的很多。为什么把很多人都杀了呢？因为他们不肯为战死的曹伯伏节死义。国君死在他的君位上叫"灭"，这里为什么没有提及曹伯"灭"呢？这是为曹羁避讳。曹伯是与戎人作战死的，这里为什么不说与戎人作战呢？也是为曹羁避讳。

秋天，鲁庄公会同宋国、齐国军队攻打徐国。

冬天，十二月，癸亥这天初一，发生日食。

【原文】

二十有七年，春，公会杞伯姬于洮①。

夏，六月，公会齐侯、宋公、陈侯、郑伯同盟于幽。秋，公子友如陈，葬原仲。原仲者何？陈大夫也。大夫不书葬，此何以书？通乎季子之私行也②。何通乎季子之私行？辟内难也③。君子辟内难，而不辟外难。内难者何？公子庆父、公子牙、公子友皆庄公之母弟也④。公子庆父、公子牙通乎夫人⑤，以胁公。季子起而治之，则不得与国政，坐而视之，则亲亲⑥，因不忍见也。故于是复请至于陈，而葬原仲也。

冬，杞伯姬来，其言来何？直来曰来⑦。大归曰来归⑧。莒庆来逆叔姬。莒庆者何？莒大夫也。莒无大夫，此何以书？讥。何讥尔？大夫越竟逆女⑨，非礼也。杞伯来朝。

公会齐侯于城濮⑩。

【注释】

①二十有七年：鲁庄公二十七年（公元前667年）。杞伯姬：鲁庄公的女儿，嫁到杞国，为杞伯夫人。桃：鲁国地名，在今山东泗水县东南。一说在今山东濮阳县西南。

②私行：何休注："不以公事行曰私行。"

③辟：躲避。通"避"。

④母弟：同母弟弟。

⑤通：不正当的男女关系。

⑥亲亲：亲其所当亲。何休注："亲，至亲也。"

⑦直来：没有什么事情回来。何休注："直来，无事而来也。诸侯夫人尊重，既嫁非有大故不得反，唯自大夫妻，虽无事岁一归宗。"

⑧大归：被夫家抛弃。何休注："大归者，废弃来归也。"

⑨越竟：越过国境。

⑩城濮：卫国地名。在今河南陈留县。一说在今山东淮县南。

【译文】

鲁庄公二十七年，春天，鲁庄公在挑这个地方会见杞伯姬。夏天，六月，鲁庄公会见齐侯、宋公、陈侯、郑伯，在幽这个地方共同盟会。

　　秋天，公子友到陈国去，参加原仲的葬礼。原仲是什么人？陈国的大夫。大夫的葬礼是不记载的，这里为什么记载呢？因为这涉及到公子友的私人行动。为什么说涉及到公子友的私人行动呢？因为公子友要躲避国内的祸乱。君子应该躲避国内的认乱，而不应该躲避国外的祸乱。鲁国国内有什么祸乱呢？公子庆父、公子牙和公子友都是鲁庄公的同母弟弟。公子庆父、公子牙都与庄公夫人姜氏私通，而且威胁到庄公。公子友想起来治理这件事，但又不能参与国政；要坐视不管，但又爱自己的亲兄弟，而不忍心看到事态的发展，所以这才又请求到陈国去，去参加原仲的葬礼。冬天，杞伯姬回到鲁国来。这里说"来"是什么意思？没有什么事情回来就叫"来"，被夫家抛弃后回来就叫"来归"。莒庆到鲁国来迎接叔姬。莒庆是谁？是莒国的大夫。莒国没有大夫，这里为什么记载这件事？为了谴责。谴责什么？大夫越过国境来迎接女子，这是不合于礼的。

　　杞伯来鲁国朝见鲁庄公。

　　鲁庄公在卫国的城蹼这个地方会见齐侯。

【原文】

　　二十有八年，春，王三月，甲寅①，齐人伐卫。卫人及齐人战，卫人败绩。伐不日，此何以日？至之日也②。战不言伐，此其言伐何？至之日也。《春秋》伐者为客③，伐者为主④。故使卫主之也。曷为使卫主之？卫未有罪尔。败者称师，卫何以不称师？未得乎师也⑤。

　　夏，四月，丁未，邾娄子琐卒⑥。

　　秋，荆伐郑。公会齐人、宋人、邾娄人救郑。冬，筑微⑦。大无麦禾。冬既见无麦禾矣，曷为先言筑微，而后言无麦禾？讳以凶年造邑也。

减孙辰告籴于齐⑧。告籴者何？请籴也。何以不称使？以为减孙辰之私行也。曷为以减孙辰之私行？君子之为国也，必有三年之委⑨。一年不熟，告籴，讥也。

【注释】

①二十有八年：鲁庄公二十八年（公元前6年）。甲寅：三月甲寅。误。

②至之日：军队到达的那天就进攻。何休注："用兵之道，当先至竟侵责之，不服乃伐之。今日至便以今日伐之，故曰以起其暴也。"

③伐者为客：何休注："伐人者为客。读伐长言之，齐人语也。"

④伐者为主：即被伐者为主。何休注："见伐者为主。读伐短言之，齐人语也。"

⑤未得乎师：何休注："未得成列为师也。"

⑥丁未：四月二十三日。琐：邾娄国国君，名琐，在位十二年。其子蓬陈继位。

⑦筑微：在微这个地方修筑城邑。微，《左传》作"眉肠"。《左传》："筑郿，非都也。凡邑，有宗庙先君之主曰都，无曰邑。邑曰筑，都曰城。"微：鲁国地名，在今山东寿张废县治南。

⑧减孙辰：又称减文仲，鲁国大夫。籴：买谷物。

⑨委：储备。何休注："古者，三年耕必余一年之储，九年耕必有三年之积，虽遇凶灾民不饥乏。庄公享国二十八年，而无一年之畜，危亡切近，故讳。使若国家不匮，大夫自私行籴也。"

【译文】

鲁庄公二十八年，春天，周历三月，甲寅这天，齐国军队攻打卫国。卫国军队与齐军交战，卫国军队溃败。攻伐是不记载日期的，这里为什么记载日期呢？因为齐国军队到达的那天就开始进攻。交战是不说攻打的，这里说攻打是什么意思？也是因为齐军到达的那天就开始进攻。《春秋》上都以攻打别人的国家为客方，以被攻打的国家为主方，所以在这场战争中就以卫国为主方了。为什么让卫国作为战争的主方呢？因为卫国没有罪过。战败的军队都称"师"，卫国为什么不称"师"？因为齐军进攻太快，卫国人还没有排列阵势就被打败了。

夏天，四月，丁未这天，邾娄国国君琐死了。

秋天，楚国军队攻打郑国。鲁庄公派兵会同齐国、宋国、邾娄国军队救援郑国。

冬天，鲁国建筑微邑。今年鲁国粮食颗粒无收。冬天既然已经看到国内粮食颗粒无收了，为什么要先说建筑微邑，然后才说粮食颗粒无收呢？这是避讳在大荒之年还建筑城邑。鲁国大夫减孙辰向齐国"告籴"。"告籴"是什么意思？就是请求购买粮食。为什么不说派遣呢？这是把减孙辰购买粮食看成个人行为。为什么要把减孙辰购买粮食看成个人行为呢？君子治理国家，一定有三年的粮食储备。一年没有收成，就向别国请求买粮，这是应该谴责的事。

121

【原文】

二十有九年，春，新延厩①。旧不书，此何以书？讥。何讥尔？新延厩者何？修旧也。修？凶年不修。

夏，郑人侵许。

秋，有蜚②。何以书？记异也。冬，十有二月，纪叔姬卒。城诸及防③。

【注释】

①二十有九年：鲁庄公二十九年（公元前665年）。延厩：马房，延，马房的名。《穀梁传》："延厩者，法厩也。"《春秋三传》刘敞注："延厩者，天子之厩。"按：此句《左传》为"新作延厩"。

②螽：食稻花的害虫。

③诸：鲁国邑名，在今山东诸城县西南。防：鲁国邑名，在今山东费县东北。

【译文】

鲁庄公二十九年，春天，"新延厩"。"新延厩"是什么意思？就是把旧的马房装修一新。装修旧的东西是不记载的，这里为什么记载这件事？为了谴责。谴责什么？在饥荒之年是不应该装修马房的。

夏天，郑国军队入侵许国。

秋天，鲁国出现虫灾。为什么记载这件事？记载怪异现象。冬天，十二月，纪叔姬死了。

鲁国在诸和防这两个地方筑城。

【原文】

三十年①，春，王正月。夏，师次于成②。

秋，七月，齐人降郭③。郭者何？纪之遗邑也④。降之者何？取之也。取之则曷为不言取之？为桓公讳也。外取邑不书，此何以书？尽也。

八月，癸亥，葬纪叔姬。外夫人不书葬，此何以书？隐之也。何隐尔？其国亡矣，徒葬乎叔尔。

九月，庚午朔，日有食之。鼓，用牲于社。冬，公及齐侯遇于鲁济⑤。

齐人伐山戎。此齐侯也。其称人何？贬。曷为贬？子司马子曰⑥："盖以操之为已整矣⑦。"此盖战也，何以不言战？《春秋》敌者言战，桓公之与戎狄，驱之尔⑧。

【注释】

①三十年：鲁庄公三十年（公元前664年）。

②成：地名，今址不详。

③郭：国名，纪的附庸国。故地在今山东东平县东。

④纪之遗邑：《春秋三传》孔颖达注："计纪侯去国，至此二十七年，则邑不得独存，此盖附庸小国。若郭、郭者也。不言侵伐，盖以兵威胁降附。"

⑤遇：非正式会见。鲁济：鲁国济水。济水经过齐国和鲁国，在齐国境内，称齐济；在鲁国境内称鲁济。

⑥子司马子：公羊学派的一位先师。

⑦盖以操之为已整：何休注："操，迫也。已，甚也。整，痛也。迫杀之甚痛。"

⑧驱之：何休注："时桓公力但可驱逐之而已，戎亦天地之所生，而乃迫杀之甚痛，故去战贬，见其事恶不仁也。山戎者，戎中之别名，行进故录之。"

【译文】

鲁庄公三十年，春天，周历正月。

夏天，鲁国军队驻扎在成这个地方。

秋天，七月，齐国军队迫使郓投降。"郭"是什么地方？是纪国遗留下的一座城邑。"降"是什么意思？就是夺取它。既然是夺取它，那么为什么不说夺取呢？这是为齐桓公避讳。鲁国以外的国家夺取城邑是不记载的，这里为什么记载呢又因为纪国的城邑全部被齐国夺取了。

八月，癸亥这天，安葬纪叔姬。鲁国以外的夫人是不记载葬礼的。这里为什么记载呢？是为了怜悯她，为什么怜悯她？因为她的国家灭亡了，只能安葬在她的小

123

叔子的地方。

九月，庚午初一这天，发生日食，鲁国民众击鼓，用牛羊祭祀土地神。

冬天，鲁庄公和齐侯在鲁国济水非正式会见。

齐国人攻打山戎。这"人"就是齐桓公。为什么称他"人"呢？为了贬低他。为什么要贬低他？子司马子说："大概是因为齐桓公迫杀山戎人太过分了。"这是战争，为什么不说交战呢？《春秋》认为只有势均力敌的双方作战才能说交战，齐桓公对付山戎人，只要驱逐就行了。

【原文】

三十有一年①，春，筑台于郎。何以书②？讥。何讥尔？临民之所漱洗也③。

夏，四月，薛伯卒。

筑台于薛④。何以书？讥。何讥尔？远也⑤。六月，齐侯来献戎捷。齐，大国也。曷为亲来献戎捷，威我也。其威我奈何？旗获而过我也。

庄公秋，筑台于秦⑥。何以书？讥。何讥尔？临国也蜜。⑦冬，不雨。何以书？记异也。

【注释】

①三十有一年：鲁生公三。十一年（公元前3年）。

②何以书：《春秋三传》杜预注："书筑台，刺奢。且非土功之时，"孙复注："庄公比年兴作，今义一岁而三筑台。妨农害民，莫甚于此，"

③临民之所漱洗：临近老百姓洗漱用的泉水。徐彦疏："谓郎台近泉台故。"

④薛：鲁国地名。今址不详。

⑤远：何休注："礼：诸侯之观不过郊，"几戎

捷：捷。战利品，这里指俘虏。戎捷，即戎人的俘虏。《左传》："诸埃不相遗浮"

⑥秦：地名。今址不详。公春秋三传》注："秦，东平范县西北有秦亭。"

⑦国。何休注："言国者，牡视，宗庙、朝廷皆为国，明皆不当临也。临社筷宗庙则不敬，临朝廷则泄慢也。"

【译文】

　　鲁庄公三十一年，春天。鲁国在郎这个地方筑台。为什么记载这件事？为了谴责。谴责什么？郎台临近老百姓生活用的泉水。夏天，四月，薛国国君死了。

　　鲁国又在薛这个地方筑台。为什么记载这件事？为了谴责，谴责什么？薛台离国都太远了。

　　六月，齐侯来鲁国奉献攻打山戎时抓获的俘虏。齐国是大国，为什么齐侯亲自来奉献山戎俘虏呢？是为了威胁鲁国。怎样威胁鲁国？他们把军旗插在俘虏身上从鲁国经过。

　　秋天，鲁国在秦这个地方筑台。为什么记载这件事？为了谴责谴责什么？秦台太靠近宗庙了。

　　冬天，不下雨。为什么记载这件事？记载怪异现象。

【原文】

三十有二年，春，城小毂①。

夏，宋公、齐侯遇于梁丘②。

秋，七月，癸巳，公子牙卒③。何以不称弟？杀也。杀则曷为不言刺？为季子讳杀也④。曷为为季子讳杀？季子之遏恶也⑤。不以为国狱⑥。缘季子之心而为之讳。季子之遏恶奈何？庄公病将死，以病召季子，季子至而授之以国政，曰："寡人即不起此病，吾将焉致乎鲁国⑦？”季子曰："般也存⑧，君何忧焉？”公曰："庸得若是乎⑨，牙谓我曰：'鲁一生一及⑩，君已知之矣。庆父也存。'"，季子曰：.'夫何敢！是将为乱乎？夫何敢："俄而牙弑械成⑪。季子和药而饮之吹，曰："公子从吾言而饮此，则必可以无为天下戮笑，必有后乎鲁国⑫。不从吾言，而不饮此，则必为天下戮笑，必无后乎鲁国。"于是从其言而饮之，饮之无保氏，至乎王堤而死。公子牙今将尔。辞曷为与亲弑者同？君亲无将，将而诛焉。然则善之与，曰："然。"杀世子母弟，直称君者，甚之也。季子杀母兄，何善尔？诛不得辟兄，君臣之义也。然则曷为不直诛而酖之？行诛乎兄，隐而逃之，使托若以疾死然，亲亲之道也。

八月，癸亥，公薨于路寝北。路寝者何？正寝也。冬，十月，乙未，子般卒。子卒云子卒，此其称子般卒何？君存称世子，君亮称子某，既葬称子，逾年称公。子般卒，何以不书葬？未逾年之君也示。有子则庙，庙则

庄公书葬，无子不庙，不庙则不书葬。

公子庆父如齐⑩。

狄伐邢。

【注释】

①三十有二年；鲁庄公三十二年（公元前6年）。小敦：即敦鲁国邑名。在今山东曲阜西北。

②梁丘：宋国邑名。在今山东成武县东北。

③癸巳：七月初四。公子牙；即叔牙，鲁庄公的二弟。

④季子：即公子友、季友，鲁庄公的三弟。

⑤过恶：制止作恶。

⑥国狱：国家刑律。不以为国狱，即不用国家刑律制裁。何休注："不就致狱其刑，故言卒。"

⑦致：交给；传给。何休注："致，与也。"

⑧匆般即子般。鲁庄公之子，即位不久就被庆父杀害。

⑨庸：副词。岂，难道。

⑩一生一及：一次父传子，一次兄传弟。何休注："父死子继曰生兄死弟继曰及。言隐公生，桓公及今君生，庆父亦当及，是鲁之常也。"

⑪牙弑械成：何休注："是时牙实欲自弑君，兵械已成，但事未行尔。有攻守之器曰械."

⑫戮笑：耻笑。必有后乎鲁国：在鲁国一定有你的后代。据《左传》载：公子牙死后，鲁国立他的儿子为叔孙氏，享有禄位。何休注："时世大夫诛不宣扬，子当继体如故。"

【译文】

鲁庄公三十二年，春天，鲁国在小毅这个地方筑城。

夏天，宋公和齐侯在梁丘这个地方非正式会见。

秋天，七月，癸巳这天，鲁庄公的弟弟公子牙死了。为什么不称他弟弟呢？因为是被杀的。既然是被杀的，那么为什么不说刺杀呢？这是为公子友避讳杀。为什么替公子友避讳杀呢？公子友为了制止公子牙作恶，但又不愿用国家刑律来制裁他。根据公子友的心愿就替他避讳。公子友怎样制止公子牙作恶呢？鲁庄公生了重病，快要死了。因病重就把公子友召来，公子友来后，庄公就把国家政权交给他，对他说："我就要死在这病上了，我将把鲁国的君位传给谁呢？"公子友说："有您的儿子般在，有什么可忧虑的呢？"鲁庄公说："难道真能这样吗？叔牙曾对我说：'鲁国的君位一代是父亲传给儿子，一代是哥哥传给弟弟，您已经是知道的，现在您的弟弟庆父还健在啊！'，公子友大声说："他们怎么敢！这不是要犯上作乱吗？他们怎么敢！"不久，公子牙弑杀庄公的武器都已准备好了。公子友知道后，兑好毒药强迫公子牙喝下去，并对他说："公子如果能够听从我的话，把这杯毒药喝下去，那么一定可以不被天下人耻笑，在鲁国一定会有您的后代；不听我的话，不喝这杯毒药，那么必然被天下耻笑，在鲁国一定没有您的后代。"于是，公子牙听从公子友的话而喝下毒药。他是在无课氏家喝下毒药的，走到王堤就死了。公子牙当时只是将要就杀国君，为什么在记载上与亲自弑杀国君的人一样对待呢？弑杀国君或者父母没有什么将要，有将要的打算就应该诛杀。既然这样，那么公子友这样做对不对呢？回答是："对的！"《春秋》上记载那些杀死世子或者同母弟弟的国君，都直接称他们的君位，就是认为他们做得太过分了。公子友杀死自己的同母哥哥，为什么却认为他做得对呢？诛杀弑君之贼是不回避哥哥的，这是为了君臣之间的道义。既然如此，那么为什么不直接诛杀公子牙而要用毒药呢？公子友要把哥哥杀死，但为了把这件事隐瞒起来，让公子牙逃脱弑君的罪名，使他假托好像是因病而死的，这样做表现了公子友爱他哥哥的亲情。

八月，癸亥，鲁庄公死在"路寝"。"路寝"是什么地方？就是正寝宫。

冬天，十月，乙未这天，子般死了。儿子死了就说儿子死了，这里说子般死了是什么意思？对于太子来说，国君活着时称世子，国君死了就称子某，国君已经安葬就称子，即位满一年就称公。子般死了为什么不记载葬礼？因为他是即位还不满一年的国君。如果有儿子就给他建庙，有庙就记载葬礼；没有儿子就不建庙，没有庙就不记载葬礼。

公子庆父逃到齐国去。

狄人攻打邢国。

闵 公

【原文】

元年①，春，王正月。公何以不言即位，继弑君不言即位。孰继②？继子般也。孰就子般？庆父也。杀公子牙，今将尔③，季子不免④。庆父弑君，何以不诛？将而不免遏恶也。既而不可及，因狱有所归⑤，不探其情而诛焉，亲亲之道也。恶乎归狱？归狱仆人邓启乐。曷为归狱仆人邓危乐？庄公存之时，乐曾淫于宫中，子般执而鞭之，庄公死，庆义谓乐曰："般之辱尔，国人莫不知，盍就之矣？"使就子般，然后诛邓启乐而归狱焉。季子至而不变也。齐人救邢。

夏，六月，辛酉，葬我君庄公。

秋，八月，公及齐侯盟于洛姑⑥。

季子来归。其称季子何？贤也。其言来归何了喜之也。冬，齐仲孙来。齐仲孙者何？公子庆父也。公子庆父则曷为谓之齐仲孙？系之齐也。曷为系之齐？外之也。昌为外之？《春秋》为尊者讳，为亲者讳，为贤者讳。子女子曰⑦："以春秋为《春秋》，齐无仲孙，其诸吾仲孙与。"

【注释】

①元年：鲁闵公元年（公元前661年）。

②孰继：即继孰。闵公继承谁。

③今将尔：当时只是将要腻杀国君。

④免：饶恕。

⑤狱：讼案。这里指罪过、罪责。

⑥洛姑：又作"落姑"，齐国地名，在今山东平阴县。

⑦子女子：公羊派的先师之一。

【译文】

鲁闵公元年，春天，周历正月。为什么不说鲁闵公即位呢？因为继承被弑杀的国君，《春秋》是不说即位的。公继承谁？继承子般。谁弑杀了子般？是公子庆父。公子友杀死公子牙，是因为公子牙当时将要弑杀国君，公子友不饶恕他。现在庆父弑杀国君，为什么不杀他呢？不饶恕将要就杀国君的人是为了制止作恶，现在国君已经被杀，就是杀了庆父也不可挽回。又因为弑君的罪责已经有人承担，所以公子友不必再探究详情而杀庆父，这是他爱自己哥哥的表现。弑君的罪责归在谁身上呢？归罪于仆人邓息乐，为什么归罪于仆人邓启乐呢？庄公活着的时候，邓息乐曾经在官中淫乱，子般把他抓起来，鞭打了一顿。庄公死后，庆父挑拨邓息乐说："子般羞辱过你，国内没有人不知道，你为什么不杀了他呢？"就这样，庆父唆使邓启乐杀了子般，然后他又把邓息乐杀死，并把弑君的罪责归在邓启乐身上。公子友来处理时，也不能改变这个结论。

齐国军队去救邢国。

夏天，六月，辛酉这天，安葬鲁国国君庄公。

秋天，八月，鲁闵公和齐侯在洛姑这个地方盟会。

公子友回到鲁国。为什么称公子友为季子呢？认为他贤良。说他回到鲁国是什么意思？是喜欢他的意思。

冬天，齐仲孙到鲁国来。齐仲孙是什么人？就是鲁国公子庆父。既然是公子庆父为什么叫他齐仲孙呢？因为把他看作齐国的人。为什么把他看作齐国的人？这是把他当作鲁国以外的人。为什么把他当作鲁国以外的人呢？因为《春秋》一书为尊贵的人避讳，为亲人避讳，为贤良的人避讳。子女子说："《春秋》是根据古代史料编撰的，齐国没有仲孙这个人，大概这个人就是鲁国的仲孙吧。"

【原文】

二年，春，王正月，齐人迁阳①。

夏，五月，乙酉，吉禘于庄公②。其言吉何③？言吉者，未可以吉也。曷为未可以吉？未三年也④。三年矣，曷为谓之未三年？三年之丧，实以二十五月。其言于庄公何？未可以称宫庙也。曷为未可以称宫庙？在三年之中矣。吉禘于庄公，何以书？讥。何讥尔？讥始不三年也⑤。秋，八月，辛丑，公薨⑥。公薨何以不地？隐之也。何隐尔？弑也。孰弑之？庆父也。杀公子牙，今将尔，季子不免。庆父就二君，何以不诛？将而不免，遏恶也。既而不可及，缓追逸贼，亲亲之道也。

九月，夫人姜氏孙于邾娄⑦。

公子庆父出奔莒⑧。

冬，齐高子来盟⑨。高子者何？齐大夫也。何以不称使？我无君也⑩。然则何以不名？喜之也。何喜尔？正我也⑪。其正我奈何？庄公死，子般弑，闵公弑，比三君死⑫，旷年无君。设以齐取鲁，曾不兴师，徒以言而已矣。桓公使高子将南阳之甲⑬，立僖公而城鲁。或曰："自鹿门至于争门者是也。"或曰："自争门至于吏门者是也。"鲁人至今以为美谈，曰："犹望高子也！"

十有二月，狄入卫。

郑弃其师。郑弃其师者何？恶其将也。郑伯恶高克，使之将，逐而不纳⑭，弃师之道也。

【注释】

①二年：鲁闵公二年（公元前660年）。阳：国名。故地不详。迁阳，即灭掉了阳国。徐彦疏："而今阳为小国，齐人迁之，亦是迁取王封，当与灭人同罪。"

②乙酉：当为"己酉"，五月初一。禘：大祭。古代郊祭、终王、时祭都称禘祭。吉禘，换上吉服举行大祭。

③其言吉何：何休注："据禘于大庙不言吉。"所以提问。

④未三年：鲁庄公是公元前662年8月死的，到闵公二年即公元前66。年5月，才21个月，所以说不满三年。

⑤始不三年：开始不服三年丧。

⑥公薨：据《左传》载：鲁闵公的保傅曾经夺取卜齮奇的田地，闵公不加禁止。卜齮怀恨在心。闵公二年秋天八月二十四日，庆父唆使齮在武围刺杀了闵公。

⑦孙：通"逊"。出奔。据《左传》载：庆父与姜氏私通，姜氏想立庆父为国君，闵公的被杀，姜氏事先是知道的。事发后，她逃到邾娄国。齐人向邾娄国索取哀姜在夷地杀了。

⑧公子庆父出奔莒：据《左传》载：庆父逃到莒国后，鲁国用贿赂向莒国求取庆父，莒国人把庆父送了回来。庆父到达密地，派公子鱼请求赦罪，鲁没有答应。公子鱼哭着回来，庆父说："这是公子鱼的哭声啊！"于是就上吊自杀。

⑨高子：即齐国大夫高溪。

133

⑩我无君：当时鲁国闵公被杀，禧公未立。

⑪正我：使动用法。使我安定。

⑫比：副词接连地。

⑬南阳之甲：南阳邑的军队。何休注："南阳，齐下邑。甲革皆恺胄也。"包僖公：即鲁僖公，名申，鲁庄公之子，鲁闵公庶兄，在位三十三年。贫高克：郑国大夫

⑭姆逐而不纳：据《左传》载：郑君讨厌高克，派他率领军队驻扎在黄河边，很久不召他回来，军队溃散逃回，高克逃奔到陈国。郑国人为高克赋了《清人》这首诗.

【译文】

鲁闵公二年，春天，周历正月，齐国军队迁移了阳国。夏天，五月，己酉这天，鲁国人换上吉服在庄公庙举行大祭。这里为什么说换上吉服？说换上吉服，就是还不能穿吉服。为什么还不能换穿吉服呢？因为庄公去世还不满三年。已经有三个年头了。为什么说还不满三年呢？因为三年的丧期，实际上要满二十五个月才算。这里说"于庄公"是什么意思？因为庄公庙还不能称为宫庙。为什么还不能称为宫庙呢？因为还在三年丧期之内。鲁国人换上吉服在庄公庙举行大祭，为什么要记载呢？为了谴责。谴责什么？谴责从闵公开始不遵守三年的丧期了。

秋天。八月，辛丑这天，鲁闵公死了。鲁闵公死了为什么不记载地点？为了怜悯他。为什么要怜悯他？因为闵公是被人弑杀的。是谁弑杀了闵公了是公子庆父。公子友杀掉公子牙，是因为公子牙当时将要弑杀国君，公子友不饶恕他。现在庆父弑杀了两个国君，为什么不杀庆父？不饶恕将要弑杀国君的人是为了制止作恶，现在国君已经被弑，就是杀了庆公也不可挽回。不急于追究这件事，让逆贼逃亡，这就是公子友爱自己哥哥的方法。

闵公九月，庄公夫人哀姜逃到掷娄国去了。

公子庆父也出逃到莒国。

冬天，齐国的高子到鲁国来盟会。高子是什么人？

是齐国的大夫。为什么不说派遣呢？因为这时鲁国没
有国君。既然这样，那么为什么不称他的名字呢？因为
喜欢他。为什么喜欢他？因为他使鲁国恢复了正常秩
序。他怎样使鲁国恢复了正常秩序？庄公死了，子般被
弑杀，闵公又被弑杀，三个国君接连死去，就像空了多
年没有国君一样。假如当年齐国真的要夺取鲁国，不必
动用军队，只要凭借语言的力量就行了。齐桓公派高子
率领南阳的军队，拥立了鲁僖公，并且修建了鲁国都
城。有人说："从鹿门到争门这一段，就是当年修建
的。"又有人说："从争门到吏门这一段，也是那年修
建的。"鲁国人至今还把这件事作为美谈，人们都说：
"还希望高子来呀！"

十二月，狄人入侵卫国。

郑国国君抛弃了他的军队。为什么郑文公要抛弃
他的军队呢？因为他厌恶军队的将领。郑文公讨厌大夫
高克，派他率领军队，其实是把他驱逐出国而不让他回
来，这就是郑文公抛弃自己军队的做法。

僖 公

【原文】

元年①，春，王正月。公何以不言即位？继就君，子不言即位。此非子也，其称子何②？臣子一例也③。齐师、宋师、曹师次于聂北④，救邢。救不言次，此其言次何？不及事也。不及事者何？邢已亡矣。孰亡之？盖狄灭之。曷为不言狄灭之？为桓公讳也。曷为为桓公讳？上无天子，下无方伯，天下诸侯有相灭亡者，桓公不能救，则桓公耻之。曷为先言次，而后言救？君也⑤。君则其称师何？不与诸侯专封也。曷为不与⑥？实与，而文不与。文曷为不与？诸侯之义，不得专封也。诸侯之义不得专封，则其曰实与之何？上无天子，下无方伯，天下诸侯有相灭亡者，力能救之，则救之可也。

夏，六月，邢迁于陈仪⑦。迁者何？其意也。迁之者何？非其意也。

齐师、宋师、曹师城邢。此一事也，曷为复言齐师、宋师、曹师？不复言师，则无以知其为一事也。

【注释】

①元年（公元前659年）。

②其："僖公者，闵公庶兄。据闵公继子般，传不言子。"

③臣子一例：伺协庄："僖公继成君，闵公继未逾年君。礼：诸侯臣诸父兄弟，以臣之继君，犹子之继父也，其服皆斩衰，故传称臣子一例。"

④聂北：邢国地名。在今山东聊城县境。今山东聊城县有聂城。

⑤君也：意思是国君亲自指挥。

⑥与：赞成，认可。专封：指诸侯自己作主，授予别人土地或封号。

⑦陈仪：《左传》作"夷仪"。邢国地名，今址不详。一说在今山东聊城县西。

【译文】

鲁禧公元年，春天，周历正月。为什么不说鲁僖公即位？继承被杀的国君，儿子是不说即位的。僖公不是闵公的儿子，为什么称他"儿子"呢？因为在国君面前臣和儿子是一样的。齐国军队、宋国军队和曹国军队驻扎在聂北这个地方，为了救援邢国。救援是不说驻扎的，这里为什么说驻扎呢？因为事情来不及了。来不及是什么意思？邢国已经灭亡了。是谁灭了邢国？大概是狄人灭了它。为什么不说狄人灭了邢国呢？为了替齐桓公避讳。为什么要替齐桓公避讳？因为上面没有贤明的天子，下面没有诸侯之长，天下的诸侯有相互吞并的事，齐桓公不能救援，那么他会感到很耻辱。为什么要先说驻扎，后说救援呢？因为是各国国君在亲自指挥。既然是国君在指挥，那为什么要称军队呢？因为不赞成诸侯自专，随意封给别人土地或称号。为什么不赞成呢？实际上是赞成的，只是文辞上不能说赞成。文辞上为什么不能说赞成呢？从诸侯的名义来说，是不能自专，不能随意封给别人土地或称号的。既然从诸侯的名义来说是不能自专，不能随意封给别人土地或称号的，那么这里为什么说实际上赞成这种做法呢？因为上面没有贤明的天子，下面没有诸侯之长，天下的诸侯有相互吞并的事，有力量救援他们的，去救援他们是允许的。

夏天，六月，邢国迁移到陈仪这个地方。迁移是什么意思？是符合他们的意愿。迁移他们是什么意思？是不符合他们的意愿。

　　齐国军队、宋国军队、曹国军队共同营建邢国都城。这是一件事，为什么又说齐国军队、宋国军队、曹国军队呢？不再说一遍各国军队，那就不能知道他们是在做同一件事。

【原文】

　　秋，七月，戊辰，夫人姜氏薨于夷①。齐人以归②。夷者何？齐地也。齐地，则其言齐人以归何？夫人薨于夷，则齐人以归。夫人薨于夷，则齐人曷为以归？桓公召而缢杀之③。

　　楚人伐郑。

　　又月，公会齐侯、宋公、郑伯、曹伯、掷娄人于打④。九月，公败邾娄师于缨⑤。

　　冬，十月，壬午，公子友帅师，败莒师于犁⑥。获莒絮⑦。莒絮者何？莒大夫也。莒无大夫，此何以书？大季子之获也。何大乎季子之获？季子治内难以正，御外难以正。其御外难以正奈何？公子庆父弑闵公，走而之莒，莒人逐之；将由乎齐，齐人不纳，却反舍于汶水之上。使公子奚斯入请。季子曰："公子不可以入，入则杀矣。"奚斯不忍反命于庆父，自南埃⑧，北面而哭。庆父闻之曰："嘻黝此奚斯之声也。诺已⑩！"曰："吾不得入矣："于是抗较经而死⑪。莒人闻之曰："吾已得子之贼矣。"以求赂乎鲁。鲁人不与，为是兴师而伐鲁。季子待之以偏战⑫。

　　十有二月，丁巳，夫人氏之丧至自齐。夫人何以不称姜氏？贬。曷为贬？与弑公也。然则曷为不于就焉贬？贬必于重者，莫重乎其以丧至也。

【注释】

　　①戊辰：七月二十七日。夷：国名。后归于齐，在今山东即墨县西。

②归：此指带回去，指带回齐国。

③之：指哀姜。《列女传·孽嬖传》："齐桓公立禧公，闻哀姜与庆父通以危鲁，乃召哀姜酖而杀之。"

④打：古地名。《左传》作"怿"。宋邑，故地在今河南淮阳县境。

⑤缨：《左传》作"堰"。邾娄国地名，在今山东费县南。

⑥壬午：十月十二日。犁：《左传》作"丽肠"。鲁国地名。今址不详。一说在今河南内乡县东北。

⑦莒絜：《左传》说是莒国国君的弟弟。莒国大夫。

⑧南埃：坟水南岸。

⑨嘻；何休注："嘻，发痛语首之声。"

⑩诺已：徐彦疏："犹似今人云：休一生罢去已。"

⑪抗较经而死：耕，小车辕。这句的意思暑利用小车的辕自缢而死。

⑫偏战：各据一面而战。何休注："偏。一面也。结日定地，各居一面，鸣鼓而战，不相诈。"

【译文】

秋天，七月，戊辰这天，鲁庄公夫人姜氏死在夷这个地方。齐国人把她的遗体带回去了。夷是什么地方？是齐国的地名。既然是齐国的地名，这里为什么说齐国人把她的遗体带回去呢？夫人姜氏死在夷这个地方，当然是齐国人把她的遗体带回去。夫人死在夷这个地方，为什么当然是齐国人把她的遗体带回去？因为是齐桓公把她召回去勒死的。

楚国军队攻打郑国。

八月，鲁僖公在柽这个地方与齐侯、宋公、郑伯、曹伯、邾娄人会晤。

九月，鲁僖公在缨这个地方打败了邻娄国的军队。冬天，十月，壬午这天，公子友率领军队在犁这个地方打败了莒国军队，并俘获莒絮。莒絮是什么人？是莒国大夫。莒国没有大夫，这里为什么这样写呢？是为了扩大公子友的俘获影响。为什么要扩大公子友的俘获影响呢？因为公子友能够用正确的方法治理内乱，也能用正确的方法抵御外侮。他怎样用正确的方法来抵御外侮呢？公子庆父弑杀鲁闵公后，逃跑到莒国，莒国人把他赶出去。他又准备逃到齐国，齐国人也不接纳，他只好返回来住在汶水岸边。他派公子奚斯回到鲁国都城请求饶恕。公子友说："公子庆父不能回来，回来就杀了他！"公子奚斯不忍心回去向庆父复命，就在汶水南岸向北面大哭。公子庆父听到哭声，就长叹道："唉！这就是公子奚斯的哭声啊，我的一切都完了！"他又说："我再也不能回鲁国了"于是就在小车的车辕上吊死了。莒国人听到这个消息，就对鲁僖公说："我们已经抓到您的逆贼了！"并以此向鲁国索取贿赂，鲁国人不给。为了这事，莒国就出动军队进攻鲁国。公子友用约定好时间地点、不相欺诈的作战方式来对待莒国的军队。

十二月，丁巳这天，鲁庄公夫人的遗体从齐国运回来。夫人为什么不称姜氏呢？为了贬低她。为什么要贬低她？因为她参与了就杀闵公的罪恶。既然这样，那么为什么不在弑杀的时候贬低她呢？因为贬低必须在重要的时候，没有什么比把她的遗体运回国时更重要了。

【原文】

二年，春，王正月，城楚丘①。孰城②？城卫也。曷为不言城卫？灭也。孰灭之？盖狄灭之。曷为不言狄灭之？为桓公讳也。曷为为桓公讳？上无天子，下无方伯，天下诸侯有相灭亡者，桓公不能救，则桓公耻之也。然则孰城之？桓公城之。曷为不言桓公城之？不与诸侯专封也。曷为不与？实与而文不与。文曷为不与？诸侯之义，不得专封。诸侯之义不得专封，则其曰实与之何？上无天子，下无方伯，天下诸侯有相灭亡者，力能救之，则救之可也。夏，五月，辛巳，葬我小君哀姜③。哀姜者何？庄公之夫人也。

【注释】

①二年：鲁禧公二年（公元前658年）。楚丘：卫国地名。故地在今河南滑县东。

②孰城：此处是为谁筑城的意思。

③小君：古代称诸侯的夫人为小君。

【译文】

鲁僖公二年，春天，周历正月，在卫国楚丘这个地方筑城。为谁筑城？为卫国筑城。为什么不说为卫国筑城呢？因为卫国灭亡了。谁灭了卫国？大概是狄人灭了卫国。为什么不说狄人灭了卫国呢？这是为了替齐桓公避讳。为什么替齐桓公避讳？因为上面没有贤明的天子，下面没有一方诸侯之长，天下的诸侯有互相吞并的现象，齐桓公不能救援，那么他会感到很耻辱。既然这样，那么是谁替卫国筑城呢？是齐桓公替卫国筑城。为什么不说齐桓公为卫国筑城呢？因为不赞成诸侯自专，随意封给别人土地或称号。为什么不赞成呢？实际上是赞成的，但文字上不能说赞成。文字上为什么不能说赞成呢？因为从诸侯的名义来说，是不能自专，不能随意封给别人土地或称号的。既然从诸侯的名义来说是不能自专，不能随意封给别人土地或称号的，那么这里说实际土赞成这种做法是什么意思？因为上无贤明的天子，下无一方诸侯之长，天下的诸侯有相互吞并的事，有力量救援他们的，去救援他们是允许的。

夏天，五月，辛巳这天，安葬鲁国国君夫人哀姜。哀姜是什么人？是鲁庄公的夫人。

【原文】

虞师晋师灭夏阳①。虞，微国也。曷为序乎大国之上？使虞首恶也。曷为使虞首恶？虞受赂，假灭国者道，以取亡焉。其受赂奈何？献公朝诸大夫而问焉②，曰："寡人夜者寝而不寐，其意也何？"诸大夫有进对者曰："寝不安与，其诸侍御有不在侧者与？"献公不应。荀息进③："虞郭见与④？"献公揖而进之，遂与之入而谋曰："吾欲攻郭，则虞救之；攻虞，则郭救之。如之何？愿与子虑之。"荀息对曰："君若用臣之谋，则今日取郭，而明日取虞尔。君何忧焉？"献公曰："然则奈何？"荀息曰："请以屈产之乘⑤，与垂棘之白璧⑥，往必可得也。则宝出之内藏，藏之外府⑦；马出之内厩，系之外厩尔。君何丧焉⑧？"献公曰："诺。虽然，宫之奇存焉⑨，如之何？"荀息曰："宫之奇知则知矣⑩。"虽然，虞公贪而好宝，见宝必不从其言，请终以往⑪。"于是终以往。虞公见宝，许诺。宫之奇果谏："记曰⑫：'唇亡则齿寒'，虞郭之相救，非相为赐⑬。则晋今日取郭，而明日虞从而亡尔。君请勿许也。"虞公不从其言，终假之道以取郭。还，四年，反取虞。虞公抱宝牵马而至。荀息见曰："臣之谋何如？"献公曰："子之谋则已行矣。宝则吾宝也，虽然，吾马之齿亦已长矣。"盖戏之也。夏阳者何？郭之邑也。曷为不系于郭？国之也。曷为国之？君存焉尔。

秋，九月，齐侯、宋公、江人、黄人盟于贯泽⑭。江人黄人者何？远国之辞也。远国至矣，则中国曷为独言齐宋至尔？大国言齐宋⑮，远国言江黄，则以其余为莫敢不至也。

冬，十月，不雨。何以书？记异也。

楚人侵郑。

【注释】

①虞：国名。周时建立的诸侯国。姬姓，周古公亶父之子虞仲的后代。地在今山西平陆县。晋：国名。周成王封弟叔虞于唐，叔虞子燮父改国号为晋。春秋时据有今山西省大部与河北省西南地区，地跨黄河两岸。后被其大夫韩赵魏三家所分而亡。夏阳：《左传》作"下阳"。郭国邑名。在今山西平陆县东北。

②献公：即晋国国君晋献公。朝诸大夫：即在朝廷上接见诸大夫。

③苟息：即荀叔，晋国大夫。

④郭：郭国。《左传》作"魏"。蘬、郭，声之转。姬姓，这里指的是北掳，在今山西平陆县。虞郭见与：何休注："犹曰虞郭岂见于君之心乎？荀息素知献公欲伐此二国，故云尔。"

⑤屈产之乘：屈产，地名。即北屈，在今山西吉县东北。乘：古代一车四马为一乘，此指马匹，即良马。何休注："屈产，出名马之地。"

⑥垂棘：地名。沈钦韩《地名补注》："在今山西潞城县北。"何休注："垂棘，出美玉之地，玉以尚白为美。"

⑦外府：外库。即在外之府库。府，库。

⑧君何丧焉：此句是说虽然将宝马、美玉给虞公，但晋国今后灭掉虞国而取回，如同内库的东西放在外库一样。

⑨宫之奇：虞国贤臣。存：在。此言晋献公害怕宫之奇谏虞公不接受宝马美玉而不"假道"。

⑩知：同"智"。聪明。

⑪请终以往："以"之后省一"之"字。之，宝马美玉的代词。这句话的意思是：请求依然带上宝马美玉前去。

⑫记：何休注："记，史记也。"即古代史书。

⑬赐：何休注："赐，犹惠也。"即恩惠。

⑭江、黄：都是国名。贯泽：宋国地名，在今山东曹县南。《左传》和《穀梁传》均无"泽"字。

⑮大国言齐宋：何休注："晋大于宋，不序晋而序宋者，时实晋、楚之君不至。"

【译文】

虞国军队和晋国军队灭了夏阳。虞国是很小的国家，为什么把它排在大国的前面呢？为了使虞国成为灭夏阳的首恶。为什么要使虞国成为首恶呢？虞国接受贿赂，借道路给灭亡别国的侵略者而自取灭亡。虞国怎样接受贿赂呢？晋献公有一天在朝廷上召见大夫们，并问他们："我每天夜里都睡不着觉，是什么原因呢？"大夫中有人上前回答说："国君睡不安稳，恐怕是侍妾中有心爱的人不在身边吧？"献公不吭声。大夫荀息走上前说："国君心里是不是在想着虞国和郭国呢？"晋献公向荀息作了一揖，并召他上前来，接着又和他走进内殿谋划。献公说："我想攻打郭国，虞国就会去救它；攻打虞国，郭国也会去救它。怎么办才好呢？很想和您研究这件事。"荀息回答说："国君如果能用我的计谋，那么今天夺取了郭国，明天就能夺取虞国了，您还有什么忧虑呢？"献公说："那么该怎么做呢？"荀息说："请带上屈产的宝马和垂棘的白璧到虞国去一趟，这两个国家就一定可以得到了。这样做，宝贝只是从内库拿出来，收藏在外库里；良马不过从内厩牵出来，系在外厩罢了，您会有什么损失呢？"献公说："好！虽然这样，但是虞国贤臣宫之奇还在呀，怎么办呢？"荀息说："宫之奇聪明确实聪明，虽然这样，但是虞公却很贪婪，并十分喜爱宝物，一看见这些宝贝，必定不会听从宫之奇的规劝，请依旧带上宝马白璧前去。"就这样，依旧带上宝马白璧去了。虞公看见这些宝物，对晋国的要求满口答应。宫之奇果然规劝虞公说："史书上说'嘴唇没有了，那么牙齿就会感到寒冷'，虞国和郭国是相互救助的关系，不是相互恩惠的关系，假如晋国今天夺取了郭国，那么明天虞国就跟着灭亡了，请国君千万不要答应晋国的借道的要求。"虞公不听从宫之奇的话，终于借道路给晋国，让它夺取了郭国。晋国夺取郭国回来，过了四年，又返回去夺取了虞国。虞公抱着白璧牵着宝马来到晋国，荀息看见了说："我的计谋好不好？"献公说："你的计谋是已经实现了，宝贝还是我的宝贝，只是我的宝马年岁又长大了。"大概这是戏谑荀息吧。夏阳是什么地方？是郭国的一座城邑，为什么不说是郭国的城邑呢？是把它当成一个国家。为什么把它当成一个国家呢？因为有国君在那里。

秋天，九月，齐侯、宋公、"江人""黄人"在贯泽这个地方盟会。"江人""黄人"是什么意思？这是表示远方国家的语言。远方的国家来参加盟会，那么中原地区各诸侯国为什么只说齐国宋国来盟会呢？因为大国只要说到齐国宋国，远方的国家只要说到江国黄国，那么其他各国就没有敢不参加盟会的了。冬天，十月，不下雨。为什么记载这件事？记载怪异现象。楚国军队侵犯郑国。

【原文】

三年①，春，王正月，不雨。

夏，四月，不雨。何以书？记异也。

徐人取舒②。其言取之何？易也③。

六月，雨。其言六月雨何？上雨而不甚也④。秋，齐侯、宋公、江人、黄人会于阳毂⑤。此大会也，曷为末言尔⑥？桓公曰："无障谷⑦，无贮粟，无易树子⑧，无以妾为妻。"

冬，公子友如齐莅盟⑨。莅盟者何？往盟乎彼也。其言来盟者何？来盟于我也。

楚人伐郑。

【注释】

①三年：鲁禧公三年（公元前657年少。

②徐：国名。相传周穆王封徐堰王子宗为徐子，封国为徐。故址在今安徽泗县。舒：国名，故地在今安徽舒城县。

③易：何休注："易者，犹无守御之备。不为桓讳者，刺其不救也。"

④上雨：即六月以上各月下了雨。何休注："据上得雨不书。"徐彦疏："即十二年十一月、十二月，三年二月、三月、五月之属，皆不书不雨，是其得雨故也。"甚：大。

⑤阳毂：齐国地名，在今山东阳毂县北。

⑥末言：轻描淡写地说。何休注："末者，浅耳。但言会不言盟，据贯泽言盟。"

⑦无障谷：不要阻断河流。何休注："无障断川谷专水利也。水注川曰溪，注溪曰谷。"

⑧树子：古代诸侯已立为世子的嫡长子。

⑨莅盟：何休注："犹曰往盟于齐。在，临也。"

【译文】

鲁禧公三年，春天，一周历正月，不下雨。

夏天，四月，不下雨。为什么记载这事？记载怪异现象。徐国军队夺"取"了舒国。这里说"取"是什么意思？是说太容易了。

六月，下雨了。这里说六月下雨了是什么意思？六月以前各个月也下了一点雨，但不很大。

秋天，齐侯，宋公、江人、黄人在齐国阳毂这个地方聚会。这是一次大聚会，不知为什么只是轻描淡写地说说。在会上，齐桓公提出："不要阻断河谷，不要囤积粮食，不要把应当立为世子的嫡长子换掉，不要把侍妾当作妻子。"

冬天，公子友到齐国"往盟""苍盟"是什么意思？就是到那里去参加盟会。那么说"来盟"是什么意思呢？就是到我国来参加盟会。

楚国军队攻打郑国。

【原文】

四年①，春，王正月，公会齐侯、宋公、陈侯、卫侯、郑伯、许男、曹伯侵蔡②。蔡溃。溃者何？下叛上也。国曰溃，邑曰叛。遂伐楚③，次于陉④。其言次于陉何？有侯也。孰侯？侯屈完也⑤。

夏，许男新臣卒⑥。

楚屈完来盟于师。盟于召陵⑦。屈完者何？楚大夫也。何以不称使？尊屈完也。曷为尊屈完？以当桓公也⑧。其言盟于师，盟于召陵何？师在召陵也⑨。师在召陵，则曷为再言盟？喜服楚也。何言乎喜服楚？楚有王者则后服，无王者则先叛，夷狄也。而函病中国⑩，南夷与北狄交，中国不绝若线⑪。桓公救中国，而攘夷狄⑫，卒怗荆⑬，以此为王者之事也。其言来何？与桓为主也⑭。前此者

147

有事矣，后此者有事矣，则曷为独于此焉，与桓公为主？序绩也⑮。齐人执陈袁涛堡⑯。涛堡之罪何？辟军之道也⑰。其辟军之道奈何？涛涂谓桓公曰："君既服南夷矣，何不还师滨海而东⑱，服东夷且归⑲？"桓公曰："诺！"于是还师，滨海而东，大陷于沛泽之中⑳。顾而执涛涂。执者曷为或称侯，或称人？称侯而执者，伯讨也㉑。称人而执者，非伯讨也。此执有罪，何以不得为伯讨？古者周公，东征则西国怨，西征则东国怨。桓公假途于陈而伐楚，则陈人不欲其反由己者，师不正故也。不修其师而执涛涂，古人之讨，则不然也。

秋，及江人、黄人伐陈。

八月，公至自伐楚。楚已服矣，何以致伐楚？叛盟也。葬许缪公。

冬，十有二月，公孙慈帅师会齐人、宋人、卫人、郑人、许人、曹人侵陈⑪。

【注释】

①四年：鲁僖公四年（公元前656年）。

②蔡：国名，姬姓侯爵，武王封其弟叔度于蔡（在今河南上蔡县西南，平侯时迁新蔡（在今河南新蔡县），后为楚所灭。据《左传》记载：齐桓公和蔡姬在花园里乘船游玩，蔡姬故意摇动船吓唬齐桓公，桓公害怕得变了脸色，让她停止摇动，她不听，桓公大怒，把她送回娘家，但还没有断绝关系。蔡国人却把她改嫁给别国了。桓公这次纠合七国军队侵犯蔡国，是为了发泄蔡姬另嫁的私愤。

③遂伐楚：接着就率领诸侯的军队征伐楚国。

④次于陉：在陉这个地方临时扎下了营。次，驻扎。陉，楚国地名，在今河南郾城县南，是个很险要的地方。

⑤屈完：楚国大夫。

⑥许男新臣：即许穆公，名新臣。许庄公之弟，在位四十二年。

⑦召陵：楚国地名，在今河南哪城县东。

⑧当桓公：与齐桓公相当的人。当，相当，对等。

⑨师在召陵：何休注："时喜得屈完来服，放隆即退次召陵与之盟。故言盟于师，盟于召陵。"·

⑩亟病：屡次侵犯。何休注："数侵灭中国"。

⑪不绝若线：中原各诸侯国的生存没有断绝就像一根线一样。

⑫攘：排斥。何休注："攘，却也。"

⑬卒怙荆：终于使楚国屈服。何休注："卒，尽也，怙，服也。荆，楚也。"

⑭与桓为主：何休注："以从内文知，与桓公为天下霸主。"与，赞成，认可。

⑮序绩：何休注："序，次也，绩，功也。累次桓公之功德，莫大于服楚，明德及强夷最为盛。"

⑯袁涛堡：陈国大夫。

⑰辟：通"避"。躲避。这里引申为偏离。

⑱滨海而东：何休注："滨，涯也。顺海涯而东也。"

⑲东夷：何休注："东夷，吴也。从召陵东归不经陈而趋近海道，多广泽水草，军所便也。"

⑳沛泽：沼泽，水草茂密的低洼地。何休注："草棘曰沛，渐洳曰泽。"

㉑伯讨：符合霸业的讨伐。即指诸侯有罪，受到方伯的讨伐。如禧公二十八年晋侯执曹伯，称爵，所以为伯讨。又如本文"齐人执陈袁涛堡"，称人，所以为人

讨，即非伯讨。何休注："言有罪，方伯所宜讨。"毋公孙慈：亦作叔孙戴伯，鲁国大夫。

【译文】

鲁僖公四年，春天，周历正月，僖公会同齐侯、宋公、陈侯、卫侯、郑伯、许男、曹伯入侵蔡国。蔡国"溃"。"溃"是什么意思？就是下面反叛上面。全国的叛乱叫"溃"，一个城邑的叛乱叫"叛"。入侵蔡国的军队接着又去征伐楚国。到了楚国的陉这个地方，临时驻扎下来。这里为什么说在陉这个地方临时驻扎呢？因为有所等待。等待什么人？等待楚国的大夫屈完。

夏天，许国国君新臣死了。

楚国的屈完来到诸侯军队中结盟，在召陵这个地方结盟。屈完是什么人？是楚国的大夫。为什么不说派遣呢？因为尊重屈完。为什么尊重屈完呢？因为把他看成与齐桓公对等的结盟者。这里说在诸侯军队中盟会，又说在召陵这个地方盟会是什么意思？因为这时军队已经退到召陵了。军队在召陵，那么为什么要两次说盟会呢？是为楚国的屈服表示高兴。为什么说为楚国的屈服表示高兴呢？因为有王的时候楚国最后服从；没有王的时候，楚国就最先反叛，他们是夷狄。中原各国屡次受到侵犯，就是因为南方的夷人和北方的狄人交替为害，中原各国的生存就像还没有断绝的一根线一样。齐桓公拯救中原各国，抵御南夷北狄，终于使楚国屈服，他用这些业绩成就了王的事业。这里说"来"是什么意思？是表示赞成齐桓公成为霸主。在这以前有过这类事情，在这以后也会有这类事情，那么为什么独独在这件事上赞成齐桓公成为霸主呢？因为齐桓公多次尊王攘夷的功绩，都没有比这次使楚国屈服更大的了。

齐国人拘囚了陈国的袁涛堡。袁涛堡有什么罪？他改变了军队的行进路线。他怎样改变了军队的行进路线呢？袁涛堡对齐桓公说："国君既然已经使南夷屈服了，为什么不调转军队沿着海边向东而行，使东夷屈服了再回国呢？"齐桓公说："好！"于是调转军队，沿着海边向东而行，结果，大部分军队都陷入沼泽地里。齐桓公回过头，把袁涛堡抓起来。拘捕人的为什么有时称"侯"，有时称"人"呢？拘捕人的称"侯"，是属于方伯的讨伐；拘捕人的称"人"，就不属于方伯的讨伐。这次拘捕的是有罪的人，为什么不能算方伯的讨伐呢？古代周公东征时，西边的国家就有怨言；西征时，东边的国家就有怨言。这次齐桓公向陈国借道征伐楚国，但是陈国人都不想让军队返回时从自己的国家经过，这是军队纪律不严的缘故。不整顿自己的军队而抓袁涛贫，古代方伯的征伐，就不是这样的。

　　秋天，鲁僖公和江人、黄人一起讨伐陈国。

　　八月，鲁僖公从讨伐楚国的战场上回来。楚国已经屈服了，为什么又从讨伐楚国的战场上回来呢？因为楚国背叛了盟誓。安葬许穆公。

　　冬天，十二月，鲁国大夫公孙慈率领军队会同齐国、宋国、卫国、郑国、许国、曹国的军队共同入侵陈国。

【原文】

　　五年①，春，晋侯杀其世子申生。曷为直称晋侯以杀②？杀世子母弟直称君者，甚之也③。

　　杞伯姬来朝其子。其言来朝其子何？内辞也。与其子俱来朝也。

　　夏，公孙慈如牟④。

　　公及齐侯、宋公、陈侯、卫侯、郑伯、许男、曹伯会王世子于首戴^⑤。曷为殊会王世子^⑥世子贵也。世子犹世世子也^⑦。

秋，八月，诸侯盟于首戴。诸侯何以不序？一事而再见者，前目而后凡也^⑧。郑伯逃归不盟^⑨。其言逃归不盟者何？不可使盟也。不可使盟，则其逃归何？鲁子曰："盖不以寡犯众也叭。"^⑩

楚人灭弦。^⑪弦子奔黄。^⑫

九月，戊申朔，日有食之。

冬，晋人执虞公。虞已灭矣，其言执之何？不与灭也。曷为不与灭？灭者亡国之善辞也。^⑬灭者，上下之同力者也。

【注释】

①五年：鲁俗公五年（公元前655年）.

②以杀：即以之杀，省略一"之"字，"之"代申生。把世子申生杀了。

③甚之：何休注："甚之者。甚恶，杀亲亲也，《春秋》：公子贯于先君，唯世子与母弟。以今君录亲亲也。今舍国体直称君，知以亲亲责之。"

④公孙慈：《左传》作"公孙兹"，即叔孙戴伯，叔牙之子，督国宗室。牟：国名，在今山东莱芜县东。

⑤首戴：宝左传，作"首止"。卫国地名，在今河南唯县东南。

⑥王世子：即周襄王，名郑，惠王之子，在位三十三年。

⑦世世，累世、代代。

⑧目：条目、细目。凡：大纲。前目而后凡：即前面列有细目，后面就用总称。

⑨郑伯逃归不盟：据《左传》载：秋天，诸侯盟会。周惠王派周公召见郑伯。说："我安抚你去跟随楚国，晋国辅助你，这就可以稍稍安定了。"郑伯对周王的命令感到高兴，但又对没有朝见齐国感到害怕。所以

春秋

152

逃回国不参加盟誓。

⑩鲁子：公羊派先师之一。不以寡犯众：不愿因他一个少、冒犯全体。何休注："诸侯以义相约，而郑泊怀二心，依古不肯盟，故言逃归所以抑一人之恶，申众人之善，故云尔"

⑪弦：国名，女臣姓，故址在今河南横川县西北。

⑫弦子：弦国国君。

⑬善辞：何休注："言灭者，王者起，当存之，故为善辞。"何上下之同力：指君臣上下同心协力抵抗过。何休注："言灭者，臣子与君戮力一心共死之辞也。不但去灭复去以归。言执者，明虞公灭人以自亡，当绝。不得责不死位也。

【译文】

鲁僖公五年，春天，晋献公杀了他的太子申生。为什么直接说晋献公把太子申生杀了呢？杀太子或者同母弟弟而直接说是某君，是表示这是很坏的事情。

祀国国君夫人伯姬"来朝其子"，这里说"来朝其子"是什么意思？这是鲁国内部的说法。其实是杞伯姬和她的儿子一起来鲁国朝见。

夏天，公孙慈到牟国去。

鲁僖公和齐侯、宋公、陈侯、卫侯、郑伯、许男、曹伯在首戴这个地方拜会周天王的世子。为什么要特别地拜会周天王的世子呢？因为周天王的世子很高贵。世子是周天王代代承袭的儿子。秋天，八月，诸侯在首戴这个地方盟会。为什么不按次序排列诸侯的名称呢？因为一件事情第二次出现时，前面已经列有细目，后面就用总称。郑伯逃回国不参加盟会。这里说逃回国不参加盟会是什么意思？是不能让他参加盟会。不能让他参加盟会，那么又为什么说他逃回国呢？鲁子说："大概是不愿意因为他一个人而冒犯大家吧！"

楚国军队灭亡了弦国。弦国国君逃到黄国去。

九月，戊申这天，初一，发生日食。

冬天，晋国人抓到了虞国国君。虞国已经灭亡了，这里说抓到虞国国君是什么意思？因为《春秋》的作者不赞成灭掉虞国。为什么不赞成灭掉虞国？因为"灭"这个词是国家灭亡的好词，"灭"这个词的意思，是说全国君臣上下同心协力抵抗过侵略者。

【原文】

六年①，春，王正月。

夏，公会齐侯、宋公、陈侯、卫侯、曹伯伐郑。围新城②。邑不言围，此其言围何？强也③。

秋，楚人围许④。诸侯遂救许⑤。

冬，公至自伐郑。

【注释】

①六年：鲁僖公六年（公元前654年）。

②新城：即新密，郑国新筑的城邑：《春秋三传》杜预注："新城，郑新密。今荥阳密县。"

③强：何休注："恶桓公行霸强而无义也。郑背叛，本由桓公过；陈不以道，理当先修文德以来之，而便伐之，强非所以附疏。"

④楚人围许：《左传》记载："楚子围许以救郑。"

⑤诸侯：指诸侯军队，即鲁、齐、宋、陈、卫、曹等国军队。

【译文】

鲁僖公六年，春天，周历正月。

夏天，鲁僖公会同齐侯、宋公、陈侯、卫侯、曹伯出兵攻打郑国。包围了郑国的新城。对城邑是不说包围的，这里说包围是什么意思？是表示厌恶齐桓公对弱国行霸逞强。

秋天，楚国军队围攻许国。诸侯军队就去救援许国。冬天，鲁僖公从攻打郑国的战场上回来。

【原文】

七年①，春，齐人伐郑。

夏，小邾娄子来朝。

郑杀其大夫申侯。其称国以杀何？称国以杀者，君杀大夫之辞也。

秋，七月，公会齐侯、宋公、陈世子款、郑世子华盟于宁毋②。

曹伯般卒③。

公子友如齐。

冬，葬曹昭公。

【注释】

①七年：鲁禧公七年（公元前653年）。

②款：陈太子的名，陈宣公的世子。华：郑太子名，郑文公的世子，亦称子华。后于鲁僖公十六年被杀。宁毋：鲁国地名。在今山东鱼台县东。《春秋三传》注："宁毋之会五国，而陈郑皆遣世子，盖二国皆新被侵伐。陈欲渝盟而未敢渝，姑勉强以应；郑欲与盟而未得与，犹越趄不前，故君皆不行，而止遣世子也。"

③曹伯般：即曹昭公，名般（亦作"班"），曹共公之父，在位九年

【译文】

鲁禧公七年，春天，齐国军队攻打郑国。

夏天，小邾娄国国君来鲁国朝见。

郑国杀了它的大夫申侯，这里说国家把它的大夫杀
了是什么意思？说国家把它的大夫杀了，这是表示国君
把大夫杀了的语言。秋天，七月，鲁僖公会见齐侯、宋
公、陈国太子款、郑国太子华，在宁毋这个地方盟会。

曹国国君般死了。

公子友到齐国去。

冬天，安葬曹国国君曹昭公。

【原文】

八年①，春，工正月，公会王人、齐侯、宋公、卫侯、许男、
曹伯、陈世子款、郑世子华，盟于挑室。王人者何？微者也。曷为
序乎诸侯之上？先王命也牙。②郑伯乞盟。乞盟者何？处其所而请
与也③。其处其所而请与奈何？盖酌之也多。④

夏，狄伐晋。

秋，七月，啼于太庙。用致夫人吸。⑤用者何？用者不宜用
也。致者何？致者不宜致也。啼用致夫人。非礼也。夫人何以不称
姜氏？贬。曷为贬？讥以妾为妻也。其言以妾为妻奈何？盖胁于齐
媵女之先至者也⑥。

冬，十有二月，未，天王崩闷。⑦

【注释】

①八年：鲁僖公八年（公元前652年）。

②先王命：尊崇周天王的命令。何休注："衔王命
会诸侯，诸侯当北面受之，故尊序于上。时桓公德衰，
宁毋之盟常会者不至，而陈郑又遣世子，故上假王人之
重以自助。"

③处其所：身在自己的国家。

④酌之：何休注："酌，艳也。时郑伯欲与楚，不
肯自来盟，处其国遣使艳取其血而请与之。"之，代郑
伯的血。

⑤用致夫人：指把鲁庄公夫人哀姜的神主放在太庙里。

⑥胁于齐媵女之先至者：何休注："僖公本聘楚女为嫡，齐女为媵，齐先致其女。胁僖公使用为嫡……然后胁鲁立也。"

⑦天王崩：天王，即周惠王，釐王之子，在位二十五年。周惠王实际上死在僖公七年冬闰十二月。据《左传》载，周襄王担心其弟大叔带会造成祸乱，害怕自己不能立为周王，因此不发丧，只是向齐桓公通报祸难。直至僖公八年，周襄王安定王位后才发丧。

【译文】

鲁僖公八年，春天，周历正月，鲁僖公会见"王人"、齐侯、宋公、卫侯、许男、曹伯、陈国的太子款、郑国的太子华，并在洮这个地方盟誓。"王人"是什么人？是周王室地位较低的官员。为什么他的位置排在各国诸侯的前面呢？因为要尊崇周天王的命令。郑伯乞求参加盟会。乞求参加盟会是什么意思？就是不离开自己的国家而请求加盟。这里说不离开自己的国家而请求加盟是怎么回事？大概是派使者带自己的血来吧。

夏天，狄人攻打晋国。

秋天，七月，鲁国在太庙举行大祭。"用致"夫人。"用"是什么意思？"用"的意思就是不应该用。"致"是什么意思？"致"的意思就是不应该致。举行大祭把鲁庄公夫人的神主放在太庙里，这是不合礼法的。夫人为什么不称姜氏呢？是为了贬低她。为什么要贬低她，以谴责鲁僖公以妾为妻。这里说鲁僖公以妾为妻是怎么回事？大概是因为鲁僖公在齐国的威胁下，将先到鲁国的齐国媵女立为夫人吧。

冬天，十二月，未这天。周惠王死了。

【原文】

九年，春，王三月，丁丑，宋公御说卒犷。①何以不书葬，为襄公讳也乌。②

夏，公会宰周公、齐侯、宋子、卫侯、郑伯、许男、曹伯于葵丘吸。③宰周公者何④？天子之为政者也。秋，七月，乙酉，伯姬卒。此未适人气何以卒？⑤许嫁矣。妇人许嫁，字而异之⑥，死则以成人之丧治之。九月，戊辰，诸侯盟于葵丘。桓之盟不日，此何以白？危之也。何危尔？贯泽之会宜，⑦桓公有忧中国之心，不召而至者，人黄人也。葵丘之会，桓公震而矜之，叛者九国。震之者何？犹曰振振然气矜之者何？⑧犹曰莫若我也又。甲戌，晋侯诡诸卒丘。⑨

冬，晋里克弑其君之子奚齐公，此未逾年之君。其言弑其君之子奚齐何？杀未逾年君之号也。

【注释】

①九年：鲁禧公九年（公元前6年）。丁丑：三月二十日。宋公御说：即宋桓公，名御说，庄公之子，闵公之弟，在位三十一年

②襄公：即宋襄公，宋桓公之嫡子，为宋国第十九君，在位十四年，为春秋五霸之一。何休注："襄公背殡出会宰周公，有不子之恶，后有征齐忧中国尊周室之心，功足以除恶，故讳不书葬，使若非背殡也"

③宋子：即宋襄公。诸侯在丧期。降爵称"子"。葵丘：宋国地名，在今河南兰考县东。一说在今河北临漳县西

④宰周公：即宰孔，是当时周王室执政者之。何体注："宰犷治也。三公之职号尊名也。以加宰知其职大尊重。当与天子参听万机，而下为诸侯所会，恶不胜其

任也。"

⑤适人：出嫁。《仪礼》郑玄注："凡女行于大夫以上曰嫁。行于士庶人曰适人。"

⑥字而异之：起字并行等礼（女子的成年之礼）何休注："字者，尊而不泄所以远别也。笄者，瞥也所以系持发象男子饰也，服此者，明系属于人所以养贞一也《婚礼》曰："女子许嫁，笄而醴之称字。""

⑦贯泽之会：在鲁禧公二平秋天九月。

只振振：高亢的样子，即傲慢骄横何休注："亢阳之貌"皿莫若我也：徐彦疏："谓其颜色自有美大之势。""

卯甲戌：甲戌，误。应为甲子，九月十八日。晋侯诡诸：即晋献公，名诡诸，晋武公之子，为晋国第十九君，在位二十六年。时里克：晋国中大夫。奚齐：晋献公之子，宠姬骊姬所生。献公听信骊女臣谗言，杀死太子申生，逼走公子重耳和夷吾，立奚齐为太子晋献公死，里克杀奚齐、卓子，迎夷吾回晋方君。

【译文】

鲁禧公九年，春天，周历三月，丁丑这天，宋国国君御说死了。为什么不记载葬礼？因为要替宋襄公避讳。

夏天，鲁僖公在葵巨这个地方会见了宰周公、齐侯、宋子、卫侯、郑伯、许男、曹伯。宰周公是什么人？是周天子的执政官。秋天，七月，乙酉这天，伯姬死了。她还没有出嫁，为什么记载她的死呢？她已经订婚了。妇人订了婚，起了字，并且举行了异礼，死的时候就可以按照成人的丧礼来办理丧事。九月，戊辰这天，诸侯在葵丘盟会。齐桓公的盟会是不记载日期的，这里为什么记载日期呢？这是认为他有危险了。他有什

159

么危险呢了在贯泽的那次盟会，齐桓公有忧虑中原诸侯国的心意，没有邀请而自愿来参加的就有江国和黄国的国君。葵丘的这次盟会，齐桓公"震而矜之"，背叛他的就有九个国家。"震之"是什么意思？就是骄横傲慢的样子。"矜之"是什么意思？就是很自夸地说："没有谁的功劳比我大！"

甲戌这天，晋国国君诡诸死了。

冬天，晋国大夫里克弑杀了他国君的儿子奚齐。奚齐是继位不满一年的国君。这里说弑杀了他国君的儿子奚齐是什么意思？这是弑杀继位不满一年的国君的说法。

【原文】

十年①，春，王正月，公如齐。

狄灭温。温子奔卫②。

晋里克弑其君卓子③，及其大夫荀息。及者何？累也。弑君多矣，舍此无累者乎？曰："有。孔父、仇牧皆累也④。"舍孔父、仇牧无累者乎？曰："有。"有则此何以书？贤也。何贤乎荀息？荀息可谓不食其言矣。其不食其言奈何？奚齐卓子者，骊姬之子也。荀息傅焉⑤。骊姬者⑥，国色也。献公爱之甚，欲立其子，于是杀世子申生。申生者，里克傅之。献公病将死，谓荀息曰："士何如则可谓之信矣⑦？"荀息对曰："使死者反生，生者不愧乎其言，则可谓信矣。"献公死，奚齐立。里克谓荀息曰："君杀正而立不正，废长而立幼⑧。如之何？愿与子虑之。"荀息曰："君尝讯臣矣⑨，臣对曰：'使死者反生，生者不愧乎其言，则可谓信矣。'"里克知其不可与谋，退。就奚齐。荀息立卓子。里克弑卓子⑩。荀息死之。荀息可谓不食其言矣⑪。夏，齐侯、许男伐北戎。

晋杀其大夫里克。里克弑二君，则曷为不以讨贼之辞言之？惠公之大夫也⑫。然则孰立惠公？里克也。里克弑奚齐卓子，逆惠公而入。里克立惠公，则惠公曷为杀之？惠公曰："尔既杀乎二孺子矣⑬，又将图寡人？为尔君者，不亦病乎？"于是杀之。然则曷为不言惠公之入？晋之不言出入者，踊为文公讳也⑭。齐小白入于齐，则局为不为植公讳？桓公之享国也长，美见乎天下⑮，故不为之讳本恶也。文公之享国也短，美未见乎天下，故为之讳本恶也。秋，一七月。

冬，大雨雹。何以书？记异也。

【注释】

①十年：鲁僖公十年（公元前650年）。

②温：国名。周大夫苏忿生最初以温为司寇，后封为国。故址在今河南温县境。温子：温国国君，周司寇苏公之后。

③卓子：骊姬妹妹之子。也称公子卓。

④孔父：宋国大夫。事见鲁桓公二年。仇牧：宋国大夫。事见鲁庄公十二年秋。

⑤傅：何休注："礼：诸侯之子，八岁受之少傅，教之以小学业，小道焉，履小节焉。十五岁受大傅，教之以大学业大道焉，履大节焉。"

⑥骊姬：马丽戎国国君的女儿。骊戎是姬姓国，男爵。故城在今陕西临渔县东。

⑦"士何"句：何休注："献公自知废正当有后患，欲托二子于荀息，故动之云尔。"

⑧杀正：即杀太子申生。不正：指奚齐。长：指公子重耳。何休注："长谓重耳。"

⑨讯：何休注："五问曰讯。言臣者明君臣相与，言不可负。"协弑奚齐：据《左传》载：鲁禧公九年冬天十月，里克在奚齐居丧的茅屋里杀了他。

⑩里克弑卓子：据《左传》载：鲁禧公九年冬季的十月，荀息立卓子为君，并安葬了晋献公。十一月，里

克又在朝廷上杀了卓子。于是荀息为卓子自杀而死。

⑪荀息可谓不食其言矣：何休注："荀息一受君命，终身死之，故言及，与孔父同义。"

⑫惠公之大夫：何休注："惠公篡立已定，晋国君臣合为一体，无所复责，故曰：此乃惠公之大夫。安得以讨贼之辞言之。"

⑬孺子：何休注："孺子，小子也。奚齐卓子时皆幼小。"时病：忧虑；为难。

⑭踊：何休注："踊，豫也齐人语。"事先为备。

⑮美：功绩，政绩。

【译文】

鲁禧公十年，春天，周历正月，鲁僖公到齐国去。狄人灭亡了温国。温国国君逃到卫国去。

晋国大夫里克弑杀了他的国君卓子。"及"晋国大夫荀息。"及"是什么意思？就是牵连。弑杀国君的事很多，除了荀息就没有被牵连的吗？回答说："有。宋国大夫孔父、仇牧都是受牵连而死的。"除了孔父、仇牧之外就没有受牵连的了吗？回答说："还有："既然还有，那么这里为什么要记载荀息呢？因为他贤良。荀息怎么贤良呢？荀息可以说是说话算数的人了。他怎么说话算数呢？奚齐和卓子，都是骊姬的儿子。荀息辅导他们。骊姬是天下最美的女人，晋献公非常爱她，想立她的儿子为太子，于是就杀了太子申生。太子申生是大夫里克辅导的。晋献公病很重，要死了，就对荀息说："士怎样做才可以说是讲信义呢？"荀息回答说："如果让死去的人活转来，活着的人也不会对自己说过的话感到惭愧，那就可以说他是讲信义的。"晋献公死后，奚齐被立为国君。里克对荀息说："国君杀了嫡子而立庶子为太子，废了长子而立了幼子，这该怎么办呢？我愿意和您一起考虑这个问题。"荀息说："国君曾经问过我：士怎样做才算讲信义，我回答他说：'如果让死去的人活转来，活着的人也不会对自己说过的话感到渐愧，那就可以说他是讲信义的。'"里克知道荀息不会和他一起谋划的，回去后，就弑杀了奚齐。荀息就立卓子为国君，里克又就杀了卓子，荀息就为他们自杀了。荀息真可以说是说话算数的人啊：夏天，齐侯和许男率领军队征伐北戎。

晋国杀了它的大夫里克。里克弑杀了两个国君，这里为什么不用讨伐叛贼的语言来说他呢？因为他是晋惠公的大夫。那么是谁立的晋惠公呢？就是里克。里克弑杀了奚齐和卓子后，迎接惠公进入晋国。既然是里克立惠公为国君，那么惠公为什么还要杀他呢？惠公说："你既然已经杀了那两个小孩，是不是还准备图谋我呢？当你的国君，不也太难了吗？"于是就把里克杀了。既然这样，那么为什么不说晋惠公进入晋国的经过呢？对于晋国，不说谁出逃，谁进入晋国的情况，那是预先为晋文公避讳。那么说齐国小白进入齐国，为什么不为齐桓公避讳呢？齐桓公为君的时间长，功绩很大，天下扬名，所以可以不为齐桓公避讳他原来的罪过；晋文公为君的时间短，功绩不大，没有在天下扬名，所以要为他避讳原来的罪过。

秋天，七月。

冬天，下大冰雹。为什么记载这件事？记载怪异现象。

【原文】

十有一年，春，晋杀其大夫平郑父①。

夏，公及夫人姜氏会齐侯于阳毂^②。

秋，八月，大雩。

冬，楚人伐黄。

【注释】

①十有一年：鲁禧公十一年（公元前649年）。平郑父：《左传》为"平郑"。晋国大夫，里克的同党。

②阳毂：地名。详见禧公三年注。

【译文】

鲁僖公十一年，春天，晋国杀了它的大夫平郑父。夏天，鲁僖公和夫人姜氏在阳毂这个地方会见齐侯。秋天，八月，鲁国举行求雨的大祭祀。

冬天，楚国军队攻打黄国。

【原文】

十有二年^①，春，王三月，庚午，日有食之。夏，楚人灭黄。

秋，七月。

冬，一十有二月，丁丑，陈侯处臼卒^②。

【注释】

①十有二年：鲁禧公十二年（公元前648年）。

②陈侯处臼：即陈宣公，名处臼，也作杵臼。陈庄公之子，在位四十五年。

【译文】

鲁僖公十二年，春天，周历三月，庚午这天，发生日食。夏天，楚国军队灭了黄国。

秋天，七月。

冬天，十二月，丁丑这天，陈国国君处臼死了。

【原文】

十有三年^①，春，狄侵卫。

夏，四月，葬陈宣公。

公会齐侯、宋公、陈侯、卫侯、郑伯、许男、曹伯于咸②。

秋，九月，大雩。

冬，公子友如齐。

【注释】

①十有三年：鲁僖公十三年（公元前647年）。

②咸：卫国地名。在今河南淮阳县东南。

【译文】

鲁僖公十三年，春天，狄人入侵卫国。

夏季，四月，安葬陈宣公。

鲁僖公在咸这个地方与齐侯、宋公、陈侯、卫侯、郑伯、许男、曹伯会见。

秋季，九月，鲁国举行求雨的大祭祀。

冬季，公子友到齐国去。

【原文】

十有四年，春，诸侯城缘陵①。孰城之②？城记也③。曷为城祀？灭也。孰灭之了盖徐莒胁之。曷为不言徐莒胁之？为桓公讳也。曷为为桓公讳？上无天子，下无方伯，天下诸侯有相灭亡者，桓公不能救，则桓公耻之也。然则孰城之？桓公城之。局为不言桓公城之？不与诸侯专封也。曷为不与？实与而文不与。文曷为不与？诸侯之义，不得专封也。诸侯之义不得专封，则其曰实与之何？上无天子，下无方伯，天下诸侯有相灭亡者，力能救之，则救之可也。夏，六月，季姬及鄫子遇于防④。使鄫子来朝。曾巧子昌为使乎季姬来朝？内辞也。非使来朝，使来请已也⑤。秋，八月，辛卯，沙鹿崩⑥。沙鹿者何？河上之邑也。此邑也，其言崩何？袭邑也气。⑦沙鹿崩，何以书？记异也。外异不书，此何以书？为天下记异也。

狄侵郑。

冬，蔡侯肸卒⑧。

165

①十有四年：鲁禧公卜四年（公元前6年）。缘陵：祀国邑名，在今山东昌乐县东南

②孰城之：为谁筑城。

③记：国名。相传周武王封夏禹后人东楼公于记。后为楚所灭。地在今河南记县。

④季姬：一说是鲁庄公的女儿，一说是鲁禧公的女儿。曾阵子：曾肠国国君。曾阵国，女以姓，春秋鲁襄公六年为莒所灭。故地在今山东枣庄市（日峰县）境。防：鲁国邑名，在今山东费县东北。

⑤使来请己：请都国国君来鲁国为自己的婚事请求僖公。巍左传》不同于这种说法。《左传》载：曾肠季姬要回娘家，鲁僖公生气不让她回去，原因是邮子不来鲁国朝见。夏天，曾肠季姬和部子在防这个地方见面，季姬让曾肠子来鲁国朝见。

⑥辛卯：八月初六。沙鹿：《春秋三传》胡传注："沙鹿，晋地也。"刘敞注："《公羊》曰：'沙鹿，河上之邑也，，非也。此自山名之不须系山者，以可知故也。"沙鹿，山名，在晋国。在今河北大名县东。

⑦袭：何休注："袭者，嘿陷入于地中；言崩者，以在河上也。河崩有高下，如山有地矣，故得言崩也。"徐彦疏："谓嘿然而陷矣。"

⑧蔡侯胯：即蔡穆公，名胯伪下，在位二十九年。何休注："不书葬者，溃当绝也。不月者，贱其背中国而附父雕，故略之甚也。"

【译文】

鲁禧公十四年，春季，诸侯在缘陵这个地方筑城。为谁筑城？为祀国筑城。为什么要为祀国筑城？祀国灭亡

了。谁灭亡了祀国？大概是徐国和莒国威胁它。为什么不直接说是徐国和莒国威胁它呢？为了替齐桓公避讳。为什么要替齐桓公避讳呢？因为上面没有贤明的天子，下面没有一方诸侯之长，天下的诸侯有相互吞并的现象，齐桓公不能救援，那么他会感到很耻辱。既然这样，那么谁筑的城呢？是齐桓公为祀筑的城。为什么不说是齐桓公为祀筑的城呢？因为作者不赞成诸侯自专，随意封给别人土地或称号。为什么不赞成呢？实际是赞成的，但语言上不能赞成。语言上为什么不能赞成呢？因为从诸侯的名义来说，是不能自专，不能随意封给别人土地或称号。既然从诸侯的名义来说不能自专，不能随意封给别人土地或称号，那么这里说实际上赞成这种做法是为什么呢？因为上无贤明的天子，下无诸侯之长，天下诸侯出现相互吞并的情况，有力量救援他们的，去救援他们是允许的。夏季，六月，季姬与鄫国国君在防这个地方非正式地会见。季姬让鄫子来鲁国朝见。曾转子为什么是季姬叫来鲁国朝见的呢？这是鲁国内部的说法。并不是让鄫子来朝见，是季姬让都子来鲁国聘娶自己。

秋季，九月，辛卯这天，"沙鹿"崩塌了。"沙鹿"是什么地方？是黄河上的一座城邑。这是城邑，这里说崩塌是什么意思？是说城邑突然陷入地中。沙鹿崩塌为什么记载呢？记载怪异现象。鲁国之外的怪异现象是不记载的，这里为什么记载呢？这是为天下记载怪异的现象。

狄人入侵郑国。

冬季，蔡国国君肹死了。

【原文】

十有五年①，春，王正月，公如齐。

楚人伐徐。

三月，公会齐侯、宋公、陈侯、卫侯、郑伯、许男、曹伯盟于牡丘②。遂次于匡③。

公孙敖率师及诸侯之大夫救徐④。

夏，五月，日有食之。

秋，七月，齐师、曹师伐厉⑤。

八月，螽。

九月，公至自会。桓公之会不致，此何以致？久也。季姬归于曾卜。

己卯，晦，震夷伯之庙⑥。晦者何？冥也。震之者何？

雷电击夷伯之庙者也。夷伯者曷为者也？季氏之孚也⑦。季氏之孚，则微者，其称夷伯何？大之也⑧。曷为大之？天戒之，故大之也。何以书？记异也。

冬，宋人伐曹。

楚人败徐于娄林⑨。

十有一月，壬戌，晋侯及秦伯战于韩⑩。获晋侯。此偏战也，何以不言师败绩？君获，不言师败绩也。

【注释】

①十有五年：鲁僖公十五年（公元前645年）。

②牡丘：地名。在今山东聊城县东北。

③匡：卫国地名。在今河南长垣县西南。一说是宋国地名，在今河南唯县西。

④公孙敖：即孟穆伯，庆父之子，鲁国宗室。这句的意思：何休注："言次者，刺诸侯缓于人恩，既约救徐，而生事止次禾自往，遣大夫往，卒不能解也。"

⑤厉：国名。在今河南鹿邑县东，一说在今湖北随县。楚国军队攻打徐国，是因为徐国亲近中原诸侯。现在齐国和曹国军队攻打厉国，是因为厉国亲近楚国，攻打厉国的目的是为救徐国。

⑥夷伯：展氏之祖，鲁国大夫，夷伯之庙就是展氏的祖庙《穀梁传》："夷伯，鲁大夫也。因此以见天子至于士皆有庙。天子七庙。诸侯五，大夫三，士二。"

⑦孚：何休注："孚，信也。季氏所信任臣。"

⑧大：尊大。

⑨娄林：地名，在今安徽泗县东北。

⑩壬戌：十一月十四日。秦：国名，嬴姓伯爵。周孝王时伯益之后非子，为周王养马有功，始封为附庸，把秦邑（在今甘肃天水县）赐给他。传至秦襄公时，因讨西戎救周护送周平王东迁有功，封为诸侯。至秦文公时，开始进入春秋时代。到秦穆公时，国力强盛，在诸侯中称霸。到秦悼公时，开始进入战国时代。传至秦孝公，定都咸阳（在今陕西咸阳县东）。孝公用商鞅为相，实行变法，国势日强，为战国七雄之一。当时秦国已占据陕西省长安县以西地区，至惠文君时开始称王，传至秦始皇而统一了中国。这里的秦伯指秦穆公。名任好，德公之子，成公之弟，在位三十九年。韩：晋国地名，在今陕西韩城县西。

【译文】

鲁僖公十五年，春季，周历正月，鲁禧公到齐国去。楚国军队攻打徐国。

三月，鲁僖公与齐侯、宋公、陈侯、卫侯、郑伯、许男、曹伯会晤，并在牡丘这个地方盟会。接着将救援徐国的军队临时驻扎在卫国的匡这个地方。

鲁国的大夫公孙敖率领军队和各诸侯的大夫一起去救徐国。夏季，五月，发生日食。

秋季，一七月，齐国军队和曹国军队联合攻打厉国。八月，鲁国发生虫灾。

九月，鲁僖公从诸侯盟会的地方回到都城。与齐桓公盟会是不记载归来日期的，这里为什么记载鲁僖公归来呢？这次盟会的时间太久了。

鲁国季姬嫁到曾国去。

己卯这天，"晦"。"震"坏了鲁国大夫夷伯的庙。"晦"是什么意思？就是白天天色黑暗。"震之"是什么意思，就是雷电击坏了夷伯的庙。夷伯是干什么的？是公子友信任的大夫。公子友信任的大夫，那么是地位较低的人，这里称夷伯是什么意思？是为了强调。为什么要强调？因为上天惩戒他，所以要强调。为什么记载雷电击坏夷伯庙这件事？是记载怪异现象。

冬季，宋国军队攻打曹国。

楚国军队在娄林这个地方打败徐国。

十一月，壬戌这天，晋侯与秦伯在韩这个地方交战。秦国军队俘获晋侯。这是约定好时间地点的正规战争，为什么不说晋军大败呢？因为国君被俘获了，所以不必再说晋军大败。

【原文】

十有六年，春，王正月，戊申，朔，陨石于宋五①。是月，六鹢退飞，过宋都②。曷为先言陨而后言石？陨石记闻，闻其磌然③，视之则石，察之则五。是月者何？仅逮是月也④。何以不日？晦日也。晦则何以不言晦？《春秋》不书晦也。朔有事则书，晦虽有事不书。曷为先言六而后言鹢？六鹢退飞，记见也。视之则六，察之则鹢，徐而察之则退飞。五石六鹢，何以书？记异也。外异不书，此何以书？为王者之后⑤，记异也。

三月，壬申，公子季友卒⑥。其称季友何？贤也。夏，四月，丙申⑦，曾仔季姬卒。

秋，七月，甲子，公孙慈卒⑧。

冬，十有二月，公会齐侯、宋公、陈侯、卫侯、郑伯、许男、邢侯、曹伯于淮⑨。

【注释】

①十有六年：鲁僖公十六年（公元前64通年）。陨石：从天下坠落石头。陨，坠落。五：指五块陨石。

②鹢：古书上说的一种能高飞的水鸟。退飞：后退着飞。《左传》认为是由于疾风猛吹的缘故。宋都：指在宋国都城的上空。

③镇（乙门填）：象声词。

④仅逮是月：恰恰赶上这个月。阴历每月的最后一天称晦日，"六鹢退飞"就在晦日这天，也就是正月最后一天，因此说"仅逮是月"。

⑤王者之后：何休注："王者之后有亡征，非亲王安存之象，故重录为戒，记灾异也。"这里指宋国。周武王灭商，封商王封子武庚于旧都，即今河南商丘县。成王时，武庚叛乱，被杀。又以其地封与封之庶兄微子，号宋公，为宋国。因此称宋为王者之后。

⑥壬申：三月二十六日。季友：即公子友，又称季子。字闵元，鲁庄公的母弟，鲁国上卿。

⑦丙申：四月二十日。

⑧甲子：七月十九日。公孙慈：《左传》作"公孙兹"。又称叔孙戴，公子牙之子。

⑨齐侯：即齐桓公。宋公：即宋襄公。陈侯：即陈穆公。卫侯：即卫文公。郑伯：且旦郑文公。许男：即许禧公。邢侯：邢国国君。邢，国名，周公之子封于此，故地在今河北邢台县。曹伯：即曹共公。

171

【译文】

鲁僖公十六年，春季，周历正月，戊申这天，初一，宋国上空坠落五块石头。这个月，有六只鹙鸟后退着飞，从宋国都城上经过。为什么先说坠落后说石头呢？坠落石头是记载听到的事情，听到它们"轰"的一声落下，走过去看，才知道是石头，仔细察看，才知道共有五块。"是月"是什么意思？就是刚刚赶上这个月。为什么不记载日期呢？这是晦日，即每月的最后一天。既然是晦日，那么为什么不写明是晦日呢？因为《春秋》是不记载晦日的。朔日，即每月初一，有事情发生就写上是朔；如果是晦日，虽然有事情发生也不写上是晦。为什么先说六，后说鹙鸟呢？因为六只鹙鸟后退着飞这是记载看见的事情。先看见它们，知道有六只，仔细看才知道是鹙鸟，慢慢观察才发现它们是后退着飞的。五块陨石六只鹙鸟，为什么要记载呢？为了记载怪异现象。鲁国以外发生的怪异现象是不记的，这里为什么记载呢？因为这是为称过王的人的后代记载怪异现象。

三月，壬申这天，公子友死了。这里为什么称他为季友呢？认为他贤良。

夏季，四月，丙申这天，曾肠季姬死了。

秋季，七月，甲子这天，公孙慈死了。

冬季，十二月，鲁僖公在淮这个地方会见了齐侯、宋公、陈侯、卫侯、郑伯、许男、邢侯和曹伯。

【原文】

十有七年，春，齐人、徐人伐英氏①。

夏，灭项②。孰灭之？齐灭之③。曷为不言齐灭之？为桓公讳也。《春秋》为贤者讳，此灭人之国，何贤尔？君子之恶恶也疾始④，善善也乐终⑤，桓公尝有断绝存亡之功⑥，故君子为之讳也。

秋，夫人姜氏会齐于卞⑦。

九月，公至自会。

十有二月，乙亥，齐侯小白卒^⑧。

【注释】

①十有七年：鲁禧公十七年（公元前643年）。英氏：堰姓国，故地在今安徽金寨县与霍山县之间二何休注："称氏者，春秋前黝称氏也。"②项：国名。故地在今河南项城县境。

③齐灭之：据《左传》载，是鲁国军队灭了项国，为此齐植公还拘留鲁僖公。

④恶恶也疾始：厌恶丑恶的事情恨在开始。

⑤善善也乐终：喜爱好事爱到最终。

⑥断绝存亡：何休注："立僖公也。""存邢卫祀。"即使断绝了的朝代得以继续，让将要灭亡的国家得以保存。

⑦姜氏：鲁僖公夫人声姜，齐女。下：鲁国地名，在今山东泗水县东。

⑧齐侯小白：即齐桓公，齐国第十五君，在位四十三年。齐桓公是十月初七死的，十二月初八才向诸侯报丧。所以这里记载为"十有二月，乙亥，齐侯小白卒"。

【译文】

鲁禧公十七年，春季，齐国军队和徐国军队联合攻打英氏国。夏季，灭亡了项国。是谁灭亡了项国？是齐国灭亡了项国。为什么不说齐国灭亡了项国呢？因为要替齐桓公避讳。《春秋》为贤良的人避讳，这是灭亡别人的国家，有什么贤良呢？君子憎恨丑恶的事情，主要恨在开始；喜爱美好的事情，却爱到最终。齐桓公曾经有过使将要断绝的朝代得以继续，让将要灭亡的国家得以保存的功绩，所以君子为他避讳。

173

僖

秋季，鲁僖公夫人姜氏在卞这个地方会见齐侯。九月，鲁僖公从诸侯盟会的地方回到鲁国。

十二月，乙亥这天，齐国国君小白死了。

【原文】

十有八年①，春，王正月，宋公会曹伯、卫人、人伐齐。

夏，师救齐。

五月，戊寅，宋师及齐师战于瓟②。齐师败绩。言伐，此其言伐何？宋公与伐而不与战，故言伐。

邾娄战不《春秋》伐者为客，伐者为主③，曷为不使齐主之？与襄公之征齐也。曷为与襄公之征齐？桓公死，竖刁易牙争权不葬④，为是故伐之也。

狄救齐。

秋，八月，丁亥，葬齐桓公。

冬，邢人、狄人伐卫。

【注释】

①十有八年：鲁僖公十八年（公元前642年）。

②戊寅：五月十四日。瓟：齐国地名，在今山东济南市附近。

③伐者为主：指被征伐者为主。

④竖刁：即竖貂，也称寺人貂。易牙：即雍巫，巫是他的名。竖刁和易牙都是齐桓公后期宠信的近臣。竖刁和易牙立桓公之子公子无亏为桓公的继承人，齐桓公死后，竖刁、易牙进入宫中，依靠内宠，杀掉诸大夫，立公子无亏为国君；三个月后，公子无亏被杀，齐国大乱。

【译文】

鲁僖公十八年，春季，周历正月，宋襄公会同曹伯、卫国人和邾娄人共同出兵讨伐齐国。

夏季，鲁国军队前去救援齐国。

五月，戊寅这天，宋国军队和齐国军队在齐国的甗
这个地方交战，齐国军队溃败。交战是不说讨伐的，这
里说讨伐是什么意思？因为宋国国君参加了讨伐并没有
参战，所以说讨伐。《春秋》的体例是：以讨伐别国的
一方为客，以被讨伐的一方为主，这次讨伐为什么不以
齐国为主呢？因为赞成宋襄公对齐国的征伐。为什么赞
成宋襄公对齐国的征伐呢？因为齐桓公死后，桓公的宠
宦竖刁和易牙与众公子争夺君位而不安葬桓公，为了这
个原因，宋襄公要讨伐齐国。

狄人出兵救齐国。

秋季，八月，丁亥这天，安葬齐恒公。冬季，邢国
军队联合狄人攻打卫国。

【原文】

十有九年，春，王三月，宋人执滕子婴齐气夏，六月，宋
人、曹人、邾娄人盟于曹南②。曾吓子会于邾娄。其言会盟何？
后会也③。己酉，郭娄人执邮子用之。恶乎用之？用之社也。其用
之社奈何？盖叩其鼻以血社也④。

秋，宋人围曹。

卫人伐邢。

冬，公会陈人、蔡人、楚人、郑人盟于齐。梁亡⑤。此未有伐
者，其言梁亡何？自亡也。其自亡奈何？鱼烂而亡也⑥。

【注释】

①十有九年：鲁禧公十九年（公元前641年）。滕子
婴齐：即滕置公，名婴齐。

②曹南：何休注："因本会于曹南盟，故以地实。
邾娄说在下，"徐彦疏："言此盟之前相与于曹南矣。
其实此盟在邾娄。"

③后会：即后于会。盟会之后才来。

175

④叩其鼻：打破他的鼻子。以血社：用他的鼻血祭祀土地神。何休注："恶无道也。不言社者，本无用人之道。言用之已重矣，故绝其所用处也。"

⑤梁：国名，嬴姓伯爵，鲁僖公十九年被秦所灭。故地在今陕西韩城县南。

⑥鱼烂：何休注："梁君隆刑峻法，一家犯罪，四家坐之，一国之中无不被刑者，百姓一旦相率俱去，状若鱼烂。鱼烂从内发，故云尔。其自亡者，明百姓得去之君当绝也。"

【译文】

鲁僖公十九年，春季，周历三月，宋国人拘捕了滕国国君婴齐。

夏季，六月，宋国人、曹国人和邾娄国人在曹南这个地方盟会鄫国国君到邾娄国来参加盟会。这里说邾子来"会盟"是什么意思？因为他是莅盟会之后才到的。己酉这天，朱肠娄国人拘捕了邾国国君，杀他作牺牲用于祭祀。在哪里用他？在祭祀土地神的时候用他。在祭祀土地神时怎样使用他？大概是打破他的鼻子，用他的鼻血祭祀土地神。

秋季，宋国军队围攻曹国。

卫国军队攻打邢国。

冬季，鲁僖公会见陈国人、蔡国人、楚国人、郑国人，并与他们在齐国盟会。

梁国灭亡了。《春秋》没有记载讨伐梁国的国家。这里说梁国灭亡了是为什么呢？它是自己灭亡的。它自己怎么灭亡的呢？就好像鱼的肚子腐烂而死了一样。

【原文】

二十年，春，新作南门①。何以书？讥。何讥尔？门有古常也②。

夏，部子来朝③。部子者何？失地之君也。何以不名？兄弟辞也④。

五月，乙巳，西宫灾⑤。西宫者何？小寝也⑥。小寝则曷为谓之西宫？有西宫则有东宫矣。鲁子曰："以有西宫，亦知诸侯之有三宫也。"西宫灾，何以书？记异也。郑人如滑⑦。

秋，齐人、狄人盟于邢。

冬，楚人伐随⑧。

【注释】

①二十年：鲁僖公二十年（公元前640年）。新作南门：鲁国重新建造南门。《春秋三传》杜预注："鲁国南门也，本名稷门。僖公更高大之，今犹不与诸门同，改名高门也。言新以易旧，言作以兴事，皆更造之文也。"

②古常：古制常法。何休注："恶奢泰，不奉古制常法。"即古代传下来的规章制度。

③部：国名，周文王庶子的封国。为宋所灭。都北部城。在今山东成武县东南。部子：部国国君。

④兄弟：指同姓兄弟国家，鲁国与部国同为姬姓国。何休注："部鲁之同姓，故不忍言其绝贱，明当尊遇之，异于邓、毅也。书者喜内见归。"

⑤乙巳：五月二十三日。西宫：何休注："西宫者，小寝内室，楚女所居也。礼：诸侯娶三国女，以楚女居西宫，知二国女于小寝内各有一宫也。"故云尔。礼：夫人居中宫，少在前；右媵居西宫，左媵居东宫，少在后。"

⑥小寝：古代天子、诸侯居住的宫室都叫"寝"。在中央的叫"路寝"，"大寝"或"燕寝"。在东西两旁的叫"小寝"。夫人的寝室也叫小寝。

⑦滑：国名。姬姓。故地在今河南滑县境。

⑧随：国名。姬姓。春秋后期为楚国附庸。故地在今湖北随县。

【译文】

鲁僖公二十年，春季，鲁国重新建造都城的南门。为什么记载这件事？为了谴责。谴责什么？建造城门是有古代传下来的制度和规矩的。

夏季，郜子来鲁国朝见。郜子是谁？是失去国土的国君。为什么不称呼他的名字呢？这是同姓兄弟国家之间的说法。五月，乙巳这天，鲁僖公的西宫发生火灾。西宫是什么地方？就是小寝。小寝为什么称为西宫呢？因为有西宫就有东宫。鲁子说："因为有西宫，也就知道诸侯是有三宫的。"西宫发生火灾，为什么记载呢？为了记载灾异现象。

郑国军队入侵滑国。

秋季，齐国人与狄人在邢国盟会。

冬季，楚国军队征伐随国。

【原文】

二十有一年①，春，狄侵卫。

宋人、齐人、楚人盟于鹿上②。

夏，大旱。何以书，记灾也。

秋，宋公、楚子、陈侯、蔡侯、郑伯、许男、曹伯会日，奋秋省牛于霍③。执宋公以伐宋④。孰执之？楚子执之蔷。曷为不言楚子执之？⑤不与夷狄之执中国也。

冬，公伐邾娄。

楚人使宜申来献捷⑥。此楚子也，其称人何？贬。曷为贬？为执宋公贬。曷为为执宋公贬？宋公与楚子期以乘车之会⑦。公子目夷谏曰⑧："楚，夷国也。强而无义，请君以兵车之会往。"宋公曰："不可。吾与之约以乘车之会，自我为之，自我堕之⑧。曰：

不可！"终以乘车之会往。楚人果伏兵车，执宋公以伐宋。宋公谓公子目夷曰："子归守国矣。国，子之国也。吾不从子之言，以至乎此。"公子目夷复曰："君虽不言国，国固臣之国也。"于是归设守械而守国。楚人谓宋人曰："子不与我国，吾将杀子君矣。"宋人应之曰："吾赖社稷之神灵，吾国已有君矣。"楚人知虽杀宋公，犹不得宋国，于是释宋公。宋公释乎执，走之卫^⑩。公子目夷复曰："国为君守之，君曷为不入？"然后逆襄公归。

恶乎捷？捷乎宋。曷为不言捷乎宋？为襄公讳也。此围辞也，曷为不言其围？为公子目夷讳也。

十有二月，癸丑，公会诸侯盟于薄^⑪。

释宋公。执未有言释之者，此其言释之何？公与为尔也。公与为尔奈何？公与议尔也^⑫。

【注释】

①二十有一年：鲁僖公二十一年（公元前639年）。

②鹿上：宋国地名。地在今安徽阜阳市南。一说在今山东巨野县西南。

③霍：《左传》作"盂"。宋国地名，在今河南唯县东南。

④执：抓住，捕捉。

⑤楚子：楚国国君楚成王。楚君开始称子。

⑥宜申：楚国大夫。

⑦乘车之会：乘坐普通车辆的约会。

⑧公子目夷：字子鲁，宋襄公的庶兄。是宋国执掌政权的左师。

⑨堕之：毁约。之，代约会。

⑩走之卫：何休注："襄公本谓公子目夷曰：国，子之国也，宋公愧前语，故惭不忍，反走之卫"。

⑪癸丑：十二月初十。公会诸侯盟于薄：何休注：

"言诸侯者，起霍之会诸侯也。不序者，起公从旁以议释宋公会盟一事也。言会者，因以殊诸侯也。"薄，即亳，宋国地名，在今河南商丘县北。

⑫公与议尔：鲁禧公参与协商释放宋襄公一事。何休注："善禧公能与楚议释贤者之厄，不言公释之者，诸侯亦有力也。"

【译文】

鲁僖公二十一年，春季，狄人入侵卫国。

宋国人、齐国人和楚国人在鹿上这个地方盟会。夏季，鲁国发生大旱。为什么记载这件事？记载灾害。秋季，宋公、楚子、陈侯、蔡侯、郑伯、许男、曹伯在霍这个地方会面。拘捕了宋公并且出兵攻打宋国。是谁拘捕了宋公？是楚子拘捕了宋公。《春秋》上为什么不说楚子拘捕了宋公呢？因为作者不赞成夷狄拘捕中原各诸侯的国君。

冬季，鲁禧公率兵征伐邾娄国。

楚国人派遣宜申到鲁国来呈献战利品。这是楚子，为什么称人呢？为了贬低他。为什么要贬低他？因为他拘捕了宋公，所以要贬低他。他拘捕了宋公，为什么要贬低他呢？因为宋公和楚子约好乘坐普通车子来会面，公子目夷规劝宋公说："楚国是夷狄之邦，强暴且不讲信义，请国君还是带着兵车去赴会。"宋公说："不行！我和他约定乘坐普通车子会面的，约是我定的，如果约由我毁掉，人们都会说：不行！"结果还是乘坐普通车子去赴约会。楚国人果然埋伏了兵车，他们抓住了宋公并攻打宋国。宋公对公子目夷说："你快回去守卫国家吧，宋国是你的国家了。我不听你的规劝，才落到今天这个地步。"公子目夷回答说："您即使不提到宋国，宋国本来也是我的国家。"于是，公子目夷逃回宋国，准备好防守的武器来保卫宋国。楚国人对宋国人说："你们不把国家交给我们，我们就准备杀死你们的国君！"宋国人回答说："我们仰仗社傻的神灵，我国已经又有国君了。"楚国人知道即使杀了宋公，还是得不到宋国，于是就释放了宋公。宋公从被抓的地方释放后，就跑到卫国去了。公子目夷对宋公说："宋国是我为您保卫的，您为什么不回来管理呢？"然后迎接宋襄公回到宋国。战利品是从哪里来的？战利品是从宋国夺取的。这里为什么不说战利品是从宋国夺取的呢？因为要替宋襄公避讳。这里还用了包围的说法，为什么不说明楚国曾经包围过宋国呢？因为要替公子目夷避讳。

十二月，癸丑这天，鲁僖公在薄这个地方与诸侯会面并举行盟誓。

鲁国释放了宋襄公。拘捕什么人，没有听说释放了他的例子，这里说释放了宋襄公是什么意思呢？因为鲁僖公参与了解决这个问题。鲁僖公怎么参与解决这个问题呢？鲁僖公参加了解决这个问题的讨论和协商。

【原文】

二十有二年，春，公伐邾娄，取须朐①。夏，宋公、卫侯、许男、滕子伐郑。秋，八月，丁未，及邾娄人战于升隆②。

僖公冬，十有一月，己巳，朔③，宋公及楚人战于乱④。宋师败绩。偏战者日尔，此其言朔何？《春秋》辞繁而不杀者⑤，正也⑥。何正尔？宋公与楚人期，战于乱之阳。楚人济乱而来，有司复曰："请迫其未毕济而击之⑦。"宋公曰："不可。吾闻之也，君子不厄人⑧，吾虽丧国之余⑨，寡人不忍行也。"既济，未毕陈⑩。有司复曰⑪："请迫其未毕陈而击之。"宋公曰："不可。吾闻之也，君子不鼓不成列⑫。"已陈。然后襄公鼓之，宋师大败。故君子大其不鼓不成列，临大事而不忘大礼。有君而无臣^⑬，以为虽文王之战^⑭，亦不过此也。

【注释】

①二十有二年：鲁僖公二十二年（公元前638年）。须朐：《左传》作"须句"。国名，相传为太皞之后，故地在今山东东平县东南。

②丁未：八月初八。朱肠娄：国名，曹姓子爵，故城在今山东邹县东南，后被楚国所灭。升隆：鲁国地名，今址不详。

③己巳：十一月一日。朔：夏历每月的初一。

④乱：水名，在今河南拓城县。

⑤辞繁而不杀：语言繁多而不减省。杀，减省。何休注："繁，多。杀，省也。"

⑥正：正义，正道。何休注："正，得正道尤美。"

⑦迫：及；趁着。

⑧不厄人：不使人处于困境。

⑨丧国之余：差点丧失国家而保留下来的人。何休注："我虽前几为楚所丧，所以得其余民以为国。喻蝙弱。"

⑩陈：同"阵"。这里作动词，即排列成阵。

⑪有司：宋国官员。即大司马公子目夷。

⑫不鼓不成列：何休注："军法以鼓战，以金止。不鼓不战，不成列，未成陈也。君子不战未成陈之师。"

⑬有君而无臣：何休注："言朔亦所以起，有君而无臣，惜其有王德而无王佐也。若襄公所行帝王之兵也，有帝王之君，宜有帝王之臣，有帝王之臣，宜有帝

王之民，未能醇粹而守其礼，所以败也。"

⑭文王之战：何休注："有似文王伐崇，陆战当举地，举水者，大其不以水厄人也。"

【译文】

鲁禧公二于二年，春季，鲁僖公讨伐邾娄国。夺取了须朐国。夏季，宋公、卫侯、许男、滕子共同率兵攻打郑国。秋季，八月，丁未这天，鲁国军队与邾娄国军队在升陉这个地方交战。

冬季，十一月，己巳这天，初一，宋公率领军队与楚军在乱水这个地方交战。宋国军队大败。约定日期地点的正规战争是应该记载日期的，这里为什么还特别写明是初一呢？《春秋》有些地方用词很多而且不肯省略，目的是要宣扬正道。这里要宣扬什么正道呢？宋襄公与楚国人约定，在乱水的北面交战。楚国军队渡过乱水到北岸来，宋国大司马目夷请示宋公公；"请趁着楚军还没有完全渡过乱水时攻击他们"宋公说："不行，我听说，君子不把人迫入困境，我虽然是几乎丧失了国家而保存下来的人，我还是不忍心这样做。"楚国军队已经渡过乱水，但还未排列成阵。大司马目夷又向宋公请示，说："请求准许宋国军队趁着楚军还没有摆成阵势时，打击他们吧！"宋公说："不行。我听说，君子不攻击没有摆好阵势的军队。"楚军已经列好阵势，宋襄公这才击鼓进攻。宋国军队大败。所以君子很赞成宋襄公不攻击没有摆好阵势的军队，在大事面前不忘大礼的做法。只是可惜他具有帝王的品德而没有辅佐他的臣民，认为即使是周文王的战争，也不过如此而已。

【原文】

二十有三年，春，齐侯伐宋。围闵②。邑不言围，此其言围何？疾重故也^③。

夏，五月，庚寅，宋公慈父卒^④。何以不书葬？盈乎讳也^⑤。

秋，楚人伐陈。

冬，十有一月，杞子卒^⑥。

【注释】

①二十有三年：鲁禧公二十三年（公元前637年）。

②闵：宋国邑名。在今山东金乡县东北。

③疾重故：憎恨加重旧伤。何休注："疾，痛也。重故，喻若重故创矣。襄公欲行霸、守正、履信属，为楚所败。诸夏之君宜杂然助之，反因其困而伐之，痛与重故创无异，故言围。以恶其不仁也。"

④庚寅：五月二十五日。宋公慈父：即宋襄公，名慈父，在位十四年。在禧公二十二年乱水之战中，襄公被楚军击伤大腿，创发而死。

⑤盈：何休注："盈，满也，相接足之辞也。"

⑥杞子：杞国国君，棺成公。杞惠公之子，鲁禧公六年立，在位十八年。

【译文】

鲁僖公二十三年，春季，齐侯率兵攻打宋国。包围了宋国的络邑。城邑是不说包围的，这里说包围是为什么？是表示憎恨齐国加重宋国的旧创。

夏季，五月，庚寅这天，宋襄公慈父死了。为什么不记载宋襄公的葬礼呢？全都是为了避讳。

秋季，楚国军队攻打陈国。冬季，十一月，杞国国君死了。

【原文】

二十有四年^①，春，王正月。

夏，狄伐郑。

秋，七月。

冬，天王出居于郑②。王者无外，此其言出何？不能乎母也③。鲁子曰："是王也，不能乎母者，其诸此之谓与。"晋侯夷吾卒④。

【注释】

①二十有四年：鲁禧公二十四年（公元前636年）。

②天王：周襄王。出居于郑：离开京城居住在郑国。据《左传》载：周襄王得罪了同母弟、母亲所宠爱的儿子叔带，为了躲避叔带造成的祸难，就离京城，野居在郑国的汜地。

③不能乎母：与母亲不和睦。何休注："不能事母，罪莫大于不孝，故绝之，言出也。下无废上之义，得绝之者，明母得废之，臣下得从母命。"

④晋侯夷吾：即晋惠公，名夷吾，晋文公重耳之弟，晋献公之子，在位十五年。

【译文】

鲁僖公二十四年，春季，周历正月。夏季，狄人攻打郑国。

秋季，七月。

僖公冬季，周天王"出"居住在郑国。对于周天王来说，是没有国外的，这里说"出"是什么意思？因为不能见容于母亲。鲁子说："这个周天王，不能见容于母亲。大概说的就是这个人吧。"晋侯夷吾死了。

185

【原文】

二十有五年，春，王正月，丙午，卫侯毁灭邢①。卫侯毁何以名？绝。曷为绝之？灭同姓也。

夏，四月，癸酉，卫侯毁卒。

宋荡伯姬来逆妇。宋荡伯姬者何？荡氏之母也②。其言逆妇何？兄弟辞也③。其称妇何？有姑之辞也。宋杀其大夫。何以不名？宋三世无大夫，三世内娶也④。

秋，楚人围陈。纳顿子于顿⑤。何以不言遂？两之也⑥。葬卫文公。

冬，十有二月，癸亥，公会卫子、莒庆，盟于挑⑦。

【注释】

①二十有五年：鲁僖公二十五年（公元前635年）。丙午：正月二十一日。卫侯毁：即卫文公，名毁，卫戴公弟，在位二十四年。

②荡氏：宋国的大夫家族。何休注："荡氏，宋世大夫。"

③兄弟：何休注："宋鲁之间，名结婚姻为兄弟。"

④三世：何休注："三世，谓慈父、王臣、处臼也。内娶大夫女也。言无大夫者，礼：不臣妻之，父母国内皆臣，无娶道。故绝去大夫名正其义也。"

⑤顿：国名，姬姓子爵，故城在今河南项城县西。鲁定公十四年，被楚国所灭。顿子，顿国国君。

⑥两之：把这次行动分成两件事。

⑦癸亥：十二月十三日。卫子：即卫成公，名郑，卫文公之子。按例，诸侯逾年即位，即位称君，不即位不称君，因此这里称"卫子"。莒庆：莒国大夫。挑：曹国地名。见僖公八年。

【译文】

鲁僖公二十五年，春季，周历正月，丙午这天，卫侯毁灭掉了邢国。为什么称呼卫侯毁的名字呢？认为他的爵位应该断绝了。为什么认为他的爵位应该断绝了呢？因为他灭亡了同姓的兄弟国家。

夏季，四月，癸酉这天，卫侯毁死了。

宋国的荡伯姬来鲁国迎娶媳妇。宋国的荡伯姬是什么人？是宋国荡氏的母亲。这里说来鲁国迎娶媳妇是什么意思？这是兄弟国家之间的说法。这里称"妇"是为什么呢？是表示她是有婆家的说法。

宋国杀了它的大夫。为什么不记载被杀大夫的名字呢？宋国已经三代没有大夫了。因为三代国君都是娶国内大夫的女儿为妻。秋季，楚国军队包围了陈国。把顿国国君护送回顿国。楚国军队的这次行动为什么不用"遂"字来连接呢？因为是把这次行动分成两件事来完成的。

安葬了卫文公。

冬季，十二月，癸亥这天，鲁禧公会见卫子和莒庆，并与他们在挑这个地方盟会。

【原文】

二十有六年，春，王正月，己未，公会莒子、卫宁遨盟于向①。齐人侵我西鄙②。公追齐师至巂，弗及。其言至巂弗及何？侈也③。

夏，齐人伐我北鄙。

卫人伐齐。

公子遂如楚乞师。乞师者何？卑辞也。曷为以外内同若辞？重师也④。曷为重师？师出不正反⑤，战不正胜也⑥。秋，楚人灭夔。以夔子归。

冬，楚人伐宋。围络。邑不言围，此其言围何？刺道喾师也⑦。

公以楚师伐齐，取毂⑧。

公至自伐齐。此已取毂矣，何以致伐？未得乎取毂也⑨。曷为未得乎取毂？曰："患之起，必自此始也⑩。"

【注释】

①二十有六年：鲁禧公二十六年（公元前634年）。

己未：正月初一。莒：国名，嬴姓子爵，少昊之后，故城在今山东莒县。莒子：莒国国君。宁遬：即宁庄子，卫国大夫。向：莒国地名，在今山东莒县南。

②西鄙：西部边邑。

③侈：何休注："侈，犹大也。大公能却强齐之兵。弗者，不之深者也。言齐人畏公士卒精猛，引师而去之深远不可得及，故曰侈。"

④重师：重视军队。何休注："外内皆同卑其辞者，深为与人者重之。"

⑤师出不正反：反。同"返"。这句的意思是：军队一出去打仗，就不可能完整地回来打仗是会有牺牲的。

⑥战不正胜：打仗不一定能取胜。何休注："不正者，不正自谓，出当复反，战当必胜，兵凶器，战危事，不得已而用之尔，乃以假人故重而不暇别外内也。"

⑦刺：指责，讽刺。道用师：楚国的军队是鲁国借来征伐齐国的，但楚军半道上却向宋国用兵，所以作者指责楚军，何休注："时以师与鲁，未至，又道用之。于是恶其视百姓之命若草木，不仁之甚也。"

⑧毂：齐国地名，在今山东东阿县旧治。

⑨未得：何休注："未可谓得意于取毂。"

⑩患之起，必自此始：何休注："鲁内虚而外乞师以犯强齐，会齐侯昭卒。晋文行猫，幸而得免。"

【译文】

鲁僖公二十六年，春季，周历正月，己未这天。鲁僖公与莒子、卫国的大夫宁遬会面，并在向这个地方结盟。

齐国军队侵犯鲁国的西部边邑。鲁僖公率兵追击齐国军队一直追到润这个地方，没有追上。这里说一直追到润这个地方没有追上是什么意思？是夸大鲁禧公军队的勇猛。

　　夏季，齐国军队又侵犯鲁国的北部边邑。

　　卫国军队讨伐齐国。

　　公子遂到楚国去请求军队援助。请求军队援助是什么意思？是表示卑贱的语言，为什么对外对内都用同样卑贱的语言呢？表示重视军队。为什么要重视军队呢？因为军队出发后，不一定能完整地返回。部队外出作战，也不一定能取胜。

　　秋季，楚国军队灭亡了院国，俘获魄国国君回去。冬季，楚国军队攻打宋国，包围了络邑。城邑是不说包围的，这里为什么说包围呢？楚国军队是鲁国借来讨伐齐国的，这里指责楚国军队半道上却向宋国用兵。

　　鲁禧公用楚国军队攻打齐国，夺取了齐国的毂这个地方。鲁僖公从讨伐齐国的战场上回来。这次讨伐已经夺取了毂这个地方，为什么还说从讨伐的战场上回来呢？因为夺取毂这个地方并不值得得意，为什么夺取款这个地方并不值得得意呢？回答说："鲁国祸患的产生，一定会从这次讨伐开始。"

【原文】

二十有七年，春，杞子来朝①。

夏，六月，庚寅，齐侯昭卒②。

秋，八月，乙未③，葬齐孝公。

乙巳生，公子遂帅师入杞。④

冬，楚人、陈侯、蔡侯、郑伯、许男围宋⑤。此楚子也，其称人何？贬。曷为贬？为执宋公贬。故终嘻之篇贬也。十有二月，甲戌⑥，公会诸侯盟于宋。

【注释】

①二十有七年：鲁僖公二十七年（公元前633年）。
杞子：即杞桓公，名姑容，杞惠公之子，在位七年。徐
彦疏："杞本公爵，但《春秋》欲新周故宋而黜之称
伯，即庄二十七年冬杞伯来朝是也。至二十三年，经书
杞子卒者，但以微弱为徐莒所胁不能死位，故以一等贬
之。"

②庚寅：六月十三日。齐侯：即齐孝公，名昭，齐
桓公之子，在位十年。

③乙未：八月二十五日。

④乙巳：有日无月，应为九月初五。

⑤楚人：即楚成王。陈侯：即陈穆公。蔡侯：即蔡
庄公。郑伯：即郑文公。许男：即许僖公。

⑥甲戌：十二月初六。

【译文】

鲁僖公二十七年，春季，杞国国君来鲁国朝见。夏
季，六月，庚寅这天，齐孝公昭死了。

秋季，八月，乙未这天，安葬齐孝公。

乙巳这天，公子遂率领军队攻进杞国。

冬季，楚国人、陈侯、蔡侯、郑伯、许男率领军队包
围了宋国国都。这个楚国人就是楚国国君，这里为什么称
"人"呢？贬低他。为什么贬低他呢？因为他拘捕过宋襄
公所以要贬低他。在整个僖公篇里，作者都要贬低楚子。

十二月，甲戌这天，鲁僖公会见诸侯，并在宋国盟
会。

【原文】

二十有八年①，春，晋侯侵曹。晋侯伐卫。曷为再言晋侯？

非两之也②。然则何以不言遂？未侵曹也。未侵曹，则其言侵曹何？致其意也③。其意侵曹。则曷为伐卫？晋侯将侵曹，假途于卫④。卫曰："不可得。"则固将伐之也⑤。公子买戍卫⑥。不卒戍⑦。刺之。不卒戍者何？不卒戍者，内辞也。不可使往也。不可使往，则其言戍卫何？遂公意也。刺之者何？杀之也。杀之，则曷为谓之刺之？内讳杀大夫⑧，谓之刺之也。

楚人救卫。

三月，丙午，晋侯入曹，执曹伯界宋人⑨。界者何？与也。其言界宋人何？与使听之也。曹伯之罪何？甚恶也。其甚恶奈何？不可以一罪言也⑩。

夏，四月，己巳，晋侯、齐师、宋师、秦师，及楚人战于城濮⑪。楚师败绩。此大战也，曷为使微者？子玉得臣也。子玉得臣则其称人何？贬。曷为贬？大夫不敌君也。楚杀其大夫得臣⑫。

卫侯出奔楚⑬。

五月，癸丑，公会晋侯、齐侯、宋公、蔡侯、郑伯、卫子、莒子，盟于践土。陈侯如会。其言如会何？后会也。

公朝于王所⑭。曷为不言公如京师？天子在是也。天子在是，则曷为不言天子在是？不与致天子也⑮。六月，卫侯郑自楚复归于卫。

卫元喧出奔晋⑯。

陈侯欺卒⑰。

【注释】

①二十有八年：鲁僖公二十八年（公元前632年）。

②非两之：不是把这次军事行动分为两件事。

③致其意：表示侵曹是晋国的本意。

④假途：借道路。

⑤固：坚持。

⑥公子买：鲁国大夫，字子丛。戍卫：驻守卫国。

⑦不卒戍：没有完成驻防的任务。

⑧内讳杀大夫：据《左传》载：当时鲁国大夫公子买领兵驻防在卫国，楚国发兵救卫，没有战胜晋军，鲁僖公害怕晋国，便杀了公子买来讨好晋国。

⑨丙午：三月初九。曹伯：即曹共公。

⑩不可以一罪言：据《左传》载：曹共公滥封官爵，朝中有三百多乘坐大马高车的无用大夫，对贤臣嘻负羁却不重用。晋文公逃到曹国时，曹共公对他无礼。何休注："曹伯数侵伐诸侯以自广大。"

⑪己巳：四月初二。城濮：卫国地名，在今河南陈留县。一说在今山东濮县南。

⑫楚杀其大夫得臣：子玉得臣是自杀的。按：古代习惯，主帅作战失败，不必等国君处罚，应该自己认罪自杀。

⑬卫侯：指卫成公。卫成公请求与晋、齐结盟，晋文公不允许。卫成公想进一步投靠楚国，卫国人不同意，最后是卫人把卫成公赶出卫国来讨好晋国。

⑭朝于王所：在周天子的住所朝见。按：听说晋文公大败楚军，周襄王前来劳师。晋文公就在践土这个地方建造一座行宫。因此这时"王所"在践土。

⑮不与致天子：不赞成诸侯让周天子离开京师到盟会的地方来。

⑯元咺：卫国大夫，食采邑于元，故以元为氏。

⑰陈侯欵：即陈穆公，名欵，在位十六年。何休注："不书葬者。为晋文讳，行霸不务教人以孝，陈有大丧而姜会其孤，故深为耻夕"

【译文】

鲁僖公二十八年，春季，晋文公侵犯曹国。晋文公讨伐卫国。为什么两次提到晋文公？这里不是把"侵曹"和"伐卫"当作两件事。既然这样，为什么不用一个"遂"字把这次军事行动连接起来呢？因为还没有侵犯曹国。没有侵犯曹国，那么这里说侵犯曹国是什么意思呢？这是表达晋文公的意愿，既然晋文公的意愿是侵犯曹国，那么为什么又讨伐卫国呢？晋文公准备侵犯曹国而向卫国借道，卫国的回答是："不可能办到！"于是晋文公就坚持要讨伐卫国。

鲁国大夫公子买率兵驻守卫国。没有完成驻防的任务。没有完成驻防的任务是什么意思？没有完成驻防的任务，这是鲁国内部的一种说法。实际上是不能派遣他去。既然不能派遣他去，那么这里说他驻守卫国又是什么意思呢？这是为了满足鲁僖公的心意。"刺之"是什么意思？"刺之"就是杀了他。既然杀了公子买，那为什么说"刺之"呢？因为鲁国避讳说杀了大夫，就说成"刺之"了。

楚国军队救援卫国。

三月，丙午这天，晋文公率兵攻进曹国。活捉了曹共公，并把他"界"宋国人。"界"是什么意思？就是交给。这里说交给宋国人是什么意思？就是交给宋国人审讯他。曹共公有什么罪？曹共公是非常坏的人。他非常坏表现在什么地方？这是不能用一桩罪行来概括的。

夏季，四月，己巳这天，晋文公、齐国军队、宋国军队、秦国军队和楚国人在城濮这个地方交战。楚国军队大败。这是一次大的战役，为什诊楚国振遣一个地位低微的人来指挥作战呢？这个人其实就是楚国的令尹子玉得臣。既然是令尹子玉得臣，那么为什么称他"人"呢？是贬低他。为什么要贬低他呢？因为大夫是不能与国君对敌的。

楚国杀了它的大夫子玉得臣。

卫国国君逃到楚国去。

五月，癸丑这天，鲁僖公与晋侯、齐侯、宋公、蔡侯、郑伯、卫子、莒子会见，并在践土这个地方结盟。陈侯到会。这里说到会是什么意思？是说盟会已经结束了他才到来。

鲁僖公在周天子住的地方朝见周天子。为什么不说鲁僖公到京师去呢？因为周天子就在践土这里。既然周天子就在践土这里，那么为什么不说周天子在这里呢？因为不赞成诸侯盟会召请周天子前来。

六月，卫成公郑从楚国又回到卫国。

卫国大夫元恒逃到晋国去。

陈穆公欺死了。

【原文】

秋，杞伯姬来。

公子遂如齐。

冬，公会晋侯、齐侯、宋公、蔡侯、郑伯、陈子、莒子、邾娄人、秦人于温①。

天王狩于河阳②。狩不书，此何以书？不与再致天子也③。鲁子曰："温近而践土远也④。"

壬申，公朝于王所。其日何？录乎内也⑤。晋人执卫侯归之于京师。归之于者何？归于者何？归之于者，罪已定矣。归于者，罪未定也。罪未定则何以得为伯讨⑥？归之于者⑦，执之于天子之侧者也。罪定不足，已可知矣。归于者，非执之于天子之侧者也，罪定不定未可知也⑧。卫侯之罪何？杀叔武也⑨。何以不书？为叔武讳也。《春秋》为贤者讳。何贤乎叔武？让国也。其让国奈何？文公逐卫侯而立叔武，叔武辞立而他人立，则恐卫侯之不得反也，故于是己立。然后为践土之会，治反卫侯^⑩。卫侯得反，曰："叔武篡我。"元喧争之曰："叔武无罪。"终杀叔武。元咺走而出。此晋侯也，其称人何？贬。曷为贬？卫之祸，文公为之也。文公为之奈何？文公逐卫侯而立叔武，使人兄弟相疑，放乎杀母弟者^⑪，文公为之也。卫元咺自晋复归于卫。自者何？有力焉者也^⑫。此执其君，其言自何？为叔武争也。

诸侯遂围许。

曹伯襄复归于曹^⑬。

僖公遂会诸侯围许^⑭。

【注释】

①温：周徽内国名。周初苏忿生以温为司寇。故城在今河南温县境。

②河阳：晋国邑名，在今河南孟县西。《春秋》记"天王狩于河阳"，是避讳的说法，要隐瞒"晋侯召王"的过失，而宣扬晋文公的功德。狩：打猎，冬天打猎叫狩。

③不与再致天子：何休注："一失礼尚愈，再失礼重，故深正其义，使若天子自狩非致也。"

④温近而践土远：何休注："此鲁子一说也。温近狩地故可言狩。践土远狩地，故不言狩也。"

⑤壬申：十二月初九。录乎内：何休注："危录内，再失礼将为有义者所恶。"

⑥伯讨：指诸侯有罪，受到方伯的讨伐。

⑦归之于者：何休注："归之者，次绝之辞。执于天子之侧，已白天子，罪定不定自在天子，故言已可知。"

⑧未可知：何休注："未得白天子分别之者，但欲明诸侯尊贵不得自相治，当断之于天子尔。大恶虽未可知，执有罪当为伯讨矣。无罪而执人，当贬称人。"

⑨叔武：即夷叔，卫成公之弟，因卫侯出奔，他代理国政，并代表卫侯参加践土盟会。

⑩治反卫侯：经过诉讼使卫侯得以返回卫国。何休注："叔武讼治于晋文公，令白王者反卫侯使还国也。叔武让国见杀而为叔武讳杀者，明叔武治反卫侯，欲兄缩国，故为去杀己之罪，所以起其功而重卫侯之无道。"

⑪放乎杀母弟：驱逐卫侯和卫侯杀死同母弟弟。

⑫有力焉者：何休注："有力焉者，有力于晋也。"

⑬曹伯襄复归于曹：何休注："曹伯言复归者，天子归之也。"

⑭遂会诸侯围许：这句的主语是曹伯。

【译文】

秋季，妃伯姬来到鲁国。

公子遂到齐国去。

冬季，鲁僖公在温这个地方与晋侯、齐侯、宋公、蔡侯、郑伯、陈子、莒子、邾娄子、秦国人会面。

周天王到河阳狩猎。狩猎是不记载的，这里为什么记载呢？因为不赞成诸侯第二次召请周天王前来。鲁子说："大概温这个地方离狩猎的地方近，所以说'狩'；践土这个地方离狩猎的地方远，就不说'狩'了。"

壬申这天，鲁僖公到周天王的住所朝见。这里为什么记载日期呢？这是将鲁僖公失礼的事记载到史书上。

晋国人拘捕了卫侯，把他押送到京师。把他押送到的意思是什么？送到的意思又是什么？把他押送到的意思是罪已经定了；送到的意思是罪还没有定。既然罪还没有定，那么为什么可以称为方伯的讨伐呢？因为把他押送到的含义，实际上是在周天王的身边拘捕他，罪定不定，已经可以知道了。而送到的含义却不是在周天王的身边拘捕他，罪定不定，还不知道。卫侯有什么罪呢？就是杀了他的亲弟弟叔武。为什么不记载呢？是为叔武避讳。《春秋》一书是为贤良的人避讳的。叔武有什么贤良呢？他主动让出君位。他怎样主动让出君位呢？晋文公驱逐卫侯，要立叔武为君，叔武如果辞让，别人就会被立为国君，那么叔武又怕卫侯不能再返回卫国，因此，就这样自己立为卫国国君。后来，他参加了诸侯的践土盟会，经过诉讼，终于使卫侯返回卫国。卫侯得以回国后，却说："叔武篡夺了我的君位。"大夫元咺和他争辩，说："叔武代理国政没有罪！"卫侯不听，终于杀了叔武。大夫元咺只得匆匆逃出卫国。这里说的"晋人"就是晋文公。那为什么称人呢？为了贬低他。为什么要贬低他呢？因为卫国的祸难，都是晋文公造成的。怎么是晋文公造成的呢？晋文公驱逐了卫侯而立叔武为君，使别人兄弟之间互相猜疑，所以说驱逐卫侯，以及卫侯杀同母弟弟，都是晋文公一手造成的。

卫国大夫元咺"白"晋国又回到卫国。"白"是什么意思？是表示有晋国的力量在他那里。晋国拘捕了他的国君，这里还说有晋国的力量在他那里是为什么？因为元咺是为叔武无罪争辩。诸侯们率兵接着包围了许国国都。

曹伯襄又回到曹国。

曹伯接着就率兵会同诸侯军队去围攻许国。

【原文】

二十有九年，春，介葛卢来①。介葛卢者何？夷狄之君也。何以不言朝？不能乎朝也②。

公至自围许。

夏，六月，公会王人、晋人、宋人、齐人、陈人、蔡人、秦人盟于狄泉③。

秋，大雨雹。

冬，介葛卢来④。

【注释】

①二十有九年：鲁僖公二十九年（公元前631年）。介：国名，在今山东南部某处。葛卢：介国国君的名字。何休注："介者，国也。葛卢者，名也。"

②不能乎朝：何休注："不能升降揖让也。"

③王人：即王子虎。周天王的卿士。晋人：即晋国狐堰。宋人：即宋国公孙固。齐人：即齐国国归父。陈人：即陈国辕涛堡。蔡人：不详。秦人：即秦国小子愁。以上皆各国大夫。狄泉：《左传》作"翟泉"。在今河南洛阳市。何休注："文公围许不能服，自知威信不行，故复上假王人以会诸侯。年老志衰不能自致，故诸侯亦使微者之会……"

④介葛卢来：因为春天未见到鲁禧公，故又来。

【译文】

鲁僖公二十九年，春季，介葛卢来鲁国。介葛卢是什么人？是夷狄国家的国君。为什么不说来朝见呢？因为他不懂得朝见的礼仪不能朝见。

鲁僖公从包围许国的战场上回到鲁国。

夏季，六月，鲁僖公会见周天王派来的王子虎、晋国的狐堰、宋国的公孙固、齐国的国归父、陈国的辕涛堡、蔡国人和秦国小子愁，在狄泉这个地方结盟。

秋季，下了大冰雹。

冬季，介葛卢又到鲁国来。

【原文】

三十年①，春，王正月。

夏，狄侵齐。

秋，卫杀其大夫元恒。及公子瑕②。卫侯未至。其称国以杀何？道杀也③。

卫侯郑归于卫。此杀其大夫，其言归何？归恶乎元恒也。曷为归恶乎元咺？元咺之事君也，君出则己入④，君入则己出⑤，以为不臣也⑥。

晋人秦人围郑。

介人侵萧⑦。

冬，天王使宰周公来聘⑧。

公子遂如京师。遂如晋。大夫无遂事，此其言遂何？公不得为政尔。

【注释】

①三十年：鲁僖公三十年（公元前630年）。

②公子瑕：即公子适。卫成公被晋文公拘捕后，元恒立公子瑕为国君。

③道杀：卫侯在回国的路上杀的。据《左传》载：这年秋天，周天子释放卫成公后，卫成公派人贿赂卫国大夫周撊和治崖，说："如果能接纳我当国君，我封你们为卿。"周敔和治虞就杀了元咺和公子瑕。

④君出则己入：何休注："晋人执卫侯归之于京师，元恒自晋复归于卫，恃晋力以归是也。"

⑤君入则己出：何休注："卫侯郑自楚复归于卫，元咺出奔晋是也。"

⑥不臣：不符合做臣子的道义。

⑦萧：国名，宋的附庸国。子姓，始封之君萧叔大心，子孙以封国为姓。今址不详。

199

⑧宰周公：周天子的三公兼家宰周公阅。

【译文】

鲁僖公三十年，春季，周历正月。

夏季，狄人入侵齐国。

秋季，卫国杀了它的大夫元喧和公子瑕。卫侯还没有回到卫国。这里说卫国杀了自己的大夫和公子瑕是什么意思呢？是卫侯在回国的途中杀的。

卫侯郑回到卫国。这个国君杀了自己的大夫，为什么还说他回到卫国呢？因为《春秋》把罪恶归在元恒身上了。为什么要把罪恶归在元恒身上呢？元喧作为臣子事奉国君，国君离开国家时，他没有跟随，自己却回了国；国君返回国时，他却离开了国家，因此作者认为元喧的行为不符合作臣子的道义。

晋国和秦国的军队包围了郑国。

介国军队入侵萧国。

冬天，周天王派遣家宰周公阅来鲁国访问：

公子遂到京师去。接着又到晋国去。大夫没有接着做自己做的事，这里说接着是什么意思？这是表示鲁僖公已经不能掌握国政了。

【原文】

三十有一年，春，取济西田①。恶乎取之？取之曹也。曷为不言取之曹？讳取同姓之田也②。此未有伐曹者，则其言取之曹何？晋侯执曹伯③，班其所取侵地于诸侯也④。晋侯执曹伯，班其所取侵地于诸侯，则何讳乎取同姓之田？久也。

公子遂如晋。

夏，四月，四卜郊，不从⑤。乃免牲⑥。犹三望⑦。曷为或言三卜，或言四卜？三卜礼也，四卜非礼也。三卜何以礼，四卜何以礼？求吉之道三⑧。禘尝不卜⑨，郊何以卜？卜郊，非礼也。卜郊何以非礼？鲁郊，非礼也。鲁郊何以非礼？天子祭天。⑩诸侯祭土。⑪天子有方望之事气无所不通，诸侯山川有不在其封内者，则不祭也。⑫曷为或言免牲，或言免牛？免牲，礼也。免牛非礼也。免牛何以非礼？伤者曰牛气三望者何？望祭也。然则易祭？祭泰山河海。曷为祭泰山河海？山川有能润于百里者，天子秩而祭之⑬，触石而出，肤寸而合⑭，不崇朝而遍雨乎天下者⑮，唯泰山尔。河海润于千里。犹者何？通可以已也⑯。何以书？讥不郊而望祭也。

秋，七月。

冬，杞伯姬来求妇。其言来求妇何？兄弟辞也。其称妇何？有姑之辞也。

狄围卫。

十有二月，卫迁于帝丘⑰。

【注释】

①三十有一年：鲁僖公三十一年（公元前629年）。济西：济水以西。

②同姓：曹与鲁同为姬姓国。

③晋侯执曹伯：事见鲁僖公二十八年三月。

④班：分发。

⑤四卜：占卜四次。郊：郊祭。祭祀天地。（《1·祭义》："郊之祭，大报天而主日。"不从：指不吉利。

⑥免牲：不杀牛羊。

⑦三望：祭祀名。望，不能亲临所在，遥望而祭的意思。所祭的事有三，所以称"三望"。主要祭祀山川。一说三望为望祭三次。

⑧求吉之道三：何休注："三卜吉凶必有相，奇者，可以决疑，故求吉必三卜。"道：方法，规矩。

⑨谛：祭名。这里指天子诸侯在宗庙举行的祭祀祖

先的大祭。尝：宗庙四时祭祀之一，每年秋季举行。何
休注："谛比拾为大，尝比四时祭为大，故据之。"

⑩天子祭天：何休注："郊者，所以祭天也。天子
所祭，莫重于郊。"

⑪诸侯祭土：何休注："土谓社也。诸侯所祭莫重
于社。"社：土地神。

⑫方望：帝王郊祀四方群神的礼仪。何休注："方
望，谓郊时所望，祭四方群神，日月星辰，风伯雨师，
五岳四读及余山川，凡三才六所。"殆伤者曰牛：只
有伤病不能用于祭祀的牛才叫牛。何休注："养牲不
谨敬，有灾伤，天不飨用，不得复为天牲，故以本牛名
之。"

⑬秩而祭之；按次序祭祀它们。

⑭肤寸：古代的长度单位。即以一指宽为一寸，四
指为肤。何休注：手为肤，案指为寸。"触石而出，肤
寸而合：这是指云气的聚合。气从石缝中冒出来，一点
二滴地汇聚起来。

⑮不崇朝：不到一个早晨。遍雨乎天下：即雨遍天
下。雨，动词，遍雨，普降。

⑯通：与神的通达。已：止，停止。

⑰帝丘：地名。在今河南蹼阳县。

【译文】

鲁僖公三十一年，春季，鲁国取得了济水以西的土
地。是从哪里取得土地的？是从曹国取得的。为什么不
说是从曹国取得土地的呢？避讳取同姓国家的土地。这
里并没有提及讨伐曹国的事，那么为什么说是从曹国取
得土地的呢？晋文公拘捕了曹伯，将他侵占的土地分给
各诸侯国。既然是晋文公拘捕了曹伯，将他侵占的土

分给各诸侯国，那么为什么还要避讳取同姓国家的土地呢？因为这时离晋文公拘捕曹伯的时间已经比较久了。

公子遂到晋国去。

夏季，四月，鲁国四次占卜郊祭的日期，都不吉利，就"免牲"。"犹三望"。为什么有时说三次占卜，有时说四次占卜呢？占卜三次是合于礼的，占卜四次就不合于礼。占卜三次为什么合于礼，占卜四次为什么就不合于礼呢？因为求吉日的规矩就是只能占卜三次。祭祀祖先和宗庙的秋祭都不用占卜日期，祭天的郊祭为什么要占卜日期呢？占卜祭天的日期是不合于礼的。占卜祭天的日期为什么不合于礼？因为鲁国举行祭天的郊祭是不合于礼的。鲁国举行祭天的郊祭为什么不合于礼呢？因为只有周天子才能祭天，诸侯只能祭土。周天子在祭天时还有祭祀四方群神、日月星辰、风伯雨师、名山大川等事宜，是无所不至的。对于诸侯来说，凡是不在自己封疆里的名山大川，就不能祭祀。

为什么有时说"免牲"，有时说免牛呢？说"免牲"是合于礼的，说免牛是不合于礼的。为什么说免牛是不合于礼的呢？因为只有伤残不能用于祭礼的牛才叫它牛。

"三望"是什么意思？就是遥望山川祭祀。那么主要祭祀什么呢？祭泰山、黄河和大海。为什么要祭泰山、黄河和大海呢？因为凡是能滋润方圆百里的名山大川，周天子都要按照一定的次序祭祀它们。而能够从石缝中产生云气，这些云气一点一点汇聚起来，不到一早晨就能形成大雨普降天下的名山，只有泰山罢了。黄河和大海都是能够润泽千万里的，因此要祭祀它们。"犹"是什么意思？就是与神灵的勾通可以停止了。为什么要记载鲁国这些事呢？为了谴责鲁僖公在不能举行祭天的郊祭时又举行对山川的望祭。

秋季，七月。

冬季，杞伯姬来鲁国为儿子求媳妇。这里说来鲁国为儿子求媳妇是什么意思？这是兄弟国家之间的说法。这里称媳妇是什么意思？这是表示有婆家的说法。

狄人围攻卫国。

十二月，卫国迁都到帝丘这个地方。

【原文】

三十有二年①，春，王正月。夏，四月，己丑，郑伯接卒②。卫人侵狄。

秋，卫人及狄盟。

冬，十有二月，己卯，晋侯重耳卒③。

【注释】

①三十有二年：鲁僖公三十二年（公元前628年）。

②己丑：四月十五。郑伯接：即郑文公，名接，在位四十五年。

③己卯：十二月初九。晋侯重耳：即晋文公，名重耳。晋献公之子，晋惠公的哥哥。在位八年。春秋五霸之一。

【译文】

鲁禧公三十二年，春季，周历正月。夏季，四月，己丑这天，郑文公接死了。卫国军队入侵狄国。

秋季，卫国人和狄人结盟。

冬季，十二月，己卯这天，晋文公重耳死了。

【原文】

三十有三年，春，王二月，秦人入滑①。齐侯使国归父来聘。夏，四月，辛巳，晋人及姜戎败秦于散②。其谓之秦何？夷狄之也。曷为夷狄之？秦伯将袭郑③，百里子与赛叔子谏曰④："千里而袭人，未有不亡者也。"秦伯怒曰："若尔之年者，宰上之木拱矣⑤，尔易知？"师出，百里子与赛叔子送其子而戒之曰⑥："尔即死，必于搬之嵌岩⑦，是文王之所辟风雨者也⑧。吾将尸尔焉气"子揖师而行。⑨百里子与赛叔子从其子而哭之。秦伯怒曰："尔曷为哭吾师？"对曰："臣非敢哭君师，哭臣之子也。"弦高者，郑商也。遇之搬。娇以郑伯之命而搞师焉仓。⑩或曰：⑪往矣；或曰：反矣。然而晋人与姜戎要之毅而击之⑫，匹马只轮无反者抢。⑬其言及姜戎何？姜戎，微也。称人亦微者也，何言乎姜戎之微？先珍也。⑭或曰："襄公亲之⑮。襄公亲之，则其称人何？贬。曷为贬？君在乎殡而用师。危不得葬也。诈战不日，此何以日？尽也。⑯

癸巳。下，葬晋文公。⑰

狄侵齐。

公伐邾娄，取丛帅。⑱

秋，公子遂率师伐掷娄。

晋人败狄于箕。。

冬，十月，公如齐。

十有二月，公至自齐。

乙巳，公亮于小寝。

霄霜不杀草。李梅实。何以书？记异也。何异尔？不时也。

晋人、陈人、郑人伐许。

【注释】

①三十有三年：鲁落文三十三年（公元前627年）。
滑：国名，姬姓伯爵，在今河南惬师县南：为秦所灭。

②辛巳：四月十三日。姜戎：姜姓的戎族，居于秦晋之间，与晋国友好。

③袭：何休注："轻行疾至，不戒以入日袭。"

④百里：夏姓。百里子，即百里奚，其祖先是虞人。家住在百里这个地方，因此以百里为氏：百里奚是秦国元老，蹇叔：秦国大夫。秦国的元老。

⑤宰上之木：坟墓上的树木。宰，坟基。拱：两手合抱。按：秦穆公因为蹇叔哭师，认为出师不利，所以骂蹇叔早就该死了。

⑥其子：百里奚之子是百里孟明，名视，秦国大夫。据《史记·秦本纪》。蹇叔之子是西乞术和白乙丙。孟明、西乞术、白乙丙三人都是这次殽之战的秦军将帅。

⑦嵌岩：险峻的山岩。崤山有两个山头，相距三十五里，其下山路奇验，上是陡坡。下临绝涧，两车不能并行，所以称嵌岩。

⑧文王：即周文王。

⑨尸尔：找回你们的尸首。

⑩娇：何休注："诈称曰娇。犒，劳也。见其军行非常，不似君子。恐见虏掠，故生意娇君命劳之。"

⑪或曰：何休注："军中语也。时以为郑实使弦高犒之，或以为郑伯已知将见袭必设备。不如还，或曰：既出当遂往之。"

⑫要：拦截。

⑬匹马只轮：何休注："匹马，一马也。只，踦也。皆喻尽。"

⑭先珍：晋军统帅，何休注："先珍，晋大夫也。言姜戎微，则知称人者尊。"

⑮襄公：晋襄公，文公之子。为晋国第二十五君，在位七年。

⑯尽：把秦军全部消灭了。

⑰癸巳：四月二十三日。

⑱丛：《左传》作"曾娄"，都姿国邑名，今地不详。

【译文】

鲁傅公三十三年，春季。周历二月，秦国军队入侵滑国。

僖公齐侯派遣大夫国归父来鲁国访问。

夏季，四月，辛巳这天，晋国人和姜姓戎人在散这个地方打败"秦"。这里称它为"秦"是什么意思？把它当夷狄看待。为什么把秦当夷狄看待呢？秦穆公准备偷袭郑国，百里奚和赛叔都来规劝，说："到千里之外去偷袭别人，没有不灭亡的。"秦穆公大怒说："像你们这样大的年纪，坟墓上的树木早就应该有两手合抱这么粗了，你们知道什么？"秦国的军队出发了。百里奚和赛叔前来送他们的儿子，并告诫他们说："你们如果战死，一定会死在蜡山险峻的山谷中，那是周文王当年曾用来躲避风雨的地方，我们将在那里去寻找你们的尸骨。"他们的儿子在军队中向他们作揖告别，然后出发了。百里奚和赛叔跟在儿子后面边走边哭。秦穆公看见这种情况，大发牌气说："你们为什么胆敢哭送我的军队？"百里奚和赛叔回答说："我们怎么敢哭君王的军队呢，是哭自己的儿子啊！"弦高是郑国的大商人，在散这个地方遇到秦国的军队，就诈称奉郑伯的命令前来慰劳秦军。秦国军队的将领们就议论纷纷，有人说：还是去偷袭郑国。有人说：不如回国去。但是，晋国人和姜姓戎人却在散这个地方拦截并袭击秦国军队，秦军大败，甚至连一匹马一个车轮也没有返回秦国。这里说"及姜戎"是什么意思？这是表示姜姓戎人是很卑微的。称晋国人也是表示卑微的意思，那么姜姓戎人的卑微有什么值得说的呢？因为晋军是先珍作统帅。有人说是晋襄公亲自统帅。既然是晋襄公亲自统帅晋军，那么为什么要称人呢？为了贬低他。为什么要贬低他呢？先君还没有安葬好就出兵打仗，这是很危险的，会使先君不能得到安葬。用欺诈手段进行的战争，是不记载日期的，这里为什么记载日期呢？因为秦军被消灭干尽了。

癸巳这天，安葬了晋文公。

狄人侵犯齐国。

鲁僖公讨伐邾娄国，夺取了丛这座城邑。

秋季，公子遂率领军队讨伐邾娄国。

晋国军队在箕这个地方打败了狄人。

冬季，十月，鲁僖公到齐国去。

十二月，鲁僖公从齐国回到鲁国。

乙巳这天，鲁僖公死在夫人的寝室里。

降了霜，没有伤害草木。李树和梅树又结了果实。为什么记载这些事？记载怪异现象。有什么怪异？不合时令。晋国军队、陈国军队和郑国军队共同攻打许国。

文 公

【原文】

元年，春，王正月，公即位①。

二月，癸亥，朔，日有食之。

天王使叔服来会葬②。其言来会葬何？会葬礼也。夏，四月，丁巳③，葬我君僖公。

天王使毛伯来锡公命④。锡者何？赐也。命者何？加我服也⑤。

晋侯伐卫。

叔孙得臣如京师⑥。

卫人伐晋。

秋，公孙敖会晋侯于戚⑦。

冬，十月，丁未，楚世子商臣狱其君凭⑧。公孙敖如齐。

【注释】

①元年：鲁文公，名兴，鲁僖公之子。谥法：慈惠爱民曰"文"。在位十八年。

②叔服：何休注："叔服者，王子虎也。服者，字也。叔者，长幼称也。"

周天王内史。会葬：指参加鲁僖公的葬礼。

③丁巳：四月二十五日。

④毛伯：周天王的卿士。命：策命。

⑤加我服：徐彦疏："加我服也，注云：增加其衣服，令有异于诸侯。然则若不重发，即嫌悉与桓公同，故复言之，明有异矣，彼是赠死之衣，此是朝祭之服，故言死生异也。"

⑥叔孙得臣：又称叔孙庄叔，叔牙之孙，鲁国大夫。

⑦公孙敖：鲁国大夫。戚：卫国邑名，在今河南濮阳县北。⑧丁未：十月十八日。商臣：楚成王之子，杀其父自立，为楚穆王。楚国第二十一君，在位十二年。

【译文】

鲁文公元年，春季，周历正月，鲁文公即位。

二月，癸亥这天，初一，发生日食。

周天王派遣叔服来鲁国参加僖公的葬礼。这里说来鲁国参加葬礼是为什么呢？因为来参加葬礼是合乎礼仪的。

夏季，四月，丁巳这天，安葬鲁国国君僖公。

周天王派遣毛伯来鲁国"锡"鲁文公"命"。"锡"是什么意思？就是赐与。"命"是什么意思？就是增加文公在朝祭中规定穿戴的服装。

晋侯率军攻打卫国。

鲁国大夫叔孙得臣到京师去拜谢。

卫国军队反攻晋国。

秋季，鲁国大会公孙敖在戚这个地方会见晋侯。

冬季，十月，丁未这天，楚国太子商臣弑杀了他的国君凭。公孙敖到齐国去。

【原文】

二年，春，王二月，甲子，晋侯及秦师战于彭衙①。秦师败绩。

丁丑，作僖公主②。作僖公主者何？为僖公作主也。主者，易用？虞主用桑③，练主用栗④。用栗者，藏主也⑤。作僖公主，何以书？讥。何讥尔？不时也⑥。其不时奈何？欲久丧而后不能也。

三月，乙巳⑦，及晋处父盟。此晋阳处父也，何以不氏？讳与大夫盟也。

夏，六月，公孙敖会宋公、陈侯、郑伯、晋士毂⑧，盟于垂敛⑨。

自十有二月不雨，至于秋七月。何以书？记异也。大旱以灾书，此亦旱也，曷为以异书？大旱之日短而云灾，故以灾书。此不雨之日长而无灾，故以异书也。八月，丁卯，大事于大庙⑩。跻僖公⑪。大事者何？大祫也⑫。大祫者何？合祭也。其合祭奈何？毁庙之主，陈于大庙。未毁庙之主，皆升⑬。合食于大祖，五年而再殷祭⑭。跻者何？升也。何言乎升僖公？讥。何讥尔？逆祀也⑮。其逆祀奈何？先称而后祖也⑯。

冬，晋人、宋人、陈人、郑人伐秦。

公子遂如齐纳币。纳币不书，此何以书？讥。何讥尔？讥丧娶也。娶在三年之外，则何讥乎丧娶？三年之内不图婚⑰。吉蹄于庄公。讥。然则曷为不于祭焉讥？三年之恩疾矣帕，⑱非虚加之也。以人心为皆有之。以人心为皆有之，则曷为独于娶焉讥？娶者，大吉也。非常吉也。其为吉者，主于己。以为有人心焉者，则宜于此焉变矣咏。⑲

【注释】

①二年：鲁文公二年（公元前625年）。甲子：二月初七。彭衙：秦国邑名。在今陕西白水县东北．

②丁丑：二月二十日。主：供奉死人的牌位，俗称神主。何休注："为僖公庙作主也。主，状正方。穿中央，达四方。天子长二尺，诸侯长一尺。"

③虞主：古代葬后皮祭时所立的神主。父母葬后，迎魂安于殡宫的祭祀叫虞祭。

④练主：古代练祭时所立的神主。父母安葬后一周年时举行的祭礼叫练祭。

⑤藏主：何休注："藏于庙室中当所当常奉事也。"

⑥不时：制作不及时。何休注："礼：作练主当以十三月，文公乱圣人制。欲服丧三十六月，十九月作练主又不能卒竟。故以二十五月也。"

⑦乙巳：三月十九日。

⑧晋士：晋国大司空。

⑨垂敛：《左传》作"垂陇"。郑国地名，在今河南荥阳县东北。

⑩丁卯：八月十三日。大事：此指祭祀。

⑪：上升。跻禧公。即升鲁禧公的神位在鲁闵公之上去祭祀。按：闵公是禧公的庶弟。虽然禧公比闵公年长，但禧公曾是闵公的臣，他继承闵公的君位也是以臣的身份，因此禧公神位应在闵公之下，现在把禧公神位升居闵公之上，是不合礼法的。

⑫祫：古代祭名，集合远近祖先神主于太庙合祭。于天子诸侯丧事完毕时举行。通常三年举行一次。

⑬升：何休注："自外来曰升。"

⑭殷祭：盛大的祭祀，

⑮逆祀：不按顺序的祭祀。

⑯称：父死在宗庙中立的神主叫称。何休注："生称父，死称考，入庙称称。"先称而后祖，先祭祀父亲然后才祭祖先。

⑰三年之内不图婚：何休注："禧公以十二月薨，至此未满二十五月。又，礼：先纳采问名，纳吉乃纳币，此四者皆在三年之内，故云尔。"

⑱疾：痛苦。

⑲变：何休注："变者，变㧑哭泣也。有人心念亲者，闻有欲为己图婚，则当变㧑哭泣矣，况乃至于纳币成婚哉。"

【译文】

鲁文公二年，春季，周历二月，甲子这天，晋侯率兵与秦国军队在彭衙这个地方交战，秦国军队溃败。

丁丑这天，"作僖公主"。"作僖公主"是什么意思？就是为鲁僖公制作供奉用的牌位。用什么制作牌位？虞祭时所立的牌位用桑木做，练祭时所立的牌位用栗木做。用栗木做的是藏在宗庙里常常供奉的牌位。制作鲁僖公的牌位为什么要记载呢？为了谴责。谴责什么？制作不及时。怎么制作不及时呢？鲁文公想服丧长久些，但后来又没有做到。

三月，乙巳这天，鲁文公与晋国的处父结盟。这人就是晋国大夫阳处父。为什么不写他的姓氏呢？因为避讳鲁文公与大夫结盟。

夏季，六月，公孙敖会见宋公、陈侯、郑伯、晋国的士縠，并与他们在垂敛这个地方结盟。

鲁国从去年十二月直至今年秋季七月都没有下雨。为什么记载这件事？记载怪异现象。大旱应该按照灾害来记载，这次也是大旱，为什么按照怪异现象来记载呢？大旱的时间短，所以说是灾害，因此就按照灾害来记载。这次不下雨的时间虽然很长，但没有造成灾害，所以就作为怪异现象来记载。

八月，丁卯这天，在太庙中有"大事"，"跻"鲁僖公。"大事"是什么？就是"大祫"。"大祫"是什么意思？就是集中远近祖先的牌位在太庙中合祭。怎样举行合祭呢？庙已经毁掉的先辈的牌位，就陈列在太庙里；没有毁掉庙的先辈的牌位，都升进太庙中，与太祖的牌位共同享受祭祀。五年以后再举行一次这样盛大的祭祀。"跻"是什么意思？就是升鲁僖公的牌位在鲁闵公之上去祭祀。为什么记载升高鲁僖公的牌位呢？为了谴责。谴责什么？谴责鲁文公不按顺序祭祀。鲁文公怎么不按顺序祭祀呢？他是先祭祀父亲然后才祭祀祖先。

　　冬季，晋国军队、陈国军队和郑国军队联合攻打秦国。公子遂到齐国去送订婚的聘礼。送订婚的聘礼是不记载的，这里为什么记载呢？为了谴责。谴责什么？鲁文公在服丧期间娶妻。迎娶夫人时已经是三年之外的事了，怎么还说谴责鲁文公在服丧期间娶妻呢？因为服丧的三年之内是不能考虑婚姻大事的。鲁闵公在服丧期间大祭庄公是受到谴责的，既然这样，那么为什么不谴责鲁文公在服丧期间举行合祭呢？孝子服丧三年报答父母养育之恩是很痛苦的，这种感情并不是虚假地加上去的，从人的内心来看，人人都会有这种感情。既然从人的内心来看，人人都会有这种感情，那么为什么单单在娶妻这件事上谴责呢？因为娶妻，是大吉大利的事情，不是一般的吉利事。这件大吉大利事的主人就是孝子自己。如果孝子真有报答父母养育之恩的深情，那么就会在听到人们替自己策划婚事时痛哭流涕的。

【原文】

　　三年，春，王正月，叔孙得臣会晋人、宋人、陈人、卫人、郑人伐沈①。沈溃。

　　夏，五月，王子虎卒。王子虎者何？天子之大夫也。

　　文公外大夫不卒，此何以卒？新使乎我也②。

　　秦人伐晋。

　　秋，楚人围江。

　　雨蜮于宋③。雨蜮者何？死而坠也。何以书？记异也。外异不书，此何以书？为王者之后记异也。援也。公如晋。十有二月，己巳④，公及晋侯盟。阳处公帅师伐楚救江⑤。此伐楚也，其言救江何？为其为援奈何？伐楚为救江也。

【注释】

　　①三年：鲁文公三年（公元前624年）。叔孙得臣：

即庄叔，鲁国大夫，叔牙之孙。沈：国名。在今安徽阜阳县西北。

②新使乎我：何休注："王子虎即叔服也。新为王者使，来会葬。在葬后三年中卒，君子恩隆于亲亲，则加报之，故卒。明当有恩礼也。"

③雨螽：蝗虫像雨一样坠落。

④己巳：十二月二十八日。

⑤江：国名。嬴姓，在今河南息县西南。

【译文】

鲁文公三年，春季，周历正月，叔孙得臣会合晋国、宋国、陈国、卫国和郑国军队攻打沈国。沈国百姓溃散。

夏季，五月，王子虎死了。王子虎是什么人？是周天子的大夫。鲁国以外的大夫是不记载死讯的，这里为什么记载死讯呢？因为他是周天子最近派来出使鲁国的。

秦国军队攻打晋国。

秋季，楚国人包围了江国。

蝗虫像雨一样坠落在宋国。蝗虫像雨一样坠落是怎么回事？是蝗虫死了坠落下来。为什么记载这件事？记载怪异现象。鲁国以外的怪异现象是不记载的，这里为什么记载呢？这是为称过王的人的后代记载怪异现象。

冬季，鲁文公到晋国去。十二月，己巳这天，鲁文公与晋襄公结盟。

晋国大夫阳处父率领军队攻打楚国救援江国。这是攻打楚国，为什么说是救援江国呢？这是欺诈。为什么是欺诈呢？因为晋国把攻打楚国说成是救援江国了。

【原文】

四年①，春，公至自晋。

215

夏，逆妇姜于齐②。其谓之逆妇姜于齐何？略之也③。高子曰："娶乎大夫者，略之也④。"

狄侵齐。

秋，楚人灭江。

晋侯伐秦。

卫侯使宁俞来聘⑤。

冬，十有一月。壬寅，夫人风氏薨⑥。

【注释】

①四年：鲁文公四年（公元前623年）。

②姜：姜氏。

③略之：忽略这次婚姻。何休注："据不书逆者主名，不言如齐不称女。"

④高子：公羊派的先师之一。娶乎大夫者，略之：何休注："贱非所以奉宗庙，故略之。不书逆者主名，卑不为录使也。不言如齐者，大夫无国也。不称女者，方以妇姜见与至共文重至也。不称夫人为致文者，贱不可奉宗庙也。不言氏者，本当称女。女者，父母辞。君子不夺人之亲，故使从父母辞不言氏。"

⑤宁俞：即宁武子。卫国大夫。

⑥壬寅：十一月初一。风氏：即成风，鲁文公的祖母。

【译文】

鲁文公四年，春季，鲁文公从晋国回到鲁国。

夏季，到齐国迎娶姜氏。这里说到齐国迎娶姜氏是什么意思？是忽视这次婚姻。高子说："因为娶的是大夫的女儿，所以忽视这次婚姻。"

狄人入侵齐国。

秋季，楚国军队灭亡了江国。

晋侯讨伐秦国。

卫侯派遣宁武子来鲁国进行访问。

冬季，十一月，壬寅这天，鲁文公的祖母老夫人成
风去世。

【原文】

十有三年^①，春，王正月。

夏，五月，壬午，陈侯朔卒^②。

邾娄子蓬涤卒^③。

自正月不雨，至秋七月。

世室屋坏^④。世室者何？鲁公之庙也^⑤。周公称太庙。鲁公称世
室。群公称宫。此鲁公之庙也，曷为谓之世室？世室，犹世室也^⑥。
世世不毁也。周公何以称大庙于鲁？封鲁公以为周公也^⑦。周公拜乎
前^⑧，鲁公拜乎后。曰："生以养周公^⑨，死以为周公主^⑩。"然则周
公之鲁乎？曰："不之鲁也。"封鲁公以为周公主，然则周公曷为
不之鲁？欲天下之一乎周也。鲁祭周公，何以为牲？周公用白牲^⑪，
鲁公用骍钢，群公不毛^⑫。鲁祭周公，何以为盛？周公盛^⑬，鲁公
煮，群公凛。世室屋坏，何以书？讥。何讥尔？久不修也。

冬，公如晋。

卫侯会于沓。

狄侵卫。

十月二月，己丑，公及晋侯盟。

还自晋。

郑伯会公于斐。还者何？善辞也。何善尔？往党。卫侯会公于
沓，至得与晋侯盟。反党，郑伯会公于斐，故善之也。

【注释】

①十有三年：鲁文公十三年（公元前614年）。

②壬午：五月初一。陈侯：即陈共公，名朔，陈穆
公之子，在位十八年。

③邾娄子：即郑文公，名蓬陈，朱吓娄国国君，在位五十二年。

④世室：《左传》《穀梁传》作"太室"。屋：一说是正室的屋顶。一说是庙上之室。

⑤鲁公：即周公旦的长子伯禽。何休注："鲁公，周公子伯禽。"

⑥世室，犹世室：世室就是世世代代供奉的庙。

⑦封鲁公以为周公：周武王封其弟周公旦于鲁，周公旦要留在京师辅佐武王，他的长子伯禽乃就封于鲁。何休注："以周公之功封鲁公也。"

⑧拜乎前：何休注："始受封时拜于文王庙也。"

⑨生以养周公：何休注："生以鲁国供养周公。"

⑩死以为周公：何休注："如周公死，当以鲁公为祭祀主。"

⑪白牲：白色的家畜。指牛、羊、猪等。

⑫不毛：何休注："不毛，不纯色。所以降于尊祖。"

⑬盛：何休注："盛者，新谷。"

【译文】

鲁文公十三年，春季，周历正月。

夏季，五月，壬午这天，陈共公朔死了。

邾娄国国君蓬陈死了。

鲁国从正月开始不下雨，直到秋季七月。

世室的屋顶坏了。世室是什么地方？是鲁公的庙。周公旦的庙称太庙，鲁公伯禽的庙称世室。其他祖先的庙称宫。这是鲁公的庙，为什么称为世室呢？世室就是世世代代供奉的庙，是世世代代不能毁掉的庙。周公的庙为什么在鲁国称太庙呢？因为周武王封伯禽为鲁公是由于周公旦的功劳。周公旦受封拜在前，鲁公伯禽受封拜在后。周天王的诏令说："周公活着时由鲁国供养；周公死后，要以鲁公为主祭人。"既然这样，那么周公来鲁国吗？回答说："不到鲁国来。"既然封鲁公为周公的主祭人，那么周公为什么不到鲁国来呢？周公想让天下都统一在周王朝下。鲁国祭祀周公用什么为牲？祭祀周公用白色的家畜作为牺牲。祭祀鲁公时用红色的公牛，祭祀其他祖先用杂色的家畜。鲁国祭祀周公时用什么做食物？祭祀周公用新谷。祭祀鲁公用一半新一半旧的谷子，祭祀其他祖先用旧谷，上面洒一点新谷。世室的屋顶坏了，为什么记载？为了谴责。谴责什么？谴责鲁文公对祖庙长期不修缮。冬季，鲁文公到晋国去。

卫侯在沓这个地方会见了鲁文公。

狄人侵犯卫国。

十二月，己丑这天，鲁文公与晋侯盟会。

鲁文公从晋国"还"。

郑伯在斐这个地方会见了鲁文公。"还"是什么意思？是赞扬鲁文公的语言。为什么要赞扬呢？因为鲁文公去晋国时，在沓这个地方会见了卫侯，到了晋国顺利地与晋侯结盟；回来时，又与郑伯在斐这个地方会面，帮助郑国和卫国与晋国烤和，所以要赞扬池。

【原文】

十有四年^①，春，王正月，公至自晋。

邾娄人伐我南鄙。

叔彭生帅师伐邾娄。

夏，五月，乙亥，齐侯潘卒^②。

六月，公会宋公、陈侯、卫侯、郑伯、许男、曹伯、晋赵盾，癸酉同盟于新城^③。

秋，七月，有星孛入北斗④。孛者何？彗星也。其言入北斗何？北斗有中也⑤。何以书？记异也。公至自会。

晋人纳接菌于邾娄⑥。弗克纳⑦。纳者何？入辞也。其言弗克纳何？大其弗克纳也。何大乎其弗克纳？晋郤缺帅师，革车八百乘，以纳接菌于邾娄，力沛若有余⑧，而纳之。邾娄人言曰："接菌，晋出也⑨。貜且几，齐出也⑩。子以其指⑪，则接曹也四，貜且也六。子以大国压之，则未知齐晋孰有之也。贵则皆贵矣，虽然，貜且也长。"谷呀缺曰："非吾力不能纳也，义实不尔克也。"引师而去之。故君子大其弗克纳也。此晋郤缺也。其称人何？贬。曷为贬？不与大夫专废置君也。曷为不与？实与，而文不与。文曷为不与？大夫之义，不得专废置君也。

九月，甲申⑫，公孙敖卒于齐。

齐公子商人弑其君舍⑬。此未逾年之君也。其言弑其君舍何？己立之，己杀之⑭。成死者而贱生者也⑮。宋子哀来奔⑯。宋子哀者何？无闻焉尔。冬，单伯如齐⑰。齐人执单伯，齐人执子叔姬⑱。执者曷为或称行人⑲，或不称行人？称行人而执者，以其事执也。不称行人而执者，以己执也。⑲单伯之罪何？道淫也⑳。恶乎淫？淫乎子叔姬。然则曷为不言齐人执单伯及子叔姬？内辞也。使若异罪然㉑。

【注释】

①十有四年：鲁文公十四年（公元前613年）

②乙亥：四月二十九。潘：齐昭公的名。昭公为桓公之子，孝公之弟，在位二十年。

③癸酉：六月二十八日。新城：宋国地名，在今河南商丘市西南。

④星孛孛：即彗星。北斗：星名，共七颗，分布成勺形。

⑤北斗有中：何休注："中者，魁中。"即北斗七

星的魁星有中空的地方。

⑥接菌：《左传》《穀梁传》作"捷蕾"。郑文公之子。按：郭文公的第一夫人齐姜，生了定公；第二夫人晋姬，生了接蕾。郑文公死后，邻国人立定公为君，接蕾逃亡到晋国。

⑦弗克纳：没有实现"纳"这个目标。

⑧沛：充盛貌。

⑨晋出：晋女所生。

⑩貜且：邻文公之子，即定公，在位四十年。

⑪指：何休注："指，手指。"子以其指，您用手指数一数的意思。

⑫之：这里代邾娄国。⑬甲申：九月十日。

⑬公子商人：即齐懿公，齐昭公之子，在位四年。舍：齐昭公之子，即位两个月被公子商人所杀。

⑭己立之，己杀之：何休注："商人本正当立，恐舍缘潘意为害，故先立而弑之。"

⑮成死者而贱生者：何休注："恶商人怀诈无道，故成舍之君号，以贱商人之所为。"

⑯子哀：即高哀，由宋的附庸国萧国的大夫升为卿。

⑱子叔姬：又称叔姬，鲁女，齐昭公夫人，舍的母亲。《春秋三传》胡傅注："子叔姬者，齐君舍之母也。就其君，执其母，皆商人所为而以为齐人执之，何也？商人弑君之罪已显，而齐人党贼之恶未彰。商人骤施于国而多聚士，是以财诱齐国之人而济其恶也。齐人怀商人之私惠，忘君父之大伦，就其君而不能讨，执其母而莫之救，则是举国之人皆有不赦之罪也。"

⑲行人：使者的通称。

⑳道淫：何休注："时子叔姬嫁，当为齐夫人，使单伯送之。"

㉑使若异罪然：使他们好像犯不同的罪一样。何休注："深讳使若各自以他事见执者。"

【译文】

鲁文公十四年，春季，周历正月，鲁文公从晋国回到鲁国。邾娄国军队攻打鲁国南部边邑。

叔彭生率领军队讨伐邾娄国。

夏季，五月，乙亥这天，齐昭公潘去世。

六月，鲁文公会见宋公、陈侯、卫侯、郑伯、许男、曹伯、晋国的赵盾，癸酉这天与他们在新城结盟。

秋季，七月，有星"孛"进入北斗。"孛"是什么？是彗星。这里说它进入北斗是什么意思？北斗七星的魁星有中空的地方。为什么记载呢？记载怪异现象。

鲁文公从盟会的地方回到鲁国。

晋国人"纳"接蓄回邾娄国。"弗克纳"。"纳"是什么意思？就是护送接蓄回国都为君。这里说"弗克纳"是为什么？就是为了宣扬晋国没能护送接蓄回邾娄国为君。为什么要宣扬晋国没能护送接蓄回郭娄国为君呢？因为晋国大夫邵缺率领军队和八百辆战车，护送接蓄回邾娄国为君，力量这样强大，护送接蓄回国绰绰有余，但邾娄国人却辞谢说："接蓄是晋国的女人生的，貜且是齐国的女人生的。您屈指算算，接蓄的命数是四，貜且的命数是六，他们都不是嫡子。如果您以大国来压服我们的话，那么还不知道邾娄国的君位究竟是齐国的外孙得到呢，还是晋国的外孙得到。接蓄和貜且，论尊贵呢，都同样尊贵，但是貜且的年龄更大些。"谷体缺说："不是我的力量不能护送接苗回国为君，从道义上来说，实在是不能这样做。"于是带领军队离开了。所以君子要宣扬晋国没能护送接苗回郑娄国为君。这是晋国的大夫邯缺，这里为什么称人呢？为了贬低他。为什么要贬低他呢？因为不赞成大夫拥有废置国君的权力。为什么不赞成呢？实际上是赞成的，但在文字上不能赞成。文字上为什么不能赞成呢？因为在名义上大夫是不能拥有废置国君的权力的。

九月，甲申这天，公孙敖在齐国死了。

齐国公子商人就杀了他的国君舍。这是即位不满一年的国君，这里说弑杀了他的国君是什么意思？因为是公子商人自己立舍为国君，又是公子商人自己杀了国君舍，这样说是成全了死了的舍而使活着的商人显得更下贱。

宋国的子哀来投奔鲁国。宋国的子哀是什么？没有听说过。冬季，周王室大夫单伯到齐国去。齐国人拘捕了单伯。齐国人又拘捕了舍的母亲子叔姬。被拘捕的人为什么有的称为使者，有的不称为使者呢？称为使者而被拘捕的，是因为执行公务而被拘捕的，不称为使者而被拘捕的，是因为个人私事而被拘捕。单伯有什么罪行？当年单伯送子姬出嫁时，在路上淫乱。与谁淫乱？与子叔姬淫乱。既然这样，那么为什么不说齐国人拘捕了单伯和子叔姬呢？这是鲁国的说法，使他们好像犯不同的罪行一样。

223

【原文】

十有五年①，春，季孙行父如晋。三月，宋司马华孙来盟②。夏，曹伯来朝③。

齐人归公孙敖之丧④。何以不言来？内辞也。胁我而归之，苟将而来也⑤。

六月，辛丑朔⑥，日有食之。鼓，用牲于社。单伯至自齐。

晋郤缺帅师伐蔡。戊申⑦，入蔡。入不言伐，此其言伐何？至之日也⑧。其日何？至之日也。

秋，齐人侵我西鄙。

季孙行父如晋。

冬，十有一月，诸侯盟于息⑨。

十有二月，齐人来归子叔姬。其言来何？闵之也。此有罪，何闵尔？父母之于子，虽有罪，犹若其不欲服罪然。齐侯侵我西鄙。遂伐曹。入其郭⑩。郭者何？恢郭也⑪。入郭书乎？曰："不书。"入郭不书，此何以书？动我也⑫。动我者何？内辞也，其实我动焉尔。

【注释】

①十有五年：鲁文公十五年（公元前612年）。

②华孙：又称华祸，华督的曾孙，宋国司马。

③曹伯：即曹文公。

④丧：这里指遗体。

⑤筍：竹子编的轿。何休注："筍者，竹撞，一名编舆。齐鲁以北名之曰筍。"将：送。

⑥辛丑朔：六月初一。

⑦戊申：六月初八。

⑧至之日：军队到达的日子。

⑨诸侯：这里指晋侯、宋公、卫侯、蔡侯、陈侯、郑伯、许男、曹伯。这时发生了齐国进攻鲁国的祸难，因此鲁文公没有参加盟会。息：郑国地名，在今河南原武县西北。

⑩郭：外城，即郛。人其郭，即攻进曹国国都的外城。

⑪恢郭：何休注："恢，大也。郭，城外大郛。"

⑫动我：使我恐惧不安。即使鲁国恐惧不安。

【译文】

鲁文公十五年，春季，鲁国大夫季孙行父到晋国去。三月，宋国的司马华孙来鲁国结盟。

夏季，曹文公来鲁国朝见。

齐国人送回鲁国大夫公孙敖的遗体。为什么不说"来"归呢？这是鲁国的说法。是齐国胁迫鲁国而送回公孙敖遗体的。是用竹轿将公孙敖遗体送回来的。

六月，辛丑这天是初一，发生日食。敲打着鼓，在土地庙用牺牲祭祀。

周王室大夫单伯从齐国到鲁国来。

晋国大夫部缺率领军队讨伐蔡国。戊申这天攻进蔡国。攻进是不说讨伐的，这里说讨伐是什么意思？这是晋国军队到达的日子。为什么记载日子呢？因为这也是晋国军队到达的日子。秋季，齐国军队入侵鲁国西部边境。

季孙行父到晋国去。

冬季，十一月，晋侯、宋公、卫侯、蔡侯、陈侯、郑伯、许男、曹伯在息这个地方盟会。

十二月，齐国人"来"送回子叔姬。这里说"来"是什么意思？是怜恤她。她是有罪的，为什么还要怜恤她呢？父母对于自己的子女，虽然他们有罪，还是像子女不愿意认罪一样对待。齐侯率兵入侵鲁国西部边境。接着又去攻打曹国。攻进曹国的"孚尽"。"郭"是什么地方？就是曹国高大的外城。攻进外城要记载吗？回答说："不记载。"既然攻进外城不记载，这里为什么要记载呢？因为齐国攻入曹国国都的外城使鲁国恐惧不安。使鲁国恐惧不安是什么意思？这是鲁国的说法，其实是鲁国因此而感到恐惧不安。

225

【原文】

十有六年，春，季孙行父会齐侯于阳毂①。齐侯弗及盟。其言弗及盟何？不见与盟也。

夏，五月，公四不视朔②。公曷为四不视朔？公有疾也。何言乎公有疾不视朔？自是公无疾，不视朔也。然则曷为不言公无疾不视朔？有疾，犹可言也。无疾，不可言也。

六月，戊辰，公子遂及齐侯盟于犀丘③。秋，八月，辛未，夫人姜氏薨④。

毁泉台⑤。泉台者何？郎台也⑥。郎台则曷为谓之泉台？未成为郎台，既成为泉台。毁泉台何以书？讥。何讥尔？筑之讥，毁之讥。先祖为之，己毁之，不如勿居而已矣。楚人、秦人、巴人灭庸⑦。

冬，十有一月，宋人弑其君处臼⑧。就君者曷为或称名氏，或不称名氏？大夫弑君称名氏，贱者穷诸人⑨。大夫相杀称人，贱者穷诸盗。

【注释】

①十有六年：鲁文公十六年（公元前6年）。阳毂：齐国地名，在今山东阳谷县东北三十里。

②四不视朔：四次没有在初一听政。视朔即听朔，朔日听政。鲁文公因为有病，从正月至五月已经四次没有在朔日听政。杨伯峻注《左传》："诸侯于每月初一以特羊告庙，谓之告朔，亦谓之告月。告朔毕，因听治此月之政，谓之视朔，亦谓之听朔。"

③戊辰：六月初四。犀丘：《左传》作郭丘，《穀梁传》作"师丘"。齐国地名，在今山东临淄附近，一说在今山东东阿县境。

④辛未：八月初八。夫人姜氏：即声姜，禧公夫人，文公之母。

⑤泉台：泉宫之台。泉宫在郎地，郎地在曲阜南部，是鲁都曲阜近都之邑。

⑥郎台：何休注："庄公所筑台于郎，以郎讥临民之漱院。"徐彦疏："即庄公二十一年春筑台于郎。传云：何以书？讥。何讥尔？临民之所漱洗也。是也。"

⑦巴人：巴国人。巴，姬姓，子爵国，故地在今四川巴县。庸：古国名。商之侯国，曾随周武王伐封。故地在今湖北竹山县。

⑧处臼：《左传》《穀梁传》作"杵臼"。宋昭公的名。在位九年。他是被其祖母襄夫人派人杀的。

⑨贱者：何休注："贱者，谓士也。士正自当称人。"穷：止，尽。穷诸人，即最终称他为人。

【译文】

鲁文公十六年，春季，季孙行父在阳毂这个地方与齐侯会面。齐侯"弗及盟"。这里说"弗及盟"是什么意思？就是齐侯不愿与季孙行父结盟。

夏季，五月，鲁文公四次没有在初一这天上朝听政了。鲁文公为什么四次没有在初一这天上朝听政呢？鲁文公有病。为什么不说明鲁文公有病初一不上朝听政呢？从此以后鲁文公没有病，初一也不上朝听政。既然这样，那么为什么不说鲁文公没有病初一也不上朝听政呢？有病，还可以说；没有病，就不可以说了。六月，戊辰这天，鲁国大夫公子遂与齐侯在犀丘这个地方盟会。

秋季，八月，辛未这天，鲁僖公夫人姜氏去世。

拆毁了泉台。泉台是什么？就是鲁庄公筑的郎台。既然是郎台，那为什么称它为泉台呢？还没有建成的时候称为郎台，建好以后就称为泉台。为什么记载拆毁泉台这件事呢？为了谴责。谴责什么？谴责这个台的建

227

筑，同时也谴责这个台的拆毁。先祖建筑了这个台，自己却拆毁它，还不如不住在这里算了。楚国、秦国和巴国的军队灭亡了庸国。

冬季，十一月，宋国人弑杀了自己的国君处臼。就杀国君的人为什么有时称他的姓名，有时不称他的姓名呢？大夫弑杀国君要你他的姓名，地位低贱的人弑杀国君，就只称他为人。大夫互相杀害，都称人；地位低贱的人杀害大夫，就只能称他为盗。

【原文】

十有七年①，春，晋人、卫人、陈人、郑人伐宋。夏，四月，癸亥，葬我小君圣姜②。圣姜者何？文公之母也。

齐侯伐我西鄙。

六月，癸未，公及齐侯盟于毂③。

诸侯会于肩④。

秋，公至自毂。

公子遂如齐。

【注释】

①十有七年：鲁文公十七年（公元前610年）。

②癸亥：四月初四。小君：古称诸侯的妻子。圣姜：《左传》《谷梁传》作"声姜"。

③癸未：六月二十五日。毂：齐国地名，在今山东东阿县。

④诸侯：这里没有具体列出诸侯名，是因为鲁文公没有参加，当时他正与齐侯在毂地盟会。息：郑国地名，在今河南原武县西北。

【译文】

鲁文公十七年，春季，晋国人、卫国人、陈国人、郑国人联合攻打宋国。

夏季，四月，癸亥这天，安葬鲁国夫人圣姜。圣姜是什么人？是鲁文公的母亲。

齐侯率兵攻打鲁国西部边邑。

六月，癸未这天，鲁文公与齐侯在毂这个地方盟会。诸侯在启这个地方会晤。

秋季，鲁文公从毂这个地方回到鲁国。

鲁国大夫公子遂到齐国去。

【原文】

十有八年，春，王二月，丁丑，公薨于台下①。秦伯罃卒②。

夏，五月，戊戌，齐人弑其君商人③。

六月，癸酉④，葬我君文公。

秋，公子遂、叔孙得臣如齐。

冬，十月，子卒⑤。子卒者孰谓？谓子赤也⑥。何以不日？隐之也。何隐尔？弑也。弑则何以不日？不忍言也。夫人姜氏归于齐⑦。

季孙行父如齐。

莒弑其君庶其⑧。称国以弑何？称国以弑者，众弑君之辞。

【注释】

①十有八年：鲁文公十八年（公元前609年）。丁丑：二月二十三日。台下：《谷梁传》："台下，非正也。"《春秋三传》汪克宽注："或谓因陨而毙，不能顺受其正，故以非命而终。"

②罃：秦康公的名。秦康公在位十二年。秦穆公之子。

③戊戌：五月十五日。商人：即齐爵公，桓公之子，在位四年。被邴歇和阎职谋杀。

④癸酉：六月二十一日。

⑤子卒：这里的"子"指文公之子。太子恶和他的弟弟视，都被公子遂杀了。

⑥子赤：即太子恶。《左传》作"太子恶"。

⑦姜氏：即鲁文公的长妃齐女哀姜，太子恶和视的母亲。归：何休注："归者，大归也。夫死子杀，贼人立，无所归留，故去也。"大归，指已嫁妇女回娘家后不再回夫家。后来称妇女被丈夫休弃回娘家为"大归"。

⑧庶其：莒纪公的名。莒国无溢，纪公为号。宫纪公被太子仆依靠国人的力量杀了。

【译文】

鲁文公十八年，春季，周历二月，丁丑这天，鲁文公死在台下。

秦康公窋死了。

夏季，五月，戊戌这天，齐国人就杀了自己的国君商人。六月，癸酉这天，为鲁国国君文公举行葬礼。

秋季，公子遂和叔孙得臣到齐国去。

冬季，十月，"子卒"。"子卒"说的是谁？说的是公子赤死了。

文公为什么不记载死的日期？因为怜悯他。为什么怜悯他？因为他是被就杀的。被弑杀的为什么不写明日期呢？不忍心说。夫人姜氏回娘家齐国去了。

季孙行父到齐国去。

莒国就杀了自己的国君庶其。称莒国弑杀自己的国君是什么意思？称莒国弑杀了自己的国君，是表示是众人就杀了国君的说法。

宣　公

【原文】

元年①，春，王正月，公即位。继弑君不言即位，此其言即位何？其意也②。

公子遂如齐逆女：

三月，遂以夫人妇姜至自齐③。遂何以不称公子？一事而再见者，卒名也④。夫人何以不称姜氏？贬。曷为贬。讥丧娶也。丧娶者公也，则曷为贬夫人？内无贬于公之道也。内无贬于公之道，则曷为贬夫人？夫人与公一体也⑤。其称妇何？有姑之辞也⑥。

夏，季孙行父如齐。

晋放其大夫胥甲父于卫⑦。放之者何？犹曰无去是云尔⑧。然则何言尔？近正也⑨。此其为近正奈何？古者大夫已去，三年待放。君放之，非也，大夫待放，正也。古者臣有大丧⑩，则君三年不呼其门，已练可以弃冕⑪，服金革之事。君使之，非也；臣行之，礼也。闵子要绖而服事⑫，既而曰："若此乎，古之道不即人心⑬。"退而致仕⑭。孔子盖善之也。

公会齐侯于平州⑮。

公子遂如齐。

六月，齐人取济西田⑯。外取邑不书，此何以书？所以赂齐也。曷为赂齐？为就子赤之赂也⑰。

秋，邾娄子来朝。

楚子、郑人侵陈。遂侵宋。

晋赵盾帅师救陈。宋公、陈侯、卫侯、曹伯会晋师于斐林⑱。伐郑。此晋赵盾之师也，曷为不言赵盾之师？君不会大夫之辞也。

冬，晋赵穿帅师侵柳⑲。柳者何？天子之邑也。曷为不系乎周？不与伐天子也。

晋人、宋人伐郑。

【注释】

①元年：鲁宣公元年（公元前608年）。

②其意：为了满足宣公的心意。《公羊传》认为，宣公正想隐瞒太子恶被杀而自己继位，《春秋》这样写，是为了彰明宣公的罪恶。徐彦疏："注云弑君欲即位，故如其意，以著其恶是也。"宣公名楼，文公子，在位十八年。

③妇姜：犹言姑姜。妇。在此有姑之意，这是当时对国君夫人的习惯尊称。

④卒名：何休注："卒，竟也。竟但举名者，省文"即直接称呼名字。

⑤一体：关系密切，协调统一，如同一个整体。

⑥有姑之辞：有婆婆的说法。何休注："有姑当以妇礼至，无姑当以夫人礼至，故分别之。"

⑦放：放逐。青甲父：晋国大夫。

⑧犹曰无去是云尔：好像说不要离开这里。何休注："是，是卫。"

⑨近正：接近古代正规的做法何休注："古者刑不上大夫，盖以为摘巢毁卵则凤凰不翔，夸胎焚夭则麒麟不至，刑之则恐误刑贤者，死者不可复生，刑者不可复属，故有罪放之而已。所以尊者之类也。"徐疏："用古放臣而言近正者，正以古者放臣任其所去，今此晋又处之于卫，故言近耳。"

⑩大丧：帝王、皇后及其嫡长子的丧礼。后来父母之丧也称大丧。这里指父母之丧。

⑪练：古丧服，小祥主人缭冠，故称小祥之祭曰

练。小祥，父母死后一周年的祭礼。这里的"已练"，指举行过周年祭礼以后。弃冕：弃、冕都是古代男子冠名。吉礼之服用冕，通常礼服用弃。这里作动词用。

⑫闵子：即闵子骞。春秋鲁国人，孔子弟子，名损，字子骞。少时，后母虐待他，冬天，用棉衣给自己生的两个儿子穿，用芦花做的衣给子骞和他弟弟穿。他父亲知道后，想把后母赶走。子骞说："后母在只有一个儿子衣服单薄，后母走了，四个儿子都会寒冷。"他父亲就不逐后母。后母很后悔，以后对四个儿子一视同仁。所以闵子骞在当时是著名的孝子。见《史记·仲尼弟子列传》。要绖：古代丧期将麻带结在腰间。服事：从事公务。

⑬不即人心：即不近人情。

⑭致仕：辞官归居。何休注："致仕，还禄位于君。"

⑮会：这次鲁宣公得与齐惠公会见，是由于"夏，季孙行父如齐"，"纳赂以请会"的结果。平州：齐国地名，在今山东莱芜县西。

⑯齐人取济西田：齐国人取得了济水以西的土地。济西田，原为曹国的土地。鲁禧公三十一年，晋文公把这些田分给鲁国；如今鲁国又用它贿赂齐国。

⑰为就子赤之赂：因为太子赤是齐国国君的外孙。何休注："子赤，齐外孙，宣公篡就之。恐为齐所诛，为是赂之，故讳。使若齐白取之者。"

⑱斐林：郑国地名，在今河南新郑县东二十五里。

⑲柳：邑名，今址不详。何休注："天子之闲田也，有大夫守之，晋与大夫忿争而侵之。"

【译文】

鲁宣公元年，春季，周历正月，鲁宣公即位。继承

233

被弑杀的宣公国君的君位是不说即位的，这里说即位是
什么意思？是为了揭示鲁宣公的心意。

公子遂到齐国去迎接齐女。

三月，遂迎接鲁宣公夫人妇姜从齐国回到鲁国。
公子遂为什么不称公子呢？同一件事这人出现两次，就
直接称呼名字。鲁宣公夫人为什么不称为姜氏呢？这是
贬责她。为什么贬责她呢？谴责在丧期中婚娶。在丧期
中婚娶的是鲁宣公，那为什么要贬责夫人呢？在鲁国没
有贬责鲁宣公的道理。既然在鲁国没有贬责鲁宣公的道
理，那么为什么要贬责夫人呢？因为夫人与宣公关系密
切，如同一个整体。这里称宣公夫人为妇是什么意思？
这是有婆家的说法。

夏季，季孙行父到齐国去。

晋国放逐自己的大夫肯甲父到卫国。放逐肯甲父是
什么意思？就好像说不能离开卫国。然而为什么这样说
呢？这是接近古代的正规做法。这样做为什么说接近古
代的正规做法呢？古时候大夫被免职以后，三年之内等
待国君放逐。其实国君放逐大夫是不合于礼的，大夫等
待被放逐，是合于古道的。古时候臣子有父母的丧事，
那么国君三年之内不到臣子的门上去召唤他。如果举行
过周年的祭礼以后，他就可以穿上礼服，戴上礼帽，从
事有关军务的事了。国君让他这样做，是不合古道的，
大臣自己这样做是合于礼的。从前闵子骞将服丧的麻带
结在腰间而从事公务，事后说："如果像这样做，古时
候的做法也太不近人情了。"于是他隐退了，辞官归
里。孔子大概很赞许他。

鲁宣公在平州这个地方与齐侯会晤。

公子遂到齐国去。

六月，齐国人取得了济水以西的土地。鲁国以外的国家取得城邑田地是不记载的，这里为什么要记载呢？因为这是鲁宣公用来贿赂齐国的。为什么要贿赂齐国呢？为了就杀太子赤而向齐国行贿。

秋季，邾娄国国君来鲁国朝见。

楚子和郑国人侵略陈国。接着入侵宋国。

晋国大夫赵盾率领军队救援陈国。宋公、陈侯、卫侯、曹伯与晋国军队在斐林这个地方会见。共同讨伐郑国。这里的"晋师"就是晋国大夫赵盾的军队，为什么不说明是赵盾的军队呢？这是表示国君不与大夫会晤的一种说法。

冬季，晋国大夫赵穿率领军队侵犯柳这个地方。柳是什么地方？是周天子的闲田。为什么不说是周天子的呢？不赞成晋国攻打周天子。

晋国和宋国军队攻打郑国。

【原文】

二年，春，王二月生帅师，战于大棘①。秦师伐晋。夏，晋人、宋人、秋，九月，乙丑，冬，十月，乙亥，

壬子，宋华元帅师，及郑公子归宋师败绩。获宋华元②。

卫人、陈人侵郑。晋赵盾弑其君夷捧。天王崩③。

【注释】

①二年：鲁宣公二年（公元前607年）。壬子：二月壬子，日月有误。华元：华督的曾孙，为宋国右师，前后执政四十年，经历了文公、共公、平公三个国君。大棘：宋国地名，在今河南拓城县西北。

②获：古代往往把活捉、杀死都叫获。这里是俘获。

③天王：即周匡王，在位六年。乙亥：十月初六。

【译文】

鲁宣公二年，春季，周历二月，壬子这天，宋国大夫华元率领军队和郑国公子归生率领军队在大棘这个地方交战。宋国军队溃败。郑军俘获宋军主帅华元。

秦国军队攻打晋国。

夏天，晋国人、宋国人、卫国人、陈国人联合侵袭郑国。秋季，九月，乙丑这天，晋国大夫赵盾就杀自己的国君夷捧。冬季，十月，乙亥这天，周匡王驾崩。

【原文】

三年，春，王正月，郊牛之口伤，改卜牛，牛死，乃不郊，犹三望①。其言之何？缓也②。曷为不复卜？养牲养二卜，帝牲不吉③，则扳樱牲而卜之④。帝牲在于涤三月⑤，于樱牲，唯具是视⑥。郊则曷为必祭樱？王者必以其祖配⑦。王者则曷为必以其祖配？自内出者，无匹不行⑧。自外至者，无主不止⑨。

葬匡王。

楚子伐责浑戎⑩。

夏，楚人侵郑。

秋，赤狄侵齐。

宋师围曹。

冬，十月，丙戌，郑伯兰卒⑪。葬郑穆公。

【注释】

①三年：鲁宣公三年（公元前606年）。郊：祭天。郊牛，祭天用的牺牲。卜牛：重新占十一头牛。三望：望，祭祀山川。这里的三望，即祭祀泰山、黄河和东海。

②缓：何休注："辞间容之，故为缓。"

③二卜：两头占卜过的牛。帝牲：祭祀天帝用的牛

④扳：引、牵。樱牲：祭祀后樱用的牛。后樱，周

的祖先。相传他的母亲曾欲弃之不养，故名弃。为舜农官，封于部，号后稷，别姓姬氏。则扳稷牲而卜之：何休注："先卜帝牲养之，有灾更引稷牲卜之，以为天牲养之，凡当二卜尔复不吉不复郊。"

⑤涤：即涤宫，专门饲养供祭祀用的猪、牛、羊的地方。何休注："涤，宫名。养帝牲三牢之处也。谓之涤者，取其荡涤洁清三牢者，各主一月，取三月一时足以充其天牲。"

⑥唯具是视：只要看它的身体是否完好。具，完备。何休注："视其身体具无灾害而已，不特养于涤宫，所以降祖尊帝。"

⑦以其祖配：何休注："祖谓后稷，周之始祖。姜源履大人迹所生。配，配食也。"

⑧自内出者：指周天子的始祖后稷。匹：何休注："匹，合也。无所与会合则不行。"

⑨自外至者：指天帝。无主不止：何休注："必得主人乃止者，天道阁昧，故推人道以接之。"

⑩贲浑戎：《左传》作"陆浑之戎"。这是戎的允姓一支，本居瓜州，在秦、晋的西北。鲁僖公二十二年，秦、晋诱迁贲浑戎于伊川，在今河南篙县东北。后于鲁昭公十七年被晋国荀吴所灭。

⑪丙戌：十月二十三日。兰：郑穆公的名，郑穆公是郑文公之子，在位二十二年。

237

【译文】

鲁宣公三年，春季，周历正月，祭祀天的牛"之"嘴受伤了，重新占十一头牛来祭天，这头牛死了，于是就不祭祀天了。但仍然祭祀泰山、黄河和东海。这里说"之"是什么意思？这是表示鲁宣公祭天简慢的说法。

为什么不再占十一头牛呢？因为养祭天的牛只养两头。如果祭祀天帝用的牛不吉利。就牵祭祀后稷用的牛来占卜，占卜吉利的两头牛就是祭祀天帝用的，要把它们在涤宫饲养三个月；用于祭祀后稷用的牛，只要观察它们身体是否完好无缺，无病无疾就行了。祭祀天帝为什么必须同时祭祀后稷呢？祭祀天帝时天子一定要以他的先祖配享。为什么天子必须以他的先祖附祭配享呢？因为天子的先祖没有与天帝会合，祭祀时不能行礼。天帝从天而降，没有迎神的主人就不会停下来享受祭祀。为周匡王举行葬礼。

楚子攻打贲浑这支戎人。

夏季，楚国军队侵犯郑国。

秋季，赤狄人侵犯齐国。

宋国军队围攻曹国都城。

冬季，十月，丙戌这天，郑国国君兰去世。

安葬郑穆公。

【原文】

四年，春，王正月。公及齐侯平莒及郑气莒人不肯。公伐莒，取向②。此平莒也，其言不肯何？辞取向也③。秦伯稻卒④。

夏，六月，乙酉⑤，郑公子归生弑其君夷⑥。赤狄侵齐。

秋，公如齐。

公至自齐。

冬，楚子伐郑。

【注释】

①四年：鲁宣公四年（公元前605年）。平莒及郑：让莒国和郑国讲和。平，讲和。郑，国名，故地在今山东郯城县西南。

②向：莒国地名，在今山东莒县南。一说在今山东

枣庄市东南。

③辞取向：何休注："为公取向作辞也。耻行义为利，故讳。使若莒不肯起其平也听公平，伐取其邑以弱之者，愈也。"

④稻：秦共公的名。一名和，秦康公之子，在位四年。

⑤乙酉：六月二十六日。

⑥公子归生：即子家，郑国大夫。夷：郑灵公的名，郑穆公之子，在位一年。

【译文】

鲁宣公四年，春季，周历正月，鲁宣公和齐侯让莒国和郑国讲和。莒国人"不肯"。鲁宣公率兵攻打莒国，夺取了莒国的向这个地方。这是协助莒国解决矛盾，这里说莒国"不肯"是什么意思？这是为鲁宣公夺取莒国向这个地方找借口。

秦共公稻死了。

夏季，六月，乙酉这天，郑国大夫公子归生就杀了自己的国君灵公夷。

赤狄人侵犯齐国。

秋季，鲁宣公到齐国去。

鲁宣公从齐国回到鲁国。

冬季，楚子率兵攻打郑国。

【原文】

五年①，春，公如齐。

夏，公至自齐。

秋，九月，齐高固来逆子叔姬②。

叔孙得臣卒。

冬，齐高固及子叔姬来。何言乎高固之来？言叔姬之来，而不言高固之来，则不可③。子公羊子曰："其诸为其双双而俱至者与。"

楚人伐郑。

【注释】

①五年：鲁宣公五年（公元前604年）。

②高固：又称高宣子，齐国大夫。子叔姬：鲁女，嫁给高固。

③则不可：何休注："礼：大夫妻岁一归宗，叔姬属嫁而与高固来，如但言叔姬来，而不言高固来，则鲁负教戒重不可言，故书。"

【译文】

鲁宣公五年，春季，鲁宣公到齐国去。

夏季，鲁宣公从齐国回到鲁国。

秋季，九月，齐国大夫高固来鲁国迎接子叔姬。叔孙得臣死了。

冬季，齐国大夫高固和子叔姬一起来到鲁国。为什么要说高固的到来呢？如果只说子叔姬来，而不说高固也来，就不行。子公羊子说："这恐怕是他们要成双成对一起到鲁国来的原因吧？"

楚国军队攻打郑国。

【原文】

六年，春，晋赵盾、卫孙免侵陈①。赵盾弑君，此其复见何？亲弑君者，赵穿也②。亲弑君者赵穿，则曷为加之赵盾？不讨贼也。何以谓之不讨贼？晋史书贼曰："晋赵盾弑其君夷狼气。"③赵盾曰："天乎！无辜。吾不弑君，谁谓吾弑君者乎？"史曰："尔为仁为义人，狱尔君而复国不讨贼，此非狱君如何④？"赵盾之复国奈何⑤？灵公为无道，使诸大夫皆内朝⑥，然后处乎台上，引弹而弹之，已趋而辟丸⑦，是乐而已矣。赵盾已朝而出，与诸大夫立于朝⑧，有人荷畚⑨，自闺而出者⑩。赵盾曰："彼何也？夫畚曷为出乎闺？"呼之不至，曰："子大夫也。欲视之，则就而视之。"赵盾就而视之，则赫然死人也⑪。赵盾曰："是何也？"曰："膳宰也⑫。熊蹯不熟⑬，公怒，以斗擎而杀之⑭，支解将使我弃之。"赵盾曰："嘻！"趋而入，灵公望见赵盾，愬而再拜⑮。赵盾遗巡北面再拜稽首⑯，趋而出⑰。灵公心作焉⑱，欲杀之。于是使勇士某者往杀之。勇士入其大门，则无人门焉者。入其闺，则无人闺焉者。上其堂，则无人焉，俯而窥其户，方食鱼飧⑲。勇士曰："嘻！子诚仁人也。吾入子之大门，则无人焉；入子之闺，则无人焉；上子之堂，则无人焉，是子之易也。子为晋国重卿，而食鱼飧，是子之俭也。君将使我杀子，吾不忍杀子也。虽然，吾亦不可复见吾君矣。"遂刎颈而死。灵公闻之怒。滋欲杀之甚。众莫可使往者，于是伏甲于宫中，召赵盾而食之。赵盾之车右祁弥明者，国之力士也，怃然从乎赵盾而入，放乎堂下而立。赵盾已食，灵公谓盾曰："吾闻子之剑，盖利剑也。子以示我，吾将观焉。"赵盾起将进剑，祁弥明自下呼之曰："盾食饱则出，何故拔剑于君所？"赵盾知之，蹋阶而走⑳。灵公有周狗，谓之獒。呼獒而嗾之，獒亦蹋阶而从之。祁弥明逆而踆之㉑，绝其领。赵盾顾曰："君之獒，不若臣之獒也。"然而宫中甲鼓而起。有起于甲中者，抱赵盾而乘之。赵盾顾曰："吾何以得此于子。㉒"曰："子某时所食活我于暴桑下者也㉓。"赵盾曰："子名为谁？"曰："吾君孰为介㉔，子之乘矣，何问吾名？"赵盾驱而出，众无留之者。赵穿缘民众不说，起弑灵公，然后迎赵盾而入，与之立于朝，而立成公黑臀㉕。

夏，四月。秋，八月，螽。冬，十月。

【注释】

①六年：鲁宣公六年（公元前603年）。孙免：卫国大夫。

②赵穿：晋国大夫，赵盾同族。

③晋史：指晋国史官董狐。

④此非狱君如何：灵公虽为赵穿所杀，但史官董狐认为赵盾应负主要责任，有狱君之罪。其实，董狐这样记载是为了维护宗法社会的正统思想和等级观念。在董狐看来，国君无论怎样残暴无道，做臣子的只能谏不可杀，狱君就是大逆不道的。孔子称赞董狐为良史，原因也在这里。

⑤赵盾之复国：灵公设伏兵追杀赵盾，赵盾逃脱，出奔，但未走出晋国的山界，听到灵公被杀就回来了。复，返。

⑥内朝：周时三朝之一，相对外朝而言。按《周礼朝士注》："周天子诸侯皆有三朝，外朝一，内朝二，内朝之在路门内者，或谓之燕朝。"

⑦己：自己的诸大夫。

⑧朝：这里指外朝。

⑨荷备：抬着筐。备，用植物枝条编成的器物，即筐篓之类的东西。

⑩闱：何休注："宫中之门谓之闱，其小者谓之闱。从内朝出立于外朝见出闱者，知外朝在闱外，内朝在闱内，可知。"

⑪则赫然死人：晋灵公相当残暴，不仅在台上用弹弓弹大夫取乐，也把杀人当儿戏，杀了人还叫宫妇抬着支解的尸体经过朝廷，目的是让群臣惧怕自己。赫然，触目惊心的样子。

⑫膳宰：官名，掌宰割牲畜。

⑬熊播：熊掌。路，兽足。

⑭擎：击。何休注："擎，犹擎也。擎，谓旁击头项。"

⑮愬而再拜：何休注："愬者，惊貌。礼：臣拜然后君答拜。灵公先拜者，备出盾入知其欲谏，欲以敬拒之，使不复言也。"

⑯遗巡：迟疑徘徊，欲行又止。稽首：何休注："头至地曰稽首，头至手曰'拜手'。"

⑰趋而出：何休注："本欲谏君，君以拜谢，知己意冀，当觉悟故出。"

⑱作：惭愧。

⑲飧：晚饭。

⑳躇：不顺次而行。

㉑跌：用脚踢。何休注："以足逆蹋曰跌。"

㉒吾何以得此于子：何休注："犹曰：吾何以得此救急之恩于子邪。非所以意悟。"

㉓子某时所食活我于暴桑下者：据《左传》载：当初，赵盾在首阳山打猎，休息在桑树浓阴下，看见有个叫灵辄的人饿倒在地上，赵盾问他生了什么病，灵辄说："我已经三天没有吃饭了。"赵盾赐他东西吃，灵辄却留下一半不吃。问他这是为什么，灵辄说："我在外谋差事已经三年了，还不知道家中老母是否活着。现在离家很近，请允许我把这一半食物带给她吃。"赵盾让他把食物吃完，另外给他准备了一篮饭和一些肉，让灵辄带回去。后来灵辄做了灵公的武士，在这次事件中，救赵盾脱了险。

㉔吾君孰为介：我们的国君因为谁而埋伏武士呢？何休注："介，甲也。犹曰：我晋君谁为兴此甲兵，岂不为盾乎？"匆之乘：何休注："之乘，即上车也。犹曰：子以上车矣，何不疾去，而反徐问吾名乎？欲令辄免去不望报矣。"

㉕黑臀：晋成公的名字。晋成公为晋文公之子，襄公之弟，在位七年。

【译文】

鲁宣公六年，春季，晋国大夫赵盾和卫国大夫孙免率兵入侵陈国。赵盾就杀了自弓的国君，这里为什么又重新出现呢？亲手弑杀国君的是赵穿。既然亲手就杀国君的是赵穿，那么为什么将弑君的罪名加在赵盾头上呢？主要是因为赵盾没有讨伐弑君的贼人。怎么说赵盾没有讨伐弑君的贼人呢？晋国史官董狐记载弑君的贼人时写道："晋国赵盾弑杀了自己的国君夷埠。"赵盾大呼："天啊！我没有罪。我没有弑杀国君，谁说我弑杀了国君啊？"史官说："你是行仁义的人，有人弑杀了你的国君，你回到国都却不去讨伐弑君的贼人，这不是你弑杀国君又是谁呢？"赵盾回到国都是怎么一回事呢？晋灵公很暴虐，没有德政，他让大夫们都到内朝上朝，然后他自己却站在台上用弹弓射击上朝的大夫，他的大夫们奔走躲避着弹丸，观看大夫们这种狼狈样，晋灵公不过以此取乐罢了。有一次赵盾上朝出来，和大夫们站在外朝上，这时有人抬着一个竹筐，从宫中的小门出来。赵盾问："那是什么？为什么筐会从宫中的小门抬出来呢？"赵盾喊那个抬筐的人，那人不过来，却说："您是大夫，您想看，就过来看看吧。"赵盾走近一看，却是触目惊心的一个死人。赵盾问："这是什么人？"回答说："这是膳宰。因为他没有把熊掌煮熟，灵公一吃便大怒，用斗打他的头，把他打死了，肢解了他的尸体，叫我扔出去。"赵盾惊叫一声："啊！"接着就跑进宫去。晋灵公看见赵盾匆匆忙忙的跑进来，就惊慌地向他先拜了两拜。赵盾见灵公先回礼，就迟疑不前，只好向北面叩了两个头，然后快步退了出去。晋灵公明白赵盾进来干什么，内心很羞愧，想杀了赵盾。于是就派勇士某人前去杀赵盾。勇士走进赵盾家的大门。却发现没有人守卫大门；勇士进了赵家内院的小门，也没有看见有人把守内院小门；走上他家厅堂，厅堂里也没有人，勇士低头从窗户里偷看，看见赵盾正在吃只有鱼的晚饭。勇士自叹说："唉！他确实是有仁义的人。我进入他的大门，却无人把守；进了他的内院小门，也无人守卫；上了他的厅堂，那里也没有人，可见他很节省，使役的人很少。他是晋国的重臣，却吃只有鱼的晚饭，这说明他很俭朴。国君派我来杀他，我不忍心杀他。虽然这样，我也不能再去见我的国君了。"说完，就拔剑自刎而死。晋灵公听到这件事后大怒，想杀赵盾的念头更加强烈。可是众多手下没有一个可以派遣去杀赵盾的。于是就在宫中埋伏下武士，召唤赵盾前去就餐。赵盾的车右武士叫祁弥明，是晋国的大力士。他勇敢地跟着赵盾走进宫中，站立在堂下等候。

赵盾已经吃好，晋灵公对赵盾说："我听说你的剑是一把相当锋利的宝剑，你拿出来给我，我想好好观赏一下。"赵盾站起来，准备把剑呈给灵公。这时祁弥明在堂下大呼："赵盾吃饱就出来，为什么要在国君的住所拔剑呢？"赵盾一听就明白过来，三步并两步地沿阶跑下。晋灵公喂有一条训练有素的恶狗，叫作"獒"。晋灵公喊来獒，叫它去追赵盾。獒也三步两步地沿阶追去。祁弥明迎上去用脚踢莫，一脚就把獒的下巴踢断了。赵盾回过头对灵公说："您的獒不如我的莫厉害！"然而这时埋伏在宫中的武士击着鼓冲了上来。在冲上来的武士中，有一个人抱起赵盾，把他送上车。

赵盾回头对那个武士说：'，我为什么会得到您的搭救呢？"那人说："我就是您有一次在桑树下给饭吃、救活的那个人。"赵盾问："你叫什么名字？"那人回答："我们国君为谁埋伏了这些武士。您还不明白吗？您赶快坐车走吧，何必问我的名字呢？"赵盾驱车冲出宫去，众武士没有一个拦截他的。赵穿因为百姓对晋灵公已经很不满了，就起兵弑杀了灵公。然后迎接赵盾进入国都，和赵盾在朝廷上共同执政。并立晋成公黑臀为国君。

夏季，四月。

秋季，八月，鲁国发生虫灾。

冬季，十月。

【原文】

七年，春，卫侯使孙良夫来盟叹。①夏，公会齐侯伐莱②。

秋，公至自伐莱。

大旱。

冬，公会晋侯、宋公、卫侯、郑伯、曹伯于黑壤③。

【注释】

①七年：鲁宣公七年（公元前602年）。孙良夫：即孙桓子。卫国大夫。

②莱：国名。在今山东昌邑县东南。会：某国想讨伐一个国家，而自己特别派兵跟从去讨伐叫"会"。

③黑壤：晋国地名。在今山西翼城县东北。

【译文】

鲁宣公七年，春季，卫侯派遣大夫孙良夫来鲁国结盟。夏季。鲁宣公会合齐侯出兵攻打莱国。

秋季，宣公从攻打莱国的战场上回到鲁国。

鲁国发生大旱。

冬季，宣公与晋侯、宋公、卫侯、郑伯、曹伯在黑壤这个地方会晤。

【原文】

八年^①，春，公至自会。

夏，六月，公子遂如齐。至黄乃复^②。其言至黄乃复何？有疾也。何言乎有疾乃复？讥。何讥尔？大夫以君命出，闻丧徐行而不反^③。

辛巳，有事于太庙^④。

仲遂卒于垂^⑤。仲遂者何？公子遂也。何以不称公子？贬。曷为贬？为献子赤贬。然则曷为不于其就焉贬？于文则无罪^⑥，于子则无年^⑦。

壬午，犹绎犷。万入去青。绎者何？祭之明日也。万者何？干舞也咏。^⑧青者何？篇舞也。其言万入去篇何？去其有声者，废其无声者。存其心焉尔。存其心焉尔者何？知其不可而为之也。犹者何？通可以已也。戊子必，夫人熊氏薨。

晋师白狄伐秦如。

楚人灭舒要介。

秋，七月，甲子，日有食之。既冬。十月，己丑。葬我小君顷熊。雨不克葬。庚寅芯，日中而克葬。顷熊者何？宣公之母也。而者何？难也。乃者何。难也。曷为或言而，或言乃？乃难乎而也。城平阳。

楚师伐陈。

【注释】

①八年：鲁宣公八年（公元前601年）.

②黄：地名。今址不详，

③闻丧：何休注："闻丧者，闻父母之丧。涂行者，不忍疾行。

④辛巳：六月十六日。有事于太庙：即在太庙举行

祭祀。

⑤垂：地名，今址不详。

⑥于文则无罪：文，指鲁文公。公子遂弑杀子赤是在香文公十八年，如果在这年记载贬公子遂，就有罪于文公，而无罪于子赤，但公子遂对文公无罪，因此当时不能贬。

⑦于子则无年：子，指新君子赤。他即位还不满一年，没有更改年号，贬公子遂的事也无法记载。因此当时也不能贬。只好在他死时贬。

⑧干舞：何休注："干，谓循也，能为人扞难而不使害人，故圣王贵之，以为武乐。万者。其篇名，武王以万人服天卜，民乐之，故名之。"干舞：即持盾牌表演的一种舞蹈。

【译文】

鲁宣公八年，春季，宣公从盟会的地方回到鲁国。夏季，六月，公子遂到齐国去。走到黄这个地方就返回来了。这里说走到黄这个地方就返回来是为什么？公子遂生病了。为什么不说公子遂有病就返回来了呢？为了谴责。谴责什么？大夫奉国君的命令出使，即使听到父母的丧事也只能慢慢向前走。不能返回。

辛巳这天，鲁国在太庙举行祭祀。

仲遂在垂这个地方死了。仲遂是什么人？就是公子遂。为什宣公么不称他公子？为了贬斥他。为什么要贬斥他？为了他曾经弑杀了太子赤而贬斥他。既然这样，那么为什么不在他弑杀太子赤时贬斥他呢？因为公子遂在文公的时代没有罪，不能在那时贬斥；太子赤又没有年号，也无法记载，因此只能在他死时贬斥他。壬午这天，犹"绎"。"万"进去，而取消"籥"。"绎"是

什么意思？就是在大祭的第二天再举行祭祀。"万"是
什么意思？就是手执盾牌表演的一种舞蹈。"籥"是什
么意思？就是吹着籥表演的一种舞蹈。这里说万舞进去
表演，取消籥舞是为什么呢？是取消有声的表演，不想
让人们听见；保留无声的舞蹈，把音乐的旋律保留在人
们心中就行了。把音乐的旋律保留在人们心中是什么意
思呢？因为在祭祀时大夫死了，为了致哀而取消音乐，
知道这是不可以的，却这样做了。"犹"是什么意思？
是全部都可以停止的意思。

戊子，鲁国夫人熊氏去世。

晋国军队和白狄人攻打秦国。

楚国军队灭亡了舒蓼这个小国。

秋季，七月，甲子这天，发生日食。是日全食。
冬季，十月，己丑这天，安葬鲁国夫人顷熊。因为下大
雨没有安葬。庚寅这天，中午时才下葬。顷熊是谁？是
鲁宣公的母亲。"日中而克葬"的"而"是什么意思？
是很困难的意思。下文定公十五年九月"日下吴，乃克
葬"的"乃"是什么意思？也是很困难的的意思。为什
么有的地方用"而"，有的地方用"乃"呢？用"乃"
字时，表示更困难。

鲁国在平阳这个地方筑城。

楚国军队攻打陈国。

【原文】

九年^①，春，王正月，公如齐。

公至自齐。

夏，仲孙蔑如京师。

齐侯伐莱。

秋，取根牟^②。根牟者何？郑妻之邑也。曷为不系乎邾娄？讳

亚也。

八月，滕子卒③。

九月，晋侯、宋公、卫侯、郑伯、曹伯会于息④。晋荀林父帅师伐陈。

辛酉⑤，晋侯黑臀卒于息。启者何？晋之邑也⑥。诸侯卒其封内不地，此何以地？卒于会，故地也。未出其地，故不言会也。

冬，十月，癸酉，卫侯郑卒⑦。

宋人围滕。

楚子伐郑。

晋谷巧缺帅师救郑。

陈杀其大夫泄治。

【注释】

①九年：鲁宣公九年（公元前600年）。

②根牟：国名。在今山东沂水县南。

③滕子：指滕昭公。昭公卒，滕文公立。

④息：晋国邑名，在今河南原阳县西。

⑤辛酉：日月有误。

⑥晋之邑：《春秋三传》注："杜氏预以启为郑地。故有卒于境外之说。《公羊》以息为晋地，与郑伯卒娜，宋公卒曲棘，皆以为封内不地。而各自立义，似较杜氏为长。考《竹书纪年》：晋出公二十二年，河流绝于息，意者肩本郑地而后入于晋乎？今故从《公羊》而删杜氏焉。"

⑦癸酉：十月十五日。郑：卫成公的名。卫成公是文公子，在位三十五年。当初出奔楚，复归。晋人执卫文公，卫人立公子瑕为君，成公杀公子瑕而立。何休注："不书葬者，杀公子瑕也。"

【译文】

　　鲁宣公九年，春季，周历正月，宣公到齐国去。鲁宣公从齐国回来。

　　夏季，仲孙蔑到周朝国都去。

　　齐侯率兵攻打莱国。

　　秋季，鲁国军队夺取根牟这个地方。根牟是什么地方？是邻娄国的一个城邑。为什么不挂在邾娄国名下呢？是避讳夺取根牟太急了。

　　八月，滕国国君去世。

　　九月，晋侯、宋公、卫侯、郑伯、曹伯在息这个地方会晤。晋国大夫荀林父率领军队攻打陈国。

　　辛酉这天，晋成公黑臀在息这个地方死了。启是什么地方？是晋国的一座城邑。诸侯在自己的封地内死是不记载地名的，这里为什么记载地名呢？因为晋成公是死在诸侯的盟会上，所以要写出地名。又因为晋成公没有离开启这个地方，所以就不提盟会的事了。

　　冬季，十月，癸酉这天，卫侯郑死了。宋国军队包围了滕国。

　　楚子率兵攻打郑国。

　　晋国大夫郗缺率领军队救援郑国。陈国杀害了自己的大夫泄治。

251

【原文】

　　十年^①，春，公如齐。公至自齐。齐人归我济西田。齐已取之矣，其言我何？言我者，未绝于我也。曷为未绝于我？齐已言取之矣^②，其实未之齐也^③。

　　夏，四月，丙辰^④，日有食之。

　　己巳，齐侯元卒^⑤。

　　齐崔氏出奔卫^⑥。崔氏者何？齐大夫也。其称崔氏何？贬。曷为贬？讥世卿，世卿非礼也。

公如齐。

五月，公至自齐。

癸巳，陈夏征舒弑其君平国⑦。

六月，宋师伐滕。

公孙归父如齐。葬齐惠公。

晋人、宋人、卫人、曹人伐郑。

秋，天王使王季子来聘⑧。王季子者何？天子之大夫也。其称王季子何？贵也。其贵奈何？母弟也。公孙归父帅师伐郑妻，取巢。

大水。

季孙行父如齐。

冬，公孙归父如齐。齐侯使国佐来聘。饥。何以书？以重书也。楚子伐郑。

【注释】

①十年：鲁宣公十年（公元前599年）。

②齐已言取之：齐国在语言上同意占领济水以西的田。宣公元年："齐人取济西之田。"

③其实未之齐：何休注："其人民贡赋尚属于鲁，实未归于齐。"

④丙辰：四月初一。

⑤己巳：四月十四日。元：齐惠公的名。齐惠公，桓公子，在位十年。

⑥崔氏：齐国大族。这里指崔杼。

⑦癸巳：五月初八日。夏征舒：陈国大夫，夏姬之子。据《左传》载：陈灵公和大夫孔宁、仪行父同夏姬通奸。泄冶规劝，被孔宁、仪行父二人杀害。有一天，陈灵公又与孔宁、仪行父在夏征舒家喝酒，陈灵公对仪

行父说："征舒长得像你。"仪行父回答说："也像君王。"夏征舒很痛恨他们。陈灵公出去，夏征舒从他的马棚里用箭射死陈灵公。孔宁、仪行父二人逃亡到楚国。平国：陈灵公的名。陈共公之子，在位十五年。夏姬：郑穆公之女，嫁给陈国大夫夏御叔为妻。

⑧王季子：即刘康公，周大夫。

【译文】

鲁宣公十年，春季，宣公到齐国去。宣公从齐国回来。齐国人归还鲁国济水以西的土地。济水以西的土地齐国已经取走了，这里还说是鲁国的是什么意思？说是鲁国的，是表明这片土地还没有与鲁国断绝关系。为什么还没有与鲁国断绝关系呢？因为齐国已经答应占取这片土地，但实际上这片土地还没有归属齐国。夏季，四月初一，发生日食。

己巳这天，齐国国君元去世。

齐国的崔氏逃亡到卫国。崔氏是什么人？是齐国的大夫。这里称他崔氏是什么意思？是表示贬低他。为什么要贬低他？谴责他家世世代代为国卿。世代为国卿是不合于礼的。

鲁宣公到齐国去。

五月，宣公从齐国回来。

癸巳这天，陈国大夫夏征舒弑杀了自己的国君平国。六月，宋国军队攻打滕国。

鲁国大夫公孙归父到齐国去。安葬安惠公。

晋国、宋国、卫国、曹国军队联合攻打郑国。

秋季，周天王派遣王季子来鲁国进行访问。王季子是什么人？是周天王的大夫。这里称他王季子是什么意思？是表示他很高贵。他怎么很高贵呢？因为他是周天王的同母弟弟。

公孙归父率领军队攻打邾娄国，夺取薪这个地方。

鲁国发生大水灾。

季孙行父到齐国去。

冬季，公孙归父到齐国去。

齐侯派遣大夫国佐来鲁国进行回访。

鲁国发生大饥荒。为什么记载这件事？是表示重视而记载下来。

楚子率兵攻打郑国。

【原文】

十有一年①，春，王正月。

夏，楚子、陈侯、郑伯盟于辰陵②。

公孙归父会齐人伐莒。

秋，晋侯会狄于攒函③。

冬，十月，楚人杀陈夏征舒。此楚子也，其称人何？贬。曷为贬？不与外讨也。不与外讨者，因其讨乎外而不与也。虽内讨亦不与也。曷为不与？实与，而文不与。文曷为不与？诸侯之义，不得专讨也。诸侯之义不得专讨，则其曰实与之何？上无天子，下无方伯，天下诸侯有为无道者，臣弑君，子弑父，力能讨之，则讨之可也。丁亥④，楚子入陈，纳公孙宁、仪行父于陈⑤。此皆大夫也，其言纳何？纳公党与也。

【注释】

①十有一年：鲁宣公十一年（公元前598年）。

②辰陵：陈国地名，在今河南淮阳县西六十里。

③攒函：狄地，今址不详。

④丁亥：十月十一日。

⑤纳：护送。有帮助逃亡者回国执政之意。

【译文】

　　鲁宣公干一年，春季，周历正月。

　　夏季，楚子、陈侯、郑伯在辰陵这个地方结盟。

　　公孙归父会同齐国人攻打莒国。

　　秋季，晋侯与狄人在攒函这个地方会面。

　　冬季，十月，"楚人"杀了陈国大夫夏征舒。这个"楚人"就是楚子，这里为什么称他"人"呢？为了贬责他。为什么要贬责他？因为不赞成诸侯向外讨伐有罪的人。不赞成诸侯向外讨伐有罪的人，是因为楚子向外讨伐陈国的夏征舒，所以不赞成，即使诸侯在国内讨伐自己的臣下也不赞成。为什么不赞成呢？实际上是赞成的，但是在语言上却表示不赞成。为什么在语言上表示不赞成呢？因为从诸侯的名义来说，是不能自作主张讨伐有罪的。既然从诸侯的名义来说是不能自作主张讨伐有罪的，那么这里为什么说实际上是赞成的呢？因为当时上无贤明的天子，在下没有主持一方的诸侯之长，天下诸侯国内如果有谁做出不道义的事情，比如臣下弑杀国君，儿子弑杀父亲，如果有实力讨伐他，那么讨伐他是可以的。

　　丁亥这天，楚子率兵进入陈国，把公孙宁、仪行父护送回陈国。公孙宁和仪行父都是陈国大夫，这里为什么要说护送呢？因为这是把陈灵公的同党护送回国。

255

【原文】

十月二年①，春，葬陈灵公。讨此贼者，非臣子也。何以书葬？君子辞也。楚已讨之矣，臣子虽欲讨之，而无所讨也。

楚子围郑。

夏，六月，乙卯，晋荀林父帅师，及楚子战于邲②。晋师败绩。大夫不敌君，此其称名氏以敌楚子何？不与晋而宣公与楚子为礼也③。曷为不与晋而与楚子为礼也？庄王伐郑④，胜乎皇门⑤，放乎路衢⑥。郑伯肉袒⑦，左执茅旌⑧，右执鸾刀⑨，以逆庄王，曰："寡人无良，边垂之臣⑩，以干天祸⑪，是以使君王沛焉⑫，辱到敝邑，君如矜此丧人，锡之不毛之地，使帅一二耋老而绥焉，请唯君王之命。"庄王曰："君之不令臣，交易为言，是以使寡人得见君之玉面，而微至乎此。"庄王亲自手族⑧，左右扮军，退舍七里。将军子重谏曰："南郢之与郑，相去数千里，诸大夫死者数人，厮役启养死者数百人，今君胜郑而不有，无乃失民臣之力乎？"庄王曰："古者杆不穿，皮不蠹，则不出于四方，是以君子笃于礼而薄于利，要其人而不要其土。告从⑥，不赦，不详。吾以不详道民，灾及吾身，何日之有。"既则晋师之救郑者至。曰："请战。"庄王许诺。将军子重谏曰："晋，大国也。王师淹病矣，君请勿许也。"庄王曰："弱者，吾威之。强者，吾辟之。是以使寡人无以立乎天下。"令之还师，而逆晋寇。庄王鼓之，晋师大败。晋众之走者，舟中之指可掬矣。庄王曰："嘻！吾两君不相好，百姓何罪？"令之还师，而佚晋寇

秋，七月。

冬，十有二月，戊寅，楚子灭萧。

晋人、宋人、卫人、曹人同盟于清丘。宋师伐陈。

卫人救陈。

【注释】

①十有二年：鲁宣公十二年（公元前597年）。

②乙卯：六月十三日。郝：地名，郑国邑。在今河南荣阳县东北。

③与楚子为礼：认为楚子的做法是合乎礼仪的。

④庄王：即楚庄王，名旅，穆王之子，在位二十三年，春秋五霸之一。

⑤皇门：郑国城门名。

⑥路衢：即大道。四通八达的道路叫衢。

⑦郑伯：即郑襄公，郑国国君。穆公之子，灵公之弟，名坚，鲁宣公五年立，在位十八年。肉袒：把上衣敞开，露出上身的一部分。表示愿意服罪受刑。

⑧茅旌：用茅草制作的旗。古代祭祀时导神之物。

⑨鸾刀：有铃的刀。古代祭祀时割牲用。何休注："鸾刀，宗庙割切之刀，环有和锋有弯。执宗庙器者，示以宗庙不血食，自归首。"

⑩寡人无良，边垂之臣：何休注："诸侯自称曰寡人，天子自称曰联。良，善也。喻有过。言己有过于楚边垂之臣，谦不敢斥庄王。"

⑪干：何休注："干，犯也。谦不敢斥庄王，归之于天。"

⑫沛焉：何休注："沛焉者，怒有余之貌。犹传曰：力沛若有余。"

【译文】

鲁宣公十二年，春季，安葬陈灵公。讨伐弑杀陈灵公的贼人，不是陈国的臣子。为什么要记载陈灵公的葬礼呢？这是君子的说法。楚国已经讨伐了弑杀陈灵公的夏征舒了，陈国的大夫们即使想讨伐夏征舒，也没有讨伐的对象了。

楚庄王率兵包围了郑国。

夏季，六月，乙卯这天，晋国大夫荀林父率领军队和楚庄王在郑这个地方交战。晋国的军队大败。大夫是不能与国君对敌交战的，这里称荀林父的姓名与楚庄王对敌交战是为什么呢？作者不赞成晋国，而认为楚庄王的做法是合乎礼仪的。为什么不赞成晋国，而认为楚庄王的做法是合乎礼仪的呢？楚庄王讨伐郑国，从郑国国都的皇门攻进郑国，到了国都的大道。郑襄公袒露上身，左手拿着祭祀时导神的旗子，右手拿着祭祀时割牲用的鸾刀，迎接楚庄王。郑襄公说："我对您边邑的守臣有过错，于是得罪了上天，因此让您余怒未消，从很远的地方劳辱您到我们这个小国来。大王如果怜悯我这个已经丧亡的人，请赐一块贫痔、五谷不生的地方，让我带几个年老体衰的人在那里了此残生。请让我遵从您的命令吧。"楚庄王说："您的一些不好的臣下，常来我这里说您的坏话，所以才使我能见到您高贵的容貌，您臣下说的坏话多了，才到今天这个地步。"楚庄王亲自拿起指挥旗，指挥他的左右军后退七里。楚国将军子重规劝庄王说："楚国的国都南邹与郑国，相距几千里，这次出征，大夫已死了几个，士兵也死了几百人。现在君王战胜了郑国而不占领它，岂不是白白浪费民众和臣子们的精力吗？"楚庄王说："古时候的人，如果饮水器不破，袋衣不被虫蛀坏，就不可能外出朝聘征伐，因此君子是重礼仪而轻利益的。征伐的目的是要取得它的人心，而不是强占它的土地。如果对方表示服从了，不宽恕他们，就是用心不善了。我如果用心不善，并去引导民众，那么灾难降在我的身上，就不要多少时间了。"不久，晋国派来救授郑国的军队到了。晋军主帅荀林父对楚庄王说："请来决一胜负。"楚庄王答应了。这时楚国将军子重又规劝说："晋国是大国。君王的军队疲惫很久了，君王请不要同意与他们决战。"楚庄王说："如果面对弱小的国家，我就威胁它；面对强大的国家，我就躲避它，这样就会使我无法在天下诸侯面前立足。"于是楚庄王命令军队回师向北，迎战晋国军队。楚晋两军相遇，楚庄王亲自击鼓进攻，晋国军队大败。晋军逃亡的人，争抢渡船，砍下的手指掉在船里，多得可以用双手捧起来。庄王感叹说："唉！两国国君不友好，而百姓又有什么罪过呢？"楚庄王命令军队撤退，让晋军渡过邲水去。

秋季，七月。

冬季，十二月，戊寅这天，楚庄王灭亡了萧国。晋国先縠、宋国华椒、卫国孔达和曹人一起在清丘这个地方结盟。

宋国军队攻打陈国。

卫国军队救援陈国。

【原文】

十有三年①，春，齐师伐卫。夏，楚子伐宋。

秋，螽。

冬，晋杀其大夫先縠②。

【注释】

①十有三年：鲁宣公十三年（公元前596年）。

②先縠：又称原縠、彘子，先轸的后裔。邲之战，因其刚愎自用不听主帅指挥而败于楚，后又招赤狄攻打晋国。晋国人在追究邲地战役失败责任时，都归罪于先縠，于是杀了他，并杀掉他的全部族人。

【译文】

鲁宣公十三年，春季，齐国军队攻打卫国。夏季，楚庄王率兵攻打宋国。

秋季，鲁国发生虫灾。

冬季，晋国杀了自己的大夫先縠。

【原文】

十有四年，春，卫杀其大夫孔达①。

夏，五月，壬申，曹伯寿卒。

晋侯伐郑。

秋，九月，楚子围宋。

葬曹文公。

冬，公孙归父会齐侯于毅。

【注释】

①十有四年：鲁宣公十四年（公元前595年）。卫杀其大夫孔达：据《左传》载，孔达是自杀的。因为根据宣公十二年清丘的盟约，卫国不应救陈，晋国就前来追究卫国的责任，并威胁说："罪责如果没有归属，就要把战争加在你们头上。"孔达是卫国执政大夫，就站出来说："如果有利于国家，请用我的死让晋国满意，罪过在于我。"宣公十四年春，孔达就自溢而死。卫国人以此向晋国作了交代。

【译文】

鲁宣公十四年，春季，卫国杀死了自己的大夫孔达。夏季，五月，壬申这天，曹文公寿死了。

晋侯率兵攻打郑国。

秋季，九月，楚庄王率兵包围了宋国。

安葬曹文公。

冬季，公孙归父与齐侯在毅这个地方会晤。

【原文】

十有五年①，春，公孙归父会楚子于宋。夏，五月，宋人及楚人平。外平不书，此何以书？大其平乎己也②。何大乎其平乎己。庄王围宋，军有七日之粮尔，尽此不胜，将去而归尔，于是使司马子反乘埋而窥宋城③。宋华元亦乘埋而出见之。司马子反曰："子之国何如？"华元曰："惫矣。"曰："何如？"曰："易子而食之④，析骸而炊之⑤。"司马子反曰："嘻！甚矣惫，虽然，吾闻之也，围者，柑马而株之⑥，使肥者应客，是何子之情也⑦?"华元曰:"吾闻之,君子见人之厄则矜之⑧,小人见人之厄则幸之⑨,吾见子之君子也,是以告情于子也。"司马子反曰:"诺。勉之矣⑩。吾军亦有七日之粮尔,尽此不胜,将去而归尔。"揖而去之,反于庄王。庄王曰:"何如?"司马子反曰:"惫矣。"曰:"何如?"曰:"易子而食之,析骸而炊之。"庄王曰:"嘻,甚矣惫。虽然,吾今取此,然后而归尔。"司马子反曰:"不可。臣已告之矣,军有七日之粮尔。"庄王怒曰:"使子往视之,子曷为告之?"司马子反曰:"以区区之宋,犹有不欺人之臣,可以楚而无乎,是以告之也。"庄王曰:"诺。舍而止⑪。虽然⑫,吾犹取此然后归尔。"司马子反曰:"然则君请处于此,臣请归尔。"庄王曰:"子去我而归,吾孰与处于此?吾亦从子而归尔。"引师而去之。故君子大其平乎己也。此皆大夫也,其称人何?贬。曷为贬?平者在下也。

【注释】

①十有五年:鲁宣公十五年(公元前594年)。

②平乎己:讲和依靠自己的力量,没有第三国从中调解。

③司马子反:即楚军主将公子侧。堙:堆土为山,用以攻城。

④易子而食之:交换儿子而杀了吃。

⑤析骸而炊之:破开尸骨当柴烧火做饭。析,分开,破开。骸,骸骨,尸骨。

⑥柑马而秣之:何休注:"秣者以粟置马口中,柑者以木衔其口,不欲令食粟,示有蓄积。"

⑦是何子之情:为什么您这样坦露真情呢。何休注:"犹曰何大露情。"

⑧厄:困苦,危难。矜:怜悯。

⑨幸:侥幸;幸灾乐祸。

261

⑩勉之：努力坚守城吧。何休注："勉，犹努力。使努力坚守之。"

⑪舍而止：修筑军营，往下来。何休注："受命筑舍而止，示无去计。"

⑫虽然：虽然宋国已经知道我国粮食将近的实情。何休注："虽宋已知我粮短。"

【译文】

鲁宣公十五年，春季，公孙归父在宋国会见楚庄王。夏季，五月，宋国人和楚国人讲和。鲁国之外的国家讲和是不记载的，这里为什么记载呢？为了赞扬宋楚的讲和是靠他们自己。为什么要赞扬宋楚的讲和是靠他们自己呢？楚庄王围攻宋国都城，久攻不下，军中只剩下七天的粮食了，如果吃完这些粮草还攻不下宋都，就准备撤军回国。于是，楚庄王就派司马子反登上楚军为攻城而堆成的土山，偷看宋国国都的情况。碰巧宋国大夫华元这时也登上宋军为守城而堆的土山，伸出头就看见了司马子反。司马子反问华元说："您的国家怎么样了？"华元回答说："已经疲惫了。"司马子反又问："具体情况怎样？"华元说："城中已断粮，人们互相交换自己的子女杀了吃；城内已无柴，人们破开尸骨当柴烧火做饭。"司马子反叹息说："唉！确实是相当疲惫了。即使这样，我听说古代被围的国家，都是把木头放在马的口中，再给马喂粮草，让马想吃也吃不上，牵出来给敌国使者看的都是膘肥体壮的马，表示自己的粮草充足，但是您为什么这样大胆地透露宋国的真情实况呢？"华元说："我听说：君子看到别人的危难就怜悯他；小人看见趾人的危难就幸灾乐祸，我看您是君子，因此把宋国的真情实况告诉您。"司马子反说："好，努力坚守吧！我国军队也只有七天的粮草了，如果吃完这些粮草还攻不下城，就准备撤军回国。"说完，他向华元行一个礼就离开了土山。回去向楚庄王汇报情况。楚庄王问："宋国情况怎么样？"司马子反说："已经疲惫不堪了。"庄王又问："具体情况呢？"司马子反说："宋国都城内人们互相交换子女杀了吃，劈开死人骨头当柴烧。"楚庄王说："唉，真是很疲惫了。即使这样，我现在还是要攻下宋国都城，然后再班师回国。"司马子反说："不行，我已经把我军的实情告诉华元，我军也只有七天的粮草了。"楚庄王听后大怒，说："我派你去侦察他们的情况，为什么你要把我军的情况告诉华元？"司马子反说："以一个小小的宋国来说，还有不欺骗别人的臣子，难道像我们楚国这样大的国家就可以没有吗？所以我把情况也告诉了华元。"楚庄王只好说："好吧，我军就在这里扎下营寨，住下来，即使宋国已经知道我军粮草短缺，我还是要攻下宋国都城后再回国。"司马子反说："既然这样，君王就请留在这里吧，我请求回去。"庄王说："您离开我回国，我和谁留在这里？我也和您一起回国算了。"于是楚庄王率领军队离开了宋国国都。所以君子要赞扬宋楚两国讲和是依靠他们自己。司马子反和华元他们都是大夫，"宋人及楚人平"这里为什么称人呢？为了贬斥两国国君。为什么要贬斥两国国君呢？因为宋楚两国的和解是国君手下的臣子实现的。

【原文】

六月，癸卯，晋师灭赤狄潞氏[①]。以潞子婴儿归[②]。潞何以称子？潞子之为善也，躬足以亡尔。虽然，君子不可不记也。离于夷狄，而未能合于中国[③]。晋师伐之，中国不救，狄人不有[④]，是以亡也。

秦人伐晋。

王札子杀召伯、毛伯⑤。王札子者何？长庶之号也⑥。秋，螽。

仲孙蔑会齐高固于牟娄。

初税亩⑦。初者何？始也。税亩者何？履亩而税也。初税亩何以书？讥。何讥尔？讥始履亩而税也。何讥乎始履亩而税？古者什一而藉⑧。古者曷为什一而藉？什一者，天下之中正也。多乎什一，大桀小桀；寡乎什一，大貉小貉⑨。什一者，天下之中正也。什一行而颂声作矣。冬，蝝生⑩。未有言蝝生者，此其言蝝生何？蝝生不书，此何以书？幸之也。幸之者何？犹曰受之云尔。受之云尔者何？上变古易常⑪，应是而有天灾。其诸则宜于此焉变矣⑫。

饥。

【注释】

①癸卯：六月十八日。

②潞子：即潞国国君，

③未能合于中国：何休注："未能与中国合同礼义相亲比也。故犹系赤狄。"

④有："石大"。友爱，亲爱。

⑤王札子：即王子捷，周王子。召伯：即召戴公，周王室卿士。毛伯：又称毛伯卫，周王室大臣。

⑥长庶之号：周王室庶子中长子的称呼。何休注："天子之庶兄，礼者，冠且字也。礼：天子庶兄冠而不名，所以尊之子者，王子也。"

⑦初税亩：公元前594年，鲁国实行初税亩，这是对旧的井田制的改革，是社会的一大进步。

⑧藉：藉法。自殷、周以来，都是实行井田制。这是古代奴隶社会的一种土地制度。以方九百亩的地为

一里，划为九区，其中一区为公田，八区为私田，分给八家，每家百亩，八家在耕种私田时，共同在这一区公田上无偿劳动，这就是所谓藉法。因这九百亩地形如井字，所以叫井田。初税亩，标志着井田制的崩溃，一种新的生产关系在建立。什一：十分之一，从十分中取其一分。

⑨大貉小貉：是蛮貉不开化的行为。何休注："蛮貉无社稷、宗庙、百官、制度之费，税薄。"貉，古代泛指居于北方的民族。

⑩螽：未生翅膀的蝗虫。

⑪上变古易常：上，指鲁宣公。宣公改变了古代沿袭下来的制度和规矩。

⑫其诸则宜于此焉变：大概鲁宣公应该从这次虫灾中醒悟过来，改变再推行税亩的做法。何休注："言宣公于此天灾饥后能受过变痞，明年复古行中，冬大有年，其功美过于无灾，故君子深为喜而侥体之变。"

【译文】

六月，癸卯这天，晋国军队灭亡了赤狄的潞国。俘获潞国国君婴儿回来。潞国国君为什么称子？潞国国君实行仁义，他自身的行为就足以使潞国灭亡。即使这样，君子也不能不记载下来。潞国在行为上已经脱离了夷狄的习俗，但在礼仪上与中原地区的诸侯国还有较大的差距。因此，晋国军队攻打它时，中原地区的诸侯国不去救援，狄人对它又不友爱，所以它灭亡了。秦国军队攻打晋国。

王札子杀了召伯和毛伯。王札子是什么人？是周天子庶兄的称呼。

秋季，鲁国发生蝗灾。

265

仲孙蔑在牟娄这个地方会见齐国大夫高固。

鲁国实行"初税亩"。"初"是什么意思？就是开始。"税亩"是什么意思？丈量鲁国百姓拥有土地的亩数，让他们按亩交税。鲁国开始推行"税亩"制，为什么记载呢？为了谴责。谴责什么？谴责鲁宣公丈量百姓的土地，让百姓按亩交税。为什么要谴责鲁宣公丈量百姓的土地，让百姓按亩交税呢？因为鲁国从古代起都是实行上交收成的十分之一的井田制。为什么从古代起都是实行上交收成十分之一的井田制呢？因为上交收成十分之一是天下最合适的税法。多于十分之一，就是夏桀横征暴敛的做法；少于十分之一，就是蛮貉不开化的做法。十分之一的税率，是天下最合适的税率，实行十一税，百姓的歌颂声就会兴起。

冬季，鲁国出现大量的蝗虫幼虫。以前没有记载过出现蝗虫幼虫的事，这里为什么说出现了大量的蝗虫幼虫呢？出现蝗虫幼虫是不记载的，这里为什么记载呢？因为对出现大量蝗虫幼虫感到庆幸。为什么感到庆幸呢？就好像说接受这种现象。为什么说接受这种现象呢？因为鲁宣公改变了从古代起就实行的制度，上天回报鲁宣公这种做法必然出现天灾，大概鲁宣公应该从这次天灾中醒悟过来，改变推行税亩制的做法。

鲁国发生大饥荒。

【原文】

十有六年，春，王正月，晋人灭赤狄甲氏，①及留吁②。夏，成周宣榭灾③。成周者何？东周也④。宣榭者何？宣宫之榭也⑤。何言乎成周宣榭灾？乐器藏焉尔⑥。成周宣榭灾，何以书？记灾也。外灾不书，此何以书？新周也⑦。秋，郑伯姬来归。

冬，大有年。

【注释】

①十有六年：鲁宣公十六年（公元前593年）。甲氏：赤狄的一种。②留吁：赤狄的一种。

③成周：即西周的东都洛邑，与王城相距十八里，平王东迁居王城，敬王迁都成周。榭：建在土台上的厅堂式建筑物，一般用来习射讲武。灾：指火灾。

④东周：何休注："后周分为二，天下所名为东周，名为成周者，本成王所定名天下初号之云尔。"

⑤宣宫：何休注："宣宫，周宣王之庙也。至此不毁者，有中兴之功。室有东西厢曰庙，无东西厢有室曰寝，无室曰榭。"

⑥器：何休注："宣王中兴所作乐器。"

⑦新周：新兴的周王朝。

【译文】

鲁宣公十六年，春季，周历正月，晋国军队灭亡了赤狄的甲氏和留吁两个部族。

夏季，成周的宣榭发生火灾。成周是什么意思？就是平王东迁后的都城。宣榭是什么地方？就是周宣王庙中的榭。这里为什么说成周的周宣王庙的榭发生火灾呢？因为周宣王中兴时制作的乐器存放在这里。成周的宣榭发生火灾，为什么要记载呢？为了记载灾害。鲁国以外发生的灾害是不记载的，这里为什么记载呢？作者认为东周是新兴的周王朝。

秋季，郑伯姬回到鲁国。

冬季，鲁国大丰收。

【原文】

十有七年，春，王正月，庚子，许男锡我卒①。丁未，蔡侯申卒②。

夏，葬许昭公。

葬蔡文公。

六月，癸卯^③，日有食之。

己未，公会晋侯、卫侯、曹伯、邾娄子同盟于断道^④。秋，公至自会。

冬，十有一月，壬午，公弟叔肸卒^⑤。

【注释】

①十有七年：鲁宣公十七年（公元前592年）。庚子：正月二十六日。

许男：即许昭公，名锡我，僖公子，在位三十一年。

②丁未：有日无月，应为二月初二。蔡侯：即蔡文公，名申，庄公子，在位二十年。

③癸卯：应为五月三十日。

④己未：六月十六日。断道：晋国地名，在今山西沁县西。

⑤壬午：十一月十一日。何休注："称字者，贤之。宣公篡立，叔肸不仕其朝，不食其禄，终身于贫贱，故孔子曰：笃信好学，守死善道，危邦不入，乱邦不居，天下有道则见，无道则隐，此之谓也。"

【译文】

鲁宣公十七年，春季，周历正月，庚子这天，许国国君锡我去世。

丁未这天，蔡国国君申去世。

夏季，安葬许昭公。

安葬蔡文公。

六月，癸卯这天，发生日食。

己未这天，鲁宣公会见晋侯、卫侯、曹伯、邾娄子，并在断道这个地方结盟。

秋季，鲁宣公从盟会的地方回到鲁国。

冬季，十一月，壬午这天，鲁宣公的同母弟弟叔肸
去世。

【原文】

十有八年，春，晋侯、卫世子减伐齐①。公伐杞。

夏，四月。

秋，七月，朱肠娄人栽邵子于都②。栽都子于部者何？残贼而
杀之也。

甲戌，楚子旅卒③。何以不书葬？吴楚之君不书葬。辟其号
也。

公孙归父如晋。

冬，十月，壬戌，公亮于路寝④。

归父还自晋⑤。至怪⑥，遂奔齐。还者何冬善辞也。何善尔？
归父使于晋，还自晋，至怪，闻君亮家遣⑦。撺帷⑧。哭君成踊⑨。
反命乎介⑩，自是走之齐。

【注释】

①十有八年：鲁宣公十八年（公元前591年）。卫世
子减：卫国太子。

②栽：杀害。

③甲戌：七月初六。楚子：即楚庄王，名旅。穆王
子，在位二十二年。

④壬戌：十月二十六日。路寝：天子、诸侯的正
室。⑤归父：即公孙归父，公子遂之子，因其父拥立宣
公有功，父子均受宣公宠信，公子遂死后，公孙归父执
政十年之久。

⑥怪：宋国地名，在今河南淮阳县境。

⑦家遣：何休注："家为鲁所逐遣，以先人弑君故
地。"

⑧墠：古代祭祀用的平地。这里作动词用，即清除草秽做行礼用的地方。帷：帷幕。这里也作动词用，指张开帷幕。

⑨踊：本指往上跳，这里是顿足。按：公孙归父已知国君已死，季文子等又驱逐他的家族，因而不能回国，便在途中对宣公举行国丧之礼。

⑩反命乎介：向他的副手详细地汇报出使晋国的情况，让副手回国向新君汇报。介：副手。

【译文】

鲁宣公十八年，春季，晋侯和卫国太子减率兵攻打齐国。鲁宣公率兵攻打杞国。

夏季，四月。

宣公秋季，七月，邾娄国人在鄫国"栽"曾卜国国君。在鄫国"月戈"曾卜国国君是什么意思？就是用肢解的残忍方式把他杀害了。甲戌这天，楚庄王旅死了。为什么不记载葬礼呢？吴国和楚国的国君死了，是不记载葬礼的。这是为了避免出现他们自己封的吴王、楚王这样的封号。

公孙归父到晋国去。

冬季，十月，壬戌这天，鲁宣公在他的寝宫正室去世。公孙归父从晋国回来，走到怪这个地方，就逃亡到齐国去了。"归父还自晋"的"还"是什么意思呢？是称赞的说法。为什么要赞许他呢？公孙归父奉命出使晋国，从晋国回来时，走到怪这个地方，就听到国君宣公去世、自己的家族被驱逐出境，于是就清扫出一块祭祀用的平地，张开帷幕围上，在国君丧礼规定的位置上，顿足痛哭鲁宣公，并向他的副手详细地介绍了出使晋国的情况，让副手回国向新君汇报，然后从怪这个地方逃到齐国去。

成 公

元年，春，王正月，公即位①。

二月，辛酉②，葬我君宣公。

无冰夕。

三月，作丘甲气何以书？③讥。何讥尔？讥始丘使也。夏，减孙许及晋侯盟于赤棘④。

秋，王师败绩于贸戎⑤。孰败之？盖晋败之。或曰：贸戎败之。然则曷为不言晋败之？王者无敌，莫敢当也。冬，十月。

①元年：鲁成公元年（公元前590年）。公：即鲁成公，名黑肱，宣公之子，在位十八年。

②辛酉：二月二十七日。

③丘甲：一丘出一定数量的兵赋。丘，春秋时期地方基层组织的名称。旧制：九夫为井，四井为邑，四邑为丘，四丘为甸。甲，这里指兵赋。何休注："甲，铠也。"不从。作：这里指规定。

④减孙许：又称减宣叔、减孙、宣叔、减文仲之子，鲁国大夫，当时为司寇，主管刑律。赤棘：晋国地名，今址不详。

⑤王师：周天王的军队，当时由刘康公指挥。贸戎：《左传》作"茅戎"。戎的一个部族。

鲁成公元年，春季，周历正月，鲁成公即位。

二月，辛酉这天，为鲁国国君宣公举行葬礼。

鲁国今年没有结冰。

　　三月，鲁国规定了一丘出一定数量兵赋的丘甲制度。为什么记载这件事？为了谴责。谴责什么？谴责鲁成公开始实行丘甲制度。

　　夏季，鲁国大夫减孙许与晋侯在赤棘这个地方结盟。秋季，周天王的军队在贸戎氏的地方被打得大败。是谁打败了周天王的军队呢？大概是晋国军队打败的。有人说：是贸戎氏打败的。既然这样，那么为什么不直接说晋国军队打败了周天王的军队呢？周天王天下无敌，没有谁敢抵挡他。

　　冬季，十月。

【原文】

二年，春，齐侯伐我北鄙①。

夏，四月，丙戌，卫孙良夫帅师②，及齐师战于新筑③。卫师败绩。

六月，癸酉④，季孙行父、减孙许、叔孙侨如、公孙婴齐帅师⑤，会晋郤克、卫孙良夫、曹公子手及齐侯战于塞。齐师败绩。曹无大夫，公子手何以书？忧内也⑥。秋，七月，齐侯使国佐如师。己酉，及国佐盟于袁娄⑦。君不使乎大夫，此其行使乎大夫何？佚获也⑧。其佚获奈何？师还齐侯⑨，晋郤克投戟逡巡再拜稽首马前。逢丑父者，顷公之车右也⑩。面目与顷公相似，衣服与顷公相似，代顷公当左，使顷公取饮，顷公操饮而至，曰："革取清者。"顷公用是佚而不反。逢丑父曰："吾赖社樱之神灵，吾君已免矣。"谷仔克曰："欺三军者，其法奈何？"曰："法新。"于是新逢丑父。己酉，及齐国佐盟于袁娄。曷为不盟于师，而盟于袁娄？前此者，晋郤克与减孙许同时而聘于齐。萧同侄子者⑪，齐君之母也。踊于桔而窥客。则客或跛或眇，于是使跛者逐跛者，使眇者逐眇者。二大夫出，相与跨间而语，移日然后相去。齐人皆曰：

272

"患之起，必自此始。"二大夫归，相与率师为鞌之战。齐师大败，齐侯使国佐如师。谷仔克曰："与我纪侯之甗，反鲁卫之侵地，使耕者东亩，且以萧同侄子为质，则吾舍子矣。"国佐曰："与我纪侯之甗，请诺；反鲁卫之侵地，请诺；使耕者东亩，是则土齐也④。萧同侄子者，齐君之母也。齐君之母，犹晋君之母也，不可。一战不胜，请再；再战不胜，请三；三战不胜，则齐国尽子之有也。何必以萧同侄子为质！"揖而去之。谷仔克肤鲁卫之使④，使以其辞而为之请⑥。然后许之，逮于袁娄而与之盟。

【注释】

①二年：鲁成公二年（公元前589年）。齐侯：位十七年。

②丙戌：四月二十九日。孙良夫：也称孙子。

③新筑：卫国地名，在今河北大名县境。

④癸酉：六月十七日。

⑤季孙行父、减孙许、叔孙侨如、公孙婴齐：都是督国掌权的大夫，势力强大。

⑥优内：指曹国为鲁国忧虑。

⑦己酉：七月二十四日。及：主语为晋那克。袁娄：齐国地名，在今山东淄川县境。

⑧佚获：何休注："佚获者，已获而逃亡也。"

⑨还：环绕，包围。

⑩逢丑父：齐国大夫，车右：又称骖乘。古制：一车乘三人，尊者在左，御者居中，骖乘在右。但君王或战争中的主帅居中，御者在左，车右都是有勇力的武士，任务是执干戈以御敌。或车不能前进时下来推车。

⑪萧同侄子：何休注："萧同，国名。侄子者，萧同君侄娣之子嫁于齐，生顷公。"《左传》作"萧同叔子"，认为萧是国名。"同叔"是萧国君的字，是齐顷

公的外祖父。"子",女儿。可备一说。晋国人不便直言以齐顷公的母亲为质,所以才这样称呼。

【译文】

鲁成公二年,春季,齐侯率兵攻打鲁国北部边邑。夏季,四月。丙戌这天,卫国大夫孙良夫率领军队,与齐国军队在新筑这个地方交战。卫国军队大败。

六月,癸酉这天,鲁国大夫季孙行父、藏孙许、叔孙侨如、公孙婴齐率领军队,会同晋国大夫郤克、卫国大夫孙良夫、曹国公手率领的军队。与齐侯在鞌这个地方交战。齐国军队大败。曹国是没有大夫的,这里为什么记载曹国大夫公子手呢?因为曹国为鲁国分优。

秋季,七月,齐侯派遣大夫国佐到诸侯联军中来。己酉这天,晋国大夫郤克与国佐在袁娄这个地方结盟。国君是不向大夫派遣使者的,这里齐侯派遣国佐来见郤克、季孙行父等大夫是什么意思?因为齐侯在被俘获的情况下逃走了。齐侯怎样在被俘获的情况下逃走的呢?诸侯的军队包围了齐侯的战车,晋国主帅郤克跳下战车,将兵器放下,在齐侯战车的马前迟疑徘徊一会儿,然后向齐侯两次揖拜叩头。逢丑父是齐顷公的车右。他的容貌和衣服都与齐顷公相似,并且代替齐顷公站在车的左边。诸侯军队围住齐顷公战车时,他让齐顷公去取水。顷公端着水回来时,逢丑父却说:"不行!另外去取清洁的水来!"齐顷公趁着到远处去取清水,逃走了不再回来。逢丑父等齐顷公逃走后,对郤克说:"我们得到社稷神灵的保佑,我们的国君已经免除了灾难。"郤克发现上当后,大怒,回头问军中执法官:"欺骗三军的人,按照军法应该怎样处分?"执法官回答:"按照军法应该处斩。"于是郤克下令斩了逢丑父。己酉这天，晋国邵克与齐国国佐在袁娄这个地方结盟。为什么他们不在军队中结盟，而在袁娄这个地方结盟呢？在这次战争之前，晋国的郤克和鲁国的减孙许曾经同时出访齐国。萧同侄子是齐顷公的母亲，在那克和减孙许到来时，她登上一块跳板偷偷地观看这两个使者，发现这两个使者一个是跛子，一个瞎了一只眼睛，于是她就让跛子大夫去迎接跛的使者，让瞎了一只眼睛的大夫去接待瞎了一只眼的使者。两个大夫朝见齐侯后出来，在大门口，一个站在门里，一个站在门外交谈，他们谈了很久才一起离去。齐国人都说："齐国祸乱的出现，必定从这事开始。"两个大夫回国后，一起率领军队发动了这次在寨这个地方的战争。齐国军队大败，齐顷公派遣国佐到诸侯军中来。谷阵克对国佐说："给我国纪侯的瓘，退还齐国侵占鲁国和卫国的土地，让你们国家种田人把田地的垄埂由南北向改为东西向，并且让萧同侄子到晋国来作人质，那么我就放过你。"国佐说："把纪侯的瓘送给你们晋国，可以答应；退还我国侵占鲁国和卫国的土地，也可以答应。但让我国种田人把田地的垄埂由南北向改为东西向，与晋国一样，这种作法实际上是想全部占领我们齐国的土地。而萧同侄子却是齐国国君的母亲，就好像你们晋国国君的母亲，用来当人质是绝对不行的。如果你们一定要让我国田地的垄埂由南北向改为东西向，一定要让我们齐国国君的母亲到晋国作人质，那么，请求重新交战吧！我们一仗打不胜，请再战；第二仗还不胜，请求第三次交战；如果第三仗也不胜，那么齐国就全部是你们的了。有什么必要让萧同侄子到晋国作人质呢？"国佐向郤克行一个礼就走了。谷卜克急忙向鲁国和卫国的大夫递眼色，让他们站出来替齐国说情，代国佐请求。然后那克同意了国佐的意见。在袁娄这个地方追上了国佐，并和他结盟。

【原文】

八月，壬午，宋公鲍卒①。

庚寅，卫侯邀卒②。

取坟阳田③。坟阳田者何？肇之赂也。

冬，楚师、郑师侵卫。

十有一月，公会楚公子婴齐于蜀④。

丙申，公及楚人、秦人、宋人、陈人、卫人、郑人、齐人、曹人、邾娄人、薛人、曾吓人盟于蜀⑤。此楚公子婴齐也，其称人何？得一贬焉尔⑥。

【注释】

①壬午：八月二十七日。宋公：即宋文公，名鲍，成公之子，在位二十二年。

②庚寅：有日无月。《左传》记为"九月"。应为九月初六。卫侯：即卫穆公，名邀。成公之子，在位十一年。

③坟阳田：这是鲁国被齐国侵占的土地。坟阳，鲁国地名，在今山东宁阳县东北。

④公子婴齐：楚国令尹，执政官。蜀：鲁国地名，在今山东泰安县西。凰丙申：十一月十三日。

⑤楚人：即楚公子婴齐。秦人：即秦国右大夫说。宋人：即宋国大夫华元。陈人：陈国大夫公孙宁。卫人：即卫国大夫孙良夫。郑人：即郑国公子去疾。

⑥得一贬：何休注："得一贬者，独此一事得具见其恶，故贬之尔，不然则当没公也。"

【译文】

八月，壬午这天，宋文公鲍去世。

九月庚寅这天，卫穆公邀去世。

鲁国取回了汝阳这个地方的土地。汉阳这个地方的土地是怎么回事呢？这是齐国在鞌之战失败后退还侵占鲁国的土地。冬季，楚国军队和郑国军队侵犯卫国。

十一月，鲁成公在蜀这个地方会见了楚国公子婴齐。丙申这天，鲁成公与楚国人、秦国人、宋国人、陈国人、卫国人、郑国人、齐国人、曹国人、邾娄国人、薛国人、曾吓国人在蜀这个地方结盟。"公及楚人"，这里的"楚人"就是楚国公子婴齐，为什么称他"人"呢？因为公子婴齐是没有资格与鲁成公结盟的，仅这一件事就应该贬责他。

【原文】

三年，春，王正月，公会晋侯、宋公、卫侯、曹伯伐郑①。

辛亥②，葬卫缪公。

二月，公至自伐郑。

甲子③，新宫灾。三日哭。新宫者何？宣公之宫也。宣宫则曷为谓之新宫？不忍言也④。其言三日哭何？庙灾三日哭，礼也。新宫灾，何以书？记灾也。

乙亥⑤，葬宋文公。

夏，公如晋。

郑公子去疾率师伐许⑥。

公至自晋。

秋，叔孙侨如率师围棘⑦。棘者何？汉阳之不服邑也。其言围之何？不听也。

大雩。

晋邯克、卫孙良夫伐将咎如⑧。

冬，十有一月，晋侯使荀庚来聘⑨。

卫侯使孙良夫来聘。

丙午⑩，及荀庚盟。

丁未^⑪，及孙良夫盟。此聘也，其言盟何？聘而言盟者，寻旧盟也^⑫。

郑伐许。

【注释】

①三年：鲁成公三年（公元前588年）。晋侯：即晋景公。宋公：即宋共公固。卫侯：即卫定公减。曹伯：即曹宣公庐。伐郑：宣公十二年，晋楚在那这个地方交战，这次战役郑国对晋国有二心，所以晋景公这时联合四国军队来讨伐郑国。

②辛亥：正月二十八日。

③甲子：二月十二日。

④不忍言：不忍心直说是宣公的庙。何休注："亲之精神所依而灾，孝子隐痛不忍正言也。谓之新宫者，因新入宫，易其西北角，示昭穆相继代有所改更也。"

⑤乙亥：二月二十三日。

⑥公子去疾：即子良，郑国执政大夫。

⑦叔孙侨如：即叔孙宣伯，又称宣伯、侨如。叔孙得臣之子，鲁国大夫。

棘：鲁国邑名，在今山东泰安县西南，一说在今山东肥城县南。杜预注《左传》："棘，汉阳田之邑。"

⑧将咎如：《左传》作"唐咎如"。赤狄的一个部族。

⑨荀庚：又称中行伯，荀林父之子，晋国大夫。

⑩丙午：十一月二十八日。

⑪丁未：十一月二十九日。

⑫寻旧盟：重申过去的盟约。

【译文】

鲁成公三年，春季，周历正月，鲁成公会同晋景公、宋共公、卫定公、曹宣公出兵讨伐郑国。

辛亥这天，安葬卫穆公。

二月，鲁成公从讨伐郑国的地方回来。

甲子这天，鲁国的新宫发生火灾。鲁国君臣哭了三天。新宫是什么地方？是鲁宣公的庙。既然是鲁宣公的庙，那么为什么称它新宫呢？因为发生了火灾所以不忍心直接说是宣公的庙。这里说鲁国君臣哭了三天是什么意思？国君的庙发生火灾，哭三天是合符礼仪的。鲁国的新宫发生火灾，为什么记载呢？记载灾害。乙亥这天，安葬宋文公。

夏季，鲁成公到晋国去。

郑国公子去疾率领军队攻打许国。

鲁成公从晋国回来。

秋季，鲁国大夫叔孙侨如率领军队包围了棘这座城邑。棘是什么地方？是汉阳这个地方不服从鲁国的一个邑。这里说包围它是为什么？因为棘邑的人不听从鲁成公的命令。

鲁国举行求雨的祭祀。

晋国大夫郤克和卫国大夫孙良夫率领军队攻打赤狄的将咎如这个部族。

冬季，十一月，晋侯派遣大夫荀庚来鲁国进行访问。卫侯派遣孙良夫来鲁国进行访问。

丙午这天，和荀庚结盟。

丁未这天，和孙良夫结盟。他们是来进行访问的，这里为什么说和他们结盟呢？记载访问的事并且说结盟，这是重申过去的盟约。

郑国军队攻打许国。

【原文】

四年春，宋公使华元来聘。三月，壬申，郑伯坚卒②。杞伯来朝。

夏，四月，甲寅③，减孙许卒。公如晋。

葬郑襄公。

秋，公至自晋。

冬，城运④。

郑伯伐许。

【注释】

①四年：鲁成公四年（公元前587年）。

②壬申：日月不合。郑伯：即郑襄公，名坚，郑灵公夷的弟弟，郑国第十代君，在位十八年。

③甲寅：四月初八。

④运：《春秋》作"郓"。鲁国地名，鲁国有东郓和西郓，这里指西郓，靠成公近齐国，在今山东郓城县东。《春秋三传》戴溪注："定公时，齐归郓、谨、龟阴之田，杜氏谓此三邑者，汝阳之田也。鲁既得汉阳，故城郓以自固。"

【译文】

鲁成公四年，春季，宋公派遣大夫华元来鲁国进行访问。三月，壬申这天，郑襄公坚死了。

杞伯来鲁国朝见。

夏季，四月，甲寅这天，鲁国大夫减孙许死了。鲁成公到晋国去。

安葬郑襄公。

秋季，鲁成公从晋国回来。

冬季，鲁国在运这个地方筑城。

郑伯率领军队攻打许国。

【原文】

五年，春，王正月，祀叔姬来归①。

仲孙蔑如宋②。

夏，叔孙侨如会荀荀秀于毂③。

梁山崩④。梁山者何？河上之山也。梁山崩，何以书？记异也。何异尔？大也。何大尔？梁山崩，壅河三日不汗。外异不书，此何以书？为天下记异也。

秋，大水。

冬，十有一月，己酉，天王崩。

十有二月，己丑，公会晋侯、齐侯、宋公、卫侯、郑伯、曹伯、邾娄子、杞伯，同盟于虫牢。

【注释】

①五年：鲁成公五年（公元前586年）。祀叔姬：嫁给杞伯为夫人的鲁女。归：被休弃。

②仲孙蔑：即孟献子，鲁国大夫，他去宋国是回报宋国大夫华元成公四年来鲁国的访问。

③荀秀：《左传》作"荀首"。晋国大夫。

④梁山：这里指晋国都城绛城附近的梁山。在今陕西韩城县西北。

【译文】

鲁成公五年，春季，周历正月，祀叔姬被休弃回到鲁国。鲁国大夫仲孙蔑到宋国去回访。

夏季，叔孙侨如在毂这个地方会见晋国大夫荀秀。梁山崩塌。梁山是什么山？是黄河边上的一座大山。梁山崩塌为什么记载呢？记载怪异现象。有什么怪异的呢？它造成的灾害一友大了，它造成怎样大的灾害呢？梁山的崩塌，堵塞了黄河，使河水三天不流。鲁国以外的怪异现象是不记载的，这里为什么记载呢？这是为天

281

下记载怪异现象。

秋季，鲁国涨大水。

冬季，十一月，己酉这天，周定王去世。

十二月，己丑这天，鲁成公与晋景公、齐顷公、宋共公、卫定公、郑悼公、曹宣公、邾娄子、祀桓公会面，一起在虫牢这个地方结盟。

【原文】

六年①，春，王正月，公至自会。

二月，辛巳，立武宫②。武宫者何？武公之宫也③。立者何？立者不宜立也。立武宫非礼也。

取郭。郭者何？朱肠娄之邑也。曷为不系于邾娄？讳哑也。

卫孙良夫率师侵宋。

夏，六月，邾娄子来朝。

公孙婴齐如晋。

壬申，郑伯费卒。'

秋，仲孙蔑、叔孙侨如率师侵宋。

楚公子婴齐率师伐郑。

冬，季孙行父如晋。

晋栗书率师侵郑。

【注释】

①六年：鲁成公六年（公元前585年）。

②辛巳：二月十六日。武宫：《左传》："季文子以塞之功立武宫"，可见，这里武宫是表示武功的纪念建筑。

③武公之宫：徐彦疏："春秋之内未有武公之文，而立武宫，故扰不知问。"按：武公是什么人，未见记载，何休认为武公是春秋以前鲁国的先祖。其实，《公羊传》及何休注均误，《左传》之说近是。

【译文】

　　鲁成公六年，春季，周历正月，鲁成公从盟会的虫牢这个地方回来。

　　二月，辛巳这天，鲁国建立了"武宫"。武宫是什么建筑物？是武公的庙。"立"是什么意思？"立"的意思就是不应该建立。建立武宫是不合于礼的。

　　鲁国军队夺取了"郭"这个地方。"郭"是什么地方？是邾娄国的一座城邑。那么为什么不说是邾娄国的呢？这是避讳夺取郭邑太急了。

　　卫国大夫孙良夫率领军队侵犯宋国。

　　夏季，六月，邾娄国国君来鲁国朝见。

　　鲁国大夫公孙婴齐到晋国去。

　　壬申这天，郑悼公费死了。

　　秋季，鲁国大夫仲孙蔑和叔孙侨如率领军队入侵宋国。楚国大夫公子婴齐率领军队攻打郑国。

　　冬季，鲁国大夫季孙行父到晋国去。

　　晋国大夫栗书率领军队救援郑国。

【原文】

　　七年，春，王正月，鼷鼠食郊牛角①。改卜牛。鼷鼠又食其角。乃免牛。

　　吴伐郑②。

　　夏，五月，曹伯来朝③。

　　不郊，犹三望。

　　秋，楚公子婴齐率师伐郑。

　　公会晋侯、齐侯、宋公、卫侯、曹伯、莒子、邾娄子、杞伯救郑。八月，戊辰，同盟于马陵④。

　　公至自会。

　　吴入州来⑤。

冬，大雩。

卫孙林父出奔晋⑥。

【注释】

①七年：鲁成公七年（公元前584年）。簇鼠：鼠名。一种小鼠。何休注："簇鼠者，鼠中之微者。"

②吴：国名。周初泰伯居吴，在江苏无锡县梅里。至十九世孙寿梦始兴盛称王。据有淮泗以南至浙江太湖以东地区。传至夫差，被越王勾践所灭。郯：国名。少昊之后，己姓，故地在今山东郯城县境。

③曹伯：即曹宣公，名庐，在位十七年。

④戊辰：八月十二日。马陵：卫国地名在今河北大名县东南。

⑤州来：楚国邑名，在今安徽凤台县境。

⑥孙林父：即孙文子，又称孙子。孙良夫之子，卫国大夫。

【译文】

鲁成公七年，春季，周历正月，簇鼠咬坏了准备祭祀天地用的牛的角。于是又另外占十一头牛。簇鼠又将这头牛的角咬坏了，这样鲁国祭祀天地时就不用牛了。

吴国攻打郯国。

夏季，五月，曹宣公来鲁国朝见。

这年，鲁国不祭祀天地，但仍然祭祀泰山、黄河、东海。秋季，楚国大夫公子婴齐率领军队攻打郑国。

鲁成公会见晋景公、齐顷公、宋共公、卫定公、曹宣公、莒子、邾娄子、杞桓公，商讨救援郑国的事。八月，戊辰这天，这些诸侯一起在马陵这个地方结盟。

鲁成公从盟会的马陵这个地方回到鲁国。

吴国军队攻进楚国的州来。

冬季，鲁国举行求雨的大祭。

卫国大夫孙林父出逃到晋国。

【原文】

八年，春，晋侯使韩穿来言汉阳之田①，归之于齐。来言者何？内辞也。胁我使我归之也。曷为使我归之？鞌之战，齐师大败，齐侯归，吊死视疾，七年不饮酒、不食肉。晋侯闻之曰："嘻！奈何使人之君，七年不饮酒、不食肉，请皆反其所取侵地②。"

晋亲书帅师侵蔡。

公孙婴齐如莒。

成公宋公使华元来聘。

夏，宋公使公孙寿来纳币③。纳币不书，此何以书？录伯姬也④。

晋杀其大夫赵同、赵括。

秋，七月，天子使召伯来锡公命⑤。其称天子何？元年，春，王正月，正也。其余皆通矣⑥。

冬，十月，癸卯。杞叔姬卒⑦。

晋侯使士燮来聘。

叔孙侨如会晋士燮、齐人、朱肠娄人伐郑。卫人来媵⑧。媵不书，此何以书？录伯姬也。

【注释】

①八年：鲁成公八年（公元前583年）。韩穿：晋国大夫。言：这里是通知的意思。

②反其所取侵地：退回所获得的原被齐侯侵占的土地。因为鞌之战后，齐国国佐与晋国郤克在袁娄盟誓，答应归还齐国侵占的鲁国和卫国的土地。汶阳之田本来就是鲁国的土地。

③公孙寿：宋国司城公子荡之子，父死继任父位。纳币：即纳聘礼。古人把玉、马、皮、圭、璧、帛皆称

币，这六种东西都常用作礼品。

④伯姬：即共姬，穆姜之女，鲁成公的姊妹，宋共公夫人。何休注：“伯姬守节逮火而死，贤。故详录其礼，所以殊于众女。”关于伯姬的事见鲁襄公三十年：宋国发生火灾，伯姬呆在寝宫里，有人报告说：“火烧到这里了，请您赶快出去吧！”伯姬说：“不行。我听说，妇人夜里外出，不见到师父和保姆是不能出寝宫的。现在我的师父到了，保姆还没有到，所以不能外出。”火烧到寝宫，把她烧死了。孔子认为她很贤德，一再详细记载她的事迹。下文几次出现“录伯姬也”，就是这个意思。

⑤召伯：即召桓公，周王卿士。锡命：天子赐予诸侯爵服等赏命。锡，与，赐给。

⑥其余皆通：何休注：“其余谓不系于元年者，或言王，或言天王，或言天子，皆相通矣。”

⑦癸卯：十月二十四日。杞叔姬：鲁国嫁给杞桓公的女子，被休弃。何休注：“弃而曰卒者，为下胁记归其丧张本，文使若尚为杞夫人。”⑧卫人来媵：卫国人送女子来鲁国做伯姬的陪嫁。媵，古代指陪嫁的人。这里作动词用。按：凡是诸侯女儿出嫁，同姓国送女子做陪嫁，异姓国不送。

【译文】

鲁成公八年，春季，晋景公派遣大夫韩穿到鲁国来通知：要把汶阳的土地归还给齐国。来鲁国通知是什么意思？这是鲁国的说法。实际上是威胁鲁国，要鲁国把汶阳的土地归还给齐国。为什么要鲁国把汶阳的土地归还给齐国呢？在鞌这个地方的那次战役，使齐国大败，齐顷公回国后，吊唁战死的将士，探视受伤的兵卒，七年来不饮酒、不吃肉。晋景公听说这件事后，很感慨地说："唉为什么要使别人的国君七年不饮酒，不吃肉呢？请诸侯都退回他们所获得的齐国被侵占的土地吧。"

晋国大夫栗书率领军队进犯蔡国。

鲁国大夫公孙婴齐到莒国去。

宋共公派遣大夫华元来鲁国访问。

夏季，宋共公派遣大夫公孙寿来鲁国为宋共公订婚纳聘礼。送聘礼是不记载的，这里为什么记载呢？为了记载伯姬。晋国杀了自己的大夫赵同、赵括。

秋季，七月，周天子派遣召伯来鲁国赐予鲁成公爵服等赏命。这里称周天子是什么意思呢？一位天子即位，第一年的春季，写"王正月"，称"王"是正规的用法。其他时候称王、称天王、称天子都可以。

冬季，十月，癸卯这天，祀叔姬死了。

晋景公派遣大夫士燮来鲁国访问。

鲁国大夫叔孙侨如会同晋国的士燮、齐国人、邾娄国人一起征讨郑国。

卫国人送女子来鲁国做伯姬的陪嫁。送女子做陪嫁的事是不记载的，这里为什么记载呢？为了记载伯姬。

【原文】

九年，春，王正月，杞伯来逆叔姬之丧以归①。杞伯曷为来逆叔姬之丧以归？内辞也。胁而归之也。公会晋侯、齐侯、宋公、卫侯、郑伯、曹伯、莒子、杞伯，同盟于蒲②。

公至自会。

二月，伯姬归于宋。

夏，季孙行父如宋致女③。未有言致女者，此其言致女何？录伯姬也。

晋人来媵。媵不书，此何以书？录伯姬也。秋，七月，丙子，齐侯无野卒^④。

晋人执郑伯^⑤。

晋栗书帅师伐郑。

冬，十有一月，葬齐顷公。

楚公子婴齐J帅师伐莒。庚申^⑥，莒溃。

楚人入运^⑦。

秦人、白狄伐晋。

郑人围许。

城中城^⑧。

【注释】

①九年：鲁成公九年（公元前582年）。丧：指遗体。以归：何休注："言以归者，与忿怒执人同辞，而不得专其本意，知其为胁也。已弃而胁归其丧，悖义耻深恶重，故使若杞伯自来逆之。"

②蒲：卫国地名，在今河北长垣县。按：因为晋国迫使鲁国把汝阳的土地退还齐国，诸侯对晋国有了二心。晋景公害怕了，于是在蒲这个地方约见诸侯，重申旧盟。

③致女：代鲁成公看望伯姬。

④丙子：七月初一。齐侯：即齐顷公，名无野，惠公子，在位十七年。

⑤晋人执郑伯：据《左传》载：这年秋天，郑伯到晋国去，晋国人为了惩罚他二心于楚国，在铜提这个地方拘捕了他。

⑥庚申：十一月十七日。

⑦运：《左传》作"郓"。莒国邑名，在今山东沂水县北。此地又属鲁国，因此，鲁国和莒国不时为运起

争纷。

⑧中城：即鲁国都城曲阜的内城。一说是鲁国邑名，在今江苏沭阳县境。

【译文】

鲁成公九年，春季，周历正月，杞桓公来鲁国迎接叔姬的灵柩回杞国。杞桓公为什么来鲁国迎接叔姬的灵柩回杞国呢？这是鲁国的说法。其实是鲁国胁迫杞桓公把叔姬的灵柩接回杞国的。鲁成公会见晋景公、齐顷公、宋共公、卫定公、郑成公、曹宣公、莒子、杞桓公，一起在蒲这个地方盟誓。

鲁成公从盟会的蒲这个地方回来。

二月，伯姬出嫁到宋国。

夏季，季孙行父到宋国慰问伯姬。《春秋》上没有记载过慰问出嫁女子的事，这里记载季孙行父到宋国慰问伯姬是为什么呢？为了记载伯姬。

成公晋国人送女子来鲁国做伯姬的陪嫁。送女子做陪嫁的事是不记载的，这里为什么记载呢？为了记载伯姬。

秋季，七月，丙子这天，齐顷公无野去世。

晋国人拘捕了郑成公。

晋国大夫栾书率领军队攻打郑国。

冬季，十一月，安葬齐顷公。

楚国公子婴齐率领军队攻打莒国。庚申这天，莒国溃败。楚国军队攻进运这座城邑。

秦国军队和白狄人攻打晋国。

郑国军队包围了许国。

鲁国建筑都城曲阜的内城。

【原文】

十年，春，卫侯之弟黑背率师侵郑①。

夏，四月，五卜郊。不从，乃不郊。其言乃不郊何？不免牲，故言乃不郊也。

五月，公会晋侯、齐侯、宋公、卫侯、曹伯伐郑②。齐人来媵。媵不书，此何以书？录伯姬也。三国来媵，非礼L也。曷为皆以录伯姬之辞言之？妇人以众多为侈也③。丙午，晋侯孺卒④。

秋，七月。

公如晋。

冬，十月。

【注释】

①十年：鲁成公十年（公元前581年）。黑背：又称子叔黑背，卫穆公之子，卫定公之弟，以子叔为氏。

②齐侯：指齐灵公，名环，顷公之子，在位二十八年。③妇人以众多为侈：做夫人的以媵妾众多而显示宽容大度。侈，宽、广。何休注："侈，大也。朝廷侈于拓上，妇人侈于拓下，伯姬以至贤为三国所争媵，故大其能容之。"

④丙午：有日无月。据推算应为六月初七。晋侯：即晋景公，名孺，成公子，在位十九年。

⑤冬，十月：《公羊传》鄂本、闽监毛本都没有这句。只有唐石经本有这三个字。《左传》和《穀梁传》都有这三个字，现补上，求其完整。

【译文】

鲁成公十年，春季，卫定公的弟弟子叔黑背率领军队进犯郑国。

夏季，四月，鲁国五次占卜祭祀天地的日子，都不吉利，"乃不郊"。这里说"乃不郊"是什么意思？因为没有免除祭祀用的牛，所以这里说"乃不郊"。

五月，鲁成公会同晋景公、齐灵公、宋共公、卫定公、曹宣公一起出兵征讨郑国。

齐国人来鲁国送陪嫁的女子。送陪嫁的女子是不记载的，这里为什么记载呢？为了记载伯姬。卫国、晋国、齐国三个国家都来鲁国送陪嫁的女子，这是不合于礼的。为什么都以记载伯姬的理由来解释呢？因为做夫人的以媵妾众多来表示她大度、能容人六月丙午这天，晋景公孺去世。

秋季，七月。

鲁成公到晋国去。

冬季，十月。

【原文】

十有一年，春，王三月，公至白晋①。晋侯使郤州来聘。己丑，及郤州盟。夏，季孙行父如晋。

秋，叔孙侨如如齐。

冬，十月。

【注释】

①十有一年：鲁成公十一年（公元前580年）。公至自晋：鲁成公从去年七月到晋国直至今年三月才回来，是因为晋国人留下他，让他给晋景公送葬。冬天安葬晋景公，诸侯中只有鲁成公在场，鲁国人以此为耻辱，所以《春秋》没有记载，是隐讳国耻的缘故。

291

【译文】

鲁成公十一年，春季，周历三月，鲁成公从晋国回来。晋侯派遣大夫郤州来鲁国访问。己丑这天，鲁成公与郤州结盟。

这年夏季，鲁国大夫季孙行父到晋国去。秋季，鲁国大夫叔孙侨如到了齐国。冬季,十月。

【原文】

十有二年,春,周公出奔晋①。周公者何?天子之三公也。王者无外,此其言出何?自其私土而出也②。夏,公会晋侯、卫侯于沙泽③。

秋,晋人败狄于交刚④。

冬,十月。

【注释】

①十有二年:鲁成公十二年(公元前579年)。周公:即周公楚,周公阅的后裔,周大夫。按:据《左传》载:周公楚憎恨周惠王、周襄王族人的逼迫,同时又和伯与争夺周朝政权,没有取胜,就生气离去。到达阳樊这个地方时,周天子派刘子让他回去,并与他在哪这个地方结盟后回到京师。三天后,周公楚又逃奔到晋国去了。②私土:何休注:“私土者,谓其国也。此起诸侯入为天子三公也。周公骄赛不事天子,出居私土,不听京师之政,天子召之而出走,明当并绝其国,故以出国录也。”徐彦疏:“周公本是小国诸侯,而入为天子三公,于王钱之内虽有采地,但从私土而去。”

③晋侯:即晋厉公,名州蒲,景公之子,在位七年。沙泽:《左传》《穀梁传》皆作“琐泽”。晋国地名,在今河北大名县。

④交刚:晋国地名,今址不详。

【译文】

鲁成公十二年,春季,周公逃亡到晋国。周公是什么人?是周天子的三公之一。对周天子来说,是没有国外的,这里说周公逃亡是什么意思?周公是从他的封地逃亡到晋国的。

这年夏季，鲁成公在沙泽这个地方与晋厉公、卫定公会晤。秋季，晋国军队在交刚这个地方打败了狄人。

冬季，十月。

【原文】

十有三年，春，晋侯使那铸来乞师^①。

三月，公如京师。

夏，五月，公自京师。遂会晋侯、齐侯、宋公、卫侯、郑伯、曹伯、邾娄人、滕人伐秦。其言自京师何？公凿行也^②。公凿行奈何？不敢过天子也^③。

曹伯庐卒于师^④。

秋，七月，公至自伐秦。

冬，葬曹宣公。

【注释】

①十有三年：鲁成公十三年（公元前578年）。谷肠椅：谷肠克之子，晋国大夫。乞师：请求出兵。

②凿行：改道而行。何休注："凿，犹更造之意。"

③不敢过天子：何休注："时本欲直伐秦，途过京师不敢过天子而不朝，复生事修朝礼而后行，故起时善而褒成，其意使若故朝然后生事也。间无事复出公者，善公凿行。"

④曹伯：即曹宣公，名庐，曹文公之子，在位十七年。

【译文】

鲁成公十三年，春天，晋厉公派遣大夫部椅来鲁国请求鲁成公出兵。

这年三月，鲁成公到了京师。

夏季，五月，鲁成公"自京师"，接着会同晋厉公、齐灵公、宋共公、卫定公、郑成公、曹宣公、朱肠娄国军队、滕国军队一起征讨秦国。这里说"自京师"是什么意思？是鲁成公改道而行了。鲁成公怎么改道而行呢？因为鲁成公本来是去征讨秦国，路过京师，不敢不去朝拜周天子。

曹宣公庐死在军中。

秋季，七月，鲁成公从征讨秦国的战场上回来。冬季，安葬曹宣公。

【原文】

十有四年，春，王正月，莒子朱卒①。夏，卫孙林父自晋归于卫②。秋，叔孙侨如如齐逆女。

关环公子喜率师伐许③。

九月，侨如以夫人妇姜氏至自齐。冬，十月，庚寅，卫侯减卒④。秦伯卒⑤。

【注释】

①十有四年：鲁成公十四年。莒子朱卒：莒国国君朱死了。何休注；"莒大于邾娄，至此乃卒者，庶其见杀不得卒，至此始卒，又不得日。"

②孙林父：即孙文子，又称孙子，孙良夫之子，卫国大夫。

③公子喜：字子罕，郑国大夫。

④庚寅：十月十六日。卫侯：即卫定公，名减，卫穆公之子，在位十年。

⑥秦伯：即秦桓公，名荣，共公之子，在位二十八年。

【译文】

鲁成公十四年，春天，周历正月，莒国国君朱死了。夏天，卫国大夫孙林父从晋国回到卫国。秋天，鲁国大夫叔孙侨如到齐国迎接鲁成公夫人。郑国公子喜率领军队攻打许国。

九月，侨如领着鲁成公夫人姜氏从齐国回来。冬季，十月，庚寅这天，卫定公减死了。这个月秦桓公也死了。

【原文】

十有五年^①，春，王二月，葬卫定公。

三月，乙巳^②，仲婴齐卒。仲婴齐者何？公孙婴齐也^③。公孙婴齐，则曷为谓之仲婴齐？为兄后也。为兄后，则曷为谓之仲婴齐？为人后者，为之子也。为人后者，为其子，则其称仲何？孙以王父字为氏也^④。然则婴齐孰后？后归父也^⑤。归父使于晋而未反，何以后之？叔仲惠伯，傅子赤者也^⑥。文公死，子幼。公子遂^⑦谓叔仲惠伯曰："君幼，如之何？愿与子虑之。"叔仲惠伯曰："吾子相之，老夫抱之，何幼君之有？"公子遂知其不可与谋，退而杀叔仲惠伯。弑子赤而立宣公。宣公死，成公幼，减宣叔者相也^⑧。君死不哭，聚诸大夫而问焉，曰："昔者叔仲惠伯之事，孰为之？"诸大夫皆杂然曰："仲氏也^⑨。其然乎？"于是遣归父之家^⑩，然后哭君。归父使乎晋。还自晋，至柽，闻君亮家遣，掸帷哭君成踊。反命于介，自是走之齐^⑪。鲁人徐伤归父之无后也^⑫，于是使婴齐后之也。

【注释】

①十有五年：鲁成公十五年（公元前576年）。

②乙巳：三月初三。

③公孙婴齐：又称子叔婴齐、子叔声伯、声伯，其父叔肸是鲁宣公的胞弟，鲁国大夫。

④王父：祖父。《礼记·曲礼》上："祭王父曰皇祖考。"疏："王父，祖父也。"

⑤归父：即公孙归父，字子家，公子遂之子，鲁宣

公时鲁国的执政大夫。

⑥叔仲惠伯：鲁文公时太子的老师。鲁国大夫。子赤：鲁文公的太子。

⑦公子遂：即襄仲，公孙归父之产，鲁文公时的执政大夫。

⑧减宣叔：原作"减宣公"。据《春秋公羊经传解话》改。上海古籍出版社1987年版《春秋三传》作"减宣叔"。减宣叔，又称减孙许、减孙、宣叔，减文仲之子，鲁国大夫。鲁宣公时为鲁国司寇，主管刑律。

⑨仲氏：即襄仲，公子遂。

⑩遣：驱逐出国。

⑪自是走之齐：何休注："宣公十八年自晋怪奔齐，讫今未还。"

⑫徐：何休注："徐者，皆共之辞也。"

【译文】

鲁成公十五年，春季，周历二月，安葬卫定公。

三月，乙已这天，仲婴齐死了。仲婴齐是什么人？就是公孙婴齐。既然是公孙婴齐，那么为什么称他叫仲婴齐呢？因为他做了他哥哥的后代。做了哥哥的后代，那么为什么称他叫仲婴齐呢？做了别人的后代，就成了别人的儿子。做了别人的后代，就成了别人的儿子，那么为什么要称"仲"呢？因为孙子，都是用祖父的字作为姓氏的。既然这样，那么婴齐是谁的后代呢？是公孙归父的后代。公孙归父出使晋国至今没有回来，婴齐怎么是他的后代呢？当年叔仲惠伯辅佐鲁文公的太子赤，文公死后，太子赤年幼。公子遂曾对叔仲惠伯说："新君年幼，怎么办？我想和你商讨一下这事。"叔仲惠伯说："有您辅佐他，有我抚育他，哪里会有年幼的国君呢？"公子遂听他这样说，知道不能与他一起谋划弑杀太子赤的事情，回去后就杀了叔仲惠伯，接着公子遂又弑杀了太子赤，而立宣公为国君。鲁宣公死了，成公年幼，减宣叔辅佐成公。鲁宣公死时减宣叔不哭祭，而先召集鲁国大夫们在一起，问他们："过去叔仲惠伯被杀的这件事，是谁干的？"各位大夫议论纷纷地说："是公子遂。大概是这样吧！"

于是减宣叔就把公子归父的家族全部驱逐出境，然后减宣叔率领大夫们哭祭鲁宣公。公孙归父出使晋国。从晋国回来，走到怪这个地方，听到鲁宣公死了，自己的家族被驱逐出国，于是就清扫出一块祭祀用的平地，张开帷幕围上，在国君丧礼规定的位置上，顿足痛哭鲁宣公，并向他的副职详细介绍了出使晋国的情况，让副职回国向新君汇报，然后从怪这个地方逃亡到齐国去。鲁国人都哀伤公孙归父一族断后了，于是让公孙婴齐做公孙归父的后代。

【原文】

癸丑，公会晋侯、卫侯、郑伯、曹伯、宋世子成、齐国佐、邾娄人同盟于戚①。晋侯执曹伯归之于京师②。公至自会。

夏，六月，宋公固卒③。

楚子伐郑。

秋，八月，庚辰④，葬宋共公。

宋华元出奔晋。

宋华元自晋归于宋。

宋杀其大夫山⑤。

宋鱼石出奔楚⑥。

冬，十有一月，叔孙侨如会晋士燮、齐高无咎、宋华元、卫孙林父、郑公子鳝、邾娄人，会吴于钟离⑦。曷为殊会吴？外吴也。

曷为外也？《春秋》内其国而外诸夏⑧，内诸夏而外夷狄。王者欲一乎天下，曷为以外内之辞言之？言自近者始也⑨。

许迁于叶⑩。

【注释】

①癸丑：三月十二日。卫侯：即卫献公，名衍，定公之子，在位三十三年。曹伯：即曹成公，名负当。曹宣公庶子，《史记》作宣公弟。在位二十三年。戚：卫国地名，在今河北淮阳县北。

②晋侯执曹伯归之于京师：据《左传》载：是因为曹成公杀太子自立为君。

③宋公：即宋共公，名固，宋文公之子，在位十三年。

④庚辰：八月十一曰。

⑤山：即子山，荡泽，公孙寿之孙，宋国司马。据《左传》载：荡泽要削弱公室，杀了公子肥，华元和鱼石派华喜、公孙师杀了荡泽。

⑥鱼石：公子目夷之曾孙，宋国执政大夫，官职为左师。何休注："与山有亲，恐见及也。"

⑦钟离：吴国邑名，在今安徽凤阳县东北。

⑧诸夏：指周代分封的诸侯国。何休注："内其国者，假鲁以为京师也；诸夏，外土诸侯也，谓之夏者，大总下上言之辞也。"

⑨言自近者始：何休注："明当先正京师，乃正诸夏，诸夏正乃正夷狄，以渐治之。"意思是统一天下要从近处开始。

⑩许迁于叶：叶，楚国地名，在今河南叶县南。许国迁到楚国的叶地后，便成为楚国的附庸。

【译文】

　　三月癸丑这天，鲁成公会见晋厉公、卫献公、郑成公、曹成公、宋国太子成、齐国大夫国佐、邾娄国人，在戚这个地方共同结盟。晋厉公逮捕了曹成公送到京师。

　　鲁成公从盟会的地方回来。

　　夏季，六月，宋共公固死了。

　　楚共王率兵攻打郑国。

　　秋季，八月，庚辰这天，安葬宋共公。

　　宋国大夫华元逃亡到晋国。

　　宋国大夫华元从晋国回到宋国。

　　宋国杀了自己的大夫子山。

　　宋国左师鱼石逃亡到楚国。

　　冬季，十一月，鲁国大夫叔孙侨如会见晋国大夫士燮、齐国大夫高无咎、宋国大夫华元、卫国大夫孙林父、郑国公子鳝、邾娄国人，在钟离这个地方同时还会见了吴国人。为什么会见吴国人要另外说呢？这是把吴国人当作外人的意思。为什么要把吴国人当作外人呢？《春秋》这部书，以鲁国为内时，就以华夏各诸侯国为外；以华夏各诸侯国为内时，就以夷狄各族为外。称王的人想要统一天下，为什么还要用"外""内"这些辞语来称呼各国呢？这样称呼的意思是统一天下要从近处开始。

　　许国迁到楚国的叶这个地方。

【原文】

　　十有六年①，春，王正月，雨木冰。雨木冰者何？雨而木冰也。何以书？记异也。

　　夏，四月，辛未，滕子卒②。

郑公子喜帅师侵宋。

六月，丙寅③，朔，日有食之。

晋侯使来靡来乞师。

甲午，晦④。晦者何？冥也。何以书？记异也。晋侯及楚子、郑伯战于郡陵⑤。楚子郑师败绩。败者称师，楚何以不称师？王痰也。王痰者何？伤乎矢也。然则何以不言师败绩？末言尔。

楚杀其大夫公子侧。

秋，公会晋侯、齐侯、卫侯、宋华元、邾娄人于沙随。不见公。公至自会。不见公者何？公不见见也。公不见见，大夫执，何以致会？不耻也。曷为不耻？公幼也。公会尹子、晋侯、齐国佐、邾娄人伐郑。曹伯归自京师。执而归者名，曹伯何以不名？而不言复归于曹何？易也。其易奈何？公子喜时在内也。公子喜时在内，则何以易？公子喜时者仁人也，内平其国而待之⑧，外治诸京师而免之。其言自京师何？言甚易也。舍是无难矣。

九月，晋人执季孙行父。舍之于招丘。执未有言舍之者，此其言舍之何？仁之也。曰：“在招丘烯矣⑥。”执未有言仁之者，此其言人之何？代公执也。其代公执奈何？前此者，晋人来乞师而不与。公会晋侯，将执公。季孙行父曰：“此臣之罪也。”于是执季孙行父。成公将会厉公，会不当期肠，将执公。季孙行父曰：“臣有罪，执其君。子有罪，执其父。此听失之大者也。今此臣之罪也，舍臣之身而执臣之君，吾恐听失之为宗庙羞也。”于是执季孙行父。

冬，十月，乙亥，叔孙侨如出奔齐。

十有二月，乙丑，季孙行父及晋部州盟于启⑧。公至自会。

乙酉，刺公子堰。

【注释】

①十有六年：鲁成公十六年（公元前575年）。

②辛未：四月初五。滕子：即滕文公，名寿。在位

二十五年。

③丙寅：六月初一。

④甲午：六月二十九日。晦：夏历每月的最后一天，即月底。这里指昏暗。

⑤楚子：即楚共王，名审，楚庄王之子，鲁成公元年（公元前590年）即位，在位三十一年。焉陵：郑国地名，原为郡国，为郑武公所灭，后改为"焉吕陵"。故地在今河南都陵县。

【译文】

鲁成公十六年，春季，周历正月，"雨木冰"。"雨木冰"是什么意思？天上在下雨，地上的树木却结着冰。为什么记载这件事？记载怪异现象。

夏季，四月，辛未这天，滕文公死了。

郑国大夫公子喜率领军队进犯宋国。

六月，丙寅初一这天，发生日食。

晋厉公派遣亲厉来鲁国请求出兵。

甲午这天，"晦"。"晦"是什么意思？就是大白天天色昏暗的意思。为什么记载这件事？记载怪异现象。

晋厉公率领军队与楚共王、郑成公在都陵这个地方交战。楚共王和郑成公的军队大败。战败的一方应该称"师"，楚国为什么不称"师"呢？因为楚共王受伤了。楚共王怎么受伤了呢？楚共王被箭射中了眼睛。那么为什么不说楚国军队大败？因为楚共王都受伤了，就没有必要再说楚军溃败了。

楚国杀了它的大夫公子。

秋季，鲁成公在沙随这个地方与晋厉公、齐灵公、卫献公、宋国的华元、郑国人会面。晋厉公不会见鲁成公。鲁成公从抄随回来。不会见鲁成公是什么意思？就是鲁成公不被晋厉公接见。鲁成公既然不被晋厉公接见，鲁国大夫又被晋国拘捕，为什么还要记载鲁成公从沙随回来这件事呢？因为鲁成公并不感到耻辱，为什么鲁成公不感到耻辱呢？因为鲁成公还年幼。

鲁成公会同尹武子、晋厉公、齐国大夫国佐、掷娄国人出兵攻打郑国。

曹成公从京师回国，被拘捕以后又被放回国的人应该记载名字，为什么不记载曹成公的名字呢？并且也不说他回到曹国，这是为什么呢？因为太容易了。怎么太容易了呢？因为大夫公子喜时在曹国国内。大夫公子喜时在曹国国内，为什么就容易呢？因为公子喜时是仁义的人，他在曹国国内稳定人心等待曹成公回来；在国外，他到京师为曹成公伸冤平反。使曹成公解脱了罪名。这里说鲁成公"自京师"是什么意思？是说很容易。除此之外就没有什么危难了。

九月，晋国人拘捕了鲁国大夫季孙行父。又在招丘这个地方把他释放了。拘捕什么人没有说释放他的，这里说释放了季孙行父是什么意思？是认为他仁义。说："季孙行父在招丘是令人悲伤的。"拘捕某某人没有说他仁义的，这里认为季孙行父仁义是为什么呢？因为季孙行父是代替鲁成公被拘捕的。他怎么代替鲁成公被拘捕呢？在这之前，晋国来请求鲁国出兵，鲁成公没有答应，鲁成公到沙随来会见晋厉公时，晋厉公就准备拘捕他。随行的鲁国大夫季孙行父就对晋厉公说："鲁国没有出兵，这是我的罪过。"于是晋厉公就拘捕了季孙行父。前不久，鲁成会准备会合晋厉公攻打郑国，却没有按时到来，晋厉公就准备拘捕成公。季孙行父就对晋厉公说："如果臣子有罪，就将他的国君抓起来；儿子有罪，就把他的父亲拘捕，这就是诉讼断决上的最大失误。现在这件事是我的罪过，您放了我而把我的国君抓起来，我担心这样的诉讼断决会成为您国家的耻辱啊！"于是拘捕了季孙行父。这年冬季。十月，乙亥这天，鲁国大夫叔孙侨如逃亡到齐国。十二月，乙丑这天。鲁国季孙行父和晋国大夫邵州在启这个地方结盟。

鲁成公从盟会的地方回来。

这月，乙酉这天，鲁国暗杀了公子惬。

【原文】

十有七年，春，卫北宫结率师侵郑①。

夏，公会尹子、单子、晋侯、齐侯、柔公、卫侯、曹伯、朱马娄人伐郑②。

六月，乙酉，同盟于柯陵③。

秋，公至自会。

齐高无咎出奔莒。

九月，辛丑④，用郊。用者何？用者不宜用也。九月，非所用郊也。然则郊易用？郊用正月上辛。或曰："用然后郊⑤"。

晋侯使荀䓨来乞师。

冬，公会单子、晋侯、宋公、卫侯、曹伯、齐人、邾娄人伐郑。

303

十有一月，公至自伐郑。

壬申，公孙婴齐卒于狸轮⑥。非此月日也，曷为以此月日卒之？待君命然后卒大夫。曷为待君命然后卒大夫？前此者，婴齐走之晋⑦，公会晋侯，将执公。婴齐为公请，公许之反为大夫。归，至于狸较而卒。无君命不敢卒大夫⑧。公至⑨，曰："吾固许之反为大夫。"然后卒之。十有二月，丁巳朔⑩，日有食之。

邾娄子貜且卒。

晋杀其大夫郤绮、谷肠州、谷肠至。

楚人灭舒庸。

【注释】

①十有七年：鲁成公十七年（公元前574年）。北宫结：《左传》作"北宫括"，卫成公的曾孙。卫国大夫。

②单子：即单襄公，周室卿士。

③乙酉：六月二于六日。柯陵：郑国地名，今址不详。

④辛丑：九月十三日。

⑤用然后郊：何休注："或日用者，先有事存后傻神名也。……鲁人将有事于天，必先有事于浮宫。九月郊，尤悖礼。"

⑥壬申：十一月壬申，日误。

⑦婴齐走之晋：何休注："不书者，以为公请，除出奔之罪也。"

⑧无君命不敢卒大夫：何休注："国人未被君命，不敢使从大夫礼。"

⑨公至：指上文"十有一月，公至自伐郑"。

⑩丁巳：十二月初一。

【译文】

鲁成公十七年，春季，卫国大夫北宫结率领军队进犯郑国。夏季，鲁成公会合尹武公，单襄公、晋厉公、齐灵公、宋平公、卫献公、曹成公、邾娄国人攻打郑国。

六月，乙酉这天，鲁成公和尹子、单子及诸侯在柯陵结盟。秋季，鲁成公从柯陵回来。

齐国上卿高无咎逃亡到莒国。

九月，辛丑这天，鲁国"用"祭祀天地的礼仪。"用"是什么意思？"用"是表示不应该举行祭祀。九月，不是举行祭祀天地的礼仪的时候。那么应该在什么时候祭祀天地呢？应该在正月上旬的天干为"辛"的这天祭祀天地。有人说："这表示应该先祭祀后樱，然后再祭祀天地。"

晋厉公派遣荀苗来请求鲁国出兵。

冬季，鲁成公会合单襄公、晋厉公、宋平公、卫献公、曹成公、齐国人、邾娄国人攻打郑国。

十一月，鲁成公从攻打郑国的地方回来。

壬申这天，鲁国的公孙婴齐死的狸较这个地方。公孙婴齐并不是死在这个月的这天，为什么要在这个月的这天记载他的死呢？因为要等待国君的命令才能记载大夫的死。为什么要等待国君的命令才能记载大夫的死呢？在这之前，公孙婴齐逃亡到晋国，鲁成公与晋厉公会见时，晋厉公准备拘捕鲁成公，公孙婴齐曾经为鲁成公请求赦免。鲁成公答应公孙婴齐，如果他回鲁国后可以继续为大夫。公孙婴齐从晋国回来，来到狸轮这个地方就死了。鲁国人没有接到国君的命令不敢记载大夫的死亡，鲁成公回来后，说："我已经答应他，如果他回国可以继续为大夫。"这样，鲁国史官才记载公孙婴齐的死。

十二月，丁巳这天，初一，发生日食。

邾娄国国君貜且死了。

晋国杀了它的大夫郤椅、谷阵州和郤至。

楚国军队灭亡了舒庸这个国家。

【原文】

十有八年，春，王正月，晋杀其大夫青童①。庚申，晋就其君州蒲^②。

齐杀其大夫国佐^③。

公如晋。

夏，楚子、郑伯伐宋。

宋鱼石复入于彭城。

公至自晋。

晋侯使士匄来聘。

秋，杞伯来朝。

八月，邾娄子来朝。

筑鹿囿。何以书？讥。何讥尔？有囿矣，又为也。己丑，公薨于路寝^⑧。

冬，楚人、郑人侵宋。

晋侯使士彭来乞师。

十有二月，仲孙蔑会晋侯、宋公、卫侯、邾娄子、齐崔抒，同盟于虚杆。

丁未，葬我君成公。

【注释】

①十有八年：鲁成公十八年（公元前573年）。肯童：青克之子，白季之曾孙，晋厉公的外璧。

②庚申：正月初五。州蒲：即晋厉公，名州蒲，景公之子，为晋国第二十九君，在位八年。

③国佐：又称国武子、国子、宾媚人，齐国上卿。

【译文】

鲁成公十八年，春季，周历正月。晋国杀了它的大夫胄童。庚申这天，晋国就杀了自己的国君州蒲。

齐国杀了它的大夫国佐。

鲁成公到晋国去。

夏季，楚共王、郑成公率领军队攻打宋国。

宋国左师鱼石重新进入彭城这个地方。

鲁成公从晋国回来。

晋悼公派遣大夫士匄来鲁国访问。

秋季，杞垣公来鲁国朝见。

八月。郑宣公来鲁国朝见'

鲁国建筑养鹿的园子。为什么记载这件事？为了谴责。谴责什么？鲁国已经有园子了，又建筑新的园子。

己丑这天，鲁成公在他寝宫的正室里死了。

冬季，楚国军队和郑国军队进犯宋国。

晋悼公派遣大夫士彭来请求各国出兵。

十二月，鲁国大夫仲孙蔑会见晋悼公、宋平公、卫献公、郑宣公、齐国大夫崔杼，并在虚打这个地方结盟。

丁未这天。安葬鲁国国君成公。

襄　公

【原文】

元年，春，王正月，公即位①。

仲孙蔑会晋栾黡、宋华元、卫宁殖、曹人、莒人、邾娄人、滕人、薛人，围宋彭城。宋华元曷为与诸侯围宋彭城？为宋诛也②。其为宋诛奈何？鱼石走之楚③，楚为之伐宋。取彭城以封鱼石，鱼石之罪奈何？以入是为罪也。楚已取之矣，曷为系之宋，不与诸侯专封也。夏，晋韩屈帅师伐郑④。

仲孙蔑会齐崔抒、曹人、邾娄人、杞人次于合⑤。秋，楚公子壬夫帅师侵宋。⑥

九月，辛酉，天王崩。

邾娄子来朝。

冬，卫侯使公孙剽来聘。

晋侯使荀罃来聘盛。

【注释】

①元年：鲁襄公元年（公元前572年）。公：即鲁襄公，名午，成公之子。在位三十一年。

②为宋诛：是为宋国讨伐的。徐彦疏："虽云操兵乡国，但察宋公之命，与诸侯之师逐去叛人，以卫社樱，《春秋》善之，故无恶文也。"

③鱼石走之楚：事见鲁成公十五年。

④韩屈：《左传》《穀梁传》均作"韩厥"，又称韩献子。晋国大夫。

⑤次于合：何休注："刺欲救宋而后不能也。"合，《左传》作"曾体"。郑国地名，在今河南拓城县

北。

　　⑥公子壬夫：即令尹子辛，又称右尹子辛。楚国大
夫。

【译文】

　　鲁襄公元年，春季，周历正月，鲁襄公即位。

　　鲁国大夫仲孙蔑会合晋国的栾黡、宋国的华元、卫
国的宁殖、曹国人、莒国人、邾娄国人、滕国人、薛国
人围攻宋国彭城这个地方。宋国的大夫华元为什么和诸
侯的军队一起围攻宋国彭城这个地方呢？这是为了宋国
讨伐的。怎么是为宋国讨伐的呢？因为宋国的左师鱼石
逃到楚国，楚国为鱼石攻打宋国，夺取了宋国的彭城这
个地方，将它封给鱼石。鱼石的罪是什么？他的罪状就
是进入了彭城。彭城这个地方已经被楚国夺取了，为什
么还说是宋国的呢？因为《春秋》的作者不赞成诸侯擅
自封赏土地。夏季，晋国大夫韩屈率领军队攻打郑国。

　　鲁国大夫仲孙蔑会合齐国的崔抒、曹国军队、邾娄
国军队、祀国军队，驻扎在合这个地方。

　　秋季，楚国大夫公子壬夫率领军队进犯宋国。

　　九月，辛酉这天，周简王去世。

　　邾宣公来鲁国朝见。

　　冬季，卫献公派遣大夫公孙票来鲁国访问。晋悼公
派遣大夫苟釜来鲁国进行访问。

【原文】

二年①，春，王正月，葬简王。

郑师伐宋。

夏，五月，庚寅②，夫人姜氏亮。

六月，庚辰，郑伯喻卒③。

晋师、宋师、卫宁殖侵郑。

秋，七月，仲孙蔑会晋荀苗、宋华元、卫孙林父、曹人、邾娄人于戚④。

己丑，葬我小君齐姜。齐姜者何？齐姜与穆姜⑤，则未知其为宣夫人与？成夫人与？

叔孙豹如宋⑥。

冬，仲孙蔑会晋荀庚、齐崔抒、宋华元、卫孙林父、曹人、邾娄人、滕人、薛人、小邾娄人、于戚⑦。遂城虎牢⑧。虎牢者何？郑之邑也。其言城之何？取之也。取之则曷为不言取之？为中国讳也。曷为为中国讳？讳伐丧也。曷为不系乎郑？为中国讳也。大夫无遂事，此其言遂何？归恶乎大夫也。

楚杀其大夫公子申⑨。

【注释】

①二年：鲁襄公二年（公元前571年）。

②庚寅：五月十八日。

③庚辰：六月初九。郑伯：即郑成公，名骓，《汉书·古今人表》作"纶"。郑悼公子弟，在位十四年。

④会……于戚：因郑国久叛晋亲楚，所以鲁国大夫仲孙蔑与诸侯国大夫在戚地会见。戚：卫国地名，在今河北淮阳县北。

⑤齐姜与穆姜：齐姜，鲁成公夫人。穆姜，鲁宣公夫人，成公的母亲。襄公的祖母。这是《左传》之意。杨伯峻《春秋左传注》："姜氏指穆姜。"何休注："齐姜者，宣公夫人。九年，穆姜者，成公夫人也。传家依讳者，襄公服穆姜丧，未逾年亲自伐郑有恶，故传从内义不正言也。"两说相反，现从《左传》意。

⑥叔孙豹：又称叔孙穆子、穆叔，叔孙侨如之弟，鲁国大夫。

⑦小邾娄：国名，曹姓郑侠的后代，夷父颜有功于

周，其子友另封于郊，为附庸。鲁庄公五年，郊犁来朝周。僖公七年进子爵称小邾子。后为楚所灭。故地在今山东滕县东。

⑧城虎牢：在虎牢这个地方修筑城池。虎牢，即北制，在今河南记水县西北。本属郑国，提郑国西北边境的要塞，这时被以晋国为首的诸侯军队占领，所以筑城戍守，逼迫郑国屈服。

⑨公子申：楚国右司马。

【译文】

鲁襄公二年，春季，周历正月。为周简王举行葬礼。郑国军队攻打宋国。

夏季，五月，庚寅这天，夫人姜氏死了。

六月，庚辰这天，郑成公喘死了。

晋国军队、宋国军队、卫国的宁殖进犯郑国。

秋季，七月，鲁国大夫仲孙蔑在戚这个地方与晋国的荀罃、宋国的华元、卫国的孙林父、曹国人、邾娄国人会晤。己丑这天，安葬鲁国小君齐姜。齐姜是什么人？齐姜和穆姜，不知道她们谁是鲁宣公夫人？谁是鲁成公夫人？

鲁国大夫叔孙豹到宋国去。

冬季，鲁国大夫仲孙蔑又在戚这个地方与晋国的荀罃、齐国的崔抒、宋国的华元、卫国的孙林父、曹国人、邾娄国人、滕国人、薛国人、小邾娄国人会晤。接着在虎牢这个地方修筑城池。虎牢是什么地方？是郑国的城邑。这里说在虎牢修筑城池是什么意思呢？已经夺取了虎牢。既然已经夺取了虎牢，那么为什么不说夺取了它呢？这是为中原地区的诸侯国避讳。为什么要替中原地区的诸侯国避讳呢？避讳在郑国治丧期间攻打它。

为什么不说虎牢是郑国的呢？也是为中原地区的诸侯国避讳。大夫不能在未奉君命的情况下，擅自在做完一件事后接着做另一件事。这里说"接着"是什么意思？是把罪过推到大夫身上。

楚国杀了它的大夫公子申。

【原文】

三年，春，楚公子婴齐帅师伐吴①。

公如晋。

夏，四月，壬戌，公及晋侯盟于长樗②。公至自晋。

六月，公会单子、晋侯、宋公、卫侯、郑伯、莒子、邾娄子、齐世子光③，己未，同盟于鸡泽④。陈侯使袁侨如会。其言如会何？后会也。

戊寅⑤，叔孙豹及诸侯之大夫，及陈袁侨盟。曷为殊及陈袁侨？为其与袁侨盟也。

秋，公至自会。

冬，晋荀窋帅师伐许。

【注释】

①三年：鲁襄公三年（公元前570年）。公子婴齐：又称先大夫婴齐、左尹子重、令尹子重、子重，楚庄王之弟，楚国正卿。

②壬戌：四月二十六日。

③郑伯：即郑僖公，名恽顽。成公之子，在位五年。世子光：即灵公太子，鲁襄公十年即位，为齐庄公。

④己未：六月二十三日。鸡泽：地名，在今河北邯郸市东北。

⑤戊寅：七月十三日。

【译文】

　　鲁襄公三年，春季，楚国大夫公子婴齐率领军队攻打吴国。鲁襄公到晋国去。

　　夏季，四月，壬戌这天，鲁襄公与晋悼公在长樗这个地方结盟。

　　鲁襄公从晋国回来。

　　六月，鲁襄公与单顷公、晋悼公、宋平公、卫献公、郑僖公、莒子、邾娄子、齐国太子光会晤。己未这天，一起在鸡泽这个地方盟誓。陈成公派遣大夫袁侨"如会"。这里说"如会"是什么意思？是表示诸侯盟会结束后袁侨才到来。

　　戊寅这天，鲁国大夫叔孙豹与诸侯的大夫以及陈国的袁侨结盟。为什么要特别提及陈国的袁侨呢？因为诸侯的大夫是在与袁侨结盟。

　　秋季，鲁襄公从盟会的地方回来。

　　这天冬天，晋国大夫荀苗率领军队攻打许国。

【原文】

四年，春，王三月，己酉，陈侯午卒①。夏，叔孙豹如晋。秋，七月，戊子，夫人弋氏亮宫。②

葬陈成公。

八月。辛亥，葬我小君定弋③。定弋者谁？襄公之母也。

冬，公如晋。陈人围顿④。

【注释】

　　①四年：鲁襄公四年（公元前569年）。己酉：日月有误。陈侯：即陈成公，名午，陈灵公之子。在位三十年。

　　②戊子：一七月二十九日。一晥氏：《左传》作"如氏"。即定弋。鲁襄公的生母。鲁成公之妾，莒国

313

女子。何休注："定弋,莒女也。襄公者。成公之妾子。"

③辛亥:八月二十二日。小君:古代诸侯的妻子。

④顿:靠近陈国的小国,姬姓。子爵,鲁定公十四年被楚国所灭二故城在今河南项城县。

【译文】

鲁襄公四年,春季,周历三月,己酉这天,陈成公死了。夏天。鲁国大夫叔孙豹到晋国去。

秋天。七月,戊子这天,鲁成公夫人弋氏死了。安葬陈成公。

襄公八月,辛亥这天,安葬鲁国国君夫人定弋。定弋是什么人?是鲁襄公的生母。

冬天,鲁襄公到晋国去。

陈国军队围攻顿国。

【原文】

五年①,春,公至自晋。

夏,郑伯使公子发来聘②。

叔孙豹、曾肠世子巫如晋③。外相如不书。此何以书?为叔孙豹率而与之俱也。叔孙豹则曷为率而与之俱?盖舅出也④。莒将灭之⑤,故相与往殆乎晋也⑥。莒将灭之,则曷为相与往殆乎晋。取后乎莒也,其取后乎莒奈何?莒女有为邻夫人者,盖欲立其出也⑦。

仲孙蔑、卫孙林父会吴于善稻⑧。

秋,大雩。

楚杀其大夫公子壬夫孙。⑨

公会晋侯、宋公、陈侯、卫侯、郑伯、曹伯、莒子、邾娄子、滕子、薛伯、齐世子光、吴人、曾体人于戚。吴何以称人?吴邹人云则不辞。

公至自会。

冬，戍陈。孰戍之？诸侯戍之。曷为不言诸侯戍之？离至不可得而序⑩，故言我也。

楚公子贞帅师伐陈⑪。

公会晋侯、宋公、卫侯、郑伯、曹伯、莒子、邾娄子、滕子、薛伯、齐世子光救陈。十有二月，公至自救陈。辛未，季孙行父卒。

【注释】

①五年：鲁襄公五年（公元前568年）。

②公子发：即子国，郑穆公之子，子产之父。

③曾肠世子巫：曾肠国太子，名巫。

④舅出：何休注："巫者，曾肠前夫人。襄公母姊妹之子也。俱莒外孙，故曰舅出。"徐彦疏："谓巫是襄公舅氏之所出，姊妹之子谓之出也。盖者，公羊子不受于师，故疑。……言襄公与巫皆是一舅姊妹之子也。"⑤莒将灭之：莒国将灭亡邮国。按：曾肠子准备以后立他的外孙为邮国国君，这样就断绝了部国的祭祀。

⑥殆：申诉，诉讼。何休注："殆，疑。凝漱于晋，齐人语。"朱骏声《说文通训定声》："殆"："按：犹理也。……谓借为疑，失之。"

⑦盖欲立其出：何休注："时莒女嫁为邮后夫人，夫人无男有女，还嫁之于莒，有外孙。曾吓子爱后夫人而无子，欲立其外孙。"

⑧善稻：《左传》作"善道"。吴国地名，在今江苏盱眙县东北。

⑨公子壬夫：又称令尹子辛、右尹子辛，楚国执政大臣。

315

襄　公

⑩离至：何休注："离至，离别前后至也。"

⑪公子贞：即子囊。原令尹子卒被杀，子囊出任楚国令尹。

【译文】

鲁襄公五年，春季，鲁襄公从晋国回来。夏季，郑僖公派遣大夫公子发来鲁国访问。

鲁国大夫叔孙豹和都国太子巫到晋国去。鲁国之外的诸侯国之间相互往来是不记载的，这里为什么记载都太子巫到晋国去呢？这是叔孙豹带领太子巫一起去的。叔孙豹为什么要带领都国的太子巫一起到晋国去呢？大概鲁襄公与都国太子巫是表兄弟的缘故吧。莒国将要灭亡都国，所以叔孙豹和邮国太子巫一起到晋国去申诉：莒国将要灭掉都国，那么为什么叔孙豹要和都国太子巫一起到晋国去申诉呢？因为都国国君从莒国娶了一位后夫人。曾卜国国君从曹国娶了后夫人又怎么样呢？这位莒国的后夫人有可能成为都国国君的正夫人，大概想立她的外孙为邮国国君。鲁国大夫仲孙蔑和卫国大夫孙林父在善稻这个地方会见吴国人。

秋天，鲁国举行盛大的求雨祭祀活动。

楚国杀了它的执政大夫公子壬夫。

鲁襄公在戚这个地方与晋悼公、宋平公、陈哀公、卫献公、郑僖公、曹成公、莒子、都宣公、滕子、薛伯、齐国的太子光、吴国人、曾吓国人会晤。吴国为什么要称"人"呢？因为说"吴都人"是说不通的。

鲁襄公从诸侯会晤的地方回来。

冬季，戍守陈国。谁戍守陈国？是诸侯的军队戍守陈国。那么为什么不说诸侯的军队戍守陈国呢？因为诸侯的军队是陆陆续续到来的，无法排列它们的顺序，所以只说鲁国的军队在戍守陈国。

楚国大夫公子贞率领军队攻打陈国。

鲁襄公会合晋悼公、宋平公、卫献公、郑僖公、曹成公、莒子、郑宜公、滕子、薛伯、齐国的太子光援救陈国。十二月，鲁襄公从援救陈国的地方回来。

这年十二月辛未这天。鲁国大夫季孙行父死了。

【原文】

六年，春，王三月，壬午，杞伯姑容卒①。夏，宋华弱来奔。

秋，葬杞桓公。

滕子来朝。

莒人灭曾鄫。

冬，叔孙豹如邾娄。

季孙宿如晋。

十有二月，齐侯灭莱。曷为不言莱君出奔？国灭，君死之，正也。

【注释】

①六年：鲁襄公六年（公元前567年）。壬午：三月初二杞伯；即杞桓公，名姑容。杞成公之弟，在位七十年。

【译文】

鲁襄公六年，春季，周历三月，壬午这天，纪桓公姑容死了。夏季，宋国大夫华弱逃亡到鲁国。

秋季，安葬杞垣公。

滕成公到鲁国朝见鲁襄公。

莒国人灭亡了邮国。

冬季，鲁国大夫叔孙豹到邻娄国访问。

鲁国大夫季孙宿到晋国去。

十二月，齐灵公灭亡了莱国。为什么没有提及莱国国君逃亡呢？国家灭亡了，国君以身殉国，这才符合做国君的正道的。

【原文】

七年，春，郑子来朝①。

夏，四月，三卜郊，不从②，乃免牲。

小邾娄子来朝。

城费③。

秋，季孙宿如卫。

八月，螺。

冬，十月，卫侯使孙林父来聘。壬戌④，及孙林父盟。楚公子贞帅师围陈。

十有二月，公会晋侯、宋公、陈侯、卫侯、曹伯、莒子、邾娄子于那⑥。郑伯凭原如会⑥。未见诸侯。丙戌，卒于操⑦。操者何？郑之邑也。诸侯卒其封内不地，此何以地？隐之也。何隐尔？弑也。孰就之。其大夫弑之⑧。曷为不言其大夫弑之？为中国讳也。曷为为中国讳？郑伯将会诸侯于那，其大夫谏曰："中国不足归也，则不若与楚。"郑伯曰："不可。"其大夫曰："以中国为义，则伐我丧；以中国为强，则不若楚。"于是弑之。郑伯髡原何以名？伤而反，未至乎舍而卒也⑨。未见诸侯，其言如会何？致其意也。

陈侯逃归。

【注释】

①七年：鲁襄公七年。郑：国名，少昊之后，己姓一说嬴姓，子爵。故地在今山东郯城县境。

②不从：好像说不吉利。

③费：鲁国季氏邑名。今址不详。《春秋三传》李廉注："费，鲁强邑。禧元年，赐季友汶阳之田及费，于是为季氏邑。"

④壬戌：十月二十一日。

⑤那：郑国地名，在今河南鲁山县。按：诸侯在那这个地方会晤，是因为楚国军队包围了陈国，诸侯共商救陈事宜。

⑥郑伯：即郑僖公，名髡原，《左传》作"究顽"。在位五年。

⑦丙戌：十二月十七日。操：《左传》作"鄵"。郑国地名，在今河南新郑县与鲁山县之间。

⑧其大夫弑之：据《左传》记载：郑国执政大夫子驷派贼人在夜里害死郑僖公。《史记·卫世家》认为：是子驷派厨子用毒药杀死郑僖公。以急病而死讣告诸侯。

⑨舍：何休注："舍，昨日所舍止处也。"

【译文】

鲁襄公七年，春季，郑国国君来鲁国朝见。

襄公夏季，四月，鲁国三次占卜祭祀天地的日子，都不吉利，于是就免除使用供祭祀用的牲。

小邾娄国国君来鲁国朝见。

鲁国在费这个地方修筑城池。

秋季，鲁国大夫季孙宿到卫国去。

八月，鲁国发生虫灾。

冬季，十月，卫献公派遣大夫孙林父来鲁国进行访问。壬戌这天，鲁襄公与卫国大夫孙林父盟誓。

楚国令尹公子贞率领军队包围了陈国。

十二月，鲁襄公在那这个地方与晋悼公、宋平公、陈哀公、卫献公、曹成公、莒子、郑宣公会晤。郑僖公凭原到会。没有见到诸侯。丙戌这天，郑僖公在操这个地方死了。操是什么地方？是郑国的一座城邑。诸侯死在他的封地内是不记载地点的，这里为什么写明地点呢？是怜悯郑僖公。为什么要怜悯郑僖公呢？因为他是被杀害的。谁杀害了他？是他的大夫杀害了他。为什么不说他的大夫弑杀了他呢？是为中原地区诸侯国避讳。为什么为中原地区诸侯国避讳呢？郑僖公准备在那这个地方会见诸侯，他的大夫子驷就劝他说："中原各国不值得归附，还不如归附楚国。"郑僖公说："不行！"他的大夫又说："如果认为中原各国有仁义，那么他们为什么要在我国国丧期攻打我们呢？如果认为中原各国强大，那么他们的力量不如楚国。"郑僖公不听从大夫子驷的意见，于是子驷就派人杀害了郑僖公。郑僖公凭原为什么写出名字呢？郑僖公受伤后就返回国都，还没有到达前一天住的地方就死了。郑僖公既然没有见到诸侯，那么说他到会是什么意思？这是为了表达郑僖公希望归附中原各诸侯国的意愿。

陈哀公从诸侯会晤的地方逃了回去。

【原文】

八年^①，春，王正月，公如晋。夏，葬郑僖公。贼未讨，何以书葬？郑人侵蔡。获蔡公子燮^②。此侵也，言获者，适得之也^③。

季孙宿会晋侯、郑伯、齐人、宋人、邢丘^④。

公至自晋。

莒人伐我东鄙^⑤。

秋，九月，大雩。

冬，楚公子贞帅师伐郑。

晋侯使士匄来聘^⑥。

为中国讳也。其言获何？侵而卫人、邾娄人于

【注释】

①八年：鲁僖公八年（公元前5筋年）。

②公子燮：蔡国大夫。因官为司马，又称司马燮、蔡司马。

③适得之：恰好抓住了他。何休注："时适遇，值其不备，获得之。"

④郑伯：即郑简公，名嘉，郑僖公之子，五岁即位，在位三十六年。齐人：即齐国大夫高厚。宋人：即宋国大夫向戌。卫人：即卫国大夫宁殖。按：《春秋》没有记载这些大夫的名字，是为了尊敬晋悼公。邢丘：晋国地名，在今河南温县东。

⑤鄙：边邑，边境。

【译文】

鲁襄公八年，春季，周历正月，鲁襄公到晋国朝见。

襄公夏季，安葬郑僖公。弑杀僖公的贼人还没有讨伐，为什么记载安葬郑僖公这件事呢？这是为中原各诸侯国避讳。郑国军队进犯蔡国。俘获蔡国大夫公子燮。这是侵袭，这里说"俘获"是什么意思？凡是侵袭而说俘获的，说明是恰好抓到了他。

鲁国大夫季孙宿在晋国邢丘这个地方会见晋悼公、郑简公、齐国大夫高厚、宋国左师向公戌、卫国大夫宁殖和邾娄国大夫。鲁襄公从晋国回来。

莒国军队攻打鲁国东部边境。

秋季，九月，鲁国举行大规模求雨祭祀。

冬季，楚国大夫公子贞率领军队攻打郑国。

晋悼公派遣大夫士匄来鲁国进行访问。

【原文】

九年，春，宋火①。曷为或言灾，或言火？大者曰灾②，小者曰火。然则内何以不言火③？内不言火者，甚之也。何以书？记灾也。外灾不书，此何以书？为王者之后记灾也④。夏，季孙宿如晋。

五月，辛酉，夫人姜氏亮⑤。

秋，八月，癸未⑥，葬我小君缪姜。

冬，公会晋侯、宋公、卫侯、曹伯、莒子、邾娄子、滕子、薛伯、杞伯、小邾娄子、齐世子光伐郑。十有二月，己亥，同盟于戏⑦。

楚子伐郑。

【注释】

①九年：鲁襄公九年（公元前564年）。宋火：宋国发生火灾。②大者：何休注："大者，谓正寝、社稷、宗庙、朝廷也。下此则小矣。"③内何以不言火：何休注："据西宫灾，不言火。"这里指《春秋·嬉公二十年》"夏，五月，乙巳，西宫灾"一事。按，西宫是鲁僖公的妾住的地方，属于"小者"，例当言"火"，但却称"灾"，所以疑不知问。④王者之后：宋国国君为商王的后裔。

⑤辛酉：五月三十日。姜氏：即穆姜，鲁宣公夫人，鲁襄公祖母。

⑥癸未：八月二十三日。

⑦己亥：日月有误。应为十一月初十。同盟：一起结盟。戏：又称戏童，郑国地名，在今河南登封县，一说在今河南旧消川县南。按，"同盟于戏"，是指郑国与诸侯国结盟。

【译文】

鲁襄公九年，春季，宋国发生火灾。为什么发生火灾时，有时候说"灾"，有时候又说"火"呢？国君的正寝宫、宗庙、朝廷这些重要地方发生火灾，就称

"灾"，不重要之处发生火灾，就称"火"。既然这样，那么鲁国发生火灾，为什么不称"火"呢？鲁国发生火灾不称"火"的原因是，要强调火灾的严重性。宋国发生火灾为什么记载呢？记载灾害事件。鲁国以外发生的灾害按例是不记载的，这里为什么记载呢？这是为商王的后代记载灾害情况。

夏季，鲁国大夫季孙宿到晋国去。

五月，辛酉这天，鲁国国君的夫人姜氏死了。

秋季，八月，癸未这天，安葬鲁国国君夫人穆姜。

冬季，鲁襄公会同晋悼公、宋平公、卫献公、曹成公、莒子、郑宣公、滕成公、薛伯、杞孝公、小邾娄子、齐国太子光率兵攻打郑国。十二月，己亥这天，郑简公与诸侯在戏这个地方一起结盟。

楚共王率领军队攻打郑国。

【原文】

十年，春，公会晋侯、宋公、卫侯、曹伯、莒子、邾娄子、滕子、薛伯、杞伯、小邾娄子、齐世子光，会吴于祖勾。①

夏，五月，甲午，遂灭昌阳②。

公至自会。

楚公子贞、郑公孙辄帅师伐宋③。

晋师伐秦。

秋，莒人伐我东鄙。

公会晋侯、宋公、卫侯、曹伯、莒子、邾娄子、齐世子光、滕子、薛伯、杞伯、小邾娄子伐郑④。冬，盗杀郑公子斐、公子发、公孙辄⑤。戍郑虎牢。孰戍之？诸侯戍之。曷为不言诸侯戍之？离至不可得而序，故言我也。诸侯已取之矣，曷为系之郑？诸侯莫之主有⑥，故反系之郑。

楚公子贞帅师救郑。

公至自伐郑。

【注释】

①十年：鲁襄公十年（公元前563年）。祖：楚国地名，在今山东峰县东南，一说在今江苏那县北。

②甲午：五月初八。福阳：一作"傅阳"。坛姓，子爵国，故城在今山东峰县东南。和祖这个地方相近。

③公孙辄：又称子耳。郑国大夫。

④齐世子光：齐灵公之子，后为齐庄公，被崔抒所杀。在位六年。按：这次伐郑，齐世子光名列滕成公之前，是不妥的。齐国太子光还未受命于周天子，应继诸侯之后。但晋悼公与楚共王争霸，必须得到齐国的大力支持，所以以齐国太子光先到诸侯军中为由，将其名进列滕成公之前。

⑤盗：坏人。这是一次叛乱，因没有大夫参加，所以称"盗"。公子斐：又作"公子骄"，又称子驯，郑穆公之子，郑国执政大臣。公子发：又称子国，郑穆公之子，子产之父，郑国司马。

⑥莫之主有：即无主有之，诸侯中没有哪一个能占有这个地方。何休注："诸侯本无利虎牢之心，欲共以距楚尔，无主有之者，故不当坐取邑，故反系之郑，见其意也。"

【译文】

鲁襄公十年，春天，鲁襄公会合晋悼公、宋平公、卫献公、曹成公、莒子、朱巧宣公、滕成公、薛伯、祀孝公、小邾娄子，齐国太子光，在祖这个地方会见吴国国君。

夏天，五月，甲午这天，诸侯军队于是灭亡了福阳国。鲁襄公从诸侯会晤的地方回来。

楚国大夫公子贞和郑国司空公孙辄率领军队攻打宋国。晋国军队攻打秦国。

秋季，莒国人攻打鲁国东部边邑。

鲁襄公会同晋悼公、宋平公、卫献公、曹成公、莒子、邾宣公、齐国太子光、滕成公、薛伯、杞孝公、小邾娄子出兵攻打郑国。

冬季，坏人杀了郑国大夫公子斐、公子发和公孙辄。戍守郑国虎牢这座城池。谁戍守虎牢呢？是诸侯的军队戍守它。那么为什么不说诸侯的军队戍守虎牢呢？因为诸侯军队陆陆续续的到达，无法排列次序。所以说是鲁国的军队在戍守虎牢这座城池。虎牢这个地方已经被诸侯的军队夺取了，为什么还说是郑国的呢？因为诸侯中没有哪一个要占领它，所以还暂时说是郑国。

楚国大夫公子贞率领军队援救郑国。

鲁襄公从攻打郑国的地方回来。

【原文】

十有一年，春，王正月，作三军^①。三军者何？三卿也^②。作三军，何以书？讥。何讥尔？古者上卿下卿，上士下士。

夏，四月，四卜郊，不从。乃不郊。

郑公孙舍之帅师侵宋^③。

公会晋侯、宋公、卫侯、曹伯、齐世子光、莒子、邾娄子、滕子、薛伯、杞伯、小邾娄子伐郑。

秋，七月，己未，同盟于京城北^④。

公至自伐郑。

楚子郑伯伐宋。

公会晋侯、宋公、卫侯、曹伯、齐世子光、莒子、邾娄子、滕子、薛伯、杞伯、小邾娄子伐郑。会于萧鱼^⑤。此伐郑也，其言会于萧鱼何？盖郑与会尔。

325

公至自会。

楚人执郑行人良霄⑥。

冬，秦人伐晋。

【注释】

　　①十有一年：鲁襄公十一年（公元前562年）。作：建立的意思。三军：即上、中、下三军。当时鲁国无中军，只有上、下二军，都属公室所有，作战时，三卿为二军统帅领兵出征。何休注："为军置三卿官也。"

　　②三卿：即上卿、中卿、下卿。

　　③公孙舍之：又称子展、舍之、罕氏，子罕之子，郑国上卿。

　　④己未：七月初十。京城北：《左传》作"毫城北"。郑国地名，在今河南堰师县西。

　　⑤萧鱼：郑国地名，在今河南许昌市。

　　⑥行人：使者。良霄：又称伯有、伯有氏、良氏，公孙辄之子。

【译文】

　　鲁襄公十一年，春季，周历正月，鲁国建立"三军"。"三军"是什么意思？就是为军队设置三卿。鲁国建立三军，为什么要记载呢？为了谴责。谴责什么？按照古代制度，鲁国只能在军中设置上卿、下卿、上士、下士。

　　夏季，四月，鲁国四次占卜祭祀天地的吉日，都不吉利。于是不举行祭祀天地的仪式。

　　郑国大夫公孙舍之率领军队进犯宋国。

　　鲁襄公会合晋悼公、宋平公、卫献公、曹成公、齐国太子光、莒子、邾宣公、滕成公、薛伯、杞孝公、小邾娄子出兵攻打郑国。秋季，七月，己末这天，诸侯与郑简公在京城这个地方的北边结盟。

　　鲁襄公从攻打郑国的地方回来。

　　楚共王和郑简公率领军队攻打宋国。

　　鲁襄公又会同晋悼公、宋平公、卫献公、曹成公、齐国太子

　　襄公光、莒子、郑宣公、滕成公、薛伯、杞孝公、小邾娄子出兵攻打郑国。并在萧鱼这个地方会晤。这是联合出兵攻打郑国，这里说在萧鱼这个地方会晤是什么意思？大概郑简公也参加了这次会晤吧。

　　鲁襄公从诸侯会晤的地方回来。

　　楚国人拘捕了郑国的使者良霄。

　　冬季，秦国军队攻打晋国。

【原文】

　　十有二年^①，春，王三月，莒人伐我东鄙。围台^②。邑不言围，此其言围何？伐而言围者，取邑之辞也。伐而不言围者，非取邑之辞也。

　　季孙宿帅师救台。遂入运^③。大夫无遂事，此其言遂何？公不得为政尔^④。

　　夏，晋侯使士鲂来聘^⑤。

　　秋，九月，吴子乘卒^⑥。

　　冬，楚公子贞帅师侵宋。

　　公如晋。

【注释】

　　①十有二年：鲁襄公十二年（公元前561年）。

　　②台：又作"台庒"。鲁国邑名，在今山东费城县东南。

　　③遂入运：何休注："入运者，讨叛也。封内兵书者，为遂举讨叛恶。遂者，得而不取与不讨同，故言入

起其事。"运,《左传》作"郭"。这里为东郓,在今山东沂水县北。

④公不得为政:何休注:"时公微弱,政教不行,故季孙宿遂取郓而自益其邑。"

⑤士鲂:原作"士彭",据徐彦考,各正本都作"士鲂",作"士彭"误。所以改。士鲂,又称说季,晋国卿大夫。

⑥吴子:即吴子寿梦,名乘,吴国国君。吴,姬姓子爵国,周太王之子太伯仲雍之后,周武王封周章为吴子,至寿梦而潜号称王,始通中国。寿梦为太伯十八世孙,《春秋》从寿梦开始记载吴国史实。

【译文】

鲁襄公十二年,春季,周历三月,莒国军队攻打鲁国东部边邑。包围了台这座城邑。城邑是不说包围的,这里说包围是什么意思?攻打一座城邑,并说包围了它,这是夺取这座城邑委婉的说法。攻打一座城邑,但不说包围了它,这是不夺取这座城邑委婉的说法。

鲁国大夫季孙宿率领军队援救台邑。接着攻入叛乱的郓城。大夫在未奉君命的情况下,是不能在做完一件事后擅自做另一件事的,这里说季孙宿接着攻入邪城是为什么?因为这时鲁襄公还掌握不了政权。

夏季,晋悼公派遣大夫士鲂来鲁国进行访问。

秋季,九月,吴国国君乘死了。

冬季,楚国令尹公子贞率领军队进犯宋国。

鲁襄公到晋国去。

【原文】

十有三年①,春,公至自晋。

夏,取郭②。寺体者何?掷娄之邑也。曷为不系乎邾娄?

襄公讳函也③。

九月，庚辰，楚子审卒④。城防⑤。

秋冬

【注释】

①一十一有三年：鲁襄公一三年（公元前560年）。

②郭：原文作"诗"，误。现据《左传》《穀梁传》改。下同。郭，附庸国，在今山东济宁市南。徐彦疏："有作'诗'字者，误。"

③讳函：何休注："讳背萧鱼之会函。"

④庚辰：九月十四日。楚子：即楚共王，名审，楚庄王之子，在位三十一年。

⑤防：鲁国地名，在今山东费县东北。

【译文】

鲁襄公十三年，春季，鲁襄公从晋国回来。

夏季，鲁国军队夺取了郭这个地方。寺巧是什么地方？是邾娄国的一座城邑。为什么不说是邾娄国的呢？这是为了避讳鲁国违背萧鱼之盟太快了。

秋季，九月，庚辰这天，楚共王审死了。冬季，鲁国在防这个地方修筑城池。

【原文】

十有四年，春，王正月，季孙宿、叔老会晋士匄、齐人、宋人、卫人、郑公孙喷、曹人、莒人、邾娄人、滕人、薛人、杞人、小邾娄人，会吴于向①。

二月，乙未②，朔，日有食之。

夏，四月，叔孙豹会晋荀堰、齐人、宋人、卫北宫结、郑公孙喷、曹人、莒人、掷娄人、滕人、薛人、杞人、小邾娄人伐秦③。

己未，卫侯衍出奔齐④。

莒人侵我东鄙。

秋，楚公子贞帅师伐吴。

冬，季孙宿会晋士匃、宋华阅、卫孙林父、郑公孙囆、莒人、朱马娄人于戚⑤。

【注释】

①十有四年：鲁襄公十四年（公元前559年）。叔老：又称子叔齐子，公孙婴齐之子，鲁国大夫。士匃：又称范匃、范宣子。士燮之子，晋国大夫。公孙喧：《左传》作"公孙至"，郑穆公之孙，公子堰之子，又称子娇。郑国大夫。向：吴国地名，在今安徽怀远县西。

②乙未：二月初一。

③荀堰：又称中行堰、官臣堰、中行伯、伯游、中行献子、献子中行氏，晋国大夫，中军统帅。北宫结：《左传》作"北宫括"，又称北宫甪子，卫国大夫。

④己未：四月二十六日。卫侯：即卫献公，名衍，定公之子，在位三十三年。

⑤华阅：宋国大夫。

【译文】

鲁襄公十四年，春季，鲁国大夫季孙宿、叔老会合晋国大夫士匃、齐国人、宋国人、卫国人、郑国的公孙嚧、曹国人、莒国人、朱肠娄国人、滕国人、薛国人、祀国人、小邾娄国人，在向这个地方会见吴国人。

襄公二月，乙未这天初一，发生日食。

夏季，四月，鲁国大夫叔孙豹会同晋国的荀堰、齐国人、宋国人、卫国的北宫结、郑国的公孙喷、曹国人、莒国人、邾娄人、滕国人、薛国人、祀国人、小邾娄国人出兵攻打秦国。这月己未这天，卫献公衍逃亡到齐国。

莒国人进犯鲁国东部边境。

秋季，楚国公子贞率领军队攻打吴国。

冬季，鲁国大夫季孙宿在戚这个地方会见晋国的士匄、宋国的华阅、卫国的孙林父、郑国的公孙虿、莒国人、邾娄国人。

【原文】

十有五年，春，宋公使向戌来聘①。

二月，己亥，及向戌盟于刘②。

刘夏逆王后于齐③。刘夏者何？天子之大夫也。刘者何④？邑也。其称刘何？以邑氏也。外逆女不书，以何以书？过我也。

夏，齐侯伐我北鄙。围成⑤。公救成，至遇⑥。其言至遇何？不敢进也。

季孙宿、公孙豹帅师城成郭⑦。

秋，八月，丁巳⑧，日有食之。

邾娄人伐我南鄙。

冬，十有一月，癸亥，晋侯周卒⑨。

【注释】

①十有五年：鲁襄公十五年（公元前558年、。向戌：宋国左师。

②己亥：二月十一日。刘：地名。《春秋三传》孔颖达注："释例地阙，盖鲁城外之近地。"

③刘夏：《春秋三传》杜预注："天子官师，非卿也。"

④刘：郑国邑名，后为周大夫刘采地。在今河南堰师县西南。

⑤成：鲁国邑名，在今山东宁阳县东北。

⑥遇：鲁国地名，今址不详。

⑦郭：外城。

⑧丁巳：应为七月初一。近人张汝舟《西周经朔谱努："历家皆言七月丁巳朔入食限，八月为七月之误。"

⑨癸亥：十一月初九。晋侯：即晋悼公，名周，惠伯淡之子，晋襄公的曾孙。在位十五位。

【译文】

　　鲁襄公十五年，春季，宋平公派遣左师向戌来鲁国进行访问。二月，己亥这天，鲁襄公在刘这个地方与向戌结盟。刘夏到齐国迎接王后。刘夏是什么人？是周天子的大夫。"刘"是什么意思？是一座城邑的名称。这里称他"刘"是什么意思？是以邑的名称为姓氏。鲁国以外的人迎娶夫人是不记载的，这里为什么记载呢？因为他们路过鲁国。

　　夏季，齐灵公率兵攻打鲁国北部边邑。包围了成这座城邑。鲁襄公出兵援救成邑，来到遇这个地方。这里说来到遇这个地方是什么意思？是说鲁襄公不敢再前进了。

　　鲁国大夫季孙宿和公孙豹率领军队去修筑成这座城池的外城。

　　秋季，八月，丁巳这天，发生日食。

　　邾娄国军队攻打鲁国南部边邑。

　　冬天，十一月，癸亥这天，晋悼公死了。

【原文】

　　十有六年①，春，王正月，葬晋悼公。

　　三月，公会晋侯、宋公、卫侯、郑伯、曹伯、莒子、邾娄子、薛伯、杞伯、小邾娄子于嗅梁②。戊寅③，大夫盟，诸侯皆在是。其言大夫盟何？信在大夫也。何言乎信在大夫？遍刺关下之大夫也。曷为遍刺天下之大夫？君若赘旒然④。

　　晋人执莒子、邾娄子以归⑤。

齐侯伐我北鄙。

夏，公至自会。

五月，甲子⑥，地震。

叔老会郑伯、晋荀偃、卫宁殖、宋人伐许。秋，齐侯伐我北部。围成。

大雩。

冬，叔孙豹如晋⑦。

【注释】

①十有六年：鲁襄公十六年（公元前557年）。

②晋侯：即晋平公，名彪，晋悼公之子，在位二十六年。溴梁：溴水的堤梁。溴水源出河南济源县西，东流入黄河。溴梁之会，齐侯没有亲自来，派大夫高厚参加。

③戊寅：三月二十六日。

④赘旒：比喻虚居其位而无实权。何休注："旒，旌旒；赘，系属之辞；……以旌旒喻者，为下所执持东西。"

⑤莒子：即莒犁比公，莒国国君，名密州，渠邱公之子，在位三十五年。邾娄子：即邾宣公，邾国国君，名径，邾定公之子，在位十八年。按：这次晋侯拘捕莒犁比公和邾宣公，是因为他们对鲁国入侵，并认为他们与齐楚两国使者私下往来。

⑥甲子：五月十二日。

⑦叔孙豹：又称叔孙穆子、穆叔，叔孙侨如之弟。鲁国大夫。

【译文】

鲁襄公十六年，春季，周历正月，安葬晋悼公。三月，鲁襄公在溴梁这个地方与晋平公、宋平公、卫荡公、郑简公、曹成公、莒犁比公、郑宣公、薛伯、祀孝公、小邾娄子会晤。戊寅这天，各诸侯国大夫结盟，诸侯都在这里。这里说各诸侯国大夫结盟是什么意思？是说各诸侯国的信义由大夫承担。为什么说各诸侯国的信义由大夫承担呢？这是为了普遍指责天下的大夫。为什么要普遍指责天下的大夫呢？因为各国大夫专政，国君就好像族旗上的饰物一样，成了一种装饰品。

在这次会上，晋国人拘捕了莒犁比公和掷宣公，并把他们带回国去。

齐灵公率兵攻打鲁国北部边境。

夏季，鲁襄公从诸侯会晤的地方回来。

五月，甲子这天，鲁国发生地震。

鲁国大夫叔老会合郑简公、晋国的荀堰、卫国的宁殖、宋国人出兵攻打许国。

秋季，齐灵公再次率兵攻打鲁国的北部边邑，包围了成这座城邑。

鲁国举行大规模求雨祭祀活动。

冬季，鲁国大夫公孙豹到晋国去。

【原文】

十有七年，春，王二月，庚午，邾娄子明卒①。宋人伐陈。

夏，卫石买帅师伐曹②。

秋，齐侯伐我北鄙。围挑③。

齐高厚帅师伐我北鄙，围防④。

九月，大雩。

宋华臣出奔陈⑤。

冬，邾娄人伐我南鄙。

【注释】

①十有七年：鲁襄公十七年（公元前556年）。庚

午：二月二十四日。

　　②石买：又称石共子。卫国行人。

　　③挑：《左传》作"桃"。鲁国邑名，在今山东坟上县北。

　　④高厚：齐国大夫。防：鲁国减氏采邑名，在今山东费县东北。按：这次齐军兵分两路进犯鲁国，一路由齐灵公亲率，包围挑邑。一路由大夫高厚率领，围攻防邑。

　　⑤华臣：宋国大夫。

【译文】

　　鲁襄公十七年，春季，周历二月，庚午这天，都宣公晌死了。宋国军队攻打陈国。

　　夏季，卫国大夫石买率领军队攻打曹国。

　　秋季，齐灵公率兵攻打鲁国的北部边邑，包围了挑这个地方。

　　齐国大夫高厚率领军队攻打鲁国的北部边邑，包围了防这个地方。

　　九月，鲁国举行大规模求雨祭祀活动。

　　宋国的大夫华臣逃亡到陈国去。

　　冬季，邾娄国军队攻打鲁国的南部边邑。

【原文】

十有八年，春，白狄来①。白狄者何？夷狄之君也。何以不言朝？不能朝也。

夏，晋人执卫行人石买。

秋，齐师伐我北鄙。

冬，十月，公会晋侯、宋公、卫侯、郑伯、曹伯、莒子、邾娄子、滕子、薛伯、杞伯、小邾娄子，同围齐。曹伯负当卒干师②。

楚公子午师师伐郑。

【注释】

①十有八年：鲁襄公十八年（公元前555年）白狄从未和鲁国接触过，这是第一次。

②曹伯：即曹成公，名负当，《左传》杜预注为"宣公弟"，在位二十三年。

【译文】

鲁襄公十八气，春季，"白狄"到鲁国来。"白狄"是什么人？是夷狄的君主。为什么不说来鲁国朝见。因为白狄不懂中原各国的礼仪，不能朝见。

夏季，晋国人拘捕了卫国使者石买。

秋季，齐国军队攻打鲁国北部边境。

冬季，十月，鲁襄公会合晋平公、宋平公、卫疡公、郑简公、曹成公、莒犁比公、那悼公、滕成公、薛伯、杞孝公、小邾娄子共同出兵围攻齐国。曹成公负当死在军中。

楚国大夫公子午率领军队攻打郑国。

【原文】

十有九年，春，王正月，诸侯盟于祝阿①。晋人执邾娄子②。公至自伐齐。此同围齐也，何以致伐？未围齐也。未围齐，则其言围齐何？抑齐也③。曷为抑齐？为其函伐也。或曰：为其骄赛，使其世子处乎诸侯之上也。取邾娄田。自都水。其言自都水何？以都为竟也。何言乎以都为竟？淳阵移也。

季孙宿如晋。

葬曹成公。

夏，卫孙林父帅师伐齐。

秋，七月，辛卯，齐侯缓卒④。

晋士旬帅师侵齐。至毂，闻齐侯卒，乃还。还者何？善辞也。何善尔？大其不伐丧也。此受命乎君而伐齐，则何大乎其不伐丧？

336

大夫以君命出，进退在大夫也⑤。又月，丙辰，仲孙蔑卒⑥。

齐杀其大夫高厚。郑杀其大夫公子喜⑦。冬，葬齐灵公。

城西郭⑧。

叔孙豹会晋士匄于柯⑨。城武城⑩。

【注释】

①十有九年：鲁襄公十九年（公元前554年）。祝阿：又作"祝柯"。齐国邑名，在今山东长清县东北三十余里。

②郑娄子：即郑悼公，名华，郑宣公之子，在位十五年。

③抑：遏制。

④辛卯：七月二十八日。齐侯：齐灵公，名援（《左传》、《穀梁传》作"环"），齐顷公之子，在位二十八年。

⑤进退在大夫：徐彦疏："司马法云：闻外之事，将军裁之。故云，礼：用兵之道，不得国中制御于外也，凡为将军之法，必须临事制宜，谓专进退也。"

⑥丙辰：八月二十四日。仲孙蔑：又称孟献子。鲁国大夫。

⑦公子喜：即公子嘉，又称子孔，司徒孔，郑穆公之子，郑国执政大夫。

⑧西郭：鲁国国都西面的外城。

⑨柯：地名，在今河南内黄县东北。

⑩武城：鲁国邑名，此地紧靠齐国，在今山东嘉祥县界。

【译文】

鲁襄公十九年，春季，王正月，诸侯在祝阿这个地方盟会。

襄公晋国人拘捕了郑悼公。

鲁襄公从征讨齐国的地方回来。这次军事行动是诸侯军队共同包围齐国，为什么说鲁襄公从征讨齐国的地方回来呢？其实并没有包围齐国。既然没有包围齐国，那么为什么说共同包围齐国呢？是为了遏制齐国。为什么要遏制齐国呢？因为它多次攻打别国。有人说，是因为齐侯傲慢不顺，让他的太子处在其他诸侯之上。

鲁国取得了邿娄国的土地。"自都水"。这里说"自都水"是什么意思？就是以都水为疆界。为什么说以都水为疆界呢？因为都水向南移入了邿娄国。

鲁国大夫季孙宿到晋国去。

安葬曹成公。

夏季，卫国大夫孙林父率领军队攻打齐国。

秋季，七月，辛卯这天，齐灵公缓死了。

晋国大夫士匄率领军队侵袭齐国，到达毅这个地方，听到齐灵公去世的消息，就引兵"还"。"还"是什么意思？这是赞美的说法。赞美什么？称赞晋国士匄不趁齐国有国君的丧事时攻打它。这次出兵攻打齐国是奉国君的命令的，但是为什么还称赞士匄不趁齐国有丧事而攻打它呢？大夫虽然是奉国君的命令率领军队出征，但军队的前进或后退却由大夫来决定。

这年八月，丙辰这天，鲁国大夫仲孙蔑死了。

齐国杀了自己的大夫高厚。

郑国杀了它的大夫公子喜。

冬季，安葬了齐灵公。

鲁国在国都两边的外城修筑城墙。

鲁国大夫叔孙豹在柯这个地方与晋国大夫士匄会晤。鲁国在武城这个地方修筑城池。

【原文】

二十年，春，王正月，辛亥，仲逊遨会莒人盟于向①。夏，六月，庚申，公会晋侯、齐侯、宋公、卫侯、郑伯、曹伯、莒子、邾娄子、滕子、薛伯、杞伯、小邾娄子、盟于擅渊②。

秋，公至自会。

仲孙遨帅师伐邾娄。

蔡杀其大夫公子燮③。

蔡公子履出奔楚④。

陈侯之弟光出奔楚⑤。

叔老如齐。

冬，十月，丙辰，朔，日有食之。

季孙宿如宋。

【注释】

①二十年：鲁襄公二十年（公元前553年）。辛亥；正月二十二日。仲孙遨：也作"仲孙速"，又称孟庄子、孟孺子速、庄子速。仲孙蔑之子，鲁国公族大夫。向：本为国名，被莒所灭，后为鲁地，在今山东莒县南。

②庚申：六月初三齐侯：即齐庄公，名光，灵公之子，在位六年。擅渊：卫国地名，在今河南濮阳县西北。

③公子燮：又称司马燮、蔡司马，蔡国大夫。蔡庄公之子。

④公子履：公子燮之弟出奔楚：因有与兄同谋背楚事晋之嫌，担心国人杀害而出奔楚国。

⑤陈侯之弟光：《左传》作"陈侯之弟黄"。又称公子黄。陈侯：即陈哀公，名溺，成公之子，在位三十九年。

【译文】

鲁襄公二十年，春季，周历正月，辛亥这天，鲁国大夫仲孙邀会见莒国人，并与他在向这个地方结盟。

夏季，六月，庚申这天，鲁襄公与晋平公、齐庄公、宋平公、卫殇公、郑简公、曹武公、莒犁比公、郑悼公、滕成公、薛伯、杞孝公、小邾娄子会晤，并在擅渊这个地方结盟。

秋季，鲁襄公从诸侯盟会的地方回来。

鲁国大夫仲孙邀率领军队攻打邾娄国。

蔡国杀了自己的大夫公子燮。

蔡国大夫公子燮的弟弟公子履逃亡到楚国。

陈哀公的弟弟公子光逃亡到楚国。

鲁国大夫叔老到齐国去。

冬季，十月，丙辰这天初一，发生日食。

鲁国大夫季孙宿到宋国去。

【原文】

二十有一年①，春，王正月，公如晋。

邾娄庶其以漆间丘来奔②。邾娄庶其者何？邾娄大夫也。邾娄无大夫，此何以书？重地也⑪。

夏，公至自晋。

秋，晋栗盈出奔楚④。

九月，康戌，朔，日有食之。

冬，十月，庚辰⑤，朔，日有食之。

曹伯来朝⑥。公会晋侯、邾娄子于齐侯、宋公、卫侯、郑伯、曹伯、莒子、商任⑦。十有一月，

庚子，孔子生⑧。

【注释】

①二十有一年：鲁襄公二十一年（公元前552年）。

②漆闾丘：《春秋三传》注："漆闾丘，郑二邑名。"漆，邾娄国邑名，在扮山东邹县北。闾丘，邾娄国邑名，在今山东邹县南。庶其盗邾娄国二邑逃亡到鲁国。

③重地：何休注："恶受叛臣邑，故重而书之。不言叛者，举地言奇，则鲁坐受与庶其叛两明，故省文也。"

④栾盈：又称栾怀子、陪臣盈、栾孺子，栾书之孙，晋国大夫。

⑤庚辰：十月初一。近人张汝舟《西周经朔谱》："历家推九月庚戌朔入食限，庚辰朔已过食限，无此月日食之理。"

⑥曹伯：即曹武公，名滕，成公之子，在位二十七年。

⑦商任：地近商墟，故名商任，在今河南安阳县。

⑧十有一月，庚子，孔子生：徐彦疏："《左氏经》无此言，则公羊师从后记之。"按：《谷梁传》："十月，庚子，孔子生。"《史记·孔子世家》："襄公二十二年，孔子生。"三家说法不同。朱熹《论语集注序》采用《史记》说法，较可信。

鲁襄公二十一年，春季，周历正月，鲁襄公到晋国去。"邾娄庶其"逃奔来鲁国，献给鲁国漆和闾丘这两个邑。"邾娄庶其"是什么人？是邾娄国的大夫。邾娄国并没有大夫，这里为什么这样记载呢？是因为重视庶其献的两个邑。

夏季，鲁襄公从晋国回来。

秋季，晋国大夫栾盈逃亡到楚国。

九月，庚戌这天初一，发生日食。

冬季，十月，庚辰这天初一，又发生日食。

曹武公来鲁国朝见。

鲁襄公在商任这个地方与晋平公、齐庄公、宋平公、卫疡公、郑简公、曹武公、莒犁比公、郑悼公会晤。

十一月，庚子这天，孔子出生。

【原文】

二十有二年①，春，王正月，公至自会。夏，四月。

秋，七月，辛酉②，叔老卒。

冬，公会晋侯、齐侯、宋公、卫侯、郑伯、曹伯、莒子、邾娄子、滕子、薛伯、杞伯、小邾娄子于沙随③。公至自会。

楚杀其大夫公子追舒④。

【注释】

①二十有二年：鲁襄公二十二年（公元前551年）。

②辛酉：七月十六日。

③沙随：宋国地名，在今河南宁陵西北。

④公子追舒：又称子南、溦尹，楚庄王之子，楚国令尹，因此又称令尹子南。

【译文】

鲁襄公二十二年，春季，周历正月，鲁襄公从诸侯会晤的地方回来。

夏季，四月。

秋季，七月，辛酉这天，鲁国大夫叔老死了。

冬季，鲁襄公在沙随这个地方与晋平公、齐庄公、宋平公、卫荡公、郑简公、曹武公、首犁比公、都悼公、滕成公、薛伯、祀孝公、小朱巧娄子会晤。

鲁襄公从诸侯会晤的地方回来。

楚国杀了自己的大夫公子追舒。

【原文】

二十有三年①，春，王二月，癸酉，朔，日有食之。三月，己巳，杞伯匄卒②。

夏，邾娄鼻我来奔。邾娄鼻我者何？邾娄大夫也。邾娄无大夫，此何以书？以近书也③。

葬杞孝公。

陈杀其大夫庆虎及庆寅。

陈侯之弟光自楚归于陈。

晋栾盈复入于晋。入于曲沃④。曲沃者何？晋之邑也。其言入于晋入于曲沃何？栾盈将入晋，晋人不纳，由乎曲沃而入也。

秋，齐侯伐卫。遂伐晋。八月，叔孙豹帅师救晋。次于雍渝⑤。曷为先言救而后言次？先通君命也。己卯⑥，仲孙jʒ卒。

冬，十月，乙亥，减孙绝出奔邾娄⑦。

晋人杀栾盈。曷为不言杀其大夫？非其大夫也⑧。

襄公齐侯袭莒。

【注释】

①二十有三年：鲁襄公二十三年（公元前550年）。

②己巳：三月二十八日。杞伯：即杞孝公，名匄，杞桓公之子，在位十七年。

③以近书：因为两国靠近而记载。《春秋三传》刘敞注："公羊云，以近书也，此文过饰非之辞尔。"家铉翁注："鲁受庶其二邑，复纳其党，天王不问，方伯无讨，《春秋》再书，责鲁也，亦责晋也。"

④曲沃：晋国旧都，当时为栾盈封邑。故城在今山西闻喜县东北。

⑤雍渝：《左传》作"雍榆"，晋国地名，在今河南浚县西南。

⑥己卯：八月初十。

⑦乙亥：十月初七。减孙绝：又称减绝、减孙、减武仲，减文仲之孙，减宣叔之子，鲁国大夫。

⑧非其大夫：何休注："明非君所置，不得为大夫，无大夫文而杀之称人者，从讨贼辞，大其除乱也。"

【译文】

鲁襄公二十三年，春季，周历二月，癸酉这天初一，发生日食。

三月，己巳这天，杞国国君倒死了。

夏季，"邾娄鼻我"逃亡到鲁国。"郑鲁鼻我"是什么人？是邾娄国的大夫。邾娄国并没有大夫，这里为什么记载呢？因为邾娄国是鲁国的近邻，所以记载这件事。

安葬杞孝公。

陈国杀了它的大夫庆虎和庆寅。

陈哀公的弟弟光从楚国回到陈国。

晋国的栗盈又进入晋国，进入曲沃这个地方。曲沃是什么地方？是晋国的一座城邑。这里说染盈进入晋国，进入曲沃是什么意思？亲盈准备进入晋国，晋国人不让他进入，于是他就从曲沃这个地方进入晋国。

秋季，齐庄公出兵攻打卫国，接着又攻打晋国。八月，鲁国大夫叔孙豹率领军队援救晋国。驻扎在雍渝这个地方。为什么先说援救后说驻扎呢互这是为了先将鲁襄公的命令通报晋国。己卯这天，鲁国大夫仲孙邀死了。

冬季，十月，乙亥这天，鲁国大夫减孙绝逃亡到邾娄国。晋国人杀了染盈。这里为什么不说杀了自己的大夫呢？因为奕盈已经不是晋国的大夫了。

　　齐庄公出兵突然进攻莒国。

【原文】

二十有四年①，春，叔孙豹如晋。

仲孙揭帅师侵齐②。

夏，楚子伐吴③。

秋，七月，甲子，朔，日有食之。既。

齐崔抒帅师伐莒④。

大水。

八月，癸巳，朔，日有食之⑤。

公会晋侯、宋公、卫侯、郑伯、曹伯、莒子、邾娄子、滕子、薛伯、杞伯、小邾娄子于陈仪⑥。

冬，楚子、蔡侯、陈侯、许男伐郑⑦。

公至自会。

陈碱宜咎出奔楚⑧。

叔孙豹如京师。

大饥。

【注释】

　　①二十有四年：鲁襄公二十四年（公元前549年）。

　　②仲孙揭：又称孟孝伯、孝伯、孟孙。仲孙邀之庶子。鲁国公族大少；。

　　③楚子：即楚康王，名昭，楚共王之子。在位十五年。

　　④崔抒：又称崔子、崔武子飞齐国大夫。

　　⑤日有食之：八月癸巳朔，日食，有误。张汝舟公西周经朔谱》："八月不应食，误同二十一年。"

　　⑥陈仪：《左传》《穀梁传》都作"夷仪"。晋国地名，在今河北邢台市西。与卫国的夷仪不是一地。

⑦蔡侯：即蔡景公，名固，蔡文公之子，在位四十九年。陈侯：即陈哀公，名溺，成公之子，在位三十五年。

⑧碱宜咎：又称陈碱、宜咎、咸尹宜咎，陈国大夫。

【译文】

鲁襄公二十四年，春季，鲁国大夫叔孙豹到晋国去。鲁国大夫仲孙揭率领军队进犯齐国。

夏季，楚康王出兵攻打吴国。

秋季，七月，甲子这天，初一，发生日食，为日全食。齐国大夫崔抒率领军队攻打莒国。

鲁国发生洪灾。

八月，癸巳这天，初一，发生日食。

鲁襄公在陈仪这个地方与晋平公、宋平公、卫荡公、郑简公、曹武公、莒犁比公、郑悼公、滕子、薛伯、祀文公、小邾娄子会晤。

冬季，楚康王、蔡景公、陈哀公、许男共同出兵攻打郑国。鲁襄公从诸侯会晤的地方回来。

陈国大夫碱宜咎逃亡到楚国。

鲁国大夫叔孙豹到周天子的国都去。鲁国这年发生大饥荒。

【原文】

二十有五年①，春，齐崔抒帅师伐我北鄙。夏，五月，乙亥，齐崔抒弑其君光②。

公会晋侯、宋公、卫侯、郑伯、曹伯、莒子、邾娄子、滕子、薛伯、杞伯、小邾娄子于陈仪。

六月，壬子，郑公孙舍之帅师入陈③。

秋，八月，己巳，诸侯同盟于重丘④。

公至自会。

卫侯入于陈仪⑤。陈仪者何？卫之邑也。曷为不言入于卫？援君以弑也⑥。

楚屈建帅师灭舒鸠⑦。

冬，郑公孙虿帅师伐陈。

十有二月，吴子谒伐楚⑧。门于巢卒⑧。门于巢卒者何？入门乎巢而卒也。入门乎巢而卒者何？入巢之门而卒也。吴子谒何以名？伤而反未至乎舍而卒也。

【注释】

①二十有五年：鲁襄公二十五年。

②乙亥：五月十七日。光：齐庄公的名。

③壬子：六月二十四日。公孙舍之：又称子展、舍之、罕氏，子罕之子，郑国上卿。

①己巳：七月十二日。《春秋》作'勺月"，误。重丘：齐国地名，在今山东聊城县东南五十里。

⑤卫侯：即卫献公，名衍。鲁襄公十四年逃亡到齐国。卫荡公即位，卫疡公名票，卫穆公之孙，在位十二年，被卫大夫宁喜弑杀，卫献公复位。陈仪：卫国地名，今址不详。

⑥援君以弑也：欺骗国君剽并准备就杀他。《春秋三传》刘敞注："卫侯入于陈仪。《公羊》曰：'曷为不言入于卫。援君以弑也'，非也。衍虽失位，非剽臣也。票业虽得国。非衍君也。《春秋》岂谓衍为援君乎哉？"援，欺诈。

⑦屈建：又称子木，楚国令尹。舒鸠：国名，偃姓，子爵，故城在今安徽舒城县西。

⑧吴子：即吴诸樊，名谒，寿梦之子，在位十三年。

⑨门于巢：攻打巢邑的城门。巢，原为巢国，时属吴，亦时属楚，故地在今安徽巢县东北。

【译文】

鲁襄公二十五年，春季，齐国执政大夫崔抒率领军队攻打鲁国北部边境。

夏季，五月，乙亥这天，齐国崔杆就杀了他的国君光。鲁襄公在陈仪这个地方与晋平公、宋平公、卫荡公、郑简公、曹武公、莒犁比公、郑悼公、滕子、薛伯、祀文公、邾娄子会晤。

六月，壬子这天，郑国大夫公孙舍之率领军队攻进陈国都城。秋季，七月，己巳这天，诸侯在重丘这个地方一起结盟。鲁襄公从诸侯盟会的地方回来。

卫献公进入陈仪。陈仪是什么地方？是卫国的一座城邑。为什么不说卫献公进入卫国呢？是表明卫献公想欺骗卫荡公，并准备杀死他。

楚国令尹屈建率领军队灭亡了舒鸿国。

冬季，郑国大夫公孙嚛率领军队攻打陈国。

十二月，吴诸樊褐出兵攻打楚国。"门于巢卒"。"门于巢卒"是什么意思？就是。"入门乎巢而卒"。"入门乎巢而卒"又是什么意思呢？就是进入巢邑的城门被乱箭射死了。吴子名曷为什么写出他的名字呢？因为他受伤后回国，还没有走到住的地方就死了。

【原文】

二十有六年，春，王二月，辛卯，卫宁喜就其君剽①。卫孙林父入于戚以叛②。

甲午，卫侯衍复归于卫③。此援君以弑也。其言复归何？恶剽也。曷为恶剽？票之立，于是未有说也④。然则曷为不言剽之立？不言剽之立者，以恶卫侯也⑥。夏，晋侯使荀吴来聘⑥。

公会晋人、郑良霄、宋人、曹人于擅渊⑦。秋，宋公杀其世子座。

晋人执卫宁喜。此执有罪，何以不得为伯讨？不以其罪执之也。

八月，壬午，许男宁卒于楚⑧。

冬，楚子、蔡侯、陈侯伐郑。

葬许灵公。

【注释】

①二十有六年：鲁襄公二十六年（公元前547年）。辛卯：二月初七。宁喜：又称悼子，宁殖之子。卫国大夫。

②戚：卫国地名，在今河南淮阳县东北约八十里。

③甲午：二月初十。复归：卫献公从鲁襄公十四年出奔，至鲁襄公二十五年入于陈仪，在外共十二年。

④说：同"悦"。高兴，喜悦。

⑤卫侯：这里指卫献公。

⑥荀吴：又称中行伯、中行吴、穆子、中行穆子。荀林父之孙。晋国大夫。

⑦晋人：即晋国大夫赵武。《春秋》不写出赵武的姓名，是为了尊重鲁襄公。宋人：即宋国大夫向戍。《春秋》不写出向戍的姓名，是因为他到会晚了。

⑧壬午：八月初一。许男：即许灵公，名宁，许昭公之子，在位四十五年。

【译文】

鲁襄公二十六年，春季，周历二月，辛卯这天，卫国大夫宁喜弑杀了他的国君卫荡公。

卫国大夫孙林父逃进戚这个地方，并拥兵叛乱。甲午这天，卫献公衍重新回到卫国国都。这就是欺骗卫荡公，并企图弑杀他的结果。这里说重新回到卫国是什么意思？是痛恨卫疡公。为什么要痛恨卫疡公呢？因为立卫荡公为国君，卫国人并不感到高兴。那么为什么不说卫荡公立为国君呢？不说卫荡公立为国君，是因为痛恨卫献公抛弃民众逃亡。

夏季，晋平公派遣大夫荀吴来鲁国进行访问。

鲁襄公在谊渊这个地方会见晋国大夫赵武、郑国大夫良霄、宋国大夫向戌和曹国人。

秋季，宋平公杀了他的太子痤。

晋国人拘捕了卫国大夫宁喜。这是拘捕有罪的人，为什么不算伯讨呢？因为晋平公并不是因为宁喜犯有弑君之罪而拘捕他的。八月，壬午这天，许国国君宁在楚国死了。

冬季，楚康王、蔡景公、陈哀公共同出兵攻打郑国。

安葬许灵公。

【原文】

二十有七年，春，齐侯使庆封来聘①。

夏，叔孙豹会晋赵武、楚屈建、蔡公孙归生、卫石恶、陈孔缓、郑良霄、许人、曹人于宋②。

卫杀其大夫宁喜。卫侯之弟鲜出奔晋③。卫杀其大夫宁喜，则卫侯之弟鲜曷为出奔晋？为杀宁喜出奔也。曷为为杀宁喜出奔？卫宁殖与孙林父逐卫侯而立公孙剽④。宁殖病将死，谓喜曰："黜公者非吾意也，孙氏为之。我即死，女能纳公乎瑟？"⑤喜曰："诺。"宁殖死，喜立为大夫。使人谓献公曰："黜公者非宁氏也，孙氏为之。吾欲纳公，何如？"献公曰："子苟纳我，吾请与子盟。"喜曰："无所用盟，请使公子鲜约之。"献公谓公子鲜曰："宁氏将纳我，吾欲与之盟，其言曰：'无所用盟，请使公子鲜约之'，子固为我与之约矣。"公子鲜辞曰："夫负羁挚⑥，执铁领，从君东西南北，则是臣仆庶孽之事也。若夫约言为信，则非臣仆庶孽之所敢与也。"献公怒曰："黜我者非宁氏与孙氏，凡在尔。"公子鲜不得已而与之约。已约，归至，杀宁喜。公子鲜掣其妻子而去之。将济于河，携其妻子而与之盟⑨，曰："苟有履卫地、食卫粟者，昧锥彼视。"秋，七月，辛巳，豹及诸侯之大夫盟于宋。曷为再言豹？殆诸侯也。曷为殆诸侯？为卫石恶在是也。曰：恶人之徒在是矣攀。

冬，十有二月，乙亥，朔，日有食之。

【注释】

①二十有七年：鲁襄公二十七年（公元前时6年）。庆封：又称庆季、子家、庆氏，齐国大夫。

②赵武：又称赵文子、赵孟。赵盾之孙，赵朔之子，晋国正卿。石恶：又称悼子，卫国大夫。

③卫侯之弟鲜：又称母弟鲜、子鲜。

④宁殖：即宁惠子，卫国大夫。孙林父：又称孙文子、孙子、孙氏，卫国大夫。

⑤黜：贬，废免。这里为逐出。女：即汝。

⑥羁：马笼头。紫：何休注："繁，马绊也。"

【译文】

鲁襄公二十七年，春季，齐景公派遣大夫庆封来鲁国访问。夏季，鲁国大夫叔孙豹在宋国与晋国大夫赵武、楚国令尹屈建、蔡国大夫公孙归生、卫国大夫石恶、陈国大夫孔缓、郑国大夫良宵、许国人、曹国人会晤。卫国杀了它的大夫宁喜。卫献公的弟弟鲜逃亡到晋国。卫国杀了它的大夫宁喜，卫献公的弟弟公子鲜为什么逃亡到晋国呢？是因为卫献公杀了宁喜，公子鲜才逃亡的。为什么卫献公杀了宁喜公子鲜要逃亡呢？当年，卫国大夫宁殖和孙林父驱逐卫献公而立卫殇公为国君。宁殖病重，将要死了，他对宁喜说："逐出卫献公不是我的本意，是孙林父做的。我要死了，你一定能把献公接回来吗？"宁喜说："可以。"宁殖死后，宁喜被立为大夫。他派人对献公说："赶您走的不是我们宁氏，是孙林父干的。我想接您回国，您认为如何？"卫献公说："你假如接纳我回国，我请求与您盟誓。"宁喜说："用不着盟誓，请派公子鲜和我订约。"卫献公对公子鲜说："宁喜准备接纳我回国，我想和他盟誓，他却说：'用不着盟誓，请派公子鲜和我订约夕，您一定要替我与他订约。"公子鲜推辞说："如果说背着马笼头和马绊，拿着斧头铡刀这些刑具，跟随您到四面八方去，那么是我这种地位低贱的仆从的事情。如果是订约守信，那么就不是我这种地位低贱的仆从敢参与的事了。"卫献公大怒，说："赶走我的并不是宁殖和孙林父，就是你！"公子鲜不得已，只好与宁喜订约。约订好后。卫献公回到卫国，背约杀了宁喜。公子鲜相当惭愧怨恨，带着自己的妻子儿女离开卫献公逃亡到晋国去，将要渡黄河时，公子鲜牵扶着他的妻子儿女，和他们盟誓。说："如果有谁踏上卫国的土地，再吃卫国的粮食，下场就像这只被杀的野鸡一样。"

秋季，七月，辛巳这天，鲁国大夫叔孙豹与诸侯的大夫在宋国结盟。为什么又一次提到叔孙豹呢？是替诸侯感到危险。为什么替诸侯感到危险呢？因为卫国大夫石恶也在这次盟会上。人们说："不守信义的恶人的同党也在这里。"

冬季，十二月，乙亥这天，初一，发生日食。

【原文】

二十有八年①，春，无冰。夏，卫石恶出奔晋。邾娄子来朝。

秋，八月，大雩。

仲孙揭如晋②。

冬，齐庆封来奔。

十有一月，公如楚。十有二月，甲寅，天王崩③。乙未，楚子昭卒。

【注释】

①二十有八年：鲁襄公二十八年（公元前545年）。

②仲孙揭：又称孟孝伯、孝伯、孟孙，仲孙邈之庶子。

③甲寅：十二月十六日。天王：即周灵王，名泄心，位二十七年。

【译文】

鲁襄公二十八年，春季，鲁国的江河湖泊没有结冰。夏季，卫国大夫石恶逃亡到晋国。

朱肠悼公来鲁国朝见。

秋季，八月，鲁国举行大规模求雨祭祀活动。冬季，齐国大夫庆封逃亡到鲁国来。

十一月，鲁襄公到楚国去。十二月，甲寅这天丁凋灵王死了。乙未这天，楚康王昭死了。

【原文】

二十有九年，春，王正月，公在楚。何言乎公在楚？正月以存君也①。

夏，五月，公至自楚。

庚午，卫侯衍卒②。

阍弑吴子余祭③。阍者何？门人也。刑人也。刑人则曷为之阍？刑人非其人也。君子不近刑人，近刑人则轻死之道也。

仲孙揭会晋荀盈、齐高止、宋华定、卫世叔齐、郑公孙段、曹人、莒人、邾娄人、滕人、薛人、小邾娄人城杞④。晋侯使士鞅来聘⑤。

杞子来盟⑥。

吴子使札来聘⑦。吴无君，无大夫，此何以有君有大夫？贤季子也。何贤乎季子？让国也。其让国奈何？谒也，余祭也，夷昧也，与季子同母者四。季子弱而才，兄弟皆爱之，同欲立之以为君。谒曰："今若是连而与季子国⑧，季子犹不受也，请无与子而与弟，弟兄迭为君，而致国乎季子。"皆曰："诺。"故诸为君者皆轻死为勇，饮食必祝，曰："天苟有吴国，尚速有悔于予身⑨。"故谒也死，余祭也立；余祭也死，夷昧也立⑩；夷昧也死，则国宜之季子者也。季子使而亡焉。僚者长庶也⑪，即之。季子使而反，至，而君之尔。阖庐曰⑫："先君之所以不与子国，而与弟者，凡为季子故也。将从先君之命与，则国宜之季子者也；如不从先君之命与，则我宜立者也。僚恶得为君乎？"于是使专诸刺僚⑬。而致国乎季子。季子不受，曰："尔弑吾君，吾受尔国，是吾与尔为篡也。尔杀吾兄，吾又杀尔，是父子兄弟相杀，终身无已也。"去之延陵⑭，终身不入吴国。故君子以其不受为义，以其不杀为仁。贤季子，则吴何以有君有大夫？以季子为臣，则宜有君者也。札者何？吴季子之名也。《春秋》贤者不名⑮，此何以名？许夷狄者，不壹而足也⑯。季子者所贤也，局为不足乎季子？许人臣者必使臣，许人子者必使子也⑰。秋，九月，葬卫献公。

齐高止出奔北燕⑱。

冬，仲孙揭如晋。

【注释】

①二十有九年：鲁襄公二十九年（公元前544年）。

存：想念。

②庚午：五月初五。卫侯衍：即卫献公。卫定公之

子，在位三十三年。

③吴子余祭：吴国国君，诸樊弟。在位四年。阍弑吴子余祭：据《左传》载：吴国人攻打越国，捉到一个俘虏，让他做守门人，派他看守船只，吴子余祭视察船只，守门人用刀杀了他。

④荀盈：又称知盈、知氏、伯夙、知悼子，晋国上卿。高止：又称高子容、高氏，高厚之子，齐国大夫。华定：即宋司徒，又称华费遂、司马，宋国大司马。世叔齐：又称太叔疾、太叔悼子，卫国大夫。公孙段：又称子石、伯石、公孙段氏，郑国大夫。城杞：修筑杞国国都的城郭。

⑤士鞅：即范献子，又称范叔、范勒、士弱、士庄子、士庄伯。晋国上卿，中军统帅。

⑥杞子：即杞文公，名益姑，杞孝公之弟，在位十四年。

⑦札：即季札，又称公子札、季子，吴王寿梦之少子。因食邑是延陵、州来两地，又称为延陵季子或延州来季子。吴王寿梦死，国人欲立季札为王，他固辞不受。鲁襄公二十九年，乃历聘于鲁、齐、晋、郑、卫诸国。

⑧连：何休注："连，起也。仓卒意。"

⑨尚速有悔于予身：何休注："尚，犹努力。速，疾也。悔，咎。予，我也。欲急致国于季子意。"

⑩夷昧：即吴子句余，又称吴子夷末，余祭之弟，在位十七年。

⑪僚：即王僚，又称吴子僚、州于，夷昧之子。在位十二年。《公羊传》认为是庶子中的长子。

⑫阖庐：诸樊之子，名光。又称吴公子光、吴光、

吴子光、吴子阖庐。在位十九年。

⑬使专诸刺僚：这事发生在鲁昭公二十七年。专诸，又称专设诸，吴国堂邑人。

⑭延陵：地名，季札封邑，在今江苏武进县。何休注："延陵，吴下邑。礼：公子无去国之义，故不越竟。"

⑮《春秋》贤者不名：按照《春秋》的体例，对贤良的人是不称名的，而称其字。这里称季札名，违《春秋》例。徐彦疏："札者何？解云欲言其名违贤者例，欲言其字仍不足其氏，故执不知问。"

⑯不壹而足：不是一事一物可以满足。这里是说承认夷狄这些国家的君、臣身份，不是一次就可以彻底承认的。

⑰许人臣者必使臣，许人子者必使子：马志伟《公羊传译注》："《公羊传》的意思是：按照在君主面前必须称臣子的名，在父亲面前必须称儿子的名的原则，《春秋》如果在'吴子使札来聘'一处称季子的字，那就违背了上述原则，使季子不像臣子了。"

⑱北燕：国名，周武王灭封，封召公于北燕，地在今河北蓟县。以别于南燕。

【译文】

鲁襄公二十九年，春，周历正月，襄公在楚国。这里为什么说襄公还在楚国呢？正月是一年的开始，臣子们都思念着没有回国的国君。

夏，五月，鲁襄公从楚国回来。

庚午这天，卫献公衎死了。

"阍"就杀了吴国国君余祭。"阍"是什么人？是守门人。是受过刑的人。既然是受过刑的人为什么说他是守门人呢？受过刑的人是不宜做守门人的，君子是不接近受过刑的人的，接近受过刑的人是轻视死亡的路径。

鲁国大夫仲孙揭会合晋国大夫荀盈、齐国大夫高止、宋国大夫华定、卫国大夫世叔齐、郑国大夫公孙段、曹国人、莒国人、邾娄国人、滕国人、薛国人、小邾娄国人修筑杞国国都的城墙。晋平公派遣大夫士鞅来鲁国进行访问。

杞文公来鲁国结盟。

吴子夷昧派遣公子祀来鲁国访问。吴国是没有国君、没有大夫的夷狄国，这里为什么承认吴国有国君、有大夫呢？因为《春秋》的作者认为季札贤良。为什么认为季札贤良呢？他辞让君位。他怎样辞让君位呢？渴、余祭、夷昧和季子是同母四兄弟，季子最小而且有才能，几个哥哥都喜欢他，都想立他为国君。大哥渴说："现在像这样仓卒地把君位交给季子，季子一定不会接受，我请求不要把君位传给子孙，而传给弟弟，弟兄轮流做国君，这样就可以把君位传给季子了。"两个哥哥都说："这个主意好！"所以渴、余祭、夷昧这几个当国君的都轻视死亡勇往直前，并且吃饭的时候一定要祈祷，说："如果上天想让吴国不灭亡，就尽快把灾祸降在我身上！"因此渴死了，余祭立为国君，余祭死了，夷昧立为国君，夷昧死了，那么国君就应该是季子。但季子借出使各国的机会而避开了。夷昧的儿子王僚是庶子中年龄最大的，就即位成为吴国国君。季子出使回国，到了国都，也承认王僚为国君。渴的儿子阖庐说："先君之所以不把君位传给儿子，而传给弟弟，是尹因为要传君位给季子。如果遵从先君的命令来传君位，那么国君就应该是季子，如果不遵从先君的命令来传君位，那么我就应该被立为国君，王僚怎么能够成为国君呢？"于是阖庐派勇士专诸刺杀了王僚。并把君位交给季子。季子不接受，他说："你弑杀了我的国君，我接受你交来的君位，这样就是我和你一起篡位。你杀了我的哥哥，我又杀了你，这样父子兄弟自相残杀，终身不能停止。"季子离开吴国国都到他的食邑延陵去了，终身不进入国都。所以君子认为他不接受君位是义的行为，认为他不引起父子兄弟间的互相残杀是仁的表现。既然认为季子贤良，那么吴国为什么就有国君、有大夫呢？如果承认季子是大臣，那么吴国就应该有国君。""札"是什么意思？是吴国季子的名。照例，《春秋》对贤良的人是不称名，而称他的字的，这里为什么称季子的名呢？承认夷狄国家，不能一次就完全承认了。既然季子是《春秋》作者认为贤良的人，为什么就不完全承认季子呢？因为承认一个人是臣子，一定要使他符合做臣子的原则；承认一个人是儿子，一定要使他符合做儿子的规矩。

秋季，九月，安葬卫献公。

齐国大夫高止逃亡到北燕国。

冬季，鲁国大夫仲孙揭到晋国去。

【原文】

三十年，春，王正月，楚子使莲颇来聘①夏，四月，蔡世子般弑其君固②。

襄公五月，甲午，宋灾，伯姬卒③。

天王杀其弟年夫④。

王子瑕奔晋⑤。

秋，七月，叔弓如宋⑥。葬宋共姬。外夫人不书葬，此何以书？隐之也。何隐尔。宋灾，伯姬卒焉。其称谥何⑦？贤也。何贤尔？宋灾，伯姬存焉。有司复曰：“火至矣，请出。”伯姬曰：“不可。吾闻之也。妇人夜出，不见傅母不下堂。傅至矣，母未至也。”逮乎火而死⑧。

郑良霄出奔许。自许入于郑。郑人杀良霄。冬，十月，葬蔡景公。贼未讨，何以书葬？君子辞也。晋人、齐人、宋人、卫人、郑人、曹人、莒人、邾娄人、滕人、薛人、杞人、小邾娄人会于擅渊。宋灾故。宋灾故者何？诸侯会于擅渊，凡为宋灾故也。会未有言其所为者，此言所为何？录伯姬也。诸侯相聚，而更宋之所丧⑨，曰：“死者不可复生，尔财复矣⑩。”此大事也，曷为使微者？卿也。卿则其称人何？贬。曷为贬？卿不得忧诸侯也。

【注释】

①三十年：鲁襄公三十年（公元前543年）。莲颇：《左传》作“莲罢”。又称子荡。楚国令尹。

②蔡世子般：即太子般，后为蔡灵公。在位十二年。鲁昭公十一年。楚灵王诱而杀之。刑其士七十人，遂围蔡灭之。固：即蔡景公，名固，蔡文公之子，在位四十九年。

③甲午：五月初五。伯姬：宋共公夫人，又称宋共姬，鲁成公九年嫁给共公，出嫁六年而共公死，寡居三十四年，此时已六十岁左右。

④天王：即周景王，名遗，周灵王之子，在位二十五年。年夫：《左传》作“质夫”。周灵王之子，周景王之弟。

⑤王子瑕：周大夫。

⑥叔弓：即子叔子，又称敬子，鲁国宗族。

⑦谥：古代帝王、贵族、大臣、士大夫死后，依其生前事迹给予的称号。宋共姬即伯姬的谥号。

⑧逮乎火而死：关于伯姬的行为，《左传》举时人议论，不认为贤："宋国伯姬，是奉行闺女守则而不是奉行媳妇的守则。闺女应当等待保姆，媳妇可以根据情况行事。"《穀梁传》、《公羊传》、《列女传》则认为伯女臣的行为贤。

⑨聚：何休注："聚，敛也。相聚敛败物。"更：何休注："更，复也。"

⑩复：何休注："复者，如故时诸侯共偿复其所丧。"

【译文】

鲁襄公三十年，春季，周历正月，楚共王派遣令尹莲颇来鲁国访问。

夏季，四月，蔡国世子般弑杀他的国君固。

五月，甲午这天，宋国发生火灾，伯姬被火烧死了。周景王杀了他的弟弟年夫。

周大夫王子瑕逃亡到晋国。

秋季，七月，鲁国大夫叔弓到宋国去。安葬了宋共姬。鲁国以外的国君夫人是不记载葬礼的，这里为什么记载呢？因为怜悯她。为什么怜悯她呢？因为宋国发生火灾，伯姬被烧死了。这里称伯姬的谥号是什么意思呢？是认为她贤良。她怎样贤良呢？宋国宫室发生火灾时，伯姬就在里面，当时有关官员向她报告，说："大火已经烧到这里了，请夫人赶快出去。"伯姬说："不行。我听说，妇女如果晚上有事出门，没有见到师父和保姆是不能离开寝宫的。现在师父已经到了，保姆还没有到呢。"大火很快烧到她，她因此死了。

郑国大夫良霄逃亡到许国。后来又从许国进入郑国。郑国人杀死了良霄。

冬季，十月，安葬蔡景公。弑杀景公的贼人还没有讨伐，为什么就记载葬礼呢？这是君子为中原各国避讳的说法。晋国人、齐国人、宋国人、卫国人、郑国人、曹国人、莒国人、邾娄国人、滕国人、薛国人、杞国人、小邾娄国人在遭渊这个地方聚会。"宋灾故"。"宋灾故"是什么意思？诸侯在遭渊这个地方聚会，就是因为宋国发生火灾的缘故。《春秋》记载诸侯会晤从来不说会晤是为了什么事的，这里说诸侯会晤是为了什么事是什么意思？是为了记载伯姬。在这次会上，诸侯相互聚敛财物，准备归还被他们掠走的宋国的东西。还对宋国人说："死的人已经不能再活，但是你们宋国损失的财物又回来了。"这是一件重大的事情，为什么各国派一些地位低下的人来研究呢？其实他们都是卿大夫。既然是卿大夫，那么为什么称"人"呢？为了贬低他们。为什么要贬低他们呢？卿大夫没有资格为别国诸侯的事务担忧。

【原文】

三十有一年①，春，王正月。夏，六月，辛巳，公薨于楚宫②。秋，九月，癸巳，子野卒③。己亥，仲孙揭卒④。

冬，十月，滕子来会葬洛。⑤癸酉⑥，葬我君襄公。

十有一月，莒人弑其君密州⑦。

【注释】

①三十有一年：鲁襄公三十一年（公元前科2年）.

②辛巳：六月二十八日。楚宫：何休注："公朝楚，好其宫，归而作之，故名之云尔。"

③癸巳：九月十一日。子野：鲁襄公之子，襄公之妾胡女敬归所生。被立为太子。

④己亥：九月十七日仲孙揭：即孟孝洎，又称孝

伯、孟孙鲁国大夫。

⑤滕子：即滕成公。会葬：参加葬礼。

⑥癸酉：十月二十二日。

⑦密州：即莒国国君黎比公，名密州，莒渠丘公之子。何休注："莒子纳去疾，及展立，莒子废之，展因国人攻莒子，杀之。去疾奔齐。称人以弑者，莒无大夫。密州为君恶，民所贱，故称国以弑之。"按：去疾和展（《左传》作"展舆"）都是莒黎比公之子。

【译文】

鲁襄公三十一年，春季，周历正月。

夏季，六月，辛巳这天，鲁襄公在"楚宫"去世。秋季，九月癸巳这天，鲁国太子子野死了。九月己亥这天，鲁国大夫仲孙揭死了。冬季，十月，滕成公到鲁国来参加鲁襄公的葬礼。十月癸酉这天，安葬鲁国国君鲁襄公。十一月，莒国人弑杀了他们的国君密州。

昭 公

【原文】

元年，春，王正月，公即位①。

叔孙豹会晋赵武、楚公子围、齐国酌、宋向戌、卫石恶、陈公子招、蔡公孙归生、郑轩虎、许人、曹人于漷②。此陈侯之弟招，何以不称弟？贬。曷为贬？为杀世子偃师贬③。曰："陈侯之弟招，杀陈世子偃师。"大夫相杀称人，此其称名氏以杀何？言将自是弑君也。今将尔，词曷为与亲弑者同？君亲无将，将而必诛焉④。然则曷为不于其弑焉贬？以亲者弑，然后其罪恶甚。《春秋》不待贬绝而罪恶见者，不贬绝以见罪恶也⑤？贬绝然后罪恶见者，贬绝以见罪恶也。今招之罪已重矣，曷为复贬乎此？著招之有罪也⑥。何著乎招之有罪？言楚之托乎讨招以灭陈也⑦。

三月，取运。运者何？内之邑也。其言取之何？不听也⑧。

夏，秦伯之弟鍼出奔晋⑨。秦无大夫，此何以书？仕诸晋也。曷为仕诸晋？有千乘之国。而不能容其母弟，故君子谓之出奔也。

六月，丁巳，邾娄子华卒⑩。

晋荀吴帅师败狄于大原⑪。此大卤也，曷为谓之大原？地物从中国⑫，邑人名从主人⑬。原者何？上平曰原，下平曰隰。

秋，莒去疾自齐入于莒⑭。

莒展出奔吴。

叔弓帅师疆运田。疆运田者何？与莒为竟也。与莒为竟，则曷为帅师而往？畏莒也。

葬邾娄悼公。

冬，十有一月，己酉，楚子卷卒。

楚公子比出奔晋。

【注释】

①元年：鲁昭公元年（公元前541年）。公：即鲁昭公。名裯，襄公之子，子野之弟，即位时十九岁，在位三十二年。

②赵武：又称赵文子、赵孟，赵朔之子，赵盾之孙，庄姬所生，晋国正卿。公子围：又称令尹围、大夫围、王子围、庶子围、熊虔，楚康王之弟。后即位为楚灵王。国酌：《左传》《穀梁传》作"国弱"。即国景子，又称国子，国佐之孙。齐国上卿。公子招：又称陈侯之弟招、司徒招、子招，陈国大夫。轩虎：《左传》《穀梁传》均作"罕虎"。又称子皮，子展之子，子罕之孙，代父为上卿。漷：《左传》作"虢"，《穀梁传》作"郭"。在今河南荥阳县。

③为杀世子偃师：事见昭公八年："陈侯之弟招杀陈世子偃师。"

④君亲无将：君，国君。亲，父母。将。企图。这句话的意思是：对国君和父母是不能存有弑杀的企图的。将而必诛：如果心存弑杀的企图一定要被诛杀。

⑤贬绝：贬斥并断绝某人的地位。

⑥著：显示，显露。

⑦楚之托乎讨招以灭陈：《春秋·鲁昭公八年》："冬，十月，壬午，楚师灭陈。执陈公子招，放之于越。杀陈孔奂。葬陈哀公。"何休注："起楚托讨招以灭陈意也。所以起之考，八年先言灭，后言执，托讨招不明，故预贬于此。明楚先以正罪讨招，乃灭陈也。"

⑧不听：何休注："不听者，叛也。不言叛者，为内讳，故书取。"

⑨秦伯之弟鍼：即景公母弟鍼，又称后子、秦鍼、

秦公子、公子鍼、秦伯车弟鍼。

⑩丁巳：六月初十。郑娄子：即郜悼公，名华，郑宣公之子。在位十四年。

⑪荀吴：又称中行伯、中行吴、穆子、中行穆子，荀林父之孙，晋国中军统帅。大原：即大卤，地名，在今山西太原市西南。

⑫地物从中国：徐彦疏："今经与师读皆言大原者，正以地与诸物之名皆须从诸夏名之故也。"

⑬邑人名从主人：邑名和人名的称法遵从它的主人。何休注："邑人名自夷狄所名也。不若他物有形名可得正，故从夷狄辞言之。"

⑭去疾：去疾与展都是莒黎比公之子。

【译文】

鲁昭公元年，春季，周历正月，鲁昭公即位。

鲁国大夫叔孙豹在潮这个地方与晋国的赵武、楚国的公子围、齐国的国酌、宋国的向戌、卫国的石恶、陈国的公子招、蔡国的公孙归生、郑国的轩虎，以及许国人、曹国人会晤。公子招就是陈哀公的弟弟招，这里为什么不称他"弟"呢？为了贬责他。为什么要贬责他？为了他杀世子偃师贬责他。《春秋·鲁昭公八年》记载："陈侯的弟弟招，杀了陈国的太子偃师。"大夫相杀都是称"人"，这里称公子招的姓名，记载他杀了太子偃师是什么意思？是表示公子招可能由此而弑杀国君。现在公子招只是将要弑杀国君，为什么这里的说法就与亲手杀死国君的说法一样呢？对国君和父母是不能存有弑杀的企图的，如果心存弑杀的企图一定要被诛杀。既然这样。那么为什么不在公子招弑君的时候贬责他呢？如果他亲手弑杀国君，那么他的罪恶就太大了。

《春秋》对一些人不等贬责并断绝他的地位，而他的罪恶已经显示出来了，就不用贬责并断绝他的地位的方式来揭示他的罪恶；对另一些人必须贬责并断绝他的地位，他的罪恶才会显示出来，那么就用贬责并断绝他的地位的方式来揭示他的罪恶。现在公子招的罪恶已经很重大了，为什么又在这里贬责他呢？是为了让公子招的罪恶更显著。为什么要让公子招的罪恶更显著呢？因为是想表明楚国灭了陈国是以讨伐公子招为借口的。

三月，鲁国军队占领了运这个地方。运是什么地方？是鲁国的一座城邑。这里说占领它是什么意思，因为运这个地方的人叛乱了。

夏季，秦景公的弟弟鍼逃亡到晋国。秦国没有大夫，这里为什么记载呢？因为公子鍼是在晋国做官。公子鍼为什么要在晋国做官呢？秦国是一个拥有千辆战车的大国，但秦景公却不能容纳他的同母弟弟，所以君子称公子鍼到晋国做官为逃亡。

六月，丁巳这天，邾娄国国君华死了。

晋国大夫荀吴率领军队在大原这个地方打败了狄人。这个地方叫大卤，为什么称它为大原呢？一般来说，地点和物产的称呼应遵从中原各国的习惯，邑名和人名的称呼可以遵从它的主人的叫法。大原的"原"是什么意思？地势很宽阔平坦的地方叫"原"，地势低下但很平坦的地方叫"隰"。

秋季，莒国的去疾从齐国进入莒国。

昭公莒国的展逃亡到吴国。

鲁国大夫叔弓率领军队去"疆运田"。"疆运田"是什么意思？就是与莒国明确国境线。与莒国明确国境线，那为什么要率领军队前往呢？因为鲁国惧怕莒国。

安葬郑娄悼公。

冬季，十一月，己酉这天，楚国国君卷死了。

楚国的公子比逃亡到晋国。

【原文】

二年，春，晋侯使韩起来聘①。

夏，叔弓如晋。

秋，郑杀其大夫公孙黑②。

冬，公如晋。至河乃复，其言至河乃复何？不敢进也。季孙宿如晋。

【注释】

①二年：鲁昭公二年（公元前540年）。韩起：又称士起、韩宣子，晋国大夫。

②公孙黑：又称子哲、驷氏。郑国大夫。

【译文】

鲁昭公二年，春季，晋平公派遣大夫韩起来鲁国访问。

夏季，鲁国大夫叔弓到晋国去。

秋季，郑国杀了它的大夫公孙黑。

冬季，鲁昭公到晋国去。来到黄河边就回来了。这里说来到黄河边就回来了是什么意思？鲁昭公看到汹涌的黄河水就不敢前进了。

367

鲁国大夫季孙宿到晋国去。

【原文】

三年，春，王正月，丁未，滕子泉卒①。

夏，叔弓如滕。

五月，葬滕成公。

秋，小郑娄子来朝。

八月，大雩。

冬，大雨雹。

北燕伯款出奔齐②。

【注释】

①三年：鲁昭公三年（公元前539年）。丁未：正月初九。滕子：即滕成公，名泉（《左传》《穀梁传》作"原"）。滕文公之子。

②北燕伯：即燕简公，名款。据《左传》记载：燕简公有很多宠爱的人，想要罢免大夫们而立他宠爱的人为大夫。冬天，燕国大夫们勾结起来杀了简公宠爱的人，简公害怕，逃亡到齐国。

【译文】

鲁昭公三年，春季，周历正月，丁未这天，滕国国君泉死了。

夏季，鲁国大夫叔弓到滕国去参加滕成公的葬礼。

五月，安葬滕成公。

秋季，小邾娄国国君来鲁国朝见。

八月，鲁国举行大规模求雨祭祀活动。

冬季，鲁国降下大冰雹。

北燕国国君款逃亡到齐国。

【原文】

四年，春，王正月，大雨雹①。

夏，楚子、蔡侯、陈侯、郑伯、许男、徐子、滕子、顿子、胡子、沈子、小邾娄子、宋世子佐、淮夷会于申②。

楚人执徐子。

秋，七月，楚子、蔡侯、陈侯、许男、顿子、胡子、沈子、淮夷伐吴。执齐庆封③，杀之。此伐吴也。其言执齐庆封何？为齐诛也。其为齐诛奈何？庆封走之吴，吴封之于防④。然则曷为不言伐防？不与诸侯专封也。庆封之罪何？胁齐君而乱齐国也。

遂灭厉⑤。

九月，取鄫⑥。其言取之何？灭之也。灭之则其言取之何？内大恶，讳也。

冬，十有二月，乙卯⑦，叔孙豹卒。

【注释】

①四年：鲁昭公四年（公元前538年）。大雨雹：原文作"大雨雪"。徐彦疏："案正本皆作'雹'字，左氏'经'亦作'雹'字，……今此若有作'雪'字者，误也。"据此改。

②楚子：即楚灵王，名围，一名虔。楚共王之子。蔡侯：即蔡灵公，名般，蔡景公之子，在位十二年。陈侯：即陈哀公，名溺，成公之子，在位三十五年。郑伯：即郑简公，名嘉，禧公之子，在位三十六年。许男：即许悼公，名买，许灵公之子。徐子：徐国国君。徐国，嬴姓，子爵国。相传周穆王封徐堰王子宗为徐子。其封国为徐。故地在今安徽泗县。滕子：即滕淖公，名宁，滕成公之子。顿子：顿国国君。顿，国名，子爵。故城在今河南项城县。胡子：胡国国君。胡，国名，妫姓，子爵，故城在今安徽阜阳西北。沈子：沈国国君。沈，国名，嬴姓，子爵，故城在今河南汝南县东。世子佐：即太子佐，又称宋公佐，即宋元公。淮夷：夷人的一个部族。申：国名，姜姓，后为楚国之邑，在今河南南阳市及其北边一带。

③庆封：又称庆季、子家、庆氏，齐国大夫。崔杼同党。

④防：《左传》作"朱方"，吴国地名，在今江苏镇江市东。

⑤厉：《左传》作"赖"。国名，子爵。

369

⑥鄫：国名，姒姓，子爵，故城在今山东枣庄市境。

⑦乙卯：十二月二十八日。

【译文】

鲁昭公四年，春季，周历正月，鲁国降下大冰雹。夏季，楚灵王、蔡灵公、陈哀公、郑简公、许悼公、徐子、滕淖公、顿子、胡子、沈子、小邾娄子、宋国的太子佐、淮夷人在申这个地方会晤。

楚国人拘捕了徐国国君。

秋季，七月，楚灵王、蔡灵公、陈哀公、许悼公、顿子、胡子、沈子、淮夷人共同出兵攻打吴国。拘捕了齐国的庆封，并杀了他。这次行动是攻打吴国。这里说拘捕齐国的庆封是什么意思？是为齐国诛杀庆封。为什么为齐国诛杀庆封呢？庆封逃跑到吴国，吴王将防这个地方封给他。那么为什么不说攻打防这个地方呢？因为不赞同诸侯擅自将土地封给别人。庆封的罪是什么？威胁齐国国君并且扰乱了齐国社会秩序。接着，以楚国为首的诸侯军队又灭亡了厉国。

九月，鲁国“取”了鄫这个地方。这里说“取”是什么意思？就是灭亡了鄫。灭亡了鄫为什么说“取”了都这个地方呢？这是鲁国的大罪恶，要避讳。

冬季，十二月，乙卯这天，鲁国大夫叔孙豹死了。

【原文】

五年，春，王正月，舍中军①。舍中军者何？复古也。然则曷为木言三卿？五亦有中，三亦有中。

楚杀其大夫屈申。

公如晋。

夏，莒牟夷以牟娄及防兹来奔②。莒牟夷者何？莒大夫也。莒无大夫，此何以书？重地也。其言及防兹来奔何？不以私邑累公邑也③。

秋，七月，公至自晋。

戊辰，叔弓帅师败莒师于濆泉④。濆泉者何？直泉也。直泉者何？涌泉也。

秦伯卒。何以不名？秦者，夷也。匿嫡之名也⑤。其名何⑥？嫡得之也。

冬，楚子、蔡侯、陈侯、许男、顿子、沈子、徐人、越人伐吴。

【注释】

①五年：鲁昭公五年（公元前537年）。舍中军：废除中军。按：鲁襄公十一年，鲁国建立中军，把公室的军队一分为三，由季氏、叔孙氏、孟氏三家各掌握一军。现又废除中军，把公室的军队一分为四，季氏掌握四分之二，叔孙氏和孟氏各掌握四分之一。

②牟娄：莒国地名，在今山东诸城县西。防：原为莒邑，后入于鲁国，在今山东安丘县西南。兹：宫国地名，在今山东诸城县西北。

③不以私邑累公邑：何休注："公邑，君邑也。私邑，臣邑也。累，次也。义不可使臣邑与君邑相次序，故言及以绝之。"

④戊辰：七月十四日。濆泉：《左传》作"蚡泉"，《穀梁传》作"贲泉"。在鲁、莒交界之处，今址不详。

⑤匿嫡之名：何休注："嫡子生不以名，令于四竟择勇猛者而立之。"

⑥其名何：如《春秋·鲁文公十八年》："秦伯萄卒"；《春秋·鲁宣公四年公》："秦伯稻卒"。

【译文】

鲁昭王五年,春季,周历正月,鲁国废除中军。废除中军是什么意思?是为了恢复古代制度。既然这样,那么为什么不说废除三卿呢?因为五卿中有中卿,三卿中也有中卿。

楚国杀了它的大夫屈申。

鲁昭公到晋国去。

夏,莒国的牟夷投奔到鲁国来,并把牟娄、防和兹这三个邑献给鲁国。莒国的牟夷是什么人?是莒国的大夫。莒国没有大夫,这里为什么记载呢?因为重视牟夷献来的三个邑。这里说"及防、兹"投奔到鲁国来是什么意思?牟娄是公邑,防、兹是私邑,不能把公邑和私邑混为一谈。

秋季,七月,鲁昭公从晋国回来。

戊辰这天,鲁国大夫叔弓率领军队在渍泉这个地方打败了莒国军队。"渍泉"是什么意思?就是"直泉"。"直泉"又是什么意思?就是水向上喷涌的泉。

秦景公死了。为什么不写出他的名字?秦国是夷狄国家。这个国家的习俗是:国君的嫡子出生后,不让别人知道他的名字。所以《春秋》不写出他的名字。那么为什么又写出一些秦国国君的名字呢?这是因为嫡子得以立为国君的缘故。

冬季,楚灵王、蔡灵公、陈哀公、许悼公、顿子、沈子、徐国人、越国人联合攻打吴国。

【原文】

六年,春,王正月,杞伯益姑卒^①。

葬秦景公^②。

夏,季孙宿如晋。

葬杞文公。

宋华合比出奔卫^③。

秋，九月，大雩。

楚薳颇帅师伐吴。

冬，叔弓如楚。

齐师伐北燕。

【注释】

①六年：鲁昭公六年（公元前536年）。杞伯：即杞
文公，名益姑，杞孝公之弟，在位十四年。

②秦景公：秦桓公之子，在位四十年。

③华合比：即合比，宋国大夫。

【译文】

鲁昭公六年，春季，周历正月，杞国国君益姑死
了。

安葬秦景公。

夏季，鲁国大夫季孙宿到晋国去。

安葬杞文公。

宋国大夫华合比逃亡到卫国去。

秋季，九月，鲁国举行大规模求雨祭祀活动。

楚国大夫薳颇率领军队攻打吴国。

冬季，鲁国大夫叔弓到楚国去。

齐景公出兵攻打北燕国。

373

[原文]

七年，春，王正月，暨齐平^①。

三月，公如楚。

叔孙舍如齐莅盟。

夏，四月，甲辰，朔，日有食之。

秋，八月，戊辰，卫侯恶率^②。

九月，公至自楚。

冬，十有一月，癸未③，季孙宿卒。

十有二月，癸亥④，葬卫襄公。

【注释】

①七年：鲁昭公七年（公元前535年）。暨齐平：与齐国讲和。暨，与，和。按：从行文的体例来看，这句话的主语应是鲁国，但鲁国与齐国这几年均未发生争执或战争。《左传》认为是北燕国与齐国讲和。因为《昭公六年》冬，"齐侯伐北燕"。现从《左传》说。

②戊辰：八月二十七日。卫侯：即卫襄公，名恶，卫献公之子，在位九年。

③癸未：十一月十三日。

④癸亥：十二月二十四日。

【译文】

鲁昭公七年，春季，周历正月，北燕与齐国讲和。

三月，鲁昭公到楚国去。

鲁国大夫叔孙舍到齐国参加盟会。

夏季，四月，甲辰这天，初一，发生日食。

秋季，八月，戊辰这天，卫襄公恶死了。

九月，鲁昭公从楚国回来。

冬季，十一月，癸未这天，鲁国大夫季孙宿死了。

十二月，癸亥这天，安葬卫襄公。

【原文】

八年①，春，陈侯之弟招杀陈世子偃师。

夏，四月，辛丑②，陈侯溺卒。

叔弓如晋。

楚人执陈行人于征师杀之③。

陈公子留出奔郑④。

秋，蒐于红⑤。蒐者何？简车徒也⑥。何以书？盖以罕书也。

陈人杀其大夫公子过⑦。

大雩。

冬，十月，壬午⑧，楚师灭陈。执陈公子招，放之于越。杀陈孔瑗⑨。

葬陈哀公⑩。

【注释】

①八年：鲁昭公八年（公元前534年）。

②辛丑：四月初三。

③行人：使者。于征师：陈国大夫。

④公子留：陈国公子。

⑤蒐：检阅。红：鲁国地名，在今江苏萧县西南。

⑥简：检阅，查检。车徒：战车和步兵。

⑦公子过：陈国公子，陈哀公之弟。

⑧壬午：十月十八日。

⑨孔瑗：《左传》、《穀梁传》作"孔奂"，陈国大夫。

⑩陈哀公：即陈侯溺，陈成公之子，国乱自缢，在位三十五年。

【译文】

鲁昭公八年，春季，陈侯的弟弟公子招杀了陈国太子偃师。

夏季，四月，辛丑这天，陈侯溺死了。

鲁国大夫叔弓到晋国去。

楚国拘捕了陈国的使者于征师，并杀了他。

陈国大夫公子留逃亡到郑国去。

秋季，鲁国在红这个地方"蒐"。"蒐"是什么意思？就是检阅战车和步兵。为什么记载这件事？大概是检阅军队的事太少就记载下来。

　　陈国人杀了自己的大夫公子过。

　　鲁国举行大规模求雨祭祀活动。

　　冬季，十月，壬午这天，楚国军队灭亡了陈国。拘捕了陈国大夫公子招，把他放逐到越国。楚军杀了陈国大夫孔瑗。

　　安葬陈哀公。

【原文】

　　九年①，春，叔弓会楚子于陈。

　　许迁于夷。

　　夏，四月，陈火②。陈已灭矣，其言陈火何？存陈也③。曰："存陈，悕矣④。"曷为存陈？灭人之国，执人之罪人，杀人之贼，葬人之君，若是则陈存悕矣。

　　秋，仲孙貜如齐⑤。

　　冬，筑郎囿⑥。

【注释】

　　①九年：鲁昭公九年（公元前533年）。

　　②陈火：陈国发生火灾。《左传》作"陈灾"。

　　③存陈：何休注："陈已灭复火者，死灰复燃之象也。此大意欲存之，故从有国记灾。"

　　④悕：徐彦疏："悕，谓悲也。公羊子曰：陈为天所存者，天悲痛之故也。"

　　⑤仲孙貜：即孟僖子。鲁国大夫。

　　⑥郎囿：鲁国囿名，今址不详。

【译文】

　　鲁昭公九年，春季，鲁国大夫叔弓在陈国会见楚灵王。

　　许国迁移到夷地。

夏季，四月，陈国发生火灾。陈国已经灭亡了，这里说陈国发生火灾是什么意思？是要保存陈国。公羊子说："应该保存陈国，上天都悲痛陈国的灭亡。"为什么说上天悲痛陈国的灭亡而要保存它呢？楚国灭亡了别人的国家，拘捕了别国的罪人，杀了别国弑君的坏人，安葬了别国的国君。像这样，所以说上天保存陈国是悲痛它的灭亡。

秋季，鲁国大夫仲孙貜到齐国去。

冬季，鲁国修筑郎囿。

【原文】

十年①，春，王正月。

夏，晋栾施来奔②。

秋，七月，季孙隐如、叔弓、仲孙貜师师伐莒③。戊子，晋侯彪卒④。

九月，叔孙舍如晋⑤。

葬晋平公。

十有二月，甲子，宋公戌卒⑥。

【注释】

①十年：鲁昭公十年（公元前532年）。

②晋栾施：《左传》作"齐栾施"。按：晋无栾施。《公羊传》误。据《左传》改。栾施又称子旗，齐国正卿。

③季孙隐如：《左传》作"季孙意如"，又称季孙平子、平子、平子季孙、季氏，鲁国大夫。

④戊子：七月初四。晋侯：即平公，名彪，晋悼公之子，在位二十六年。

⑤叔孙舍：又称叔孙婼，鲁国大夫。

⑥十有二月：这句之前，缺一"冬"字。甲子：

377

十二月十二日。宋公：即宋平公，名成，宋共公之子，在位四十四年。《左传》作"宋平公，名成"。

【译文】

鲁昭公十年，春季，周历正月。

夏季，齐国的大夫栾施逃亡到鲁国来。

秋季，七月，鲁国大夫季孙隐如、叔弓、仲孙貜率领军队攻打莒国。

七月戊子这天，晋侯彪死了。

九月，鲁国大夫叔孙舍到晋国去。

安葬晋平公。

冬季，十二月，甲子这天，宋公成死了。

【原文】

十有一年①。春，王正月，叔弓如宋。

葬宋平公。

夏，四月，丁巳，楚子虔诱蔡侯般，杀之于申②。楚子虔何以名？绝。曷为绝之？为其诱封也③。此讨贼也④，虽诱之，则曷为绝之？怀恶而讨不义，君子不予也⑤。楚公子弃疾帅师围蔡⑥。

五月，甲申，夫人归氏薨⑦。

大蒐于比蒲⑧。大蒐者何？简车徒也。何以书？盖以罕书也。

仲孙貜会邾娄子，盟于侵羊⑨。

秋，季孙隐如会晋韩起、齐国酌、宋华亥、卫北宫佗、郑轩虎、曹人、杞人于屈银⑩。

九月，己亥⑪，葬我小君齐归。齐归者何？昭公之母也。

冬，十有一月，丁酉⑫，楚师灭蔡。执蔡世子有以归。用之。此来逾年之君也。其称世子何？不君灵公，不成其子也⑬。不君灵公，则曷为不成其子？诛君之子不立。非怒也⑭，无继也⑮。恶乎用之？用之防也。其用之防奈何？盖以筑防也⑯。

378

【注释】

①十有一年：鲁昭公十一年（公元前531年）。

②丁巳：四月初七。楚子：即楚灵王。蔡侯般：蔡国国君，即蔡灵侯、又称蔡灵公，蔡景公之子，在位十二年。申：本是国名，姜姓，后为楚国大邑，地在今河南南阳市境。

③封：为"讨"字之误。

④此讨贼：何休注："蔡侯般弑父而立。"

⑤君子不予：何休注："内怀利国之心而外托讨贼，故不与。其讨贼而责其诱诈也。"

⑥公子弃疾：即熊居，又称楚子居、平王居、君司马，楚共王之子。鲁昭公十三年杀公子比而立。

⑦甲申：五月初四。归氏：即齐归，又称夫人归氏，小君齐归，鲁昭公之母。胡女，齐谥归姓。鲁襄公妾。

⑧比蒲：鲁国地名，今址不详。

⑨侵羊：《左传》、《穀梁传》作"祲祥"。鲁国地名。在今山东曲阜。

⑩屈银：《左传》、《穀梁传》作"厥愁"。卫国地名，在今河南新乡县。

⑪巳亥：九月二十一日。

⑫丁酉：十一月二十六日。

⑬不君灵公：何休注："灵公即般也。不君，不与。灵公坐弑杀诛不得为君也。不成其子，不成有得称子继父也。上不与楚诱讨，嫌有不当绝，故正之云耳。"徐彦疏："……《春秋》不与灵公为君也……亦不成其子有得为嗣君以继其父。"

⑭怒：迁怒。徐彦疏："非怒其先祖迁之于子

孙。"

⑮无继：何休注："公诛子当绝。"

⑯筑防：何休注："持其足以头筑防，恶不以道。孔子曰：人而不仁，疾之已甚，乱也。"

【译文】

鲁昭公十一年，春季，周历正月，鲁国大夫叔弓到宋国去。

安葬宋平公。

夏季，四月，丁巳这天，楚子虔引诱蔡侯般到申这个地方去聚会，并在这里杀了蔡侯般。为什么写出楚子虔的名呢？因为楚子虔的爵位应该断绝了。为什么楚子虔的爵位应该断绝呢？因为他诱杀蔡侯般。这是诛讨弑杀国君的坏人，虽然是诱杀他，但为什么要断绝楚子的爵位呢？因为楚子虔是心怀灭蔡的罪恶目的而诛讨弑君坏人的，所以君子不赞成。

楚国的公子弃疾率领军队包围了蔡国都城。

五月，甲申这天，鲁国夫人归氏死了。

这个月，鲁国在比蒲这个地方"大蒐"。"大蒐"是什么意思？就是大规模地检阅战车和步兵。为什么要记载这件事？大概是因为大规模阅兵的事太少，就记载下来了。

鲁国大夫仲孙貜会见邾娄国国君，并与他在侵羊这个地方结盟。

秋季，鲁国大夫季孙隐如在屈银这个地方与晋国大夫韩起、齐国大夫国酌、宋国大夫华亥、卫国大夫北宫佗、郑国大夫轩虎、曹国人、杞国人会晤。

九月，己亥这天，安葬鲁国国君夫人齐归。齐归是什么人？是鲁昭公的母亲。

冬季，十一月，丁酉这天，楚国军队灭亡了蔡国。并拘捕蔡国太子有回去。使用太子有。这是即位不满一年的新君，这里称他为太子有是什么意思呢？因为《春秋》的作者不承认蔡灵公为蔡国国君，也不承认太子有称"子"继承君位。不承认蔡灵公为蔡国国君，为什么也不承认太子有称"子"继承君位呢？弑杀国君篡夺君位的人的儿子是不能立为国君的，这并非因为蔡灵公的罪大恶极而迁怒于他的儿子太子有，而是像蔡灵公这样大逆不道的人，就应该断绝后代。楚国怎样"用"太子有？用太子有在防这个地方。用太子有在防这个地方是什么意思呢？大概楚国人是将太子有当作筑墙的工具来修筑防这个地方的城墙。

【原文】

　　十有二年，春，齐高偃帅师，纳北燕伯于阳①。伯于阳者何②？公子阳生也③。子曰："我乃知之矣④"。在侧者曰："子苟知之，何以不革？"曰："如尔所不知何⑤？《春秋》之信史也。其序，则齐桓晋文⑥，其会，则主会者为之也⑦。其词，则丘有罪焉耳⑧。"

　　三月，壬申，郑伯嘉卒⑨。

　　夏，宋公使华定来聘⑩。

　　公如晋，至河乃复。

　　五月，葬郑简公。

　　楚杀其大夫成然⑪。

　　秋，七月。

　　冬，十月，公子整出奔晋。

　　楚子伐徐。

　　晋伐鲜虞⑫。

381

【注释】

　　①十有二年：鲁昭公十二年（公元前530年）。高

偃：齐国大夫。纳北燕伯于阳：《左传》作"纳北燕伯款于唐"。阳，即唐。地名，在今河北完县西，唐县东北。

②伯于阳者何：《公羊传》认为"伯于阳"是人名，误。

③公子阳生：又称齐阳生。阳生，齐侯阳生，即齐悼公。

④我乃知之：何休注："子，谓孔子。乃，乃是岁也。时孔子二十三，具知其事，后作《春秋》，案史记知'公'误为'伯'，'子，误为'于'，阳在生，刊灭朔。"

⑤如：何休注："如，犹奈也。犹曰：奈女所不知何，宁可强更之乎。"

⑥其序，则齐桓晋文：何休注："唯齐桓、晋文公，能以德优劣，国大小相次序。"

⑦其会，则主会者为之：何休注："非齐桓晋文，则如主会者为之，虽优劣大小相越不改更，信史也。"

⑧其词，则丘有罪焉：何休注："丘，孔子名。其贬绝、讥刺之辞，有所失者，是丘之罪，圣人德盛尚谦，故自名尔。"

⑨壬申：三月二十七日。郑伯：即郑简公，名嘉，郑僖公之子，在位三十六年。

⑩宋公：即宋元公，名佐，宋平公之子，在位十五年。华定：又称宋司马、华费遂、司马。宋国大夫。

⑪成然：又称郏尹、蔓成然，韦龟之子，阚辛之父，楚国大夫。《左传》作"成熊"。

⑫鲜虞：国名，在今河北正定县一带。

【译文】

鲁昭公十二年，春季，齐国大夫高偃率领军队护送燕伯到阳这个地方。"纳北燕伯于阳"的"伯于阳"是什么人？是齐国的公子阳生。孔子说："我那个时候已经知道是怎么回事了。"在他身边的人就说："您如果已经知道有错了，为什么不改正呢？"孔子说："对你们所不知道的事情该怎么解释呢？《春秋》是一部信史，在遵守尊卑秩序方面，只有齐桓公、晋文公这些霸主主持的盟会能够以德的优劣、国家的大小来排列次序；不是齐桓公、晋文公他们主持的盟会，就只能按照主持盟会者的意志来办，即使不遵守尊卑等级秩序，也不更改；如果在褒贬诸侯时，用词方面有错误，就是我孔丘的罪过。"

三月，壬申这天，郑伯嘉死了。

夏季，宋元公派遣大夫华定来鲁国访问。

鲁昭公到晋国去，到达黄河边上就返回来了。

五月，安葬郑简公。

楚国杀了它的大夫成然。

秋季，七月。

冬季，十月，鲁国的公子整逃亡到齐国。

楚灵王出兵攻打徐国。

晋国出兵攻打鲜虞国。

【原文】

383

十有三年，春，叔弓帅师围费①。

夏，四月，楚公子比自晋归于楚。弑其君虔于乾溪②。此弑其君，其言归何③？归无恶于弑立也。归无恶于弑立者何？灵王为无道，作乾溪之台，三年不成，楚公子弃疾胁比而立之④，然后令于乾溪之役，曰："比已立矣，后归者不得复其田里。"众罢而去之。灵王经而死⑤。

楚公子弃疾弑公子比。比已立矣，其称公子何？其意不当也。

其意不当，则曷为加弑焉尔⑥？比之义宜乎效死不立。大夫相杀称人，此其称名氏以弑何？言将自是为君也。

秋，公会刘子、晋侯、齐侯、宋公、卫侯、郑伯、曹伯、莒子、邾娄子、滕子、薛伯、杞伯、小邾娄子于平丘⑦。

八月，甲戌⑧，同盟于平丘。公不与盟。

晋人执季孙隐如以归。

公至自会。

公不与盟者何？公不见与盟也⑨。公不见与盟，大夫执，何以致会？不耻也。曷为不耻？诸侯遂乱，反陈蔡，君子耻不与焉⑩。

蔡侯庐归于蔡⑪。

陈侯吴归于陈⑫。此皆灭国也，其言归何？不与诸侯专封也。

冬，十月，葬蔡灵公。

公如晋。至河乃复。

吴灭州来。

【注释】

①十有三年：鲁昭公十三年（公元前529年）。费：鲁国邑名，在今山东鱼台县南。

②乾溪：楚国地名，在今安徽亳县东南。

③其言归何：徐彦疏："正以归者，出入无恶之文，今君弑而言归，故难之。"按：按照《春秋》的体例，对于出入没有罪恶的人，才能用"归"字。

④比：即公子比，又称子干、右尹子干，楚国宗室，曾一度为君。

⑤经：自缢。

⑥加弑：何休注："时弃疾诈告比，得晋力可以归，至而胁立之。比之义宜效死不立，而立，因君自经，故加弑也。言归者，谓其本无弑君而立之意，加弑责之尔。"

⑦刘子：即刘献公，又称刘挚、刘子挚，定公之子，周王卿士。晋侯：即晋昭公，名夷，晋平公之子，在位六年。齐侯：即齐景公。卫侯：即卫灵公，名元，襄公之子，在位四十一年。郑伯：即郑定公，名宁，郑简公之子，在位十六年。曹伯：即曹武公，名滕，成公之子，在位二十七年。杞伯：即杞平公，名郁釐，在位十八年。平丘：卫国地名，在今河南封丘县东。

⑧甲戌：八月初七。

⑨公不见与盟：何休注："时晋主会，疑公如楚不肯与公盟，故讳。使若公自不肯与盟。"

⑩诸侯遂乱：何休注："时诸侯将征弃疾，弃疾乃封陈蔡之君，使说诸侯，诸侯从陈蔡之君言，还反不复讨楚，楚乱遂成，故云尔公不与盟。"

⑪蔡侯：即蔡平公，名庐，蔡灵公之孙，太子有之子，在位八年。

⑫陈侯：即陈惠公，名吴，陈哀公之孙，太子偃师之子，在位二十四年。

【译文】

鲁昭公十三年，春季，鲁国大夫叔弓率领军队包围了费这个地方。

夏季，四月，楚国的公子比从晋国"归"到楚国。在乾溪这个地方弑杀了他的国君虔。这是就杀他的国君的坏人，说他"归"是什么意思？公子比的回国以及弑杀国君并被立为国君都是没有罪恶的。为什么公子比的回国以及弑杀国君并被立为国君都是没有罪恶的呢？因为楚灵王作为国君没有道义，修筑乾溪这个地方的台，三年也没有筑成。楚国的公子弃疾逼迫公子比，并把他立为国君。然后对在乾溪这个地方服劳役的人命令，说："公子比已经立为国君了，后回家的人，不能恢复他的田地和住处。众人一听立即停了工，并赶紧离开了乾溪。楚灵王见众叛亲离就自缢而死。

不久，楚国的公子弃疾弑杀了公子比。公子比已经立为国君了，为什么还称他为公子呢？因为公子比的内心并不愿当国君。既然公子比的内心并不愿当国君，那么为什么把弑杀国君的罪名加在他身上呢？从道义上讲，公子比应该誓死不当国君。大夫之间相互杀害应该称"人"，这里为什么写出两人的名字，并用"弑"这个词呢？是说公子弃疾从这以后就做国君了。

秋季，鲁昭公在平丘这个地方与刘献公、晋昭公、齐景公、宋平公、卫灵公、郑定公、曹武公、莒著丘公、邾庄公、滕子、薛伯、杞平公、小邾娄子会晤。

八月，甲戌这天，诸侯在平丘这个地方一起盟誓。鲁昭公没有参加盟誓。

晋国人拘捕了鲁国大夫季孙隐如，并把他带回国去。

鲁昭公从诸侯盟会的地方回来。

鲁昭公没有参加盟誓是为什么？是鲁昭公不被允许参加盟誓。鲁昭公不被允许参加盟誓，鲁国大夫又被拘捕，为什么还记载鲁昭公从诸侯盟会的地方回来呢？因为不把这些当作耻辱的事情。为什么不把这些当作耻辱的事情呢？因为诸侯们放任楚国的混乱，征讨公子弃疾的军队也因听从陈侯蔡侯的话而返回来，所以君子不把没有参加盟誓作为耻辱。

蔡侯庐回到蔡国。

陈侯吴回到陈国。这两个都是已经灭亡的国家，这里说蔡侯陈侯回到他们国家是什么意思？因为不赞成诸侯自作主张地封给别人土地。

冬季，十月，安葬蔡灵公。

这个月，鲁昭公到晋国去，到达黄河岸边就返回来了。吴国灭亡了州来。

【原文】

十有四年①，春，隐如至自晋。

三月，曹伯滕卒。

夏，四月。

秋，葬曹武公。

八月，莒子去疾卒②。

冬，莒杀其公子意恢③。

【注释】

①十有四年：鲁昭公十四年（公元前528年）。

②莒子：即莒著丘公，名去疾，展舆之弟。

③公子意恢：莒国公子。据《左传》记载：这年冬季十二月，莒国大夫蒲余侯杀了公子意恢。

【译文】

鲁昭公十四年，春季，鲁国大夫季孙隐如从晋国回来。

三月，曹伯滕死了。

夏季，四月。

秋季，安葬曹武公。

八月，莒子去疾死了。

冬季，莒国杀了自己的公子意恢。

387

【原文】

十有五年，春，王正月，吴子夷昧卒①。

二月，癸酉，有事于武宫②。籥入③。叔弓卒。去乐卒事。其言去乐卒事何？礼也。君有事于庙，闻大夫之丧，去乐，卒事。大夫闻君之丧，摄主而往④。大夫闻大夫之丧，尸事毕而往⑤。

夏，蔡昭吴奔郑⑥。

六月，丁巳⑦，朔，日有食之。

秋，晋荀吴帅师伐鲜虞⑧。

冬，公如晋。

【注释】

①十有五年：鲁昭公十五年（公元前527年）。吴子夷昧：吴国国君。余祭之弟，在位十七年。

②癸酉：二月十五日。有事：祭祀。武宫：鲁武公的庙。

③籥：竹制乐器。这里指演奏籥的人。

④摄主而往：何休注："主，谓己，主祭者。臣闻君之丧，义不可以不即行，故使兄弟、若宗人摄行主事而往，不废祭者，古礼也。"

⑤尸事毕而往：祭祀活动完成后再前往。何休注："宾尸事毕而往也。"徐彦疏："大夫祭谓之宾尸。"

⑥蔡昭吴奔郑：《春秋》经文、《左传》、《榖梁传》皆作"蔡朝吴出奔郑"。朝吴，蔡国大夫。

⑦丁巳：六月初一。

⑧荀吴：又称中行伯、中行吴、穆子、中行穆子。荀林父之孙，苟偃之子，从荀林交至荀三世袭将中行，所以以中行为氏。

【译文】

鲁昭公十五年，春季，周历正月，吴子夷昧死了。

二月，癸酉这天，鲁昭公在鲁武公庙举行祭祀活动。在演奏籥的人进入时，主持祭祀的叔弓突然死了。"去乐卒事"。这里说"去乐卒事"是什么意思？这是一种礼仪。国君在宗庙举行祭祀活动，听说大夫死了，就应该取消音乐演奏，将祭祀活动完成；如果大夫在举行祭祀活动时，听说国君死了，就应该让别人代替自己主持祭祀活动，自己要立即前往。如果大夫在举行祭祀活动时，听说大夫死了，就应该在完成祭祀活动后立即前往。

夏季，蔡国大夫昭吴逃亡到郑国。

六月，丁巳这天，初一，发生日食。

秋季，晋国中军统师荀吴率领军队攻打鲜虞国。

冬季，鲁昭公到晋国去。

【原文】

十有六年，春，齐侯伐徐①。

楚子诱戎曼子杀之②。楚子何以不名？夷狄相诱，君子不疾也③。曷为不疾？若不疾，乃疾之也。

夏，公至自晋。

秋，八月，己亥，晋侯夷卒④。

九月，大雩。

季孙隐如如晋。

冬，十月，葬晋昭公。

【注释】

①十有六年：鲁昭公十六年（公元前526年）。齐侯：即齐景公。

②楚子：即楚平王，名居，一名弃疾，楚共王之子，在位十三年。戎曼子：《左传》作"戎蛮子"。即戎蛮部落的首领，这是指生活在河南汝阳一带的戎蛮。

③疾：痛恨。

④己亥：八月二十日。晋侯：即晋昭公，名夷，晋平公之子，在位六年。

【译文】

鲁昭公十六年，春季，齐景公出兵攻打徐国。

楚平王诱骗戎人曼子，并把他杀了。《春秋》为什么不写出楚平王的名呢？因为是夷狄人相互诱骗，君子不赠恨。为什么不憎恨呢？好像是不憎恨，其实对这种行为是很憎恨的。

夏季，鲁昭公从晋国回来。

秋季，八月，己亥这天，晋侯夷死了。

九月，鲁国举行大规模求雨祭祀活动。

鲁国大夫季孙隐如到晋国去。

冬季，十月，安葬晋昭公。

【原文】

十有七年①，春，小邾娄子来朝。

夏，六月，甲戌，朔，日有食之。

秋，郯子来朝②。

八月，晋荀吴帅师灭贲浑戎③。

冬，有星孛于大辰④。孛者何？彗星也。其言于大辰何？在大辰也。大辰者何？大火也⑤。大火为大辰，伐为大辰⑥。北辰亦为大辰⑦。何以书？记异也。

楚人及吴战于长岸⑧。诈战不言战⑨，此其言战何？敌也⑩。

【注释】

①十有七年：鲁昭公十七年（公元前525年）。

②郯：国名，少昊之后，己姓，故地在今山东郯城县境。

③贲浑戎：少数民族部落，生活在河南伊水、洛水一带。

④大辰：星名。何休注："大火，谓心。"即心宿。

⑤大火：星名。心宿中央的红色大星，即营惑星。《诗经·豳风》"七月流火"的火，即指此星。

⑥伐：星名。参宿中作一字斜排的三颗小星，又称参伐。

⑦北辰：即北极星。"大火为大辰"这三句：古人观察大火，参伐以定时，观察北辰以定向，所以均称为"大辰"。

⑧长岸：地名。在今安徽当涂县西南

⑨诈：通"乍"。突然。僖公三十三年何休注："诈，卒也。齐人语也。"诈战，即袭击。

⑩战：何休注："俱无胜负，不可言败，故言战也。"

【译文】

　　鲁昭公十七年，春季，小邾娄国国君来鲁国朝见。

　　夏季，六月，甲戌这天，初一，发生日食。

　　秋季，郑国国君来鲁国朝见。

　　八月，晋国大夫荀吴率领军队灭了贲浑这支戎人。

　　冬季，彗星的光芒扫过大火星。"有星孛于大辰"的"孛"是什么？是彗星。这里说"于大辰"是什么意思？就是在大辰星边上。"大辰"是什么星？就是大火星。大火星称为大辰，伐星也称为大辰，北极星也称为大辰。为什么记载这件事？记载怪异现象。

　　这年冬天，楚国军队与吴国军队在长岸这个地方交战。突发的战事是不称"战"的，这里为什么用"战"来记载这件事？因为双方旗鼓相当，势均力敌，难分胜负。

391

【原文】

十有八年，春，王三月，曹伯须卒①。

夏，五月，壬午，宋、卫、陈、郑灾②。何以书？记异也。何异尔？异其同日而俱灾也。外异不书，此何以书？为天下记异也。

六月，邾娄人入鄅^③。

秋，葬曹平公。

冬，许迁于白羽^④。

【注释】

①十有八年：鲁昭公十八年（公元前524年）。须：曹平公的名。曹平公为曹武公之子，在位四年。

②壬午：五月十四日。灾：发生火灾。

③鄅：国名。

④白羽：地名。即析邑。析，楚国城邑，在今河南内乡县西北。《左传》载："冬，楚子使王子胜迁许于析，实白羽。"

【译文】

鲁昭公十八年，春季，周历三月，曹伯须死了。

夏季，五月，壬午这天，宋国、卫国、陈国、郑国同日发生火灾。为什么记载这件事呢？记载怪异情况。什么怪异情况呢？奇怪的是这四个国家在同一天都发生火灾。鲁国以外的怪异情况是不记载的，这里为什么记载呢？这是为天下记载怪异情况。

六月，邾娄国军队入侵鄅国。

秋季，安葬曹平公。

冬季，许国迁到白羽这个地方。

【原文】

十有九年，春，宋公伐邾娄^①。

夏，五月，戊辰，许世子止弑其君买^②。

己卯^③，地震。

秋，齐高发帅师伐莒^④。

冬，葬许悼公。贼未讨，何以书葬？不成于弑也^⑤。曷为不成于弑？止进药而药杀也^⑥。止进药而药杀，则曷为加弑焉尔？讥子道之不尽也⑦。其讥子道之不尽奈何？曰："乐正子春之视疾也⑧，复加一饭，则脱然愈⑨；复损一饭，则脱然愈。复加一衣，则脱然愈；复损一衣，则脱然愈。止进药而药杀，是以君子加弑焉尔。"曰："许世子止弑其君买，是君子之听止也⑩。葬许悼公，是君子之赦止也。赦正者，免止之罪辞也。"

【注释】

①十有九年：鲁昭公十九年（公元前523年）。宋公：即宋元公，名佐，宋平公之子，在位十五年。

②戊辰：五月初五。买：许悼公的名口许悼公是许灵公之子，立于鲁襄公二十七年，在位二十四年。《春秋三传》注："昭十九年，许悼公疟饮太子止之药卒，孔子以君父有疾，药当由医，太子可以视膳问安，不宜独进药物，责止失于慎虑致害君亲，故加弑逆之名，亦以教诫。"

③己卯：五月十六日。

④高发：齐国大夫。

⑤不成于弑：不算弑杀其君。

⑥止进药而药杀：何休注："时悼公病，止进药，悼公饮药而死。"

⑦子道：旧时谓奉事父母之道。

⑧乐正子春：人名。何休注："乐正子春，曾子弟子，以孝名闻。"

⑨脱然：何休注："脱然，疾除貌也。"徐彦疏："言子春视疾之时，消息得其节，观其颜色力少如可时，更加一饭以与之，其病者脱然加愈；若观其颜色力少如弱时，则复损一饭以与之，则其病者脱然加愈……"

⑩听止：治太子止的罪。

【译文】

鲁昭公十九年,春季,宋公出兵攻打邾娄国。

夏季,五月,戊辰这天,许国太子止弑杀他的国君买。

己卯这天,鲁国发生地震。

秋季,齐国大夫高发率领军队攻打莒国。

冬季,安葬许悼公。弑杀许悼公的坏人还没有受到诛讨,为什么就记载许悼公的葬礼呢?因为太子止不算弑君。为什么不算弑君呢?当时许悼公病重,太子止奉药进献,许悼公饮药而死。既然是太子止奉药进献,许悼公饮药而死,那么为什么给太子止加上弑君的罪名呢?这是责备太子止没有尽到侍奉父母的责任。这里责备太子止没有尽到侍奉父母的责任是什么意思?说:"曾子的弟子乐正子春探视父母的病情时,总是根据父母病情的具体情况小心侍奉,有时再加一顿饭,病就顿时好了;有时减少一顿饭,病就顿时好了;有时再添一件衣服,病就顿时好了;有时再减少一件衣服,病就顿时好了。太子止奉药进献给许悼公,药却杀死了许悼公,因此,孔子给他加上弑君的罪名。"说:"《春秋》记载许国太子止弑杀他的国君买,是孔子治太子止的罪;记载安葬许悼公,是孔子赦免了太子止。赦免了太子止,这是免除太子止罪过的说法。"

【原文】

二十年①,春,王正月。

夏,曹公孙会自鄸出奔宋②。奔无有言自者,此其言自何?畔也③。畔则曷为不言其畔?为公子喜时之后讳也④。《春秋》为贤者讳,何贤乎公子喜时?让国也。其让国奈何?曹伯庐卒于师⑤,则未知公子喜时从与,公子负刍从与⑥?或为主于国⑦,或为主于师⑧。公子喜时见公子负刍之当主也，逡巡而退⑨。贤公子喜时，则曷为为会讳？君子之善善也长⑩，恶恶也短。恶恶止其身，善善及子孙。贤者子孙，故君子为之讳也。

秋，盗杀卫侯之兄辄⑪。母兄称兄，兄何以不立？有疾也。何疾尔？恶疾也⑫。

冬，十月，宋华亥、向宁、华定出奔陈⑬。十有一月，辛卯，蔡侯庐卒⑭。

【注释】

①二十年：鲁昭公二十年（公元前522年）。

②公孙会：曹国大夫。鄸：曹国邑名，在今山东荷泽县境。

③畔：通"叛"。背叛。何休注："时会盗鄸以奔宋。"

④公子喜时：《左传》作"公子欣时"。又称子臧。曹伯庐弟，一说为曹伯庐庶子。《春秋三传》注："成十五年，子臧恶篡弑之君，抱清慎之，故能守节让位，致邑全身，公子之贤无以加也。"

⑤曹伯庐：即曹宣公，文公之子，在位十七年。

⑥公子负刍：即曹成公。杜预注《左传》认为负刍为宣公庶子，《史记》作宣公弟，在位二十三年。据《左传·成公十三年》记载"曹伯庐卒于师。曹人使公子负刍守，使公子欣时逆曹伯之丧。秋，负刍杀其太子而自立也"。何休注："负刍，喜时庶兄。"

⑦主于国：在国内临时主持国政。

⑧主于师：留在部队临时主持军务。

⑨逡巡：迟疑徘徊，欲行又止。

⑩长：与下文的"短"均指空间的广阔与狭窄。

⑪卫侯：即卫灵公。兄辄：《左传》作"兄絷"，

又称孟絷、公孟、公孟絷。

⑫恶疾：何休注："恶疾，谓瘖、聋、盲、疬、秃、跛、伛，不逮人伦之属也。"

⑬华亥：宋国大夫。向宁：宋国大夫。华定：又称宋司徒，后为大司马。

⑭辛卯：十一月初七。蔡侯庐：即蔡平公，蔡灵公般之孙，世子有之子，在位八年。

【译文】

鲁昭公二十年，春季，周历正月。

夏季，曹国大夫公孙会"自"鄸这个地方逃亡到宋国。逃亡没有说"自"的，这里说"自"是什么意思？因为这是叛逃。既然是叛逃，那么为什么不说公孙会反叛呢？这是为公子喜时的后代避讳。《春秋》作者为贤良的人避讳，公子喜时有什么贤良之处呢？因为他辞让了君位。他怎样辞让君位呢？成公十三年曹伯庐死在军中，当时不知派公子喜时去迎接曹伯之丧，还是派公子负刍去？应该有人在国内临时主持国政，也应该有人到部队中去临时主持军务。公子喜时见公子负刍应当主持国政，就退让了。《春秋》认为公子喜时贤良，那么为什么要替公孙会避讳呢？君子赞美好人涉及的面宽，憎恶坏人涉及的面窄。憎恶坏人只限于当事人自身，而不迁怒于人；赞美好人却要延及他的子孙，而公孙会是公子喜时的子孙，所以君子要替他避讳。

秋季，坏人杀害了卫侯的哥哥辄。同母的哥哥称为"兄"，既然是卫侯的亲哥哥为什么不被立为国君呢？因为辄有疾病，有什么病呢？是不能担任国君的恶疾。

冬季，十月，宋国大夫华亥、向宁、华定逃亡到陈国。

十一月，辛卯这天，蔡侯庐死了。

【原文】

二十有一年①，春，王三月，葬蔡平公。夏，晋侯使士鞅来聘②。

宋华亥、向宁、华定自陈入于宋南里以畔③。宋南里者何？若曰："因诸"者然④。

秋，七月，壬午，朔，日有食之。

八月，乙亥，叔痤卒⑤。

冬，蔡侯朱出奔楚⑥。

公如晋，至河乃复。

【注释】

①二十有一年：鲁昭公二十一年（公元前521年）。

②晋侯：即晋顷公，名去疾，晋昭公之子，在位十三年。士鞅：又称范鞅、范叔、范献子，晋国上卿。

③南里：宋都城里名。

④因诸：何休注："因诸者，齐故刑人之地，"徐彦疏："旧说云：即《博物志》云'周曰图圄、齐曰因诸'是也。"即监狱。

⑤乙亥：八月二十五日。叔痤：《左传》《穀梁传》作"叔辄"。又称子叔、伯张。鲁国大夫。

⑥蔡侯朱：即蔡平公庐的太子，名朱。平公死，太子朱即位，因此称蔡侯朱。他逃亡到楚国是因君位被其叔父东国篡夺。何休注："出奔者，为东国所篡也。"

397

【译文】

鲁昭公二十一年，春季，周历三月，安葬蔡平公。

夏季，晋顷公派遣大夫士鞅来鲁国访问。

宋国大夫华亥、向宁、华定从陈国进入宋国南里这个地方，领着南里的人叛变。宋国的南里是什么地方？

就好像齐国人说的"因诸"一样，是监狱的名称。

秋季，一七月，壬午这天，初一，发生日食。

八月，乙亥这天，鲁国大夫叔痤死了。

冬季，蔡侯朱逃亡到楚国。

鲁昭公到晋国去，到达黄河边就回来了。

【原文】

二十有二年^①，春，齐侯伐莒。

宋华亥、向宁、华定自宋南里出奔楚。

大蒐于昌奸^②。

夏，四月，乙丑，天王崩^③。

六月，叔鞅如京师^④。

葬景王。

王室乱。何言乎王室乱？言不及外也。

刘子、单子以王猛居于皇^⑤。其称王猛何^⑥？当国也^⑦。秋，刘子、单子以王猛入于王城。王城者何？西周也^⑧。其言入何？篡辞也。

冬，十月，王子猛卒。此无逾年之君也，其称王子猛卒何？^⑨不与当也。不与当者，不与当父死子继，兄死弟及之辞也。

十有二月，癸酉，朔，日有食之。

【注释】

①二十有二年：鲁昭公二十二年（公元前520年）。

②昌奸：《左传，斌毂梁传》作"昌间"。鲁国地名，今址不详。

③乙丑：四月十九日。天王：周景王，名遗，周灵王子，在位二十五年。

④叔鞅：鲁国大夫。

⑤刘子：即刘献公，定公之子，名挚。又称刘挚、刘子挚。单子：即单穆公。又称单旗。王猛：周景王之

子，名猛，又称王子猛，追谥为悼王。皇：周地名，在今河南巩县西南。

⑥其称王猛何：按例。周景王既葬，但未逾年，其子猛应称子，不应称"王猛"，所以问。

⑦当国：何休注："时欲当王者位，故称王猛见当国也。"即因猛想为天王。《春秋》就按猛的意图称"猛"为"王猛"。

⑧西周：周末周考王以王城故地封其弟揭，为桓公。王都在洛阳。王城在西，故称西周。

⑨其称王子猛卒何：何休注："据子卒不言名，外未逾年君不当卒。"所以发问。

【译文】

鲁昭公二十二年，春季，齐景公亲自领兵攻打莒国。

宋国大夫华亥、向宁、华定从宋国的南里这个地方逃亡到楚国。

鲁国在昌奸这个地方举行大规模阅兵活动。

夏季，四月，乙丑这天，周天王死了。

六月，鲁国大夫叔鞅到周朝国都去。

为周景王举行葬礼。

周朝王室发生动乱。为什么说周朝王室发生动乱呢？是说这次动乱没有波及到王室以外的诸侯国。

刘献公和单穆公带着王猛住在皇这个地方。这里为什么称周景王的儿子猛为"王猛"呢？因为猛想成为周天王，《春秋》就称他为"王猛"。

秋季，刘献公和单穆公带着王猛"入"王城。王城是什么地方？就是称为西周的那座城邑。这里说"入"是什么意思？是表示王猛篡位的说法。

　　冬季，十月，王子猛死了。这是即位不满一年的天王，这里称"王子猛卒"是什么意思？是不赞成他承袭王位。不赞成他承袭王位，就是不赞成他以父死子继、兄终弟及的方法成为周天王的说法。

【原文】

　　二十有三年，春，王正月，叔孙舍如晋①。

　　癸丑②，叔鞅卒。

　　晋人执我行人叔孙舍。

　　晋人围郊③。郊者何？天子之邑也。曷为不系于周？不与伐天子也。

　　夏，六月，蔡侯东国卒于楚④。

　　秋，七月，莒子庚舆来奔⑤。

　　戊辰，吴败顿、胡、沈、蔡、陈、许之师于鸡父⑥。胡子髡、沈子楹灭⑦。获陈夏啮⑧。此偏战也⑨，曷为以诈战之辞言之？不与夷狄之主中国也⑩。然则曷为不使中国主之？中国亦新夷狄也⑪。其言灭获何？别君臣也。君死于位曰灭，生得曰获。大夫生死皆曰获。不与夷狄之主中国，则其言获陈夏啮何⑫？吴少进也⑬。

　　天王居于狄泉⑭，此未三年，其称天王何？著有天子也⑮。尹氏立王子朝⑯。

　　八月，乙未⑰，地震。

　　冬，公如晋，至河，公有疾，乃复。何言乎公有疾乃复？杀耻也⑱。

【注释】

　　①二十有三年：鲁昭公二十三年（公元前519年）。叔孙舍：《左传》作"叔孙婼"。鲁国大夫。

　　②癸丑：正月十一日。

　　③郊：周地名，在今河南巩县。

　　④蔡侯东国：即蔡悼公，名东国，蔡平公之弟，在

位三年。

⑤莒子庚舆：著丘公去疾之弟，在位十年，后逃亡到鲁国，著丘公之子郊公复入莒掌权。

⑥戊辰：七月三十日。顿：国名，子爵，故城在今河南项城县。胡：国名，妫姓，子爵，为楚所灭，故城在今安徽阜阳西北。沈：国名，嬴姓，子爵，为蔡所灭，故地在今河南汝南县东。鸡父：地名，在今河南固始县东南。

⑦胡子髡：胡国国君。沈子楹：《左传》作"沈子逞"。沈国国君。

⑧夏啮：陈国大夫。

⑨此偏战：偏战，指约定日期、地点，各据一方的正规战。按例，《春秋》记日期的是偏战，只记载月份的是诈战。这次战役记载了日期，所以说是偏战。《春秋》之例，记载偏战，不说某国败某国，而说某国败绩。现记作"吴败顿、胡……之师于鸡父"，即是诈战的说法，因此下句提问。

⑩不与夷狄之主中国：《春秋》记载战事，很注意区别主方与客方，如果是偏战，被伐者为主方，伐者为客方，《春秋》一般站在主方一边。何休注："序上言战，别客主，人直不直也。今吴序上而言战，则主中国辞也。"疏："伐人者为客，……见伐者为主。"

⑪中国亦新夷狄：何休注："中国所以异乎夷狄者，以其能尊尊也。王室乱，莫肯救，君臣上下坏败，亦新有夷狄之行，故不使主之。"

⑫其言获陈夏啮何：按例，《春秋》是不赞成夷狄抓住中原各国的人的，即"不与夷狄获中国也"，这里说"获"，故问。

⑬吴少进：吴国稍稍有了一些进步。这主要指吴国能与中原各国举行约定日期地点的偏战，而不搞突然袭击。

⑭天王：即周敬王，名匄，景王之子，在位三十九年。狄泉：即泽邑，周邑名，在今河南洛阳市。

⑮著有天子：表明有天子在。何休注："时庶孽并篡，天生失位，徙居微弱甚，故急著正其号明天下，当救其难而事之。"

⑯尹氏：即尹文公，又称尹氏固、尹圉，周大夫，王子朝同党。王子朝：周景王长庶子，因王子朝居王城之西，又称西王。鲁定公五年被周敬王杀于楚。

⑰乙未：八月二十七日。

⑱杀耻：减少羞耻。杀，省，少。何休注："因有疾以杀畏晋之耻。"

【译文】

鲁昭公二十三年，春季，周历正月，鲁国大夫叔孙舍到晋国去。

癸丑这天，鲁国大夫叔鞅死了。

晋国人拘捕了鲁国使者叔孙舍。

晋国军队包围了郊这个地方。郊是什么地方？是周天子的城邑。为什么不说郊是周王朝的呢？因为不赞成诸侯军队攻打周天子。

夏季，六月，蔡侯东国在楚国死了。

秋季，七月，莒国国君庚舆逃亡到鲁国来。

戊辰这天，吴国在鸡父这个地方打败了顿国、胡国、沈国、蔡国、陈国、许国的军队。胡国国君髡和沈国国君楹"灭"。吴国"获"陈国大夫夏啮。这是约定日期地点、各据一方的正规战争，为什么用突然袭击的诈战的说法来记载这件事呢？因为不赞成在这次战事中以夷狄为主、以中原各诸侯国为客。既然不赞成以夷狄为主，那么为什么不以中原各诸侯国为主、夷狄为客呢？因为中原各诸侯国不尊王室，君臣上下败坏，也是新的夷狄了。这里为什么分别用"灭"和"获"来记载战况呢？这是为了区别国君与大臣。国君在君位上战死了叫"灭"，在战争中被活捉了叫"获"；大臣在战争中无论被活捉还是战死都叫"获"。这次战争，既然不赞成夷狄为主、中原各国为客，那么这里说"获陈夏啮"是什么意思呢？这是肯定吴国稍稍有了一些进步。

周天子居住在狄泉这个地方。周敬王即位还未满三年，按例不能称天王，这里为什么称他为天王呢？这是为了表明周王朝有天子在。尹氏立周景王的长庶子王子朝为天子。

八月，乙未这天，鲁国发生地震。

冬季，鲁昭公去晋国。来到黄河边，鲁昭公生病了，于是就回国了。这里为什么说鲁昭公生病了，于是就回国了呢？这是为了减少畏惧晋国的羞耻。

【原文】

二十有四年，春，王二月，丙戌，仲孙貜卒①。

叔孙舍至自晋。

夏，五月，乙未，朔，日有食之。

秋，八月，大雩。

丁酉，杞伯郁釐卒②。

冬，吴灭巢③。

葬杞平公。

【注释】

①二十有四年：鲁昭公二十四年（公元前518年）。

丙戌：二月二十日。仲孙貜：鲁国大夫。

②丁酉：有日无月，据推算应为九月初五。杞伯郁釐：即杞平公，名郁釐，杞文公益姑之弟，在位十八年。

③巢：国名，故址在今安徽巢县东北的巢湖。

【译文】

鲁昭公二十四年，春季，周历二月，丙戌这天，鲁国大夫仲孙貜死了。

鲁国大夫叔孙舍从晋国回来。

夏季，五月，乙未这天，初一，发生日食。

秋季，八月，鲁国举行大规模求雨祭祀活动。

九月丁酉这天，杞伯郁釐死了。

冬季，吴国灭亡了巢国。

安葬杞平公。

【原文】

二十有五年①，春，叔孙舍如宋。

夏，叔倪会晋赵鞅、宋乐世心、卫北宫喜、郑游吉、曹人、邾娄人、滕人、薛人、小邾娄人于黄父②。

有鹳鹆来巢③。何以书？记异也。何异尔？非中国之禽也④，宜穴又巢也。

秋，七月，上辛⑤，大雩。季辛⑥，又雩。又雩者何？又雩者，非雩也，聚众以逐季氏也⑦。

九月，己亥，公孙于齐，次于杨州⑧。

齐侯唁公于野井⑨。唁公者何？昭公将弑季氏，告子家驹⑩，曰："季氏为无道，僭于公室久矣，吾欲弑之，何如？"子家驹曰："诸侯僭于天子，大夫僭于诸侯，久矣。"昭公曰："吾何僭矣哉？"子家驹曰："设两观⑪，乘大路⑫，朱干⑬，玉戚⑭，以舞大夏⑮，八佾以舞大武⑯，此皆天子之礼也。且夫牛马维娄⑰，委己者也⑱，而柔焉⑲。季氏得民众久矣，君无多辱焉。"昭公不从其言，终弑而败焉，走之齐。

齐侯唁公于野井，曰："奈何君去鲁国之社稷？"昭公曰："丧人不佞⑳，失守鲁国之社稷，执事以羞㉑。"再拜颡㉒。庆子家驹曰㉓："庆子免君于大难矣。"子家驹曰："臣不佞，陷君于大难，君不忍加之以铁锧㉔，赐之以死。"再拜颡。高子执箪食㉕，与四脡脯㉖，国子执壶浆㉗，曰："吾寡君闻君在外，馂饔未就㉘，敢致糗于从者㉙。"昭公曰："君不忘吾先君，延及丧人，锡之以大礼。"再拜稽首㉚，以袜受㉛。高子曰："有夫不祥㉜，君无所辱大礼。"昭公盖祭而不尝。景公曰："寡人有不腆先君之服㉝，未之敢服；有不腆先君之器，未之敢用，敢以请㉞。"昭公曰："丧人不佞，失守鲁国之社稷，执事以羞，敢辱大礼，敢辞。"景公曰："寡人有不腆先君之服，未之敢服；有不腆先君之器，未之敢用，敢固以请。"昭公曰："以吾宗庙之在鲁也，有先君之服，本之能以服；有先君之器，未之能以出。敢固辞。"景公曰："寡人有不腆先君之服，未之敢服；有不腆先君之器，未之敢用，请以缛乎从者㉟。"昭公曰："丧人其何称㊱？"景公曰："孰君而无称？"昭公于是噭然而哭㊲，诸大夫皆哭。既哭。以人为菑㊳，以帷为席㊴，以鞍为几，以遇礼相见。孔子曰："其礼与其辞足观矣。"

冬，十月，戊辰，叔孙舍卒㊵。

十有一月，己亥，宋公佐卒于曲棘㊶。曲棘者何？宋之邑也。诸侯卒其封内不地，此何以地？忧内也㊷。

十有二月，齐侯取运㊸。外取邑不书，此何以书？为公取之也。

405

【注释】

①二十有五年：鲁昭公二十五年（公元前517年）。

②叔倪：《左传》作"叔诣"。鲁国大夫。赵鞅：又称赵简子，晋国执政上卿。乐世心：宋国大夫，右师。北宫喜：又称北宫子、北宫氏、贞子，卫国大夫。游吉：郑国大夫。黄父：即黑壤，晋国地名，在今山西翼城县东北。

③鸲鹆：鸟名，即八哥。也作"鸜鹆"。

④非中国之禽：《周礼·考工记》："鸜鹆不逾济。"

⑤上辛：农历每月上旬的辛日。

⑥季辛：农历每月下旬的辛日。

⑦季氏：鲁桓公子季友的后裔，又称季孙氏。自文公以后，季孙行父、季孙宿等世为大夫，专国政，权势日重，公室日卑。鲁昭公兴兵攻之，不胜，逃亡到齐国。其后家臣阳虎擅权，季氏开始衰败。

⑧己亥：九月十二日。孙：出奔。鲁庄公元年何休注："内讳奔，谓之孙；犹孙让而去，"《释文》："孙。本作逊。"本国国君或夫人出亡，不说奔而说孙。杨州：《左传》作"阳州"。齐国地名，在今山东东平县北。

⑨齐侯：即齐景公。唁：对遭遇非常变故者的慰问。野井：齐国地名，在今山东齐河县东南。

⑩子家驹：即子家懿伯，又称子家子、子家氏。鲁庄公玄孙。鲁国大夫。

⑪两观：何休注："礼：天子诸侯台门，天子外阙两观，诸侯内阙一观。"观，宫门前两边的望楼。

⑫大路：大车。路，通"辂"，大辂，天子乘坐的车。

⑬朱干：何休注："干，楯也。以朱饰楯。"

⑭玉戚：何休注："戚，斧也。以玉饰斧。"

⑮大夏：相传为夏禹乐名。

⑯八佾：古代天子专用的舞乐。佾，舞列。八佾，即用八八六十四人舞。大武：周代所存六代乐之一。《礼·祭统》"朱干玉戚，以舞大武。"

⑰维娄：何休注："系马曰维，系牛曰娄。"

⑱委己者：何休注："委食己者。"

⑲柔：顺从。

⑳丧人：亡国之人。不佞：不善，无才。自谦的说法。

㉑执事以羞：何休注："谦自比齐下执事，言以羞及君。"

㉒拜颡：古代一种跪拜礼。屈膝下拜，以额触地，居丧答拜宾客时行之，表示极度的悲痛和感谢。

㉓庆：祝贺。这句主语是齐景公。

㉔铁锧：铁，斧；锧，铁椹。铁锧，古代行斩刑之具。

㉕高子：即高强，齐国大夫。箪食：箪，古代盛饭用的竹器。箪食，一箪食品。

㉖脡脯：直的干肉。

㉗国子：即国弱，又称国景子，齐国大夫。

407

㉘馂饔未就：还未用餐。馂，熟食。饔，熟肉。

㉙糗：干粮。

㉚稽首：古时所行的跪拜礼。有二说：一是行跪拜礼时，头至地，二是行跪拜礼时，两手拱至地，头至手，不触及地。

㉛衽：衣襟。

㉜有夫不祥：何休注："犹曰人皆有夫不善。"

㉝不腆：不丰厚，不善。自谦之词。

㉞敢以请：斗胆以此请求您用来行礼。何休注："请行礼。"

㉟从者：何休注："欲令受之，故益谦言从者。"

㊱丧人其何称：何休注："行礼，宾主当各有所称，时齐侯以诸侯遇礼接昭公，昭公自谦失国不敢以故称自称，故执谦问之。"

㊲嗷然：哭声。

㊳蓾：何休注："蓾，周埒垣也。"疏："犹言周匝为埒墙。"

㊴幐：盖在车轼上遮蔽风尘的帷席。

㊵戊辰：十月十二日。

㊶己亥：十一月十三日。宋公佐：即宋元公，名佐，宋平公之子，在位十五年。曲棘：宋国地名，在今河南兰考县东南。

㊷忧内；内，指鲁国。为鲁国的事情忧虑。

㊸运：《左传》作"郓"。鲁国邑名，在今山东郓城县东。

【译文】

鲁昭公二十五年，春季，鲁国大夫叔孙舍去宋国。

夏季，鲁国大夫叔倪在黄父这个地方与晋国上卿赵鞅、宋国大夫乐世心、卫国大夫北宫喜、郑国大夫游吉、曹国人、邾娄国人、滕国人、薛国人、小邾娄国人会晤。

有八哥到鲁国来筑巢。为什么记载这件事？记载怪异现象。有什么怪异之处呢？八哥不是中原地区的鸟类，它本来是穴居，现在却筑巢而居。

秋季，七月，上旬天干是辛的这天，鲁国举行大规模的求雨祭祀活动。下旬天干是辛的这一天，鲁国又举行求雨祭祀活动。一月之内不应该举行两次求雨祭祀活动，这里为什么又举行求雨祭祀活动呢？又一次举行求雨祭祀并不是为了求雨，是鲁昭公借此聚众驱逐权势日重的季氏。

九月，己亥这天，鲁昭公逃亡到齐国，暂住在齐国的杨州这个地方。

齐景公闻讯后到野井这个地方来慰问鲁昭公。为什么要慰问鲁昭公呢？鲁昭公想要除掉季氏，他对子家驹说："季氏为政暴虐，超越身分，冒用国君的职权行事已经很久了，我想杀死他，你看怎么样？"子家驹说："诸侯冒用天子的职权行事，大夫冒用诸侯的职权行事，由来已久了。"鲁昭公不解，问道："我在哪些地方超越身分，越权行事呢？"子家驹说："您在官门前建立两座望楼，乘坐大路车出入，用红色的盾牌和玉饰的斧头来表演大夏这首乐曲，用六十四人的舞蹈队来表演大武这一音乐，这些都是天子才能有的礼仪。况且像牛马这些牲畜还要受缀绳的束缚，顺从喂养自己的人，季氏得民心已经很久了，您不必去找更多的羞辱了。"鲁昭公不听从子家驹的话，最终还是领兵去杀季氏，但却失败了，只好逃到齐国。

齐景公在野井这个地方慰问鲁昭公。齐景公问昭公："您为什么抛弃鲁国的社稷呢？"鲁昭公说："我这个亡国之人没有出息，未能守住鲁国的社樱，在下给您带来羞耻了。"说完，鲁昭公就向齐景公两次行叩拜大礼。齐景公又向昭公身旁子家驹庆贺，说："祝贺您使您的国君免于大难！"子家驹立即谦让说："为臣没有才能，才使国君陷入大难之中，我的国君不忍心对我施以刑罚，赐予死罪，甚幸。"说完，子家驹也向齐景公行了两次叩拜大礼。齐国大夫高子拿着一箪食物和四条干肉，齐国又一大夫国子捧着一壶汤，对鲁昭公说："我们的国君听说您在外，还未就餐，让我们大胆地把这些食品送给您的随从。"鲁昭公感激地说："你们的国君不忘我们的前代国君，并把这种情义推及我这个亡国的人，还赏赐我这么隆重的礼仪啊！"于是鲁昭公又向齐国大夫高子和国子行了两次跪拜礼。并用自己的衣襟接住了他们赠送的食物。齐国大夫高子急忙说："人人都会遇到不吉利的事情，您不必向我们行这种有辱于您的大礼。"鲁昭公大概先要祭祀。所以没有吃这些食物。齐景公对昭公说："我有先君留下来的不怎么好的衣服，自己还不敢穿；有先君留下来的不太好的器具，自己也不敢用，现在斗胆地请您用这些东西来行礼吧。"鲁昭公说："我这个亡国的人没有出息，不能守住鲁国的社稷，在下给您带来了羞耻，我不敢有辱于您行大礼，斗胆推辞了。"齐景公又说："我有先君留下来的不怎么好的衣服，自己还不敢穿；有先君留下来的不太好的器具，自己也不敢用，现在我斗胆地坚持请您用这些东西来行礼吧！"鲁昭公再次推辞说："因为我的宗庙在鲁国，有先君留下来的衣服，没有能够穿上它；有先君留下来的器具，没有能够把它带出来，我斗胆地坚持辞谢了。"齐景公又说："我有先君留下来的不怎么好的衣服，自己还不敢穿；有先君留下来的不太好的器具，自己也不敢用，请允许我用这些东西来招待您的随从吧！"鲁昭公说："我这个亡国之人用什么来称呼呢？"齐景公说："谁作为国君还能没有称呼呢？"听了这话，鲁昭公放声大哭起来。跟随昭公的鲁国大夫们也跟着哭起来。鲁国君臣哭完以后，让人围起来当墙，用车上的帷席作席，用马鞍作几，鲁昭公与齐景公以诸侯相遇的礼仪相互拜见。孔子说："他们的礼仪和他们的语言很值得一看啊！"

冬季，十月，戊辰这天，鲁国大夫叔孙舍死了。

十一月，己亥这天，宋公佐在曲棘这个地方死了。曲棘是什么地方？是宋国的一座城邑。诸侯死在自己的封地内是不记载地点的，这里为什么记载地点呢？这是因为宋元公在为鲁国发生的事情忧虑。

十二月，齐景公率兵占领了运这个地方。鲁国以外的国家夺取城邑是不记载的，这里为什么记载呢？这是因为齐景公是为鲁昭公占领运这个地方的。

【原文】

二十有六年①，春，王正月，葬宋元公。

三月，公至自齐，居于运。

夏，公围成②。

秋，公会齐侯、莒子、邾娄子、杞伯、盟于专刂陵④。

公至自会，居于运。

九月，庚申，楚子居卒④。

冬，十月，天王入于成周。成周者何？东周也⑤。其言入何？不嫌也⑥。尹氏、召伯、毛伯以王子朝奔楚⑦。

411

【注释】

①二十有六年：鲁昭公二十六年（公元前516年）。

②成：鲁国孟氏邑，在今山东宁阳县东北九十里。

③莒子：即莒共公，名庚舆，著丘公之弟。邾娄子：即邾悼公，名华，宣公惽之子。杞伯：即杞悼公，名成，平公郁釐之子，在位十二年。专刂陵：今址不详。

④庚申：九月初九。楚子居：即楚平王，名居，一名弃疾，楚共王之子，在位十三年。

⑤东周：即洛邑，在今河南洛阳市，因洛邑在旧都镐京（今陕西长安县西南）之东，故称东周。

⑥不嫌：何休注："上言天王者，有天子已明，不嫌为篡主，言入者，起其难也。"不嫌，即没有篡位的嫌疑。

⑦尹氏：即尹氏固，又称尹圉，周大夫。召伯：即召简公，又称简公、召伯盈，召庄公之子，周大夫。毛伯：即毛伯得，又称毛得，周大夫。以上三人皆为王子朝同党。

【译文】

鲁昭公二十六年，春季，周历正月，安葬宋元公。

三月，鲁昭公从齐国回到鲁国，居住在运这个地方。夏季，鲁昭公领兵包围了成这座城邑。

秋季，鲁昭公会见齐景公、莒共公、邾悼公、杞悼公，并与他们在专刂陵这个地方结盟。

鲁昭公从专刂陵回来，居住在运这个地方。

九月，庚申这天，楚子居死了。

冬季，十月，周天王"入""成周"。"成周"是什么地方？就是东周。这里说"入"是什么意思？是表示没有篡位的嫌疑。尹氏固、召简公和毛伯得带着王子朝逃到楚国。

【原文】

二十有七年①，春，公如齐。

公至自齐，居于运。

夏，四月，吴弑其君僚②。

楚杀其大夫郤宛③。

秋，晋士鞅、宋乐祁犂、卫北宫喜、曹人、邾娄人、滕人会于
扈④。

冬，十月，曹伯午卒⑤。

邾娄快来奔。邾娄快者何？邾娄之大夫也。夫，此何以书？以
近书也。

公如齐。

公至自齐，居于运。

【注释】

①二十有七年：鲁昭公二十七年（公元前515年）。

②僚：即吴王僚，夷昧之子，在位十二年。

③郤宛：其字子恶，楚国左尹。

④乐祁犂：即乐大心，又称乐祁、子梁、司城子
梁，宋国大夫。扈：郑国地名，在今河南原阳县西。

⑤曹伯午：即曹悼公，名午，曹平公之子，在位九
年。

【译文】

鲁昭公二十七年，春季，鲁昭公到齐国去。

鲁昭公从齐国回来，居住在运这个地方。

夏季，四月，吴国弑杀了它的国君僚。

楚国杀了它的大夫郤宛。

秋季，晋国大夫士鞅、宋国大夫乐祁犂、卫国大
夫北宫喜、曹国人、邾娄国人、滕国人在扈这个地方会
晤。

冬季，十月，曹伯午死了。

邾娄国的快逃亡到鲁国来。邾娄国的快是什么人？
是邾娄国的大夫。邾娄国没有大夫，这里为什么记载
呢？因为邾娄国紧邻鲁国就记载了。

这年冬季，鲁昭公又到齐国去。

鲁昭公从齐国回来，居住在运个地方。

【原文】

二十有八年^①，春，王三月，葬曹悼公。

公如晋，次于乾侯^②。

夏，四月，丙戌，郑伯宁卒^③。

六月，葬郑定公。

秋，七月，癸巳，滕子宁卒^④。

冬，葬滕悼公。

【注释】

①二十有八年：鲁昭公二十八年（公元前514年）。

②乾侯：晋国地名，今地不详。

③丙戌：四月十四日。郑伯宁：即郑定公，名宁，郑简公之子，在位十六年。

④癸巳：七月二十三日。滕子宁：即滕悼公，滕成公之子，在位二十四年。

【译文】

鲁昭公二十八年，春季，周历三月，安葬曹悼公。鲁昭公到晋国去，住在乾侯这个地方。

夏季，四月，丙戌这天，郑伯宁死了。

六月，安葬郑定公。

秋季，七月，癸巳这天，滕子宁死了。

冬季，安葬滕悼公。

【原文】

二十有九年^①，春，公至自乾侯，居于运。

齐侯使高张来唁公^②。

公如晋，次于乾侯。

夏，四月，庚子，叔倪卒^③。

秋，七月。

冬，十月，运溃④。邑不言溃，此其言溃何？郭之也⑤。曷为郭之？君存焉尔。

【注释】

①二十有九年：鲁昭公二十九年（公元前513）

②高张：即高昭子，齐国大夫。

③庚子：四月初四。叔倪：鲁国大夫。

④溃：离散，逃散。

⑤郭：外城。这里做动词用，筑外城。

【译文】

鲁昭公二十九年，春季，鲁昭公从晋国的乾侯回来，居住在运这个地方。

齐景公派遣大夫高张来慰问鲁昭公。

鲁昭公又到晋国去，住在乾侯这个地方。

夏季，四月，庚子这天，鲁国大夫叔倪死了。

秋季，七月。

冬季，十月，运这个地方的民众逃散了。按例，城邑的民众逃散是不称"溃"的，这里称"溃"是什么意思？因为鲁昭公派他们修筑运邑的外城。为什么要派他们修筑运邑的外城呢？因为国君住在这里。

【原文】

三十年①，春，王正月，公在乾侯。

夏，六月，庚辰，晋侯去疾卒②。

秋，八月，葬晋顷公。

冬，十有二月，吴灭徐③。徐子章禹奔楚④。

【注释】

①三十年：鲁昭公三十年（公元前512年）。

②庚辰：六月二十一日。晋侯去疾：即晋顷公，名去疾，晋昭公之子，在位十四年。

③徐：国名，相传周穆王封徐偃王之子宗为徐子，其封国为徐。故址在今安徽泗县。

④徐子章禹：徐国国君，名章禹。

【译文】

鲁昭公三十年，春季，周历正月，鲁昭公住在晋国乾侯这个地方。

夏季，六月，庚辰这天，晋侯去疾死了。

秋季，八月，安葬晋顷公。

冬季，十二月，吴国灭亡了徐国。徐国国君章禹逃亡到楚国。

【原文】

三十有一年①，春，王正月，公在乾侯。

季孙隐如会晋荀栎于适历②。

夏，四月，丁巳，薛伯穀卒③。

晋侯使荀栎唁公于乾侯。

秋，葬薛献公。

冬，黑弓以滥来奔④。文何以无邾娄⑤？通滥也⑥。曷为通滥？贤者子孙宜有地也。贤者孰谓？谓叔术也⑦。何贤乎叔术？让国也。其让国奈何？当邾娄颜之时⑧，邾娄女有为鲁夫人者，则未知其为武公与？懿公与？孝公幼，颜淫九公子于宫中⑨，因以纳贼⑩，则未知其为鲁公子与？邾娄公子与？臧氏之母，养公者也。君幼则宜有养者。大夫之妾，士之妻，则未知臧氏之母者。曷为者也？养公者必以其子入养。臧氏之母闻有贼，以其子易公，抱公以逃。贼至，凑公寝而弑之。臣有鲍广父与梁买子者，闻有贼，趋而至，臧氏之母曰："公不死也，在是。吾以吾子易公矣。"于是负孝公之周诉天子。天子为之诛颜而立叔术。反孝公于鲁。

颜夫人者，妪盈女也⑪。国色也⑫。其言曰："有能为我杀杀颜者⑬，吾为其妻。"叔术为之杀杀颜者，而以为妻。有子焉，谓之盯。夏父者，其所为有于颜者也^⑭。盯幼而皆爱之，食必坐二子于其侧而食之。有珍怪之食，盯必先取足焉。夏父曰："以来，人未足，而盯有余。"叔术觉焉^⑮，曰："嘻！此诚尔国也夫。"起而致国于夏父。夏父受而中分之。叔术曰："不可。"三分之。叔术曰："不可。"四分之。叔术曰："不可。"五分之。然后受之。

公扈子者，邾娄之父兄也。习乎邾娄之故^⑯。其言曰："恶有言人之国贤若此者乎^⑰？诛颜之时天子死，叔术起而致国于夏父^⑱，当此之时，邾娄人常被兵于周。曰：'何故死吾天子。'"

通滥，则文何以无邾娄？天下未有滥也。天下未有滥，则其言以滥来奔何？叔术者，贤大夫也。绝之则为叔术，不欲绝，不绝则世大夫也。大夫之义不得世，故于是推而通之也^⑲。

十有二月，辛亥，朔，日有食之。

【注释】

①三十有一年：鲁昭公三十一年（公元前511年）。

②季孙隐如：《左传》作"季孙意如"，即季孙平子，又称平子季孙、季氏，鲁国大夫。荀栎：又作荀跞，又称知跞、知伯、知文子，晋国大夫，下军佐。适历：晋国地名，今址不详。

③丁巳：四月初三。薛伯穀：即薛献公。名穀。

④黑弓：《左传》《穀梁传》作"黑肱"。邾娄国大夫。滥：邾娄国地名，后属鲁，在今山东滕县东南。

⑤文：指《春秋》经文。

⑥通滥：何休注："通滥为国，故使无所系。"意思是把滥当作国家看待。

⑦叔术：何休注："叔术者，邾娄颜公之弟也。或曰群公子。"

⑧邾娄颜之时：何休注："颜公时也。"

⑨九公子：这里指九个公主。诸侯之女也称公子。

⑩纳贼：招引坏人。

⑪妪盈女：一个姓盈的老妇人的女儿。徐彦疏："谓此老妪是盈姓之女者。"

⑫国色：指姿容极其美丽的女子。

⑬杀颜者：何休注："杀颜者，鲍广父，梁买子也。"二人均为鲁国大夫。

⑭其所为有于颜者：何休注："为颜公夫人时所为颜公生也。"

⑮觉：醒悟。何休注："觉，悟也。知小争食，长必争国。"

⑯习乎邾娄之故：了解邾娄的旧事。故：事，过去的事情。

⑰恶有言人之国贤若此者：何休注："恶有，犹何有、宁有此之类也。言贤者宁有反妻嫂杀杀颜者之行乎。"公扈子对此事置疑。认为上述传闻不准确。

⑱叔术起而致国于夏父：何休注："言叔术本欲让，迫有诛颜天子在尔，故天子死则让，无妻嫂惑儿争食之事。"

⑲推：何休注："推，犹因也。因就大夫窃邑奔文通之，则大失不世，叔术贤心不欲自绝两明矣。"

【译文】

鲁昭公三十一年，春季，周历正月，鲁昭公还住在晋国的乾侯这个地方。

鲁国大夫季孙隐如在适历这个地方会见晋国大夫荀栎。

夏季，四月，丁巳这天，薛伯榖死了。

晋定公派遣荀栎到乾侯慰问鲁昭公。

秋季，安葬薛献公。

　　冬季，邾娄国的黑弓带着滥这座城邑逃亡到鲁国来。《春秋》经文为什么没有记载邾娄国的国名，只记载黑弓的名字呢？因为《春秋》重视土地，这里把滥这个地方当作一个国家来看待。为什么把滥当作一个国家来看待呢？因为《春秋》认为贤良的人的子孙应该有自己的封地。这里的贤良的人说的是什么人？说的是邾娄国的贤大夫叔术。叔术有什么贤良之处呢？他将君位主动地让出。他主动让出君位是怎么回事？在邾娄国颜公为君的时候，邾娄国国君的女儿有做鲁国国君夫人的，就是不知道是鲁武公的夫人呢，还是鲁懿公的夫人？当时鲁孝公还年幼，颜公在鲁国国君的宫殿中奸淫了鲁君的九个女儿。并因此而招引坏人到鲁君的宫中去，就是不知道这个坏人是鲁国的公子呢，还是邾娄国的公子？有个姓臧的乳母，是抚养鲁孝公的。按照礼仪，国君年幼就应该有抚养他的乳母，大夫的妾，士人的妻子，都可以做国君的乳母，就是不知道这个姓臧的乳母是什么身份？凡是抚养幼君的乳母，一定要把自己的孩子带进宫里一起养育。有一天，这个姓臧的乳母听到坏人来了，就用自己的孩子替换鲁孝公，抱起鲁孝公逃走了。这时，坏人来到鲁孝公的寝宫，把臧氏的孩子当作鲁孝公杀了。鲁国大夫鲍广父和梁买子，听说宫中有坏人，一起跑来，姓臧的乳母对他们说："国君没有死，在这里。我用我的孩子替换了国君。"于是鲍广父和梁买子接过鲁孝公，背上他到周朝国都去，向周天子告状，控诉邾娄国颜公的罪行。周天子为他们杀了颜公，并立颜公的弟弟叔术为邾娄国国君。使鲁孝公重新回到鲁国。邾娄国颜公的夫人，是姓盈的老妇人的女儿，容貌极其美丽。她说："有谁能为我杀了杀死颜公的人，我做他的妻子。"叔术于是替她杀了杀死颜公的鲁国的两个大夫，并娶她为妻。不久，叔术与她生了一个儿子，起名叫盱。有一个孩子叫夏父，这是她做颜公夫人时与颜公生的。盱年幼，他的父母都很喜欢他。吃饭时，叔术与他的妻子就让两个儿子坐在身边，喂他们吃饭。如果有特别珍贵奇特的食物，盱一定先拿过去吃个够。这时夏父就会大叫："快拿过来！我还没有吃饱，盱吃也吃不完。"叔术听他这样说后，立即醒悟，叹息说："唉！这确实是你的国家呀！"于是站起身来，将君位让给了夏父。夏父接受了君位，并把邾娄国分成两部分，想把一份交给叔术，叔术急忙说："这不行！"夏父又把邾娄国分成三部分，想把其中一份给叔术。叔术又说："这样做也不行！"夏父于是把邾娄国分成四部分，分一份给叔术。叔术还是不同意，说："不能这样做！"最后夏父把邾娄国分成五部分，一定要分一份给叔术，叔术只好接受了。

有一个人叫公扈子，是邾娄国国君父兄辈的人，他对邾娄国的历史掌故相当了解，他听到这种传闻后，就说："哪里听说过一个国家的贤人做的事会是这样的呢？当时，是杀死颜公的那个周天子死了，叔术才敢起来把君权交给夏父，叔术并没有娶嫂和惑儿争食的事情。在那个时候，我们邾娄国还为此事常常受到周天子军队的骚扰，那些将士说：'为什么我们天子死了，你们就敢违背他的命令呢？'"

既然《春秋》把滥这个地方看成一个国家，那么经文中为什么没有记载邾娄国呢？因为天下并没有滥这个国家。既然天下没有滥这个国家，那么这里说黑弓逃亡到鲁国来并把滥这个地方献给鲁国是什么意思呢？叔术，是邾娄国的贤大夫，如果断绝叔术与邾娄国的关系，不提及邾娄国，那么叔术就是叔术；如果不断绝叔术与邾娄国的关系，叔术就是世袭的大夫。因为从大夫的名义来说，大夫是不能世袭的，所以，这里就按照大夫献城邑来投奔的说法，把滥当作一个国家来看待，叔术也不会因此受到谴责。

十二月，辛亥这天，初一，发生日食。

【原文】

三十有二年①，春，王正月，公在乾侯。

取阐。阐者何？邾娄之邑也。曷为不系乎邾娄？讳亟也②。

夏，吴伐越。

秋，七月。

冬，仲孙何忌会晋韩不信、齐高张、宋仲几、卫世叔申、郑国参、曹人、莒人、邾娄人、薛人、杞人、小邾娄人城成周③。

十有二月，己未④，公薨于乾侯。

【注释】

①三十有二年：鲁昭公三十二年（公元前510年）。

②讳亟：鲁国在一年之内连续占领了邾娄国的滥邑、阐邑，所以说太急了，要避讳。

③仲孙何忌：即孟懿子，仲孙貜之子，又称何忌、孟孙。鲁国大夫。韩不信：即韩简子，字伯音。晋国大夫。仲几：宋国大夫。世叔申：卫国大夫。国参：即子思，又称桓子思，子产之子，郑国上卿。

④己未：十二月十四日。

【译文】

鲁昭公三十二年，春季，周历正月，鲁昭公在晋国乾侯这个地方。

　　鲁国军队夺取了阚这个地方。阚是什么地方？是邾娄国的一座城邑。为什么不说阚是邾娄国的呢？因为鲁国的行为太急了，要避讳。

　　夏季，吴国攻打越国。

　　秋季，七月。

　　冬季，鲁国大夫仲孙何忌会同晋国大夫韩不信、齐国大夫高张、宋国大夫仲几、卫国大夫世叔申、郑国大夫国参，以及曹国人、莒国人、邾娄国人、薛国人、杞国人、小邾娄国人修筑成周的城墙。

　　这年十二月，己未这天，鲁昭公在乾侯死了。

定　公

【原文】

元年[①]，春，王。定何以无正月[②]？正月者，正即位也[③]。定无正月者，即位后也[④]。即位何以后？昭公在外[⑤]，得入不得入，未可知也。曷为未可知？在季氏也[⑥]。定哀多微辞[⑦]，主人习其读而问其传[⑧]，则未知己之有罪焉尔。

三月，晋人执宋仲几于京师。仲几之罪何？不蓑城也[⑨]。其言于京师何？伯讨也[⑩]。伯讨则其称人何？贬。曷为贬？不与大夫专执也。曷为不与？实与，而文不与。文曷为不与？大夫之义，不得专执也。

夏，六月，癸亥[⑪]，公之丧至自乾侯。

戊辰[⑫]，公即位。癸亥，公之丧至自乾侯，则曷为以戊辰之日，然后即位？正棺于两楹之间[⑬]，然后即位。子沈子曰："定君乎国，然后即位。"即位不日，此何以日？录乎内也。

秋，七月，癸巳[⑭]，葬我君昭公。

九月，大雩。

立炀宫。炀宫者何？炀宫之宫也[⑮]。立者何？立者不宜立也。立炀宫，非礼也。

冬，十月，賈霜杀菽[⑯]。何以书？记异也。此灾菽也，曷为以异书？异大乎灾也。

【注释】

①元年：鲁定公元年（公元前509年）。

②定：指鲁定公，名宋，昭公弟，在位十五年。

③正即位：何休注："本有正月者，正诸侯之即位。"正，作动词用，统一之意。即用来统一诸侯即位的。

④即位后：指定公即位在正月之后。

⑤昭公在外：指鲁昭公的遗体在国外。

⑥在季氏：何休注："今季氏迎昭公丧而事之，定公得即位；不迎而事之，则不得即位。"

⑦定哀多微辞：《春秋》在记载定公、哀公史实中多有隐晦的指责。

⑧主人：指定公、哀公。读：《春秋》经文。传：指对经文的解释。

⑨不蒙城：何休注："若今以草衣城是也。礼："诸侯为天子治城，各有分丈尺，宋仲几不治所主。"

⑩伯讨：指诸侯有罪，受到方伯的讨伐。

⑪癸亥：六月二十一日。

⑫戊辰：六月二十六日。

⑬正棺：何休注："正棺者，象既小敛夷于堂。昭公死于外，不得以君臣礼治其丧，故示尽始死之礼。"小敛：给死者穿衣为小敛，入棺为大敛。两楹：殿堂的中间。楹，堂前直柱。

⑭癸巳：七月二十二日。

⑮炀宫：伯禽之子，鲁国先君。

⑯菽：豆类的总称。

【译文】

鲁定公元年，春季，王。定公元年为什么不写"王正月"呢？写"正月"，是表示诸侯正规即位。定公元年没有写"正月"，是因为定公是在正月之后的六月即位的。为什么定公的即位在正月之后呢？因为鲁昭公是死在国外，他的灵柩能不能运回来还不知道。为什么说还不知道呢？因为决定权在季氏。《春秋》在记载定公、哀公历史时多有隐晦的指责，但假使定公、哀公能读到《春秋》上关于自己历史的记载，并询问有关的解释时，那么他们也不知道自己是否有罪过。

三月，晋国人在周朝都城拘捕了宋国大夫仲几。仲几犯了什么罪？在为周天子修筑成周的城墙时，仲几对分给宋国的任务没有完成，筑好的城墙没有用蓑草遮盖。这里说在周朝都城拘捕他是什么意思？这是表示诸侯有罪。受到一方诸侯之长的讨伐。既然是表示诸侯有罪，受到一方诸侯之长的讨伐，那么这里为什么要称人呢？为了贬责，贬责什么？不赞成大夫擅自拘捕人。为什么不赞成呢？实际上是赞成的，但在言辞上不能赞成。言辞上为什么不赞成呢？因为从大夫的名义上来说，是不能擅自拘捕人的。

夏季，六月，癸亥这天，鲁昭公的灵柩从晋国的乾侯运回鲁国。

六月戊辰这天。鲁定公即位。癸亥这天，鲁昭公的灵柩就已经从晋国的乾侯运回了鲁国，那为什么直到戊辰这天，鲁定公才即位呢？因为先要将鲁昭公小敛后安放在殿堂的中间，过几日才能举行即位仪式。子沈子说："要把鲁昭公的灵柩在鲁国首先安顿好，鲁定公才能即位。"一般情况，诸侯即位是不记载日期的，这里为什么要记载日期呢？为了详细记载鲁国的历史。

秋季，七月。癸巳这天，安葬鲁国国君昭公。

九月。鲁国举行大规模求雨祭祀活动。

鲁国建立一座炀官。什么是炀官？就是鲁国先君炀官的庙。"立"是什么意思？用"立"字，表示不应该建立。因为建立炀官的庙是不符合礼法的。

冬，十月，鲁国降了一场大霜，冻坏了田地里的豆苗。为什么记载这件事？记载怪异现象。这是豆类受灾，为什么以怪异现象来记载呢？因为对怪异现象的重视大于对灾害的重视。

【原文】

二年①，春，王正月。

夏，五月，壬辰，雉门及两观灾②。其言雉门及两观灾何？两观微也③。然则曷为不言雉门灾及两观？主灾者两观也。时灾者两观，则曷为后言之？不以微及大也。何以书？记灾也。

秋，楚人伐吴。

冬，十月，新作雉门及两观。其言新作之何？修大也④。修旧不书，此何以书？讥。何讥尔？不务乎公室也⑤。

【注释】

①二年：鲁定公二年（公元前508年）。

②壬辰：五月二十六日。雉门：诸侯宫三门之一。徐彦疏："雉门，天子应门。是鲁之雉门，公宫南门之中门也。"观：宫门前两边的望楼。③两观微：何休注："雉门两观皆天子之制，门为其主，观为其饰，故微也。"

④修大：修建的规模增大。

⑤务：努力，尽力。何休注："务，勉也。"

【译文】

鲁定公二年，春季，周历正月。

夏季，五月，壬辰这天，鲁定公的宫殿南门及宫门前两边的望楼发生火灾。这里说鲁定公的宫殿南门及宫门前两边的望楼发生火灾是什么意思？因为宫门前的两座望楼不重要。既然这样，那么为什么不说鲁定公的宫殿南门发生火灾，并延及宫门前的两座望楼呢？因为发生火灾的主要是宫门前的两座望楼，既然宫门前的两座望楼先起火，那么为什么这里先提到的是宫殿的南门，然后才说到宫门前的两座望楼呢？因为不能将不重要的放在重要的前面说。为什么记载这件事呢？记载灾害。

秋季，楚国军队攻打吴国。

冬季，十月，重新修建鲁定公宫殿的南门和宫殿门前两边的望楼。这里说重新修建是什么意思？是说修建的规模比以前大了。修建旧的建筑物是不记载的，这里为什么记载呢？为了谴责。谴责什么？谴责季氏不尽力于国家大事。

【原文】

三年①，春，王正月，公如晋，至河乃复。

三月，辛卯，邾娄子穿卒②。

夏，四月。

秋，葬邾娄庄公。

冬，仲孙何忌及邾娄子盟于枝③。

【注释】

①三年：鲁定公三年（公元前507年）。

②辛卯：应为二月二十九日。记为三月，误。邾娄子穿：即邾娄庄公，名穿，悼公华之子。在位三十四年。

③邾娄子：即邾娄隐公，名益，庄公之子，立十九年而吴执之，子革嗣。枝：一作"拔"。《左传》作"郯"。地在今山东郯城县西南。

427

【译文】

鲁定公三年，春季。周历正月，鲁定公到晋国去，走到黄河边就回来了。

三月，辛卯这天，邾娄子穿死了。

夏季，四月。

秋季。安葬邾娄庄公。

　　冬季，鲁国大夫仲孙何忌与邾娄隐公在枝这个地方结盟。

【原文】

四年，春，王二月，癸巳，陈侯吴卒①。

三月，公会刘子、晋侯、宋公、蔡侯、卫侯、陈子、郑伯、许男、曹伯、莒子、邾娄子、顿子、胡子、滕子、薛伯、杞伯、小邾娄子、齐国夏于召陵②。侵楚。

夏，四月，庚辰，蔡公孙归姓帅师灭沈③。以沈子嘉归④，杀之。

五月，公及诸侯盟于浩油⑥。

杞伯戊卒于会。

六月，葬陈惠公。

许迁于容城⑧。

秋，七月，公至自会。

刘卷卒。刘卷者何？天子之大夫也。外大夫不卒，此何以卒？我主之也⑦。

葬杞悼公。

楚人围蔡。

晋士鞅、卫孔圉帅师伐鲜虞⑧。

葬刘文公。外大夫不书葬。此何以书？录我主也。冬，十有一月，庚午，蔡侯以吴子及楚人战于伯莒⑨。楚师败绩。吴何以称子？夷狄也而忧中国。其忧中国奈何？伍子胥父诛乎楚⑩，挟弓而去楚，以干阖庐，阖庐曰："士之甚⑪，勇之甚！"将为之兴师而复雠于楚。伍子胥复曰："诸侯不为匹夫兴师。且臣闻之：事君犹事父也。亏君之父，复父之雠，臣不为也。"于是止。

蔡昭公朝乎楚，有美裘焉，囊瓦求之⑫，昭公不与。为是拘昭公于南郢⑬，数年然后归之。于其归焉，用事乎河⑭，曰："天下诸侯苟有能伐楚者，寡人请为之前列。"楚人闻之，怒。为是兴师。使囊瓦将而伐蔡。蔡请救于吴。伍子胥复曰："蔡非有罪也，楚人为无道。君如有忧中国之心，则若时可矣[15]"于是兴师而救蔡。

曰："事君犹事父也，此其为可以复雠奈何？"曰："父不受诛[16]，子复仇可也。父受诛，子复雠，推刃之道也[17]。复雠不除害[18]，朋友相卫，而不相迿[19]，古之道也。"楚囊瓦出奔郑。

庚辰[20]，吴入楚。吴何以不称子？反夷狄也。其反夷狄奈何？君舍于君室[21]，大夫舍于大夫室，盖妻楚王之母也。

【注释】

①四年：鲁定公四年（公元前506年）。癸巳：日月不合。陈侯吴，即陈惠公，名吴，哀公溺之孙，世子堰师之子，在位二十四年。

②刘子：即刘文公刘卷，又称刘蚠、刘狄，刘献公的庶子，周大夫。

晋侯：即晋定公，名午，顷公之子。

宋公：即宋景公，名头曼，元公之子。

蔡侯：即蔡昭公，名申，蔡悼公之弟。

卫侯：即卫灵公，名元，卫襄公之子。

陈子：即陈怀公，名柳，因先君惠公未葬，故称子。

郑伯：即郑献公，名虿，郑定公子。

许男：名斯，悼公买之子。

曹伯：即曹隐公，名通，曹平公弟。

莒子：即郊公，著丘公去疾之子，著丘公弟庚舆在鲁昭公二十三年逃亡到鲁国后，莒国就由郊公为君。

邾娄子：即邾娄隐公，名益，庄公之子。

滕子：即滕顷公，名结，滕悼公宁之子。

薛伯：即薛襄公，名定，献公毅之子。

杞伯：即杞悼公，名成，平公之子，在位十二年。

国夏：又称国惠子、惠子，齐国大夫。

召陵：楚国地名，旧城在今河南哪城县东。

③庚辰：四月二十五日。公孙归姓：《左传》、《穀梁传》无"归"字。蔡国大夫。灭沈：何休注："为不会召陵故也。"沈，国名，嬴姓，故址在今河南汝阳县东，春秋时为楚的属国。按：《左传》鲁定公四年记载，三月，周天子的大臣刘文公会诸侯于召陵，谋划征讨楚国，沈人因亲附楚国，所以不去参加。

④沈子嘉：沈国国君。

⑤浩油：《左传》、《穀梁传》作"皋鼬"。地名，郑国邑名，故地在今河南临颖县。

⑥容城：地名，今址不详。

⑦我主之：何休注："刘卷即上会刘子。我主之者，因上王鲁，文主之，张义也。"按：鲁定公四年三月，刘卷奉天子命在召陵会诸侯，谋伐楚。召陵之会，刘卷是盟主。但《公羊传》认为"春秋王鲁"，那么鲁国就应该是刘卷的盟主。记载刘卷死，目的是为了"张鲁君为主之义"。

⑧士鞅：即范鞅，又称范叔、范献子，士匄之子，晋国上卿，中军统帅。孔圄：《左传》作"孔圉"，即孔文子，卫国大夫。鲜虞：国名，白狄族的一支。战国时为中山国，国都故址在今河北新乐县西南新市故城。

⑨庚午：十一月十九日。吴子：即吴王阖庐。诸樊之子，名光。伯莒：《左传》作"柏举"。地名，在今湖北麻城县境。

⑩伍子胥：名员，春秋时楚国人。其父奢兄尚都被楚平王杀害。子胥逃亡到吴国，吴王把申这个地方封给

他，所以又称申胥。后与孙武共同辅佐吴王阖庐伐楚，五战攻入郢都（楚国都城），掘楚平王墓，鞭尸三百。后吴王夫差打败越国，越国请求议和，伍子胥谏夫差灭越，夫差不从。夫差信伯嚭谗言，迫子胥自杀。事见《国语》、《史记·伍子胥传》。

⑪士之甚：何休注："言其以贤士之甚。"

⑫囊瓦：即子常，又称楚瓦。楚国令尹。

⑬南郢：楚国国都，楚文王十年自丹阳迁此，至昭王十年，吴师入楚，楚迁都于鄀。郢都故址在今湖北江陵西北。

⑭用事乎河：祭祀黄河。

⑮若时可：何休注："犹曰若是时可兴师矣。"

⑯父不受诛：父亲罪不当诛而被杀。

⑰推刃之道：以刀一进一却，比喻仇恨极深。

⑱害：可能危害自己的人。何休注："取仇身而已，不得兼仇子复将恐害己而杀之。"

⑲迨：争先。徐彦疏："迨者，谓不顾步伍，勉力先往之意。"

⑳庚辰：十一月二十九日。

㉑君舍于君室：何休注："舍其室因其妇人为妻日者，恶其无义。"

【译文】

鲁定公四年，春季，周历二月，癸巳这天，陈侯吴死了。三月，鲁定公在召陵这个地方与周大夫刘文公、晋定公、宋景公、蔡昭公、卫灵公、陈怀公、郑献公、许男斯、曹隐公、莒郊公、邾娄隐公、顿子、胡子、滕顷公、薛襄公、杞悼公、小邾娄子、齐国大夫国夏会合。一起越境进犯楚国。

夏季，四月，庚辰这天，蔡国大夫公孙归姓率领军队灭亡了沈国，把沈国国君嘉押回蔡国，最后把他杀了。

五月，鲁定公与诸侯在浩油这个地方结盟。

杞伯戊死在盟会上。

六月，安葬陈惠公。

许国将国都迁到容城这个地方。

秋季，七月，鲁定公从盟会的地方回来。

刘卷死了。刘卷是谁？是周天子的大夫。鲁国以外的大夫死了是不记载的，这里为什么记载呢？因为鲁国是刘卷的盟主。

安葬杞悼公。

楚国军队包围了蔡国都城。

晋国大夫士鞅和卫国大夫孔圉率领军队攻打鲜虞国。

安葬刘文公。鲁国以外的大夫是不记载葬礼的，这里为什么记载刘文公的葬礼呢？是为了记载鲁国的盟主。

冬季，十一月，庚午这天，蔡侯、吴子与楚国军队在伯莒这个地方交战。楚国军队大败。吴国国君在这里为什么称吴子呢？因为他虽然是夷狄人却为中原各国的事情忧虑。所以尊称他为吴子。他怎样为中原各国的事情忧虑呢？楚国大夫伍子胥的父兄被楚平王杀了，于是伍子胥带着弓逃离了楚国，到吴国来求见吴王阖庐。吴王阖庐见到他后，大加赞赏，说："你真是最贤良的人，最勇敢的人呀！"阖庐并准备为他出兵向楚王复仇。伍子胥急忙对吴王说："诸侯不为个别人兴师动众，而且我听说：事奉国君就像侍奉父亲，让国君背上丧失道义的名义，以此来报我父兄的仇，我不能这样做。"于是吴国阖庐就放弃了出兵攻打楚国的计划。

蔡昭公到楚国去朝见，他穿着一件漂亮的裘皮大衣，楚国令尹囊瓦一见，就向他勒索，蔡昭公不给，为了这件漂亮的裘皮大衣，囊瓦就把蔡昭公囚禁在楚国的国都南郢，过了几年才放他回国。在蔡昭公回国的途中，他祭祀黄河时，发誓说："天下的诸侯如果有谁出兵攻打楚国，我请求当他的先锋！"楚昭王听到他的这句誓言，大发脾气，因此调动军队，派令尹囊瓦统帅，前来攻打蔡国。蔡昭公向吴王阖庐求救。这时伍子胥出来向吴王说："这次蔡国并没有罪，楚国出兵攻打蔡国是没有道义的，国君如果有为中原各国忧虑的心，那么像这个时候就可以出兵了。"于是吴王阖庐出兵救蔡。

有人问："既然说事奉国君就如同侍奉父亲，那么这里伍子胥认为可以复仇了是为什么呢？回答说："父亲罪不当杀而被杀，儿子复仇是可以的；父亲罪当杀而被杀，儿子却为他复仇，这就像刀一进一却一样相互复仇，仇恨就会越来越深。复仇时只能杀有罪的人，不能杀可能危害自己但无辜的人，朋友要互相保护，不要让人冒险冲在前面，这就是自古以来的道义。"

楚国令尹囊瓦兵败后逃亡到郑国。

庚辰这天，吴王率领军队攻入了楚国都城。在这里，吴王为什么不被尊称为"吴子"呢？因为这时吴国君臣又恢复了夷狄的野蛮本性。怎么说这时吴国君臣又恢复了夷狄的野蛮本性呢？吴国的国君住进楚国国君的宫殿，吴国的大夫住进了楚国大夫的家中，大概还有把楚王的母亲强占为妻子的人呢！

433

【原文】

五年①，春，王正月，辛亥，朔，日有食之。

夏，归粟于蔡。孰归之？诸侯归之。曷为不言诸侯归之？离至不可得而序，故言我也。

于越入吴。于越者何？越者何？于越者，未能以其名通也；越者，能以其名通也。

六月，丙申②，季孙隐如卒。

秋，一七月，壬子，叔孙不敢卒③。

冬，晋士鞅帅师围鲜虞。

【注释】

①五年：鲁定公五年（公元前505年）。

②丙申：六月十八日。

③壬子：七月初四。叔孙不敢：即叔孙成子，鲁国大夫。

【译文】

鲁定公五年，春季，周历正月，辛亥这天，初一，发生日食。夏季，送粮食给蔡国。谁送粮食给蔡国？是诸侯们送的。为什么不说诸侯们送粮食给蔡国呢？因为诸侯们前前后后送去，分不出次序，所以就说是鲁国送的。

"于越"入侵吴国。"于越"是什么意思？"越"是什么意思？"于越"，这是越国未能在天下通用的自称，"越"是越国能够在天下通用的名称。

六月，丙申这天，鲁国大夫季孙隐如死了。

秋季，七月，壬子这天，鲁国大夫叔孙不敢死了。

冬季，晋国大夫士鞅率领军队包围了鲜虞国国都。

【原文】

六年，春，王正月，癸亥，郑游遬帅师灭许①，以许男斯归。

二月，公侵郑。公至自侵郑。

夏，季孙斯、仲孙何忌如晋②。

434

秋，晋人执宋行人乐祁犁③。

冬，城中城。

季孙斯、仲孙忌帅师围运。此仲孙何忌也，曷为谓之仲孙忌？讥二名，二名非礼也。

【注释】

①六年：鲁定公六年郑国大夫（公元前504年）。癸亥：正月十八日。游遫：郑国大夫。

②季孙斯：即季桓子，又称桓子，季孙意如之子，鲁国执政大夫。仲孙何忌：即孟懿子，孟僖之子。又称何忌、孟孙。鲁国大夫。

③乐祁犁：即乐大心，又称桐门右师、乐祁、子梁、司城子梁，宋国大夫。

【译文】

鲁定公六年，春，周历正月，癸亥这天，郑国大夫游遫率领军队灭亡了许国，并把许国国君带回郑国。

二月，鲁定公亲自率领军队入侵郑国。鲁定公从入侵郑国的地方回来。

夏季，鲁国大夫季孙斯、仲孙何忌到晋国去。

秋季，晋国人拘捕了宋国使者大夫乐祁犁。

冬季，鲁国修筑国都中城的城墙。

鲁国大夫季孙斯、仲孙忌率领军队包围运这个地方。这是仲孙何忌，为什么称他仲孙忌呢？是讥讽他用两名，用两名是不合于礼的。

【原文】

七年①，春，王正月。

夏，四月。

秋，齐侯郑伯盟于咸②。齐人执卫行人北宫结③，以侵卫。齐侯、卫侯盟于沙泽④。

大雩。

齐国夏帅师伐我西鄙。

九月，大雩。

冬，十月。

【注释】

①七年：鲁定公七年（公元前503年）。

②咸：古地名，卫国有，鲁国有，此地不详。

③北宫结：即结，卫国大夫。

④沙泽：《左传》作"琐"。晋国地名，在今河北大名县东。

【译文】

鲁定公七年，春季，周历正月。

夏季，四月。

秋季，齐景公与郑献公在咸这个地方结盟。齐国人拘捕了卫国使者北宫结，并且入侵卫国。齐景公与卫灵公在沙泽这个地方结盟。鲁国举行大规模求雨祭祀活动。

齐国大夫夏率领军队攻打鲁国西部边境。

九月，鲁国又举行大规模求雨祭祀活动。

冬季，十月。

【原文】

八年①，春，王正月，公侵齐。

公至自侵齐。

二月，公侵齐。

三月，公至自侵齐。

曹伯露卒②。

夏，齐国夏帅师伐我西鄙。

公会晋师于瓦③。公至自瓦。

秋，七月，戊辰，陈侯柳卒④。

晋赵鞅帅师侵郑⑤，遂侵卫。

葬曹靖公。

九月，葬陈怀公。

季孙斯、仲孙何忌帅师侵卫。

冬，卫侯、郑伯盟于曲濮⑥。

【注释】

①八年：鲁定公八年（公元前502年）。

②曹伯露：即曹靖公，名露，曹声公野之弟，在位四年。

③瓦：卫国地名，在今河南滑县南。

④戊辰：七月初八。陈侯柳：即陈怀公，名柳，陈惠公子，在位四年。

⑤赵鞅：即赵简子，晋国执政上卿。

⑥曲濮：卫国地名，《春秋三传》注："曲濮，卫地。盖濮水曲折之处，犹言河曲，汾曲也。"

【译文】

鲁定公八年，春季，周历正月，鲁定公亲自率领军队入侵齐。

鲁定公从入侵齐国的地方回来。

二月，鲁定公又率领军队入侵齐国。

三月，鲁定公从入侵齐国的地方回到鲁国都城。

曹伯露死了。

夏季，齐国大夫国夏率领军队攻打鲁国西部边境。

鲁定公在瓦这个地方会见晋国军队。

鲁定公从瓦这个地方回来。

秋季，七月，戊辰这天，陈侯柳死了。

晋国大夫赵鞅率领军队入侵郑国，接着又入侵卫国。

安葬曹靖公。

九月，安葬陈怀公。

鲁国大夫季孙斯、仲孙何忌率领军队入侵卫国。

冬季，卫出公与郑声公在曲濮这个地方结盟。

【原文】

从祀先公。从祀者何？顺祀也。文公逆祀①，去者三人②。定公顺祀，叛者五人③。

盗窃宝玉大弓。盗者孰谓？谓阳虎也。阳虎者，曷为者也？季氏之宰也④。季氏之宰则微者也，恶乎得国宝而窃之⑤？阳虎专季氏，季氏专鲁国。阳虎拘季孙。孟氏与叔孙氏迭而食之，睋而镜其板⑥，曰："某月某日将杀我于蒲圃⑦，力能救我则于是。"至乎日，若时而出。临南者⑧，阳虎之出也⑨，御之。于其乘焉⑩，季孙谓临南曰："以季氏之世世有子⑪，子可以不免我死乎？"临南曰："有力不足，臣何敢不勉。"阳越者，阳虎之从弟也⑫。为右⑬。诸阳之从者，车数十乘。至于孟衢⑭，临南投策而坠之，阳越下取策，临南骋马而由乎孟氏⑮。阳虎从而射之，矢著于庄门。然而甲起于琴如⑯。弑不成，却反舍于郊。皆说然息。或曰："弑千乘之主，而不克舍此可乎？"阳虎曰："夫孺子得国而已，如丈夫何？"睋而曰："彼哉！彼哉！"趣驾⑰。既驾，公敛处父帅师而至。僅然后得免⑱。自是走之晋。宝者何？璋判白⑲。弓绣质⑳，龟青纯㉑。

【注释】

①文公逆祀：事见鲁文公二年八月。

②去者三人：何休注："谏不从而去之。"

③叛：何休注："谏不以礼而去曰叛。去与叛皆不书者，微也。"

④季氏之宰：何休注："季氏之陪臣为政者。"

⑤恶乎得国宝而窃之：何休注："季氏逐昭公之

后，取其宝玉藏于其家，阳虎拘季孙夺其宝玉。季孙取玉不书者，举逐君为重。"

⑥睨：须臾，不久。通"俄"。锓其板：何休注："以爪刻其馈敛板。"这是说用指甲刻食器的盖板。

⑦蒲圃：鲁国地名，今址不详。

⑧临南：《左传》作"林楚"，鲁国大夫。

⑨出：徐彦疏："姊妹之子谓之出，盖是虎之外生也。"

⑩于其乘焉：在他上车的时候。

⑪世世有子：何休注："言我季氏累世有女以为臣。"此注是。可参《左传》鲁定公八年："桓子咋谓林楚曰：'而先皆季氏之良也，尔以是继之。'"

⑫从弟：堂兄弟。

⑬为右：为季孙车右，实际是守卫季孙，防止其逃走。

⑭孟衢：孟孙门前的大街。

⑮骍：摇动马嚼使马行走。何休注："捶马衔走。"

⑯甲起于琴如：何休注："甲，公敛处父所帅也。琴如，地名。二家（按：指叔孙氏和孟孙氏）知出期，故于是时起兵。"琴如，鲁国地名，今址不详。

439

⑰趣：催促。

⑱僅：才，仅仅。通"仅"。

⑲璋判白：何休注："判，半也。"璋，玉器名。古代朝聘、祭祀、丧葬、发兵用以表示瑞信。其形犹如圭之上端斜削去一角，而形制大小厚薄长短，因所事不同而异。有大璋、中璋、边璋、牙璋等。

⑳质：弓柎。何休注："质，柎也。言大者力干

斤。"弓柎,指角弓柄部两侧的骨片。

㉑龟青纯:何休注:"纯,缘也。谓缘甲舟页也。"即边缘为青色的大龟甲。

【译文】

"从祀"先公。""从祀"是什么意思?就是按照先公即位的先后次序祭祀。鲁文公不按照先公即位的先后次序祭祀,有三个大夫规劝他,他不采纳,三个大夫就离他而去。鲁定公按照先公即位的先后次序祭祀,有五个大夫规劝他,定公不听从,这五个大夫不合礼仪地离他而去。

"盗"偷走了宝玉和大弓。""盗"说的是谁?说的是阳虎。阳虎是什么人?是季氏的家臣。季氏的家臣是地位低微的人,怎么能够得到国宝并偷走它呢?阳虎在季孙家专权,季孙在鲁国专政。这次,阳虎拘捕了季孙,孟孙和叔孙轮流给季孙去送饭。季孙用指甲在食器的盖板上很快地刻写道:"某月某日,阳虎将在蒲围这个地方杀我,如果你们有力量救我,就在这天来吧!"到了那天,就在那个时候,阳虎把季孙押出囚室。有一个人叫临南,是阳虎的外甥,为季孙驾车。在临南上车的时候,季孙悄悄对临南说:"凭着你的家族代代在季氏为臣的感情上,你难道不能免我一死吗?"临南说:"我虽然有力量救你,但还是不够的,我怎么敢不免你一死呢!"阳越,是阳虎的堂兄弟,他作为季孙的车右,坐在季孙的旁边监视着季孙。阳虎的众多随从,分乘几十辆车跟随在后面。当车队来到孟孙家门前的大街时,临南故意把马鞭丢到地上,阳越跳下车去拣马鞭,趁这个时机,临南用力抖动马嚼,催马飞驰起来,车载着季孙冲进了孟孙家的大门。阳虎发觉后,在后面驱车追赶,并拉弓搭箭向季孙射去,箭却射到孟孙的大门上。这时，孟孙的家臣公敛处父率领着琴如这个地方的军队赶来了。两军交战，阳虎被打败，他追杀季孙没有成功，只好返回来，在都城的郊外暂住。与随从们放心地休息。有人对他说："我们现在弑杀拥有千乘之邑的主人，没有成功，住在这里合适吗？"阳虎说："季孙那小子能在鲁国专政就够了，他还能对我怎么样？"不久，公敛处父的军队追来了，阳虎远远望见，惊叫道："他们来了，他们来了！"立即催促随从驾车，车刚刚驾好，公敛处父的军队就赶到了。阳虎仓皇而逃，侥幸逃脱，他从这里逃亡到晋国。阳虎偷走的是什么国宝？是半白的大璋，绣弓枒的千斤大弓，边缘为青色的千年大龟甲。

【原文】

九年①，春，王正月。

夏，四月，戊申，郑伯虿卒②。

得宝玉大弓。何以书？国宝也，丧之书，得之书。

六月，葬郑献公。

秋，齐侯、卫侯次于五氏③。

秦伯卒④。

冬，葬秦哀公。

【注释】

①九年：鲁定公九年（公元前501年）

②戊申：四月二十二日。郑伯虿：即郑献公，名虿、《左传》作"虿"，郑定公之子，在位十三年。

③五氏：即寒氏，晋国地名，在今河北邯郸市西。

④秦伯：即秦哀公，秦景公之子，在位三十六年。

【译文】

鲁定公九年，春季，周历正月。

夏季，四月，戊申这天，郑伯虿死了。

　　鲁国重新获得宝玉和大弓。为什么记载这件事？
因为这些是鲁国的国宝，丧失它要记载，获得它也要记
载。

　　六月，安葬郑献公。

　　秋季，齐景公和卫灵公率领的军队驻扎在五氏这个
地方，准备攻打鲁国。

　　秦伯死了。

　　冬季，安葬秦哀公。

【原文】

十年①，春，王三月，及齐平。

夏，公会齐侯于颊谷②。

公至自颊谷。

晋赵鞅帅师围卫。

齐人来归运、讙、龟阴田③。齐人曷为来归运、讙、龟阴田？
孔子行乎季孙④，三月不违。齐人为是来归之。

叔孙州仇、仲孙何忌帅师围郈⑤。秋，叔孙州仇、仲孙何忌帅
师围费⑥。

宋乐世心出奔曹⑦。

宋公子池出奔陈⑧。

冬，齐侯、卫侯、郑游遨会于鄟⑨。

叔孙州仇如齐。

齐公之弟辰、暨宋仲佗、石彄出奔陈⑩。

【注释】

　　①十年：鲁定公十年（公元前500年）。

　　②颊谷：地名。《左传》作"夹谷"。在今山东莱
芜县夹谷峪。

　　③运：亦作"郓"，鲁国邑名，在今山东郓城县
东。讙：鲁国邑名。今地不详。龟阴：鲁国邑名，在今

山东新泰县西南。

④孔子行乎季孙：何休注："孙子仕鲁，政事行乎季孙，三月之中不见违过，是违之也。不言政行乎定公者，政在季氏之家。"徐彦疏："若以《家语》言之，孔子今年从邑宰为司空，即为大夫，故有行于季孙之义。"

⑤叔孙州仇：即武叔。叔孙不敢之子，又称武叔懿子、子叔孙、叔孙武叔，鲁国大夫。郈：地名，鲁国叔孙氏的封邑。故地在今山东东平县东南。

⑥费：应作"郈"。

⑦乐世心：《左传》《穀梁传》作"乐大心"，即宋国桐门右师，亦称乐祁、乐祁犁、子梁、司城子染。宋国大夫。

⑧公子池：《左传》作"公子地"。

⑨窐：《左传》《穀梁传》均作"安甫"，地名，今址不详。

⑩齐公：应作"宋公"，此误。据《春秋三传》改。仲佗、石彄：皆宋国大夫。

【译文】

鲁定公十年，春季，周历三月，鲁国与齐国讲和。

定公夏季，鲁定公在颊谷这个地方会见齐景公。

鲁定公从颊谷这个地方回到都城。

晋国大夫赵鞅率领军队包围了卫国都城。

齐国人前来归还鲁国的运地、讙地、龟阴的土地。齐国人为什么前来归还运地、讙地、龟阴的土地呢？因为孔子在季孙的手下做官，三个月内都没有什么过失，齐国人因此把这三处的土地归还给鲁国。

鲁国大夫叔孙州仇和仲孙何忌率领军队围攻郈这座

城邑。秋季，叔孙州仇和仲孙何忌又率领军队包围郈这座城邑。宋国大夫乐大心逃亡到曹国。

宋国的公子池逃亡到陈国。

冬季，齐景公、卫灵公、郑国大夫游遬在皋鼬这个地方会晤。鲁国大夫叔孙州仇到齐国去。

宋景公的弟弟辰和宋国大夫仲佗、石彄逃亡到陈国去。

【原文】

十有一年，春，宋公之弟辰及仲佗、石弓区、公子池，自陈入于萧①，以叛。

夏，四月。

秋，宋乐世心自曹入于萧。

冬，及郑平。

叔还如郑莅盟②。

【注释】

①十有一年：鲁定公十一年（公元前499年）。萧：宋国邑名，今安徽萧县境。

②叔还：鲁国大夫。

【译文】

鲁定公十一年，春季，宋景公的同母兄弟辰和宋国大夫仲佗、石弓区、公子池从陈国进入宋国的萧邑，并且叛变。

夏季，四月。

秋季，宋国大夫乐大心从曹国进入宋国的萧邑。

冬季，鲁国与郑国讲和。

鲁国大夫叔还到郑国去参加盟誓。

【原文】

十有二年，春，薛伯定卒①。

夏，葬薛襄公。

叔孙州仇帅师堕郈^②。

卫公孟弓区帅师伐曹^③。

季孙斯、仲孙何忌帅师堕费。曷为帅师堕郈、帅师堕费？孔子行乎季孙，三月不违。曰："家不藏甲，邑无百雉之城^④。"于是帅师堕郈，帅师堕费。雉者何？五板而堵^⑤，五堵而雉，百雉而城。

秋，大雩。

冬，十月，癸亥，公会晋侯盟于黄^⑥。

十有一月，丙寅，朔，日有食之。

公至自黄。

十有二月，公围成^⑦。

公至自围成。

【注释】

①十有二年：鲁定公十二年（公元前498年）。薛伯定：即薛襄公，名定，薛献公穀之子，鲁昭公三十二年即位，在位十三年。

②堕：毁坏。这里指拆毁城墙。

③公孟弓区：卫国大夫。

④雉：计算城墙面积的单位。一雉之墙长三丈，高一丈。

⑤板：何休注："八尺曰板。堵，凡四十尺。"堵：古垣墙之制，五版直累为堵。版宽二尺，积高五版为一丈。一堵之墙长高各一丈。也有不同的说法。

⑥癸亥：十月二十七日。晋侯：应作"齐侯"，此误。据《左传》改。黄：齐国地名，今址不详。

⑦成：鲁国邑名，孟孙氏的封邑。今地不详。

【译文】

鲁定公十二年，春季，薛伯定死了。

445

夏季，安葬薛襄公。

鲁国大夫叔孙州仇率领军队拆毁了郈这座城邑的城墙。

卫国大夫公孟弓区率领军队攻打曹国。

鲁国大夫季孙斯和仲孙何忌率领军队拆毁了费这座城邑的城墙。率领军队拆毁郈邑的城墙，又率领军队拆毁费邑的城墙，这是什么意思？孔子在季孙手下做官，三个月没有一点过失。并宣布："每个人的家中不能收藏武器，封邑内不能有超过百雉的城墙。"于是率领军队拆毁了郈这座城邑的城墙。又率领军队拆毁了费这座城邑的城墙。一雉是多少呢？五板是一堵，五堵为一雉，百雉就是一座城了。

秋季，鲁国举行大规模求雨祭祀活动。

冬季，十月癸亥这天，鲁定公在黄这个地方会见齐侯并与他结盟。

十一月，丙寅这天，初一，发生日食。

鲁定公从黄这个地方回来。

十二月，鲁定公亲自率领军队包围了成这座城邑。

鲁定公从包围成邑的战场上回到国都。

【原文】

446

十有三年，春，齐侯、卫侯次于垂瑕①。

夏，筑蛇渊囿。

大蒐于比蒲②。

卫公孟弓区帅师伐曹。

秋，晋赵鞅入于晋阳以叛③。

冬，晋荀寅及士吉射入于朝歌以叛④。

晋赵鞅归于晋。此叛也，其言归何？以地正国也⑤。其以地正国奈何？晋赵鞅取晋阳之甲，以逐荀寅与士吉射。荀寅与士吉射者曷为者也？君侧之恶人也。此逐君侧之恶人，曷为以叛言之？无君命也。

薛弑其君比⑥。

【注释】

①十有三年：鲁定公十三年（公元前497年）。垂瑕：齐国地名，在今山东巨野县西南。

②比蒲：鲁国地名，今地不详。

③晋阳：晋国邑名，在今山西太原市西南。

④荀寅：晋国中行荀吴之子，晋国下卿将中军，又称中行寅、中行文子。

吉射：士鞅之子，即范吉射，又称范昭子，晋国大夫。朝歌：地名，原为殷都城，武乙所都，纣因之。周武王灭殷，封康叔于此，为卫国。后属晋。故址在今河南淇县。

⑤以地正国：用军队来安定国家。地，指军队。何休注："军以井田立数，故言以地。"疏："解云假令天子六军，方伯二军之属，皆以井田多少计出其数，故曰军以井田立数也。今赵鞅以此井田之兵，逐君侧之恶人，故云以地正国也。"

⑥比：即薛伯比，薛襄公之子，在位一年。

【译文】

鲁定公十三年，春季，齐景公、卫灵公住在垂瑕这个地方。

夏季，鲁国建筑蛇渊圃。

鲁国在比蒲这个地方举行大规模阅兵仪式。

卫国大夫公孟弓区率领军队攻打曹国。

秋季，晋国大夫赵鞅逃入晋阳这个地方，并且发动叛乱。

　　冬季，晋国大夫荀寅和士吉射逃入朝歌这个地方，也发动叛乱。

　　晋国大夫赵鞅"归"到晋国国都。赵鞅是反叛，这里为什么说他"归"呢？因为他用军队使国家安定下来。他怎样用军队使国家安定下来呢？晋国大夫赵鞅率领晋阳这个地方的军队，用他们驱逐了荀寅和士吉射。荀寅和士吉射是什么样的人呢？是晋国国君身旁的坏人。这是驱逐晋君身旁的坏人，为什么用"叛"来记载这件事呢？因为赵鞅的行动并没有得到国君的命令。

　　薛国弑杀了它的国君比。

【原文】

　　十有四年，春，卫公叔戍来奔①。

　　晋赵阳出奔宋②。

　　三月，辛巳，楚公子结、陈公子佗人帅师灭顿③。以顿子牂仓归④。

　　夏，卫北宫结来奔⑤。

　　五月，于越败吴于醉李⑥。

　　吴子光卒⑦。

　　公会齐侯、卫侯于坚⑧。

　　公至自会。

　　秋，齐侯、宋公会于洮⑨。

　　天王使石尚来归脤⑩。石尚者何？天子之士也。脤者何？俎实也⑪。腥曰脤⑫，熟曰燔⑬。

　　卫世子蒯聩出奔宋。

　　卫公孟弓区出奔郑。

　　宋公之弟辰自萧来奔。

　　大蒐于比蒲。

　　邾娄子来会公。

城莒父及霄⑭。

【注释】

①十有四年：鲁定公十四年（公元前496年）。公叔戌：卫国大夫。

②赵阳：晋国大夫。

③辛巳：应为二月辛巳。此误，据《左传》改。辛巳即二月二十三日。公子结：即子期。楚昭王兄。顿：国名，子爵，故地在今河南项城县西。

④顿子牂仓：《左传》作"顿子牂"顿国国君，名舱。

⑤北宫结：卫国大夫。

⑥醉李：即檇李，越国地名，在今浙江嘉兴县南。

⑦吴子光：即吴王阖庐，名光，诸樊之子，在位十九年。

⑧坚：《左传》作"牵"，地名，在今河南浚县北。

⑨洮：曹国地名，在今山东鄄城县西南。

⑩脤：古代祭社稷用的生肉。

⑪俎实：何休注："实俎肉也。"即盛在俎这种祭器里的肉。俎，古代祭祀、设宴时陈置牲口的礼器，木制，漆饰。

⑫腥：生肉。

⑬燔：通"膰"。祭肉。

⑭莒父及霄：皆为鲁国邑名。今地不详。

【译文】

鲁定公十四年，春季，卫国大夫公叔戌逃亡到鲁国来。晋国大夫赵阳逃亡到宋国。

二月，辛巳这天，楚国的公子结和陈国的公子伫人率领军队灭亡了顿国。并把顿国国君舷抓回国去。

夏季，卫国大夫北宫结逃来鲁国。

五月，越国在醉李这个地方打败了吴国。

吴国国君光死了。

鲁定公在坚这个地方与齐景公、卫灵公会晤。

鲁定公从坚这个地方回到国都。

秋季，齐景公与宋景公在洮这个地方会面。

周天王派遣石尚到鲁国来送"脤"。石尚是什么人？是周天子的士。"脤"是什么东西？是盛在俎这种祭器里的供祭祀用的肉。生肉叫"脤"，熟肉称为"燔"。

卫国太子蒯聩逃亡到宋国。

卫国大夫公孟弓区逃亡到郑国。

宋景公的同母弟辰从萧这个地方逃亡到鲁国来。鲁国在比蒲这个地方举行大规模阅兵仪式。

邾娄隐公到鲁国来会见鲁定公。

鲁国修筑莒父和霄这两个邑的城墙。

【原文】

十有五年①，春，王正月，邾娄子来朝。

鼷鼠食郊牛②。牛死。改卜牛。曷为不言其所食？漫也③。

二月，辛丑，楚子灭胡④。以胡子豹归⑤。

夏，五月，辛亥⑥，郊。曷为以夏五月郊？三卜之运也⑦。

壬申，公薨于高寝⑧。

郑轩达帅师伐宋⑨。

齐侯、卫侯次于篷篨⑩。

邾娄子来奔丧。其言来奔丧何？奔丧，非礼也。

秋，七月，壬申，姒氏卒⑪。姒氏者何？哀公之母也。何以不称夫人？哀未君也。

八月，庚辰，朔，日有食之。

九月，滕子来会丧⑫。

丁巳⑬，葬我君定公。雨不克葬。戊午，日下昃⑭，乃克葬。

辛巳，葬定姒⑮。定姒何以书葬？未逾年之君也，有子则庙，庙则书葬。

冬，城漆⑯。

【注释】

①十有五年：鲁定公十五年（公元前495年）。

②鼷鼠：鼠名，一种小鼠。

③漫：何休注："漫者，遍食其身，灾不敬也。"

④辛丑：二月十九日。胡：国名，妫姓，子爵，其地在今安徽阜阳西匕。

⑤胡子豹：胡国国君，名豹。

⑥辛亥：五月初一。

⑦三卜之运：何休注："运，转也。已卜春三正，不吉，复转卜夏三月，周五月，得二吉，故五月郊也。"

⑧壬申：五月二十二日。高寝：居室的正室。是寝室中最尊贵的地方。

⑨轩达：《左传》作"罕达"。即子姚，又称武子媵、郑子媵。郑国大夫。

⑩籧篨：地名，今地不详。

⑪壬申：七月二十三日。姒氏：鲁定公夫人。何休注："姒氏，杞女。哀公者，即定公之妾子。"

⑫滕子：即滕顷公，名结，在位二十三年。

⑬丁巳：九月初八。

⑭戊午：九月初九。日下昃：何休注："昃，日西也。《易》曰：旧中则昃'，是也。下昃，盖哺时"哺

451

时：即下午三点至五点。

⑮辛巳：有日无月。据推算，应为十月初三。定拟：即拟氏。

⑯漆：鲁国邑名。地在今山东邹县境。

【译文】

鲁定公十五年，春季，周厉正月，邾娄隐公来鲁国朝见。鼷鼠咬供祭祀天地用的牛，牛被咬死了。重新占十一头牛。这里为什么不说鼷鼠咬了供祭祀天地用的牛的什么部位呢？因为鼷鼠咬伤了牛的全身。

二月，辛丑这天。楚昭王领兵灭亡了胡国，并把胡国国君豹抓回国去。

夏季，五月，辛亥这天，鲁国祭祀天地。为什么在夏季五月祭祀天地呢？因为占卜三次，祭祀天地的时间就推到了夏季五月。五月壬申这天，鲁定公在寝宫的正室死了。

郑国大夫轩达率领军队攻打宋国。

齐景公、卫灵公住在蘧篨这个地方。

邾娄隐公"来奔丧"。这里说"来奔丧"是什么意思？因为从外地赶来为鲁定公服丧是不合于礼的。

秋季，七月，壬申这天，拟氏死了。拟氏是什么人？是鲁哀公的生母。为什么不称拟氏为夫人呢？因为当时鲁哀公还没有即位为国君。

八月，庚辰这天，初一，发生日食。

九月，滕顷公来鲁国参加鲁定公的葬礼。

丁巳这天，安葬鲁国国君定公。因为天下雨，不能安葬。第二天，戊午，太阳西下时，才安葬了鲁定公。

十月辛巳这天，安葬鲁定公夫人拟氏。为什么记载鲁定公夫人拟氏的葬礼呢？虽然鲁哀公还是没有正式即位超过一年的国君，但有儿子做国君，做母亲的死后就可以在祖庙中享受祭祀，能死后在庙中享受祭祀，史书就应该记载她的葬礼。

冬季，鲁国在漆这个地方筑城。

【原文】

元年，春，王正月，公即位①。

楚子、陈侯、随侯、许男围蔡②。

鼷鼠食郊牛，改卜牛。

夏，四月，辛巳③，郊。

秋，齐侯、卫侯伐晋。

冬，仲孙何忌帅师伐邾娄。

【注释】

①元年：鲁哀公元年（公元前494年）。公：即鲁哀公，名蒋。安公之子，在位二十七年。《春秋》一书只记载到鲁哀公十四年。

②随：国名，姬姓，侯爵，春秋后期为楚国的附庸。地在今湖北随县。

③辛巳：四月初六。

【译文】

鲁哀公元年，春季，周历正月，鲁哀公即位。

楚昭王、陈闵公、随侯、许元公率领军队包围蔡国国都。

鼷鼠咬伤了供祭祀天地用的牛，重新占十一头牛。

夏季，四月，辛巳这天，鲁国祭祀天地。

秋季，齐景公、卫灵公率领军队攻打晋国。

冬季，鲁国大夫仲孙何忌率领军队攻打邾娄国。

【原文】

二年①，春，王二月，季孙斯、叔孙州仇、仲孙何忌帅师伐邾娄。取漷东田②，及沂西田③。

癸巳，叔孙州仇、仲孙何忌及邾娄子盟于句绎④。

夏，四月，丙子，卫侯元卒⑤。

滕子来朝。

晋赵鞅帅师纳卫世子蒯聩于戚⑥。戚者何？卫之邑也。曷为不言入于卫？父有子，子不得有父也⑦。

秋，八月，甲戌，晋赵鞅帅师及郑轩达帅师战于栗⑧。郑师败绩。

冬，十月，葬卫灵公。

十有一月，蔡迁于州来⑨。蔡杀其大夫公子驷。

【注释】

①二年：鲁哀公二年（公元前493年）。

②漷：水名。即漷水，一名南沙河。源出山东滕县东北，西南流至江苏沛县入运河。

③沂：水名。即沂河。源出于山东沂源县鲁山，南流经临沂县入江苏境。部分河水入运河和骆马湖。

④癸巳：二月二十二日。句绎：地名，在今山东邹县境。

⑤丙子：四月初六。卫侯元：即卫灵公。名元，卫襄公子，在位四十一年。

⑥戚：卫国邑名，在今河南淮阳县北。

⑦父有子，子不得有父：何休注："明父得有子而废之，子不得有父之所有，故夺其国，文正其义也。"

⑧甲戌：八月初六。栗：《左传》《榖梁传》作"铁"。地名。在今河南蹼阳县境。

⑨州来：地名，在今安徽凤台县。按：蔡国本来国都在上蔡，后迁都新蔡，现在又迁人吴国州来，称下蔡。

【译文】

鲁哀公二年，春季，周历二月，鲁国大夫季孙斯、叔孙州仇、仲孙何忌率领军队攻打邾娄国。夺取了漷水以东的土地和沂水以西的土地。

癸巳这天，鲁国大夫叔孙州仇、仲孙何忌与邾娄隐公在句绎这个地方结盟。

夏季，四月，丙子这天，卫侯元死了。

滕顷公来鲁国朝见。

晋国大夫赵鞅率领军队将卫国太子蒯聩护送到戚这个地方。戚是什么地方？卫国的一座城邑。为什么不说护送卫国太子蒯聩进入卫国呢？因为做国君的父亲有权废除太子，而做儿子的却不能夺取父亲的君位。

秋季，八月，申戌这天，晋国大夫赵鞅率领军队和郑国大夫轩达率领军队，在栗这个地方交战，郑国军队大败。

冬季，十月，安葬卫灵公。

十一月，蔡国将国都迁到州来这个地方。蔡国杀了它的大夫公子驷。

【原文】

三年，春，齐国夏、卫石曼姑帅师围戚①。齐国夏曷为与卫石曼姑帅师围戚？伯讨也。此其为伯讨奈何？曼姑受命乎灵公而立辄②。以曼姑之义，为固可以距之也③。辄者曷为者也？蒯聩之子也。然则曷为不立蒯聩而立辄？蒯聩为无道。灵公逐蒯聩而立辄。然则辄之义可以立乎？曰："可。"其可奈何？不以父命辞王父命④。以王父命辞父命，是父之行乎子也⑤。不以家事辞王事⑥，以王事辞家事⑦，是上之行乎下也。

夏，四月，甲午⑧，地震。

五月，辛卯⑨，桓宫僖宫灾。此皆毁庙也，其言灾何？复立也。曷为不言其复立？《春秋》见者不复见也。何以不言及⑩？敌也⑪。何以书？记灾也。

季孙斯、叔孙州仇帅师城启阳⑫。

宋乐髡帅师伐曹⑬。

秋，七月，丙子，季孙斯卒⑭。

蔡人放其大夫公孙猎于吴。

冬，十月，癸卯，秦伯卒⑮。

叔孙州仇、仲孙何忌帅师围邾娄。

【注释】

①三年：鲁哀公三年（公元前491年）石曼姑：卫国大夫。

②辄：即卫出公，辄是名，卫庄公蒯聩之子，鲁哀公三年即位，鲁哀公十六年，蒯聩从戚这个地方进入卫国都城，出公辄即逃亡到鲁国。在位十四年。

③固：本来。距：通"拒"，抗拒。

④不以父命辞王父命：何休注："不以蒯碛命辞灵公命。"王父，祖父。

⑤是父之行乎子也：何休注："是灵公命行乎蒯聩，重本尊统之义。"

⑥不以家事辞王事：何休注："以父见废，故辞让不立是家私事。"

⑦以王事辞家事：何休注："听灵公命立者，是王事公法也。"

⑧甲午：日期不确，差一天。

⑨辛卯：五月二十八日。

⑩何以不言及：即《春秋》作"桓宫、禧宫灾"，而不作"桓宫及禧宫灾"，故问。

⑪敌：地位相当。何休注："亲过高祖，亲疏适

等。"

⑫启阳：原作"开阳"，因《公羊传》为避汉景帝刘启讳而改，现据《左传》改正。《春秋三传》注："启阳，故郯国也。昭十八年，邾人袭鄅，鄅子从帑于邾。其地在邾东鄙，则近于费，鲁既取邾东沂西田，邾人不得不以启阳让鲁矣。故城之。季孙以叔孙附己，故与同城，而地则季孙得之。"鄅：国名，《春秋》昭十八年："六月，邾人入鄅。"注："鄅国，今琅邪开阳县。"地在今山东临沂县北。

⑬乐髡：宋国大夫。

⑭丙子：七月十四日。季孙斯：即季桓子，又称桓子，季孙如意之子，鲁国执政大夫。

⑮癸卯：十月十二日。秦伯：即秦惠公，秦哀公之孙，在位九年。

【译文】

鲁哀公三年，春季，齐国大夫国夏、卫国大夫石曼姑率领军队包围了戚这个地方。齐国大夫国夏为什么与卫国大夫石曼姑率领军队包围戚这个地方呢？这是诸侯有罪，受到诸侯之长的讨伐。这里为什么说是诸侯有罪，受到诸侯之长的讨伐呢？因为卫国大夫石曼姑受卫灵公命令立辄为国君。以石曼姑作为臣子的原则来说，本来可以抗拒蒯聩回国篡夺君位的。辄是什么人？是蒯聩的儿子。既然这样，那么卫灵公为什么不立蒯聩而立辄为国君呢？蒯聩的言行不符合道义。因此卫灵公驱逐了蒯聩而立辄为君。既然如此，那么辄作为蒯聩的儿子从道义上讲，他可以立为国君吗？回答是："可以。"为什么可以呢？因为辄不能由于父亲的命令而不执行祖父的命令。接受祖父的命令而不执行父亲的命令，这是把父亲的命令贯彻到儿子的身上。不能因为家庭的私事而不服从公事，因公事而放弃家庭的私事，这是把上级的指示贯彻到下级去。

夏季，四月，甲午这天，鲁国发生地震。

五月，辛卯这天，鲁桓公庙、鲁僖公庙发生火灾。这两座庙都是早就拆毁了，这里说发生火灾是什么意思？它们又重新建立了。《春秋》上为什么没有记载它们重新建立了呢？《春秋》的体例是：已经记载过的事物就不再记载了。这里说"桓宫僖宫灾"，为什么不说"桓宫及僖宫灾"呢？因为对鲁哀公来说，桓公和僖公亲疏相等。为什么记载这件事？记载灾害。

鲁国大夫季孙斯和叔孙州仇率领军队去修筑启阳这个地方的城墙。

宋国大夫乐凭率领军队攻打曹国。

秋季，七月，丙子这天，鲁国大夫季孙斯死了。蔡国人把他们的大夫公孙猎放逐到吴国去。

冬季，十月，癸卯这天，秦伯死了。

鲁国大夫叔孙州仇和仲孙何忌率领军队包围了邾娄国国都。

【原文】

四年，春，王三月，庚戌，盗杀蔡侯申^①。弑君贱者穷诸人^②，此其称盗以弑何？贱乎贱者也^③。贱乎贱者孰谓？谓罪人也。

蔡公孙辰出奔吴^④。

葬秦惠公。

宋人执小邾娄子。

夏，蔡杀其大夫公孙姓、公孙霍^⑤。

晋人执戎曼子赤归于楚^⑥。赤者何？戎曼子之名也。其言归于楚何？子北宫子曰："辟伯晋而京师楚也^⑦。"

城西郛。

六月，辛丑，蒲社灾⑧。蒲社者何？亡国之社也。社者封也⑨，其言灾何？亡国之社盖揜之⑩，揜其上而柴其下。蒲社灾，何以书？记灾也。

秋，八月，甲寅，滕子结卒⑪。

冬，十有二月，葬蔡昭公。

葬滕顷公。

【注释】

①四年：鲁哀公四年（公元前491年）。王三月：应作"王二月"，此误，据《左传》改。庚戌：二月二十一日。蔡侯申：即蔡昭公，名申，蔡悼公东国之弟，在位二十八年。

②贱者：徐彦疏："贱者。谓士也。士正自当称'人'。"穷诸人：应贬称为"人"。

③贱乎贱者：何休注："贱于称人者。"

④公孙辰：蔡国宗室。

⑤公孙归姓：《左传》作"公孙归生"，即公孙姓，蔡国宗室。公孙霍：即公孙盱，蔡国宗室。

⑥戎曼子赤：《左传》作"戎蛮子赤"。即在今河南临汝县西的一个戎人部落酋长。

⑦伯晋：以晋为伯，把晋国作为一方诸侯之长。京师楚：把楚国当作京师。《春秋》成公十五年："晋侯执曹伯归于京师"。这里"晋人执戎曼子赤归于楚"，似乎楚已具有京师的地位了。因此，《春秋》写出戎曼子赤的名字，目的是与成公十五年的记载区别开来，并含有谴责晋事楚如事天子之意。

⑧辛丑：六月十四日。蒲社：《左传》、《穀梁传》作"亳社"。何休注："蒲社者，先世之亡国在鲁

竟。"疏:"《公羊》解,以为蒲者古国之名。天子灭之,以封伯禽,取其社以戒诸侯使事上。……《左传》《穀梁》以为亳社者,殷社也,武王灭殷遂取其社赐诸侯,以为有国之戒,然则传说不同,不可为难。"

⑨社者封也:何休注:"封土为社。"《孔安国传》:"王者封五色土为社,建诸侯,则各割其方色上与之,使立社。"按:封的土,火是不能烧的,所以下句提问。

⑩揜:通"掩"。遮蔽,掩盖。

⑪甲寅:八月二十八日。滕子结:即滕顷公,名结,滕悼公之子,在位二十三年。

【译文】

鲁哀公四年,春季,周历二月,庚戌这天,"盗"弑杀了蔡侯申。弑杀国君的如果是"士",就应该贬称他为"人",这里称为"盗"弑杀蔡侯是什么意思?这个"盗"是比士还低贱的人,这个比士还低贱的人究竟指谁呢?指的是犯罪的人。

蔡国大夫公孙辰逃亡到吴国去。

安葬秦惠公。

宋国人拘捕了小邾娄国的国君。

夏季,蔡国杀了它的大夫公孙归姓和公孙霍。

晋国人拘捕了戎曼子赤,并把他交给楚国。赤是什么意思?是戎曼子的名字。这里说把他交给楚国是什么意思?子北官子说:"《春秋》写出戎曼子的名字,说把他交给楚国,是为了避免把晋国当作一方诸侯之长,把楚国当作京师。"

鲁国修筑都城西边的外城。

六月,辛丑这天,蒲社发生火灾。蒲社是什么地方？是在鲁国境内早已灭亡的蒲国的社。社不过是祭祀土地神的地方，是一座小土丘，这里说它发生火灾，是怎么回事呢？已灭亡的国家的社，要把它遮盖起来，把它上面盖住，下面用柴围起来，因此会发生火灾。蒲社发生火灾。为什么记载这件事？记载灾害。

秋季，八月，甲寅这天，滕子结死了。

冬季，十二月，安葬蔡昭公。安葬滕顷公。

【原文】

五年，春，城比①。

夏，齐侯伐宋。

晋赵鞅帅师伐卫。

秋，九月，癸酉，齐侯处臼卒②。

冬，叔还如齐③。

闰月，葬齐景公④。闰不书，此何以书？丧以闰数也⑤。丧曷为以闰数？丧数略也⑥。

【注释】

①五年：鲁哀公五年（公元前490年）比：一本作"芘"，又作"庇"。《左传》作"毗"。鲁国邑名，今地不详。

②癸酉：九月二十三日。齐侯处臼：《左传》作"杵臼"。即齐景公，名处臼，齐庄公弟，在位五十八年。

③叔还：鲁国大夫。

④闰月：齐侯九月卒，按例，诸侯五月而葬，闰月应为闰十二月。

⑤数：计算。以闰数，即把闰月计算在内。

⑥略：减少。何休注；"略，犹杀也。以月数恩杀，故并闰数。"即服丧的时间应随闰月而减少。

【译文】

　　鲁哀公五年，春季，鲁国在比这个地方筑城。

　　夏季，齐景公出兵攻打宋国。

　　晋国大夫赵鞅率领军队攻打卫国。

　　秋季，九月，癸酉这天，齐侯处白死了。

　　冬季，鲁国大夫叔还到齐国去。

　　闰十二月，安葬齐景公。闰月是不记载的，这里为什么记载呢？因为给诸侯服丧的时间要把闰月计算在内，给诸侯服丧的时间为什么要把闰月计算在内呢？只有这样，尽民夫的时间才不会多出来。

【原文】

　　六年，春，城邾娄葭①。

　　晋赵鞅帅师伐鲜虞。

　　吴伐陈。

　　夏，齐国夏及高张来奔。

　　叔还会吴于主且。

　　秋，七月，庚寅，楚子轸卒②。

　　齐阳生入于齐③。

　　齐陈乞弑其君舍④。弑而立者⑤，不以当国之辞言之，此其以当国之辞言之何？为谖也④。此其为谖奈何？景公谓陈乞曰："吾欲立舍，何如？"陈乞曰："所乐乎为君者，欲立之则立之。不欲立则不立。君如欲立乙，则臣请立之。"阳生谓陈乞曰："吾闻子盖将不欲立我也。"陈乞曰："夫千乘之主，将废正而立不正，必杀正者。吾不立子者，所以生子者也。走矣。"与之玉节而走之⑦。

　　哀公景公死而舍立，陈乞使人迎阳生于诸其家⑧。除景公之丧⑨，诸大夫皆在朝，陈乞曰："常之母⑩，有鱼菽之祭⑪。愿诸大夫之化我⑫。"诸大夫皆曰："诺。"于是皆之陈乞之家坐。陈乞曰："吾有所为甲^⑬，请以示焉。"诸大夫皆曰："诺。"于是使力士举巨囊，而至于中霤^⑭。诸大夫见之皆色然而骇^⑮。开之则闯然公子阳生也^⑯。陈乞曰："此君也已。"诸大夫不得已皆逡巡北面，再拜稽首而君之尔，自是往弑舍。

冬。仲孙何忌帅师伐邾娄。

宋向巢帅师伐曹^⑰。

【注释】

①六年：鲁哀公六年（公元前489年）。城：何休注："城者，取之也不言取者，鲁数围取邾娄邑，邾娄未曾加非于鲁而辱夺之，不知足，有夷狄之行，故讳之，明恶甚。"葭：邾娄国邑名，今址不详。

②庚寅：七月十五日。楚子轸：即楚昭王，名轸，楚平王之子，在位二十七年。

③阳生：即公子阳生，后即位为齐悼公。

④陈乞：即陈僖子，又称陈子，齐国大夫。舍：《左传》作"荼"。又称孺子、安孺子，齐景公之子，公子阳生之弟，在位一年。

⑤弑而立者：即言舍是陈乞弑杀的，又是陈乞立的。何体注："据齐公子商人弑其君舍而立氏公子。"疏："即文十四年冬，齐公子商人就其君舍是也。"陈乞与公子商人的情况一样。

⑥谖：欺诈。

⑦节：何休注："节，信也。析玉与阳生留其半，为后当迎之合，以为信，防称矫也。"

⑧于诸：安置。何休注："于诸，置也。齐人语也。"

⑨除景公之丧：除去齐景公丧礼之服。不是服丧期满。占时臣为君服丧三年，齐景公才去世一年，因此这

里是除去丧礼之服。

⑩常之母：何休注："常，陈乞子，重难言其妻，故云尔。"

⑪鱼寂之祭：何休注："齐俗：妇人首祭事言鱼豆者，示薄陋无所有。"

⑫化我：对我傲慢无礼。徐彦疏："今此陈乞亦以鱼寂之薄物枉屈诸大夫之贵重，亦是无礼相过之义，故谓之化我也。"这是谦辞。

⑬吾有所为甲：徐彦疏："犹言我有所作得若干甲也。"甲，铠甲。

⑭中霤：土屋的天窗，也指室的中央。

⑮色然：何休注："色然，惊骇貌。"

⑯闯：何休注："闯，出头貌。"

⑰向巢：宋国大夫，官职为左师，因此又称左师巢。

【译文】

鲁哀公六年，春季，鲁国军队占领了邾娄国的葭这个地方。晋国大夫赵鞅率领军队攻打鲜虞国。

吴国军队攻打陈国。

夏季，齐国大夫国夏和高张逃亡到鲁国来。

鲁国大夫叔还在柤这个地方会见吴国人。

秋季，七月，庚寅这天，楚子轸死了。

齐国公子阳生进入齐国。

齐国大夫陈乞弑杀了他的国君舍。弑杀了自己立的国君，按例，《春秋》对这种人是不用表示图谋篡权的语言来说的。这里为什么用表示图谋篡权的语言来说陈乞呢？因陈乞的行为欺诈。怎么说他的行为欺诈呢？齐景公临死时对陈乞说："我想立舍为太子，你认为怎么样？"陈乞说："国君您高兴怎样就怎样。如果想立舍为太子，就立他为太子；不想立他为太子，就不立他为太子。如果国君想立舍为太子，那么我就请求把他立为太子。"公子阳生听到这情况后，就对陈乞说："我听说您大概不准备立我为太子了。"陈乞说："一个千乘大国的国君，如果准备废弃嫡长子而立非嫡长子为太子，一定要杀嫡长子，我不请求立你为太子的原因，是想救你一命，你赶快逃跑吧！"陈乞把玉的符节送给公子阳生后，送他逃亡国外。

齐景公死后，舍立为国君。陈乞派人将公子阳生接来，安置在自己家中。当除去齐景公丧礼的服装后，齐国的大夫们都聚在朝廷上。陈乞对大夫们说："我儿子常的母亲备有简陋的祭品，希望各位大夫能到我家去品尝。"各位大夫都说："很好！"于是都到陈乞家来坐，陈乞说："我做了一副铠甲，想请大家看看。"大夫们都说："可以！"于是陈乞命令大力士举着一个大口袋，来到客厅的中央。各位大夫看见这么大的口袋，都大吃一惊。口袋一打开，一个头伸出来，一看，是公子阳生。陈乞说："这才是真正的国君啊！"众大夫始料不及，不得已慌忙后退，向北两次跪拜磕头，奉公子阳生为国君。并从陈乞家派人去弑杀国君舍。冬季，鲁国大夫仲孙何忌率领军队攻打邾娄国。宋国左师向巢率领军队攻打曹国。

【原文】

七年，春，宋皇瑗帅师侵郑①。

晋魏曼多帅师侵卫②。

夏，公会吴于鄫③。

秋，公伐掷娄。八月，己酉④，入邾娄。以邾娄子益来⑤。入不言伐，此其言伐何？内辞也。若使他人然⑥。邾娄子益何以名？绝。曷为绝之？获也。曷为不言其获？内大恶讳也⑦。

宋人围曹。

冬，郑驷弘帅师救曹⑧。

【注释】

①七年：鲁哀公七年（公元前488年）。皇瑗：宋国大夫。侵郑：鲁定公八年，郑国开始背叛晋国，这次宋伐郑就为此。

②魏曼多：即魏襄子，晋国大夫。

③鄟：地名。在今河南雅县境。

④己酉：八月初十。

⑤邾娄子益：即邾娄隐公，名益，庄公之子。

⑥若使他人然：好像是别人入侵邾娄国并把邾娄子益抓到鲁国来那样。何休注："讳获诸侯，故不举重而两书，使若鲁公伐而去，他人入之以来者，醇顺他人来文。"

⑦大恶：徐彦疏："擅获诸侯乃为大恶，是以讳之。"

⑧驷弘：即子般，子然之子，郑国大夫。

【译文】

鲁哀公七年，春季，宋国大夫皇瑗率领军队攻打郑国。

晋国大夫魏曼多率领军队入侵卫国。

夏季，鲁哀公在鄟这个地方与吴人会面。

秋季，鲁哀公亲自领兵攻打邾娄国。八月，己酉这天，鲁国军队攻入邾娄国国都，把邾娄子益抓到鲁国来。《春秋》凡记载入侵一个国家，就不用"伐"这个词，这里为什么用"伐"这个词呢？这是为鲁国避讳的说法。好像是别人入侵邾娄国并把邾娄隐公抓到鲁国来的。这里为什么称邾娄隐公的名字呢？是为了表示应该断绝他的君位。为什么要断绝他的君位呢？因为他没有死在君位上，而当了俘虏。这里为什么不说邾娄隐公被"获"呢？这是为鲁国避讳大恶行的说法。

宋国军队包围了曹国国都。

冬季，郑国大夫驷弘率领军队援救曹国。

【原文】

八年①，春，王正月，宋公入曹。以曹伯阳归②。曹伯阳何以名？绝。曷为绝之？灭也。曷为不言其灭？讳同姓之灭也。何讳乎同姓之灭？力能救之而不救也③。

吴伐我。

夏，齐人取讙及阐④。外取邑不书，此何以书？所以赂齐也。曷为赂齐？为以邾娄子益来也。

归邾娄子益于邾娄。

秋，七月。

冬，十有二月，癸亥，杞伯过卒⑤。

齐人归讙及阐。

【注释】

①八年：鲁哀公八年（公元前注87年）

②曹伯阳：曹靖公之子，在位一五年。

③力能救之而不救：这里指鲁国。何休注："力能获邾娄而不救曹，故责之。"

④讙：鲁国地名，在今山东宁阳县西北。阐：《左传》作"阐"，鲁国地名，在今山东宁阳县东北。

⑤癸亥：十二月初二。杞伯过：即杞僖公，名过，杞隐公之弟，在位十八年。

【译文】

鲁哀公八年，春季，周历正月，宋景公领兵攻入曹国国都。将曹伯阳俘虏回宋国。这里为什么写出曹伯阳的名字？这是表示他的君位断绝了。为什么说他的君位断绝了呢？他的国家灭亡了。这里为什么不说曹国灭亡了呢？是为了避讳与鲁国同姓的国家被消灭。为什么要避讳与鲁国同姓的国家被消灭呢？因为鲁国有力量救援曹国，但并没有去救。

吴国攻打鲁国。

夏季，齐国军队占领了鲁国的讙和阐这两个地方。鲁国之外的国家夺取城邑按例是不记载的，这里为什么记载呢？这是鲁国用来贿赂齐国的，鲁国为什么要贿赂齐国呢？为把邾娄隐公抓回鲁国这件事。

鲁国把邾娄国国君益送回邾娄国。

秋季，七月。

冬季，十二月，癸亥这天，杞伯过死了。

齐国人把讙和阐这两个地方归还给鲁国。

【原文】

九年①，春，王二月，葬杞僖公。

宋皇瑗帅师取郑师于雍丘②。其言取之何？易也。其易奈何？诈之也③。

夏，楚人伐陈。

秋，宋公伐郑。

冬，十月。

【注释】

①九年：鲁哀公九年（公元前486年）。

②雍丘：宋国邑名，在今河南杞县境。

③诈之：何休注："诈，谓陷阱奇伏之类。"

【译文】

鲁哀公九年，春季，周历二月，安葬杞僖公。

宋国大夫皇瑗率领军队在雍丘这个地方轻"取"郑国军队。这里说"取"郑国军队是什么意思？打败郑国军队太容易了。怎么会太容易呢？因为宋国军队是采用奇袭取胜的。

　　夏季，楚国军队攻打陈国。

　　秋季，宋景公亲自领兵攻打郑国。

　　冬季，十月。

【原文】

十年^①，春，王二月，邾娄子益来奔。

公会吴伐齐。

三月，戊戌，齐侯阳生卒^②。

夏。宋人伐郑。

晋赵鞅帅师侵齐。

五月，公至自伐齐。

葬齐悼公。

卫公孟弓区自齐归于卫^③。

薛伯寅卒^④。

秋，葬薛惠公。

冬，楚公子结帅师伐陈^⑤。吴救陈。

【注释】

　　①十年：鲁哀公十年（公元前485年）。

　　②戊戌：三月十四日。齐侯阳生：即齐悼公，名阳生，齐景公之子，在位四年，被齐国人所杀。

　　③公孟弓区：卫国大夫。鲁定公十四年公孟弓区逃亡到郑国，后逃到齐国。

　　④薛伯寅：即薛惠公，名寅。《左传》作"夷"。薛伯比之子，在位十二年。

　　⑤公子结：即子期，楚昭王的哥哥，楚国大夫。

【译文】

鲁哀公十年，春季，周历二月，邾娄国国君益逃亡到鲁国来。

鲁哀公会合吴国出兵攻打齐国。

三月，戊戌这天，齐侯阳生被齐国人杀害。

夏季，宋国军队攻打郑国。

晋国大夫赵鞅率领军队越境进犯齐国。

五月，鲁哀公从攻打齐国的战场回来。

安葬齐悼公。

卫国大夫公孟弓区从齐国回到卫国。

薛伯寅死了。

秋季，安葬薛惠公。

冬季，楚国大夫公子结率领军队攻打陈国。吴国出兵救援陈国。

【原文】

十有一年，春，齐国书帅师浅我①。

夏，陈袁颇出奔郑②。

五月，公会吴伐齐。甲戌，齐国书帅师及吴战于艾陵③。齐师败绩。获齐国书。

秋，七月，辛酉，滕子虞母卒④。

冬，十有一月，葬滕隐公。

卫世叔齐出奔宋⑤。

【注释】

①十有一年：鲁哀公十一年（公元前184年）国书：齐国大夫。国夏之子。

②袁颇：陈国大夫。

③甲戌：五月二十七日。艾陵：齐国地名，在今山东泰安县南。

④辛酉：七月十五日。滕子虞母：即滕隐公，名虞母，滕顷公结之子，在位七年。

⑤世叔齐：即太叔疾，又称太叔悼子，太叔彭子之子，卫国大夫。

【译文】

鲁哀公十一年，春季。齐国大大国书率领军队攻打鲁国。

夏季，陈国大夫袁颇逃亡到郑国。

五月，鲁哀公会合吴国出兵攻打齐国。甲戌这天，齐国大夫国书率领军队与吴国军队在艾陵达个地方交战。齐国军队大败。齐国大夫国书被俘虏。

秋季，一七月，辛酉这天，滕子虞母死了。

尔季，十一月。安葬滕隐公。

卫国大夫世叔齐逃亡到宋国。

【原文】

十有二年，春，用田赋①。何以书？讥。何讥尔？讥始用田赋也。

夏，五月，甲辰②，孟子卒。孟子者何？昭公之夫人也。其称孟子何？讳娶同姓，盖吴女也③。

公会吴于橐皋④。

秋，公会卫侯、宋皇缓于运⑤。

宋向巢帅师伐郑⑥。

冬，十有二月，螽。何以书，记异也。何异尔？不时也。

【注释】

①十有二年：鲁哀公十二年（公元前483年）。用田赋：采用按田亩征税的制度。何休注："田，谓一井之田。赋者，敛取其财物也。言用田赋者，若今汉家敛民钱以田为率矣。"

②甲辰：五月初三。

③讳娶同姓：何休注："礼：不娶同姓，买妾不知其姓则卜之，为同宗共祖。乱人伦，与禽兽无别。昭公既娶，讳而谓之吴孟子。《春秋》不系吴者，礼：妇人系姓不系国。虽不讳犹不系国也，不称夫人，不言薨，不书葬者，深讳之。"盖吴女：《左传》哀公十二年："昭公娶于吴，故不书姓，死不赴，故不称夫人。不反哭，故不言葬小君。"

④橐皋：吴国地名，在今安徽巢县。又名会吴城。

⑤卫侯：即卫出公。皇缓：宋国大夫。运：《左传》作"郧"地名，在今江苏如皋县东，一说在今山东营县南。

⑥向巢：宋国左师，因又称左师巢。

【译文】

鲁哀公十二年，春季，鲁国开始采用按田亩征收税赋的制度。为什么记载这件事？为了谴责。谴责什么？谴责开始采用按田亩征收税赋的制度。

夏季，五月，甲辰这天，孟子死了。孟子是什么人？是鲁昭公的夫人。这里为什么不称夫人而称她孟子呢？为了避讳鲁昭公娶同姓的女子为妻，大概她是吴国的女子。

鲁哀公在橐皋这个地方与吴国人会面。

秋季，鲁哀公在运这个地方会见卫共公和宋国大夫皇瑗。

宋国左师向巢率领军队攻打郑国。

冬季，十二月，鲁国蝗虫成灾。为什么记载这件事？记载怪异现象。什么怪异现象？冬季十二月蝗虫成灾不合时令。

【原文】

十有三年，春，郑轩达帅师取宋师于嵒。气其言取之何？易也。其易奈何？诈反也②。

夏，许男戍卒③。

公会晋侯及吴子于黄池④。吴何以称子？吴主会也。吴主会，则易为先言晋侯？不与夷狄之主中国也。其言及吴子何？会两伯之辞也。不与夷狄之主中国，则易为以会两伯之辞言之？重吴也。易为重吴？吴在是，则天下诸侯莫敢不至也。

楚公子申帅师伐陈⑤。

于越入吴。

秋，公至自会。

晋魏多帅师侵卫⑥。此晋魏曼多也，易为谓之晋魏多？讥二名，二名非礼也。

葬许元公。

九月，螽⑦。

冬，十有一月，有星孛于东方。孛者何？彗星也。其言于东方何？见于旦也。何以书？记异也。

盗杀陈夏弓区夫⑧。

十有二月，螽。

【注释】

①十有三年：鲁哀公十三年（公元前482年）。轩达：郑国大夫。嵒：地名，今地不详。

②诈反：用偷袭报复宋国军队的偷袭。何休注："前宋行昨取郑师，今郑复行诈取之，苟相报偿，不以君子正道，故传言诈反。反犹报也。"

③许男戍：即许元公，名戍，一本作"成"。在位四十一年。

④黄池：地名，在今河南封丘县南。

473

⑤公子申：楚国大夫。楚昭王兄也称王子申，非同一人。⑥魏多：即魏曼多，又称魏襄子，晋国大夫。

⑦螽：即孟，蝗虫。这里指蝗虫成灾。

⑧夏弓区夫：陈国大夫。

【译文】

鲁哀公十三年，春季，郑国大夫轩达率领军队在嵒这个地方轻"取"宋国军队。这里说"取"是什么意思？郑军战胜宋军太容易了。怎么太容易了呢？郑国大夫轩达也采取偷袭的方式，报复宋国军队在鲁哀公九年的偷袭。

夏季，许男戍死了。

鲁哀公在黄池这个地方会见晋定公"及吴子"。吴国国君为什么称"吴子"呢？因为这次会晤是由吴国国君主持的。既然吴国国君主持这次会晤，那么为什么要先说晋定公，再说吴子呢？因为不赞成夷狄国家的国君作为中原各诸侯国的盟主。这里说"及吴子"是什么意思？这是鲁哀公会见两个诸侯霸主的说法。既然《春秋》不赞成夷狄国家的国君作为中原各诸侯国的盟主，那么这里为什么用会见两个诸侯霸主的语言来说呢？因为重视吴国国君。为什么重视吴国国君呢？这个盟会上有吴国国君在，那么天下诸侯就没有人敢不来参加了。

楚国大夫公子申率领军队攻打陈国。

越国军队入侵吴国。

秋季，鲁哀公从黄池这个地方回到鲁国国都。

晋国大夫魏多率领军队越境进犯卫国。这人就是晋国的魏曼多，为什么称他为晋国的魏多呢？讽刺他的名字"曼多"用了两个字，名字用两个字是不合于礼的。

安葬许元公。

九月。鲁国发生蝗灾

冬季，十一月，有一颗孛星出现在东方。什么是孛星？就是彗星。这里说出现在东方是什么意思？是说它在天刚亮的时候出现。为什么记载这件事？记载怪异现象。

坏人杀害了陈国大夫夏弓区夫。

十二月，鲁国蝗虫成灾。

【原文】

十有四年，春，西狩获麟①。何以书？记异也。何异尔？非中国之兽也。然则孰狩之？薪采者也。薪采者，则微者也，易为以狩言之②？大之也③。易为大之？为获麟大之也。易为为获麟大之？麟者，仁兽也，有王者则至④，无王者则不至。有以告者，曰："有麐而角者⑤。"孔子曰："孰为来哉？孰为来哉？"反袂拭面，涕沾袍⑥。颜渊死⑦，子曰："噫！天丧予。"子路死⑧，子曰："噫，天祝予。⑨"西狩获麟，孔子曰："吾道穷矣！"

《春秋》何以始乎隐？祖之所逮闻也。所见异辞，所闻异辞，所传闻异辞。何以终乎哀十四年？曰："备矣！"君子易为为《春秋》？拨乱世⑩，反诸正，莫近诸《春秋》。则未知其为是与？其诸君子乐道尧舜之道与？末不亦乐乎？尧舜之知君子也。制《春秋》之义，以俟后圣，以君子之为，亦有乐乎此也⑪。

【注释】

①十有四年：鲁哀公十四年（公元前481年）。麟：传说中兽名，即麒麟。像獐有角。

②易为以狩言之：何休注："据天子、诸侯乃言狩。天王狩于河阳，公狩于郎是也。"

③大之：何休注："使若天子诸侯。"即尊重他、重视他。

④有王者则至：何休注："上有圣帝明王，天下太

475

平，然后乃至"

⑤麕：兽名，即獐。也作"麏"。

⑥袍：何休注：'飞袍，衣前襟也。"

⑦颜渊：即颜回（公元前521—前490年）春秋鲁国人，字子渊，孔子弟子。好学，乐道安贫，一箪食，一瓢饮，不改其乐。不迁怒，不贰过，在孔门中以德行著称，后世儒家尊为"复圣"。

⑧子路：即仲由，字子路，亦字季路（公元前542—前480年）。春秋卞人，孔子弟子，仕卫，为卫大夫孔悝邑宰，因不愿跟从孔悝迎立蒉瞆为卫公，被杀。相传子路有勇力，故后来作为勇士的代称。

⑨祝：何休注："祝，断也。天生颜渊子路为夫子辅佐，皆死者，天将亡夫子之证。"

⑩拨：何休注："拨，犹治也。"

⑪亦有乐乎此：何休注："乐其贯于百王而不灭，名与日月并行而不息。"

【译文】

鲁哀公十四年，春季，鲁国有人在西部打猎，猎获一只麒麟。为什么记载这件事？记载怪异的事情。有什么怪异呢？因为麒麟不是中原地区的野兽。那么这只麒麟是谁猎获的呢？是一个打柴的人。打柴的人地位很低，只有天子、诸侯打猎才用"狩"这个词，这里为什么也用"狩"这个词呢？为了尊重他。为什么尊重他呢？因为他猎获了麒麟，所以尊重他。为什么他猎获了麒麟就尊重他呢？因为麒麟是仁善的动物，当天下有圣明的君王出现时它就到来，如果天下没有圣明的君王时它就躲得远远的。有人把猎获麒麟的事告诉孔子，说："猎获了一只像獐但有角的动物。"孔子说："它为谁而来呢？它为谁而来呢？"边说边翻起袖子来擦眼泪，泪水滴下来沾湿了他衣服的前襟。孔子的弟子颜渊死时，孔子叹道："唉！天要亡我了。"当他的弟子子路死时，孔子又叹道："唉！这次上天要断绝我了。"当听说在鲁国西部猎获麒麟时，孔子说："我的道已经穷尽了！"